水，而后操术者人人争谈格局之高，推富贵之由，徒足发贤者之一笑耳！

大观初改元，岁复丁亥，东都顺天门内有郑氏者，货粉于市，家颇赡给，俗号"郑粉家"。偶以正月五日亥时生一子焉，岁、月、日、时，适与鲁公合，于是其家大喜，极意抚爱，谓且必贵。时人亦为之倾耸。

长则恣听其所欲为，斗鸡走犬，一切不禁也。始年十七八，当春末，携妓多从浮浪人，跃大马，游金明，自苑中归，上下悉大醉矣！马忽骇，入波水中，浸而死。

这段古文译成白话，是说：阴阳家们穷究五行术数，所说的话不能认为全是没有根据的，但若一切听阴阳家的，而放弃了本人的努力，这就不对了！因此古代的人们按道理做事，而把成功与否，置之天命，不敢太相信阴阳家们的猜测。我父亲鲁公蔡京，生于庆历七年（1047）的"丁亥"，月是正月"壬寅"，日是"壬辰"，时是"辛亥"。在他还幼小的时候，算命的人不看好他的"八字"，能说出他将来会位极人臣的仅有三人次。到了后来，他逢时遇主，君臣相得如鱼水，操算命术的人，争先恐后谈论蔡京的"八字"命相格局之高，推算出蔡京大富大贵来源于命中注定。虽然说得头头是道，其实只能让明白的人心中发笑而已呀！

蔡京生后六十年，大观元年（1107）刚改元，又是一个"丁亥"年，东都（汴梁，即开封，北宋首都）顺天门内有个姓郑的，在市中卖化妆用的面粉，家道挺富足的，俗号"郑粉家"。偶然以正月五日亥时生一子，这岁、月、日、时八字命相，都与当时算命先生们最喜欢谈论的鲁公蔡京一样，于是郑家大喜，极意抚爱，认为这孩子将来必贵，时人也都很感惊奇。

这孩子长大后缺乏管教，家里听其所欲为，斗鸡走犬，一切不禁。年纪刚到十七八岁时（约为宣和五年，1123），有一年春末，带着妓女和众多跟随他的浮浪人，骑着大马，游金明园，从园中归来时，上下已都是喝得酩酊大醉。他骑的马忽然受惊，掉入金明池水中，淹死了。

蔡京家乡仙游县枫亭镇民间，有两种蔡京生日的说法，一说生于正月

《蔡京别传》序

刁培俊

　　拜读《蔡京别传》之后，作者郑老师叮嘱我写一篇序言。我诚惶诚恐，未敢遽尔应诺。原因一则是我才识寡陋，人望轻浅，正如阅读南宋洪迈《夷坚支志》戊卷二《胡仲徽两荐》引佛家悟道所云："自照一身犹未光者，何暇推余波及他人乎？"二则是对于蔡京这一历史人物，我自己的理解仅停留在表层，难以发掘更深的学术内涵。犹豫者再，顾虑者久，在郑老师反复督促下，遥想2009年夏秋之际，初识郑老师至今的诸多往事，敬佩于作者勤奋问学和著述的精神，更感其诚意满满，遂不揣浅陋，赘言一二，以应嘱命。

　　首先，我满心敬佩作者的博学才识，尤其是有关北宋历史与蔡京的诸多问题，作者阅读了大量的宋人文献，广泛地钩沉索隐，勤奋地披沙沥金，以其锲而不舍的奋斗精神，从而完成了《蔡京别传》这部书。这是十几年前我未能想到的。2009年夏秋之际，郑老师风尘仆仆地从莆田到厦大找到我，不以我年幼寡学，不耻下问，往返者再而三之后，我了解到他广泛阅读乡邦文献，有志于更多发掘两宋时期的福建莆田名人史迹。随后，他毫无保留地将有关木兰陂的地方志记载，转送给我；他写出了很多高质量的文章，我阅读他寄呈的《枫亭文化研究》，更加

深了此前的印象。因我工作调动返回南开大学任教，我们曾一度失去联系。待我再次返回厦门大学任教之后，才再次联系上。我们仍然一见如故。我更多知晓，年逾七旬的郑老师身健体壮，这几年仍埋首坟典，辛勤阅读乡邦文献，大量写作。但是，撰写一部《蔡京别传》，远非上述学术积累可以成功的。众所周知，由于雕版印刷业的繁盛和科举大量取士的冲击，存世宋人文献，浩如烟海，即便是有关北宋徽宗和蔡京时期的历史文献，也连篇累牍，不胜其繁。而如何沙里淘金，采择有用的历史文献，架构起一部作品，其难度之大，至少是我连想都未敢去想的。一年多前，郑老师再次联系我，告诉我这件事的时候，我大吃一惊。不料想，他真的就给我看到了四十多万字的书稿。待全面阅读这部书稿之后，对他的敬佩更加深了。

撰写这部《蔡京别传》，对于年逾七旬的郑老师而言，究竟度过了多少个不舍昼夜的勤奋阅读，究竟拼出了多少汗水和辛劳，也许，他自己乐在其中，不觉其苦。对于我这个读者而言，确实深知其中三味。第一，宋人文献多是繁体汉字，而且大多是没有标点符号的古文，不要说凭藉其撰写作品，即便是读懂，于常人而言，都是难于上青天的梦想。第二，浩渺纷繁的宋人记载之中，对于蔡京的书写充满了偏执之词。详实反映北宋史事的《续资治通鉴长编》，在这一时期有所缺佚；作为第一手文献的宋徽宗皇帝实录，在南宋前期则一再被修纂删改，掩藏了太多的历史真相。如何披沙沥金，拣选出符合自己问题建构和逻辑话语的词句，则是烦之又烦的海量工作。我很难忖知，这对于理工科出身、年迈的郑老师，究竟是怎样的难关？第三，应对近现代学者的偏执，作者阅读了繁多的今人著述，从而将自己的问题意识建立在广泛的学术讨论之上。对于长时期以讹传讹的历史错误，我们当然不能在众口铄金、积非成是、从众如流、习以为常、众所周知、约定俗成等固定思维之下，毫无原则，屈从于世俗。人世间之所以有学者这一种职业，其职责就包

括带领世人追求真善美，与所有的错误较真。在这个较真的过程中，我们又如何不坠入"从一个极端走向了另一个极端"的学理陷阱，也是颇费思量的艰难之事。如此，这一作品才更具科学理性，更近乎历史真相，这实在是令人敬佩的。在追逐名利的时代背景下，也许受后现代主义思潮的影响，当今学界盛行"历史的非虚构写作"，但郑老师却以一位民科而专注于实证主义和科学主义的取径，撰写出这部"轻学术"的历史人物传记。目前呈现在大家面前的这部书，取材于宋人的第一手历史文献《宋会要辑稿》《续资治通鉴长编》《建炎以来系年要录》《三朝北盟会编》等等，证据丰赡，资料扎实，考证邃密，立论可靠，结构完整，文字平实且通畅易懂，尤其是处处浸润着法国年鉴学派倡导的"整体史"思维，将北宋政治、军事、社会经济和文化，几乎全面笼罩在笔墨之间，我们似乎完全可以将之视为一部学术专著了。

其次，蔡京是中国历史上一位聚讼纷纭的历史人物，长期以来的史家偏见，视之为"奸佞"，而《水浒传》及其相关电视剧等媒体的扩散传播，更将这一印象广泛开来，从而成为中国人普遍的认知。挑战这一中国人之常识，没有足够的勇气是不行的。于我而言，十几年前，就因为不敢"沾惹"这一问题而选择了逃避。在我印象中，阅读杨小敏教授《蔡京、蔡卞与北宋晚期政局研究》和方诚峰《北宋晚期的政治体制和政治文化》，就足以理解晚宋政局了。而美国汉学家伊沛霞（Patricia B. Ebrey）所著《宋徽宗》（广西师范大学出版社 2018 年版，韩华译本），从宋徽宗本人的视角出发，对北宋晚期历史做了崭新的评述。这大大开启了我的批判性思维。所以，当郑老师将其精心撰写的《蔡京别传》发电子版给我的时候，我不但认真拜读了至少两遍，而且还竭尽所能地将自己了解的学术史奉献出来，希望能促使这部书在"轻学术"的取径下变得"更学术"，也立足于学院派的所谓"学术规范"和汉字书写规范，订正鲁鱼亥豕和标点符号，断断续续，前后耗时四十

余日，力所能及地做了一些修订。

之所以如此，我认为，南宋政局的变迁与史家的书写，也许真的存在历史偏见：大宋江山被女真金国灭亡了，这样天大的罪责究竟由谁负担？王安石吗？蔡京吗？总不能归咎于皇帝吧？缺佚的历史空白究竟掩藏（删改）了怎样的历史？倘若历史真相确实如此，确有这样的可能，那么，蔡京天才般的经济管理能力、创办漏泽园等社会救济和慈善举措，以及大力兴学等惊天地泣鬼神的壮举，总不能简简单单就被"帝王永远是尧舜圣君"的历史埋没了吧？一个行政能力平庸、贪腐利己而罔顾整个国家的官员，怎么可以在宰相的位置上累计延续近20年？断续做近20年宰相可以导致一个强国灭亡吗？究竟什么力量才是真正导致北宋覆灭的原因？……一连串的问题萦绕在脑海的时候，往往就是逼近历史真相的时候。郑老师这部书难能可贵之处，还在于他以古今一揆取径，以同理心做了大量的推衍，"己所不欲，勿施于人"，这样取径下的历史书写，自然更加令人信服。这样一来，郑老师之勇于打破历史偏见的勇气，志在还原一个历史上真实蔡京的"历史非虚构写作"，更具价值。

再次，这部书中蕴涵着若干学术创见，值得学界重视。譬如，有关木兰陂的新资料，牵引出新的学术生长点，郑老师的新资料提供了新的学术见解；再如，女主时代若干有关宋朝皇室内幕的推测，蔡京书法风格与传世品的品鉴，蔡确、曾布、米芾、张商英、章惇和蔡京与当时政局的关系，蔡绦的人生行迹和作品考订，等等，似乎均是当今学界忽略较多抑或仅有郑老师切实考证的文字。这就更加难能可贵了。

最后，郑老师知识渊博，对古诗词和传统文化烂熟于心，却不耻下问，这或许是很多年长的前辈所没有的品质。他不单找各种可能的机会，曾先后到厦门大学，以不同形式请教王曾瑜、张邦炜、邓小南、李华瑞等中国宋史学界的顶级教授，也会就某些细节的讨论而乐于接受我

这个晚辈的意见。这让我由衷的敬仰。

要之，郑老师以敢为天下先的勇气，立意为著名北宋官僚蔡京辩诬。他阅读了浩渺无垠的历史文献，从中钩沉索隐、披沙沥金、宏观谋篇、微观考订，以整体史的视角，嵌入同理心的方法，以细腻的笔触，持科学主义——实证主义的取径，摆事实讲道理，呈现出俗世大众视域之外的另一个蔡京，书写了溢出历史偏见抑或无限逼近历史真相的别样新貌。我乐于看到《蔡京别传》的问世，再次将敬慕之心，奉献给才华横溢、学识广博、兢兢业业、锲而不舍、不辞辛劳、辛勤撰写的郑老师。

习培俊谨述

2023 年 11 月 22 日，于厦门沙坡尾寓所

（作者现为厦门大学历史与文化遗产学院教授，中国宋史研究会理事）

《蔡京别传》序

郑怀兴

我与郑痴先生是同龄人，同姓同县不同里；他在仙游一中念书，我在二中，1966 年他高三，我高二。若是平常岁月，高中一毕业，就各奔前程了，怎能相识？都因文革耽误了学业。

1977 年恢复高考时，他考上了福建师范大学化学系，我只考上了莆田师专政教专业。1981 年我根据东晋王敦之乱写新编历史剧《新亭泪》时，郑痴还在福建师大念化学系，偶然从同学吴华英那儿看到这个剧本的油印本，突然产生了浓烈的兴趣，特地与林光旭、杨灿东、陈国栋等三个朋友前去剧院看戏，第二天就到鲤声剧团找我来了，想不到一见如故，竟结为四十二年之知己了——促使我们相知的原来是《新亭泪》这个历史剧呀！

要不是这部新编历史剧搭桥，我们几个，一个念化工，一个当编剧，有的做工艺，有的当教师，风马牛不相及，即使相识了，顶多也是泛泛之交，见面不过点点头，打哈哈而已。尤其是郑痴，他念理工科，在外地工作，后来又到北京当访问学者去了，怎么可能与我这种"戏狗乞丐吹"披肝沥胆？往来几回后，就明白了，他与我原来是有共同对历史的爱好，对历史，对中国的古代史，对世界史，都有浓厚的兴

· 1 ·

趣，在十年文革中都曾悄悄读过大量这方面的书籍，所以见面总有谈不尽的话题。才见数面，却恍惚相知已有百年之久。

郑痴的家乡郊尾，毗邻枫亭，他不久调职于湄洲工业职业技术学院工作，单位地点正是在枫亭，以致好多人都误会他是枫亭人氏。枫亭依海环山，人杰地灵，物产丰富，地处交通要道，是个有着极其丰富历史文化内涵的古老乡镇，人才辈出，单是北宋一朝，就诞生过声名显赫的留从效、陈洪进、蔡襄、蔡京、蔡卞等历史人物，多么需要去挖掘整理。

当时枫亭镇有位退休回乡的干部、县作家协会主席郑清为先生，热心于乡志的研究，且与我们都是朋友，清为先生出面组织了不定期的《枫亭文化研究》，并热情要求郑痴先生帮助他。郑痴欣然答应。他们先从大量史籍记载，结合本镇乡土人情、历史变迁、民俗传说，研究原籍枫亭的五代镇守兴化、泉州、漳州一带的一代英豪，后纳土归宋而荣封南康郡王的陈洪进，渐而搜集南宋抱着南宋幼帝蹈海的枫亭女婿陆秀夫，到元朝作《螺江风物赋》的状元林亨，还有明末清初以忠烈著称的孤臣林兰友的残篇遗事。每一期的内容都相当翔实生动，深受读者的喜爱。

由于蔡襄是北宋名臣，因主持修建过千年的跨海大桥——洛阳桥而名垂千古，作为仙游文史人士，研究蔡襄天经地义。一遇上中央、省会有关领导前来瞻仰蔡襄陵园，郑痴先生通常都会被请来充当"解说员"。枫亭一直有蔡襄陵园，不时受到祭拜与修缮。几年时间，枫亭文化研究便名扬省市。郑痴先生当时还涉足了木兰陂志的研究。于是，我才知道蔡京、蔡卞这两位在外为官的同胞兄弟十分关心家乡木兰陂的修筑，主建陂人李宏和协建者的莆田乡绅十四家，就是蔡家这两位兄弟鼓动起来的呀。

郑痴告诉我这个故事时，忽然郑重其事地告诉说："我要写一本蔡

京别传，书成之日，请你作序。"书尚未成，就约我为序，足见他对此书与拙文之珍重。

但我心头不觉一惊：蔡京虽是仙游历史上出现的声名最为显赫的宰相，但也是散县历史人物中名声最为狼籍的一个，看过《水浒传》的读者无不痛骂蔡京是北宋的大奸臣，近代思想家的梁启超敢于为天下先，替北宋改革家王安石洗名声，却不敢为继承王安石改革精神做出大量政绩，却又被认为须承担北宋的沦亡"罪责"的蔡京辩白一句，依然循沿旧说，称其为"其下者，则巧言令色，献媚人主，窃弄国柄，荼毒生民，如秦之赵高，汉之十常侍，唐之卢杞、李林甫，宋之蔡京、秦桧、韩侂胄，明之刘瑾、魏忠贤，穿窬斗筲，无足比数"。

蔡京真的十恶不赦吗？按古人的"修身治家齐国平天下"标准来衡量，蔡京应该如何评价？几年过去了，郑痴兄的《蔡京别传》终于面世了。我的眼睛却因青光眼越来越模糊，只能在电脑上将字体放大、加黑，而且一天只能阅读不到一千字。慢慢阅罢，我对半生不熟的北宋历史可以说相当了解了，对蔡京就更熟悉了。他从政多年，尤其是四度为相还曾兄弟为相、父子为相，是北宋把持中枢较长的宰相。同时北宋当时最高统治者赵佶与蔡京虽然也曾有过几次矛盾，但都较快化解，不得不请他重返政治中枢。是赵佶的无能，还是蔡京善于逢迎，使赵佶不得不重新起用？从几度重新起用的原因来看，蔡京应该是其时行政能力最强者。而他的子孙不管怎么说，都是好学的，才能三代都高中居官，朝廷对其一家极为信任，才有可能兄弟、父子同时为相，古今罕见。还有一子被招为驸马，《铁围山丛谈》是其子蔡絛流放时所作笔记，为历代学者所珍惜，其子能成此大才，其父功不可没呀。这位皇帝还曾五次御驾临幸蔡府，皇恩独沾，可谓凤毛麟角。

正如现任中国宋史研究会会长李华瑞在《蔡京、蔡卞与北宋晚期政局研究》一书的序言中所说："哲宗、徽宗都继续了神宗的变法意

志，而这两朝的执政大臣大都是王安石思想的追随者，这是基本的史实。王安石变法中贯穿的富国强兵和建构理想社会两条主线也不能说不被徽宗朝群臣所效法，譬如以国家的名义摧抑兼并、赈济贫乏和以发展生产而行开源的财政政策都得到忠实的执行和发扬，而且效果明显。"蔡京忠实执行王安石的路线，不管当时与后世对王安石的变法评价何如，变法都是当时的时政，使北宋社会有了显著的进步。在当代改革开放几十年后的今天，人们能够看得更为清楚。当时北宋都城才能如此繁华，才有《清明上河图》的流传于今，为历代所赞颂。君臣出于相同的爱好，宫中还产生了《宣和书谱》《宣和画谱》。不管"苏黄米蔡"里的蔡究竟指的是蔡襄还是蔡京，这两蔡皆是枫亭出现的一对堂兄弟呀！

正如现代著名学者陈寅恪说过"华夏民族之文化，历数千年之演进，造极于赵宋之世，后渐衰微，终必复振"。光从华夏民族之文化的高峰，也应该有蔡京的一笔。可是，他的身后却是寂寞的，而且臭名远扬。其实古老的中国可以傲视人类发明史、远比《伊丽莎白济贫法》更完备、更富人道主义精神的国家社会救济制度，早在12世纪初的北宋就已经出现，比英国早了五百年。社会救济制度的推行力度之大、规模之广，在世界古代历史上是仅见的，标志就是居养院、安济坊、漏泽园的普遍建立和发展。那时候有无数穷苦百姓确实都受惠于他推行的一系列社会救济制度。作为中国人，尽可以为我国一千年前独有的这一人类文明感到自豪呢。

为什么聪明绝伦的蔡京生前享尽荣华富贵，听尽歌功颂德，而身后却蒙奇耻遭辱骂无以复加？人们都明白，繁盛一时的北宋亡于他退休不久之后。北宋从王安石、司马光开始的改革与保守之争，始终很激烈，孰是孰非，直到现在，犹争论不已。而蔡京是王安石路线的忠实执行者，又是北宋沦亡前不久的执政者，各种罪名加其头上，再自然不过

了。我不是宋史学家，没有资格参加论争，但此书婉转地告诉读者，这个亡国责任不在于北宋中后期的新法改革，亡国发生的具体的原因、责任和教训值得历史学家深入探讨。

郑痴兄为蔡京写传，花费极大的时间与精力。他年轻时曾经常上何岭拉板车，弯弯曲曲，何其艰辛，磨炼出他的顽强的毅力，才肯为历史留下一个公允的蔡京形象而呕心沥血。或许，他的书能为蔡京的名声有所帮助，也许，更正者难逢，辱骂者难减，习惯不知还要延续多少年。凝望老天，天也无语。或许作为蔡京来说，人生虽有无尽的缺憾，但祸福相倚，"盛极必衰"，这也是上天对蔡京这类聪明人的告诫，或许也是郑痴先生为《蔡京别传》之苦心之所在——他要为蔡京的一生留面镜子，给后人作个参照。用心何其良苦也。

是为序。

郑怀兴　2023 年 4 月 4 日于牛眠山下

（作者是中国著名剧作家，国家一级编剧，中国戏剧家协会理事、福建省文联副主席，擅长历史剧创作。作品有《新亭泪》《傅山进京等》，2023 年 12 月 18 日故去）

目 录

图书在版编目（CIP）数据

蔡京别传／郑秋鉴编著. -- 北京：中国文史出版
社，2024.10. -- ISBN 978 - 7 - 5205 - 4782 - 6

Ⅰ. K827 = 441

中国国家版本馆 CIP 数据核字第 2024G6L693 号

责任编辑：殷　旭

出版发行：**中国文史出版社**

社　　址：北京市海淀区西八里庄路 69 号　　邮编：100142

电　　话：010 - 81136606/6602/6603/6642（发行部）

传　　真：010 - 81136655

印　　装：廊坊市海涛印刷有限公司

经　　销：全国新华书店

开　　本：16 开

印　　张：34.5

字　　数：476 千字

版　　次：2025 年 3 月北京第 1 版

印　　次：2025 年 3 月第 1 次印刷

定　　价：88.00 元

蔡京别传

CAI JING BIE ZHUAN

郑秋鉴 编著

中国文史出版社

01

蔡京的生辰八字

看官，我这一部书，何以称"别传"？元朝脱脱编《宋史》，既为官史，书中《奸臣·蔡京传》便称"正传"。我这书搜罗历史资料中有据可查的遗闻逸事，对那"蔡京正传"，作了一番补充和解释，不作忠奸之辨，故称《蔡京别传》。也可叫做"蔡京野史"。或说得更通俗点，就叫它"蔡京故事中的故事""蔡京故事外的故事"吧！作者不揣浅陋，讲一点古人的故事，给诸位看官们工余休息时，作生活中的一杯茶、一撮盐呢！至于研究历史能否有助治道，就不是俺小百姓关心的事了。

但凡长编传记，先说传主生辰。通常史书只记蔡京生于宋庆历七年（1047），月、日、时是看不到的。倒有蔡京的第四儿子蔡絛写的《铁围山丛谈》书中，把蔡京的生辰八字说全了，还对中国古代的"算命文化"，发了一通挺了不起的批评议论，不妨请看官共赏：

阴阳家流，穷五行术数，不得为亡（不能认为全无根据），至一切听之，反弃夫人事，斯失矣！是以古之人行道而委命，不敢用亿中（"亿"通"憶"，猜测）以为信也。

先鲁公生庆历之丁亥，月当壬寅，日当壬辰，时为辛亥。在昔幼时，言命者或不多取之，能道位极人臣则不过三数。及逢时遇主，君臣相鱼初五做"大岁",一说生于正月十五做元宵,都是一年中的大日子,孰是孰非,原不得而知。作者查看南宋最著名的史家李焘编的《续资治通鉴长编》第一百六十卷,开头就记庆历七年"春正月丙子朔,御大庆殿受朝"。故知那年正月初一(朔日)是丙子,依此推算,蔡京出生的"壬辰"便应是正月十七,"正月初五"一说也许是从蔡绦文中"郑粉家"儿子生日"正月初五"而来,以为两人八字相同,生日就同在正月的同一天,其实上下两个丁亥年壬寅月壬辰日,按干支记法相同,按日期记则不一定相同的。

算命也算是中国民间的一大传统文化,把这生辰八字一摆,按五行相生相克的命理,批算出你的命局、运程来。要紧的是算命先生本人的理解力和察颜观色、临时发挥的本领,常也把人说得心服口服或信疑掺半,不妨看成一种"心理咨询"的职业,不但古时相信的人多,如今信的也不少!想升官、想发财的,问好运何时来;已贪腐了太多的,怕纪委来查,问恶运何时到;各有所需,颇有市场需求!倒是这生在千年之前的蔡绦,以他老爹和东京郑家小子八字相同而命运不同做例子,能对算命文化进行了一番批评,颇有一些"辨证唯物主义"的精神呢!

那金明园是北宋时期著名的皇家园林,位于东京汴梁(今开封)城外,与琼林苑南北相对。金明池可通大船,战时为水军演练场。平时供皇帝带着官员游宴,春末开放让百姓进出游玩。"郑粉家"卖名牌化妆品起家,家资厚,儿子仗着八字和蔡京一样好,纯是二流子一个。他和公关女、狐朋、狗友们喝得酩酊大醉,骑着大马,就好比如今开着奔驰、宝马,还醉驾,方向一歪,掉进金明池里去了。

和他八字相同的蔡京,有一回也掉进了金明池,却没死。绍圣二年(1095),蔡京四十九岁,宋哲宗在金明池上造了一条龙舟,所费不少,给了工匠许多赏赐。龙舟试航时,邀请朝臣一起乘船游湖,要好好快乐一番。翰林大学士蔡京上船时恰逢刮大风,船身摇晃离岸,连接船和岸的搭板掉下水了,蔡京刚好走在搭板上,就跌到湖里去了,皇帝和百官皆大惊失色，急召会游水的人，会游水的人还没下水救人，蔡京自己就浮出水面，抓住一根浮木，再不慌不忙游到岸边，湿淋淋地爬上岸来，走进湖边的休息室里去更衣。皇帝和大臣们虚惊一场，又开始寻乐了，有人打趣蔡京，文诌诌地说了一句："元长幸免潇湘之役！"蔡京字元长，这话说蔡京你呀，幸运地免掉了一场去湖南潇湘水国的劳役！蔡京颜色不变，犹拍手大笑，诙谐答了一句："几同洛浦之游！"说还真有些像到河南洛水之浦（源起陕西洛南）旅游了一趟呢！

仙游有一个忠直敢言的御史，名叫陈次升，就这事上书劝谏哲宗，直斥"有司不能明德意，所造之舟其费不赀，游幸之日，天乃大风，岂非爱陛下而使觉悟乎？"指责有关部门不明白皇帝的治国思想（德意），乱花钱建龙舟，又说那天刮大风是上天在警告，掉下水的如果不是会游的蔡京，而是不会游的皇帝陛下，怎么办呢？凉拌！哲宗只得接受了这个"忠谏"，后来不再使用这一龙舟去寻乐子了。这件事在蔡绦的《铁围山丛谈》中都记着，陈次升上书在他的《谠言集》里有，咱不瞎说！

02

蔡京兄弟的前生前世

　　古代没有人类胚胎学的知识，对生命的来源和形成很难解释，于是，就有了前生前世之说，后来传入了佛教，更以"投胎轮回"的说法长期风行民间。谁家的小孩快成年却病死了，可以解释为现世父母在前生欠了那孩子的"债"，今世孩子投胎来当儿子，讨了债就走掉了。儿子孝顺父母，也可以说成是儿子前生欠了人家的"债"，今世投胎给人家当儿子，好好地孝顺，把前生的债给还了。

　　某人的前生是人还是动物，也可以用于攻击政敌。例如，邵伯温说王安石的前生是个猪獴。《说岳全传》说秦桧与岳飞前生是在佛祖那里学法的乌龟和大鹏鸟，乌龟因上课时放屁，被大鹏鸟一腿踢下凡间，投胎为秦桧，大鹏鸟也去投胎成了岳飞，冤冤相报。《因果经》里的"欲知前世因，今生受者是，欲知后世果，今生作者是"，倒也一定程度上丰富了中国的文化和哲学！

　　我这书写蔡京，是"别传"而非"正传"！所以逸闻轶事，有则必收。不妨也来说说蔡京兄弟的"前生前世"！从宋人笔记和文集中，可以翻出三则材料来凑个热闹。

　　朱弁《曲洧旧闻》卷八《蔡准侍郎少年时见鬼怪》条，载：

晁之道尝言：蔡侍郎准少年时，出入常有二人见于马首，或肩舆之前，若先驱，或前或却。问之从者，皆无所睹。准甚惧，谓有冤魂，百方禳禬，皆不能遣。既久，亦不以为事。庆历四年生京，而一人不见；又二年生卞，乃遂俱灭。

作者朱弁是南宋大圣人朱熹的叔祖父，系北宋宣和年间的太学生，时蔡京在世，蔡卞刚死，朱弁入太学后不久，北宋亡于金国入侵。南宋高宗建炎二年（1128），朱弁以诸生自愿随王伦出使金国，补了修武郎，擢任通问副使，后在金国被拘不屈，留16年，至绍兴十三年（1143）和议实现后，才随徽宗梓宫和高宗生母韦太后南归。《曲洧旧闻》即写于被囚禁在金国的16年中，上文所记可能得之于太学里流传的小道消息，朱弁是听晁之道说的，而晁之道是个很活跃的文人。说的是蔡京、蔡卞的父亲蔡准侍郎年轻时，出入路上常在马头或肩舆前，看到两个或隐或现、或进或退的人。问身边跟班，却都说没看见。蔡准心里很害怕，以为是冤魂来纠葛，想方设法请人做法事祈祷消灾，都不能把这两鬼怪遣走。时间长了，也就不当回事了。到庆历四年（误，是庆历七年），蔡准生下长子蔡京，其中一个鬼怪不见了；再两年，生下次子蔡卞，两个鬼怪就都没有了。

从这段话看来，蔡京和蔡卞的前生就是那两个在蔡准身边等待投生的"鬼怪"了，晁之道原话中说蔡准所看到的是"人"，似无贬意，朱弁的标题写为"鬼怪"。朱弁的后文说：

然之道语予此事时，京身为三公，子践三少，领枢密院，又为保和殿大学士者。而其孙判殿中监，班视二府，每出传呼甚宠，飞盖相随者五人。若子若婿，并诸孙腰金者十有七人。当此际，气焰薰灼可炙手也。

既然晁之道讲述这事时蔡京大宰相还牛得很，晁之道话中蔡准所看到的估计只能是吉祥之物，而非恶劣之物。到了朱弁记述此事时，蔡京已倒了，死了，朱弁的话难免带上些贬意。他接下说：

厥后流离岭海，妻孥星散，不能相保，而门生皆讳言出其门。然则准

（蔡准）所见，果为蔡氏福耶？否耶？近思之道所论，深有意味，惜乎早世不及亲见也（指昆之道早死不及亲见）。

释惠洪《冷斋夜话》中有《蔡元度生殁高邮》条：

蔡元度焚黄余杭，舟次泗州，病亟，僧伽塔吐光射其舟，万人瞻仰。中有棺呈露，士大夫知元度不起矣。至高邮而殁。元度生于高邮而殁于此，亦异耳。世言元度盖僧伽侍者木叉之后身，初以为诞，今乃信然。

释惠洪死于南宋初，是高僧，也是画家和文学家。所著《冷斋夜话》是一部名著。这段话说蔡京之弟蔡卞（字元度）是唐初来华的西域佛教大师僧伽的大弟子侍者木叉（音 cha）投胎。唐代高僧泗洲大圣僧伽在佛教典籍和中国民间传说中被视为观音菩萨的化身。唐朝时的观音像即以男性的僧伽容貌为模本，所以当时观音多为男相，以后才演变为女相。《佛祖历代通载》记"泗洲大士僧伽诏入宫供养。度惠俨、惠岸、木叉三人为侍者"。寂灭后"遂奉全身归泗洲普光王寺建塔"。泗洲普光（照）王寺是全国当时五大名刹之一，其主体建筑僧伽塔，高 300 尺，影投淮水，蔚为壮观。

政和七年（1117），蔡卞要回浙江余杭去祭拜他父亲蔡准的陵墓（焚黄），舟行至泗洲僧伽塔时已病重，塔上吐光，射在船身，万人争看，竟看到光芒罩着一口棺材，士大夫们由此推测蔡卞快不行了，因为本来就有蔡卞是僧伽的侍者木叉转生的传说。果然，到了高邮不久就死了。蔡卞生于高邮，死于高邮，实在奇异。《冷斋夜话》作者说，早先听到社会上关于蔡卞前生的传说是不相信的，了解到僧伽塔光罩蔡船的事情后，也就相信了。

那木叉后来在《西游记》和《封神演义》中已写成了观音菩萨身边的大弟子了，曾受观音指示，完成收伏沙僧并赠送龙马等重大任务，而本书作者儿时最为神往的是哪吒（音 zha），只穿个红肚兜，脚踩风火轮，手拿金项圈，使劲地敲打着东海龙王的脑袋瓜。没想到他的二哥木叉有一回还投胎为我的老乡蔡卞先生，来凡世走了一趟哩！哪咤二哥叫木叉（木吒），打仗时用的是一根铁棒。不信的话，你可参看《西游记》。

还有一段宋人笔记，却也与蔡京的前世有关。宋孝宗乾道三年（1167），也就是蔡京死后42年，蔡京骸骨由潭州（长沙）迁葬仙游枫亭，南宋中期宁宗庆元二年（1196），洪迈在他撰写作的《容斋三笔》中有一节记载说：

> 京死四十二年迁葬，皮肉消化已尽，独心胸上隆起一卍字，高二分许，如镌刻所就，正与此同。以大奸误国之人，而有此祥，诚不可晓也，岂非天崩地坼，造化定数，故地产异物，以为宗社之祸邪。

蔡京迁葬时开棺发现胸骨上隐起一个只有如来佛胸前才有的"卍"字，这一似佛"卍"字的故事，似乎在说蔡京是佛陀或佛佗身边的主要弟子投生，因而留下佛的记号。洪迈评论道：以大奸误国之人，而有此等吉祥的佛的标记，我们实在想不到啊！笔者则私下想，蔡京生前实施了全国性的安济坊、居养院、漏泽园等社会救济措施，史无前例，与佛教讲究的慈悲情怀相合，以胸前"卍"字暗示其为佛佗转生，也许与有些受益者或赞成者的评价和同情有关。笔者后来看到释志磐《佛祖统纪》中，记载宣和元年（1119）前后徽宗听信道士林灵素怂恿，大举排佛，蔡京挺身力劝徽宗。佛教名著《佛祖统纪》是一部纪传体中国佛教通史，成书在蔡京护佛事后150年左右，尚还写入蔡京当时反对排佛之事，则可推测他死后42年迁葬时，佛教人士或编造了这"胸前卍字"的故事流传于世，遂被洪迈收录。

总之，有关蔡京、蔡卞两人"前生前世"的故事，比起王安石的前生被说成猪獾，还很不坏呢！

03

赤湖蕉溪风水好

　　唐末五代时，蔡用元、蔡用明兄弟二人入闽，定居于泉州仙游县赤湖蕉溪（今枫亭九社），当时仙游县辖于泉州。若干年后，弟弟蔡用明再迁泉州郡城蔡（菜）巷，而哥哥蔡用元一直定居在蕉溪。

　　这蔡姓本是平常农家，但哥哥蔡用元传至第六代，出了蔡襄、蔡京、蔡卞，而其弟蔡用明传至第六代，也出了蔡确。这四人皆为北宋中、后期极具影响的著名历史人物。

　　蔡襄是北宋仁宗时的一代名臣，范仲淹等遭谗被贬，蔡襄作《四贤一不肖》诗，为之声援辨白，誉满京都；后受知仁宗皇帝为谏臣，与欧阳修、王素、余靖等并称"京城四谏"，积极参与庆历新政；他曾在福建福州、泉州等处作地方首长，惠政在民，廉洁实干，誉满全国，史书中对他赞不绝口。福州旧俗病者不食医药而敦信巫觋，蔡襄坚决去除巫觋，杀其害人者，提倡就医，一改陋习；他又主持建造泉州万安桥（也称洛阳桥），使福建南北贯通；他还倡植福州至漳州 700 里驿道松，民谣千古传颂。嘉祐时，他曾任三司使，总理全国财政，位至亚宰执。他悉心研究荔枝品种和加工，所著《荔枝谱》被称赞为"世界上第一部果树分类学著作"；他主持制作武夷茶精品"小龙团"，在宋代贡茶中最为珍贵，所著《茶录》

总结了古代制茶、品茶的经验。他的书法是当时公认的全国第一。他一生为国为民做过数不尽的好事，备受历代称颂，在宋代史书和宋人笔记里，都是一片赞扬之声。死后110年，到南宋淳熙三年，朝廷还为他赐谥"忠惠"。蔡襄墓园现为福建省重点廉政、勤政教育基地。

蔡确是宋神宗在王安石解政后最为信任的人，由宋神宗一手从台谏小臣提拔至宰辅重位，对元丰年间新法的施行和维持起有大作用。神宗觉察自己不久于世，将年方8岁的皇子延安郡王赵煦托孤于右宰相蔡确。神宗病危时，政局诡谲，高太后有迎立神宗弟雍王赵颢的迹象，蔡确坚决拥立哲宗赵煦，不负神宗顾托。元祐初，在高氏太皇太后导演下，旧党掀起否定新法浪潮，蔡确又苦心与之周旋，终因得罪个性很强的高太皇太后和一味党争伐异的旧党，被出知陈州，后又被捕风捉影的"车盖亭诗案"影响，贬死岭外。哲宗亲政，为他恢复名誉，赠太师，谥"忠怀"，赐第京师。徽宗时，配享哲宗庙庭，徽宗还亲书"元丰受遗定策殊勋宰相蔡确之墓"，追封为清源郡王，御制《蔡确传》刻碑墓旁。蔡确子蔡懋也官至同知枢密院。蔡确死后四十三年，北宋亡，南宋高宗以诬陷高氏太皇太后之罪，贬蔡确武泰军节度副使，窜蔡懋于英州，所给恩赠一切削夺。元朝修《宋史》，将他列入《奸臣传》第一人。

蔡京（1047－1126）与蔡卞（1049－1117）是同胞兄弟，王安石与宋神宗发动的变法，在北宋历史上前后延续六十年左右，其中积极参与者多以南方士人为骨干，先期有泉州的吕惠卿、蔡确，浦城章惇等，哲宗时有章惇，江西南丰曾布，福建仙游蔡卞、蔡京兄弟等。徽宗统治的二十六年中，则以蔡京为主。蔡京四次拜相，主政累计达18年以上。他使宋神宗、王安石以国家名义摧抑兼并、赈济贫乏，以发展生产和流通开源财政的政策得到忠实的执行和发扬，而且效果明显。蔡京和蔡卞是王安石新法和新学的继承人。南宋后期因王安石的新法和新学被当时朝廷彻底否定，修《宋史》时二人亦入奸臣传。

研究北宋中、后期历史，绕不开出于仙游县枫亭赤湖蕉溪的上述四个

"蔡"。枫亭蔡氏在两宋曾为全国显赫名族，计出有进士 50 多人。除此四人外，还有蔡高、蔡攸、蔡翛、蔡絛、蔡峰、蔡传、蔡枢、蔡佃、蔡伸、蔡洸、蔡戡、蔡师言等历史名人不下三十人，其中《宋史》有传者十人左右，其他人则在府、县志书中有传。清康熙郑德来在《连江里志》说："枫亭蔡氏一时之盛，虽往代袁、杨、王、谢（中国古代袁绍、杨彪、王导、谢安四个名族）亦莫或过！"

在中国的旧时文化中，宅、墓的地理风水被认为事关重大，宋代枫亭蔡姓既有如此之兴旺，他们的聚居地赤湖蕉溪就难免成了历代地师和各种阴阳家们热烈讨论的话题，流传下来的有关蔡家风水好的传说就有"赤湖七里紫金土""蕉坑地形如眠豹"，和莆阳蔡氏第二代公祖墓在"五龙盘珠"穴位等。

明朝弘治《重刊兴化府志》和清乾隆《仙游县志》中说："赤湖，在县南四十里，枫亭市之西，旧经云：周环五里，土石皆紫。其下为蕉坑，地形如豹隐，故号眠豹，蔡忠惠（蔡襄）祖居在此，京、卞家亦在焉。"

文中"图经"指宋乾道年间钟离松《莆阳图经》或《兴化图经》。赤湖在历史上非常有名。元代枫亭人士林亨著名的《螺江风物赋》提到赤湖时，有"湖赤鲤而横亘乎其旁"诗句。南宋《仙溪志》关于物产果树的叙述中提到仙游荔枝"以赤湖所产为佳"，记水产时提到"赤湖之蟹"，在宅墓部分有陈政墓"在赤湖陈墓头"和蔡忠惠公祖墓在赤湖焦坑等记载。

赤湖以风景秀美著称，周环五里，土石皆赤，称"紫金土"，在康熙郑德来《连江里志》和道光林有融《枫亭志》中，更把赤湖下游两岸的"紫金土"算在一起，共七里，说："然紫泥跨溪越水而过，北至梅岭下赤塗埔，绵亘七里，此处则锺美，为赤湖山川秀异。""七里紫金土"本是一种自然地貌，是典型的丹霞地貌，以红色砂岩、粉砂质泥岩、粘土岩及砂砾岩为主的"红色岩系"，相当一部分是距今 1.95 亿—1.4 亿年前的"火山岩系"，含有较多分量的铁质矿物，较为少见。

赤湖的紫金土被风水大师们一再称奇，到了一部莆仙戏中，就成了宰相蔡京向徽宗皇帝夸口的资本。那皇帝有一回带蔡京游皇家后花园，自负地向蔡京夸示："我这花园中环绕着三里紫金土，难得一见的好风水啊！"蔡京本善于奉承迎合，这回不知喝了什么"螃蟹水（莆仙俗语，喝螃蟹水人就糊涂）"，不假思索地回答："三里不算多哩，我老家赤湖周围紫金土足足七里呢！"皇帝一听，心里大惊，"好家伙，你家风水如此好，该不会要把皇帝抢去当了吧！得提防着。"于是，仍作笑容，说："爱卿，七里紫金土真是一绝，没听过看过，你画图过来让我瞧瞧吧！"蔡京不知是计，回家精心画了图，标了尺寸，以为皇上看了会满意呢。没想皇帝背地里用朱笔在图上使劲一勾，把蔡家风水给废了。

在《连江里志略》和《枫亭志》中，蔡家风水被人算计不是皇帝干的，而是风水地师凿塘伤地脉引起。书中说："后以醮婿，盥用银器，适地师至，易之以金，误以为铜，亵已也，衔之。会蔡庭中卑湿，谋欲去之，遂绐以山下凿塘，泉流成血，庭燥而蔡衰矣。贵显之家，狭小前制，轻动而中落者，比比也。今其地俗号牛肚破，前时犹见浊流赤晕，比来清三十余年矣。旧有谶云：牛肚破，蔡氏绝，牛肚清，蔡氏兴，牛头山下出公卿！"

郑得来的这段话说蔡京家有回招女婿，大办酒席请来贺喜的客人，其中就有一个是常给蔡家看风水的地师。他曾在蔡府过夜，使用过银制夜壶（小便用壶），逢人便夸有此不凡经历，这次参加蔡府宴席，原本以为可以再次享受使用银制夜壶的良好感觉，好回去向人夸口。谁知看到房间里原来放着好好的银壶忽然被人取走，却换了一个黄灿灿的"铜"壶来。其实是蔡府为了尊重他，换个金壶给他夜里用，风水先生不识金夜壶，认为主人瞧不起他，故意把银的换成铜的，于是起了歹心。不久，蔡府嫌庭中潮湿，风水先生就给他们出了个坏主意，在卧牛山"牛肚"处挖了一个池塘，结果庭是弄干燥了，但牛肚破了，泉流成血，蔡氏就衰败了。郑得来老先生这段话写于明末清初，对此感叹不已。说"牛肚破"处的红色浊流在三十多年前已变清了，按谶语所言，蔡氏或居住此地的枫亭人也该

"兴"了，该再出公卿了。二、三百年又过去了，还不见出过大人物，将来若真出了，想必地师们又能编出许多故事来。

在风水先生口中，莆阳蔡氏第二代公祖蔡五公蔡谨，其墓穴有"五龙盘珠"的好风水，据说又是蔡氏兴旺的一个原因。"五龙盘珠"位于枫慈溪北岸东宅村霞社山，是一座砖墓。五座山峰蜿蜒直下，夕阳映照五条山脉时，可以清楚地看到墓穴所在，宛似五条神龙争抢龙珠。龙珠是今东宅机砖厂处的一座圆形小山包，后来因烧砖，土被挖取，珠没了。民间传说，这是蔡襄、蔡京的共同高祖蔡五公蔡谨之墓，"五龙盘珠"是蔡氏的大风水，是莆仙大地上无人不知的事情。

诸位看官，这本《蔡京外传》开篇讲到蔡京八字命相，前生前世，蔡家风水，皆有出处可查，是作为一种历史现象、文化现象来对待的。诚望诸君破除陋见，只把命理、转生、风水当作旧文化中非主流的一种，非要把这些当成指导自己生活工作的"理论"，就大大的不如一千年前蔡京的儿子蔡絛了。如今一些官员谋官、改任、办事，甚至衙门和私宅的动土和迁移，都要先问风水大师的意见，岂不有违科学！还有一些堂而皇之的"学者"，要把这些古人都不肯迷信的东西包装成为"科学"，什么"古老方术的现代复活"，岂非咄咄怪事！

《宋史》错批蔡京冒充蔡襄族弟

蔡京、蔡卞与北宋名臣蔡襄同姓、同乡、同高祖，是族兄弟关系，族谱上写得明明白白。蔡用元定居枫亭赤湖蕉溪为第一世，单传一子蔡谨为第二世，是蔡襄和蔡京的共同高祖。第三世长房蔡显皇生长子四世蔡恭，蔡恭生次子蔡琇，蔡琇则生次子蔡襄为第六世。第三世季房蔡文辙生季子蔡功惠，功惠生蔡准，蔡准生蔡京和蔡卞，也是第六世。

蔡襄于宋仁宗天圣八年（1030）中王拱辰榜进士，四年后的景祐元年（1034），其族叔蔡准（蔡京、蔡卞的父亲）与其亲弟蔡高两人同中张唐卿榜进士。蔡襄56岁死于宋英宗治平四年（1067），三年后即宋神宗熙宁三年（1070），蔡京、蔡卞兄弟同科中叶祖洽榜进士甲科第九名与第十三名，步入仕途，后位极人臣，枫亭蔡姓遂成全国闻名的望族。

京、卞之父蔡准为官在蔡襄稍后，曾知嘉兴县，任著作郎，官职没有蔡襄显赫，但两家来往较为密切。《蔡襄全集》中有《回蔡郎中启》一文，据考是蔡襄对蔡准的回信，语气极为关心和亲切。《宣和书谱》和《铁围山丛谈》都说京、卞的书法，在少年时得蔡襄亲授，当是事实。京、卞兄弟后来尽力倡修木兰陂，与受到蔡襄主持修造洛阳桥的影响有关。蔡襄曾与范仲淹、欧阳修等推行"庆历新政"，史家认为是王安石变法的先声。

看来京、卞后来积极参与王安石变法，似乎也与蔡襄力主变革的思想观念的影响有关。还有史料表明，蔡襄的孙子蔡佃、蔡仴等人的就学、及第、仕途，乃至在靖康中受打击，皆与其叔祖父蔡京密切关连。

但元代修的《宋史·蔡襄传》在用了许多篇幅叙述了蔡襄的嘉行风范后，却画蛇添足地写上："蔡京与同郡而晚出，欲附名阀，自谓为族弟。"批判蔡京冒充蔡襄同族，"行为不端"。本书作者读史至此，不禁皱了眉头，甚是纳闷。你称赞蔡襄只管称赞就对了，为何扯到蔡京头上来！岂非咄咄怪事。堂堂正史，蔡京是不是蔡襄亲族，怎么不起码调查一下！

这使熟知两蔡族亲关系的莆仙当地很为难，因此历代《兴化府志》《仙游县志》《枫亭志》都不得不对《宋史》的这一错误加于辨正。明弘治《兴化府志》说："蔡氏在宋时，自襄及弟高登科筮仕，而族始显，京及弟卞，晚出于襄，为从昆弟，相继亦登科筮仕，而族以显。"又说："史（即元脱脱《宋史》）谓京晚出，欲附名阀，其说误矣！"清朝道光《枫亭志》说："端明（蔡襄）与鲁国（蔡京）为功缌之亲，其祖固同在蔡岭也！"

作者后来查了一些书，知道此语可能出自南宋人陈振孙的《直斋书录解题》。《宋史》常把私书中的不实传闻采入正史，正如《四库全书提要》所指出：《宋史》"其大旨以表章道学为言，余事不甚措意，故舛谬不能殚数""先理致而后文辞，崇道德而黜功利"。把尽书王安石之过定为编史原则，凡是元祐党人及其门生后代私书杂史中贬及王安石、蔡京的，哪怕是明显捏造出来的轶事，都一股脑儿收入正史。凡当时赞扬王安石、蔡京等新党人士的，哪怕出于元祐党人之口的，哪怕出自理学祖宗朱熹之口的，也一概不提。许多史家批评："《宋史》繁猥既甚，而是非亦未能出于大公。"

南宋理宗宝庆三年（1227），陈振孙任兴化军通判，在莆仙兴化三县活动的时间有一年多，搜购和抄录了诸多当地藏书，其中包含了南宋大学问家郑樵的手迹和抄本，这与他后日编成我国第二部著名的私家藏书提要题解目录《直斋书录解题》应有着直接关系。《直斋书录解题》中《蔡忠惠集》三十六卷的解题下写有一段话:"端明殿学士忠惠莆田蔡襄君谟撰,近世始刻于泉州。王十朋龟龄为之序。余尝官莆,至其居,去城三里。荔子号'玉堂红'者,正在其处。矮屋欲压头,犹是当时旧物。欧公所撰《墓志》,石立堂下。真迹及诸公书帖多有存者。京、卞同郡晚出,欲自附于名阀,自称族弟,本传云尔。襄孙佃,唱名第一,京时当国,以族孙引嫌,降第二,佃终身恨之。"

从这段话看来,他去过莆府城南的一处蔡襄旧居,与蔡襄后裔有过接触,何以不能弄清蔡氏两大名人蔡襄和蔡京的族亲关系呢?是否故意为之?民国莆田有名的学人宋湖民在《夹漈先生的遗书问题》一文中强烈批评陈振孙"以道学家自命",处处"尊经卫道","似醇儒,又似为伪儒",既以不当手段掠走郑樵的遗书,又对深具独立思考精神的不朽大学问家郑樵加于攻击讥讪之能事。陈振孙说蔡京冒充蔡襄同族,当与他的"卫道"情结有关,后为马端临《文献通考》和《宋史》等书引用。

要把蔡襄与蔡京两家分割干净是不客观的。《四库全书》馆臣批评《莆风清籁集》作者郑王臣说:"然蔡襄、蔡京、蔡卞本为同里,襄以名流推重,(作品)遂收之莆田;京、卞以奸迹彰闻,遂推之仙游。郑樵夹漈草堂,今仙游尚有遗迹。而以其博洽,又移之莆田,则亦不尽公论矣。"后世在研究地方的历史和文化时,不应采取把好人留给本地,把坏人推给异地,或者把正面人物说得完美无缺,把反面人物说得一无是处的办法。

05

蔡卞少年从学王安石

枫亭蔡氏与王安石的来往，应从蔡襄说起，《墨客挥犀》中有一则蔡襄招待王安石品茶的轶事：

王荆公为小学士时，尝访蔡君谟。君谟闻公至，自取绝品茶，亲涤器烹点以待。公（王安石）于夹袋取消风散一撮，投茶瓯饮之。君谟失色，公徐曰："大好茶味！"君谟大笑。

这个故事应发生于宋仁宗嘉祐六年（1061）四月至八年（1063）八月间，其时蔡襄在京任权三司使（财政部长）。王安石前在三司当过度支判官，时提任知制诰（小学士），是一份起草朝廷文书的工作，两人都是满脑子革新图强思想，又都对经济财政很擅长，惺惺相惜。王安石当时官位不高却已名满天下，上门拜访蔡襄，被世人视作茶圣的蔡襄极为高兴，拿出绝品好茶，价如黄金，亲自下手洗涤茶壶和茶盅，煮茶，欲与知己品茗论茶道。谁知那位怪人王安石突发奇想，从夹袋中掏出中药"消风散"粉末一小撮入茶，看得那蔡君谟大惊失色，大概是茶味中夹带着甘草味或薄荷味，那对茶道不甚在行的王安石竟徐徐发表评论："大好茶味！"惹得茶圣蔡襄大笑起来。可见两人关系比较融洽随便。

《中华文史论丛》第 73 辑有一篇刘成国的考证文章，《王安石江宁讲学考述》。据他考证：嘉祐八年（1063）秋季，王安石母亲逝世，王安石离职回江宁（又称金陵，今南京）守丧。治平中，丧满，又坚辞英宗入京召用，后受命就地知江宁府，直至神宗熙宁元年（1068 年）四月，才受命入京。他这次居江宁达四五年，曾兴办书院，收徒讲学。有许多学生慕名而来，师从王安石学习新学，少年蔡卞就是其中一员，从学王氏约在宋英宗治平二年（1065）。这件事在现代宋史研究专家们的著作《蔡京蔡卞与北宋晚期政局研究》《蔡卞研究》《北宋蔡卞政治活动研究》中都提到了。

若依前文朱弁《曲洧旧闻》卷八《蔡准侍郎少年时见鬼怪》所载，蔡卞只小蔡京两岁，应于公元 1049 年生，则治平二年从学王安石时，他的年龄是 16 岁。他老爹蔡准在江苏一带当官，于是，安排次子到当时已名满天下的王安石门下受业。蔡卞的其他同学如陆佃、龚原、李定、沈凭等，年纪都比蔡卞大，陆佃已在其他老师那里学过，在王安石处可算是"研究生"了，出了王门就能独立收徒讲学。年纪轻轻的蔡卞只能算是个"本科生"，但后来蔡卞在新学学派里地位很高，其所著《毛诗名物解》，直承安石《字说》，著书至今犹存，还是一部好书。新学的核心著作《三经新义》就是王安石与王雱、蔡卞、沈括等人合著，为王安石新法的推行，从儒学经典中寻找和阐明理论，其中《书新义》《诗新义》分别由王雱和蔡卞执笔。

《宣和书谱》中的蔡卞小传，以宋徽宗本人的口气说蔡卞"少与其兄（蔡京）游太学，驰声一时，同年及进士第。王安石见而奇之，妻于女，使从己学，得王安石学术议论为多，自以王氏学擅一时，时流归之"。

蔡京、蔡卞兄弟入京城太学读书，应发生在蔡卞金陵从学王安石之后，就在熙宁元年（1068 年）四月王安石受命入京时，此后第二年王安石拜参知政事推行新法，而蔡氏兄弟在太学中"驰声一时"，熙宁三年双双高中进士甲科第九和第十三名，走上仕途。时年哥哥二十四岁，弟弟二十二岁。王安石对蔡卞"见而奇之"应在其高中进士之前的金陵从学时，"妻于女"则应在高中进士之后，宋朝曾纾《南游纪旧》中有如下一则记载：

> 荆公以次女适蔡卞。吴国夫人吴氏骤贵，又爱此女，乃以锦为帐，未成礼而华俊之声已闻于外。神宗一日问介甫曰："卿大儒之家，用锦帐嫁女？"介甫愕然无所对，归问之，果然。乃舍之开宝寺福胜阁下为佛帐，明日再对，惶惶谢罪而已。

王安石把他次女嫁给蔡卞，他的夫人吴氏刚刚从普通的官夫人"骤贵"，一下子上升成为大宰相的诰命夫人，觉得门面大了，又特爱这位次女，就买了一块华贵的丝织品床帐给女儿当嫁妆。婚礼还未举行，这块高档床帐就成了新闻。神宗正在和王安石推行改革，害怕宰相家的床帐新闻对改革需要的廉政勤政的形象不利，提醒王安石："你是大儒人家啊，用侈奢的丝织锦帐嫁女合适吗？"王安石回家问清楚了，立即把它舍入佛门，还向神宗作了检讨。由此可见，蔡卞成婚当在王安石刚当上宰相，正当吴夫人"骤贵"，蔡卞及第不久之时，约在熙宁三年或四年。

蔡卞作为王安石的女婿兼门生，在学术和思想方面深得王安石的真传，被王安石视为自己的继承人，蔡卞自己也一直以此自称。蔡卞对岳父、岳母尊敬和照顾有加，大大超过了"女婿半子"的程度。王安石儿子王雱早逝，王家事大半是蔡卞操办。王安石熙宁九年归隐金陵后，蔡卞数次受神宗委托前往探视和议事，王安石病中医疗及身后丧事，皆是蔡卞主持。王死后蔡卞又把岳母吴氏接到自己家中终养。这些事情在宋代史书、宋人笔记和文集中屡屡可见。蔡卞对王安石，实际上已尽儿子之责。

后来，蔡京、蔡卞和王安石被捆绑在一起，当作北宋亡国的替罪羊，再后来清末民初，西学东渐，中国学人开始以较为科学的历史观点和方法来审视宋史，国民党和共产党都认王安石为正面历史伟人，他是终于基本被洗白了，而蔡京、蔡卞的事情还是说不清楚，有的学人就发明出一种蔡京、蔡卞"打着王安石旗帜而反对王安石"的说法，以求把王安石与他的继承者分割开来。

06

京、卞请求蔡襄倡修木兰陂

　　莆田壶公洋三面濒海，永春、德化、仙游三县溪水顺木兰溪经壶公洋流入兴化湾，海潮溯溪而上三十余公里，能涌到仙游榜头林陂（又称灵陂）。因而溪水咸淡不分，平时无法灌溉农田，"流膏美利，空堕于海"。洪水泛滥时又"泻卤弥天"，以致莆田南北洋的数万顷地"只生蒲草，不长禾苗"。自古以来，莆田百姓渴望修治木兰溪水利，利用溪流淡水将南北洋大片卤地改为良田。

　　晚唐莆田有一个出语成谶、非常灵异的老和尚，叫妙应禅师，又称伏虎仙师。王审知来福建，求问前景，妙应说："骑马来，骑马去！"结果王审知是"马"年在福建建立的政权，又在下个甲子马年灭了，刚好六十年。闽王朝灭了以后，留从效割据泉州。人家问他留从效如何？他说："卯下田，力交连，井底坐，二十年。"卯字下面加个田字，就成了姓留。左边"交"做偏旁，右边"力"做偏旁，合起来就是左交右力的（劾）字，也就是如今的"效"字。井底有什么？就是泉水，泉州的"泉"字。留从效要在泉州坐二十年天下，果然如他所言，你看妙应禅师神也不神？

　　妙应当过狱吏，是公务员出身，对社会发展和民间需求看得较为清楚。他看到莆田南洋那几十万亩盐碱地，实在是很需要木兰溪的淡水来把它改造成良田，就发出了一段至今莆田人老幼皆知的谶语："水绕壶公山，莆田朱紫半，白湖腰欲断，此时大好看！"他说只要到了木兰溪水被引着绕着壶公山去灌溉几十万亩南洋地时，莆田经济和文化就将大发展，穿紫红色官服的人会大量涌现出来，等到白湖一带架起了跨海桥梁，莆田那时的光景就大大好看了。

此谶语至宋英宗时，已流传了近二百年，反映了莆田人兴修木兰水利的迫切持久的世代心愿。莆人一代代念叨着大师的这段谶语过了近二百年，到了北宋英宗治平元年（1064），终于开始付诸行动了。先有邻县长乐的一个退休官员的女儿钱四娘，带了全部家产白银十万两来莆田，在木兰陂现址上游的将军滩修陂。陂成，正在水上饮酒庆功，上游山洪暴发，溪水猛涨，千辛万苦建起来的陂一下子冲垮了。钱四娘悲哭绝望，跳水自杀，尸体被水冲至渠桥乡沟口村，后莆田人在此处建有香山宫，纪念这位豆蔻年华、胸有大志而未成的未婚女青年。

紧步钱小姐的后尘，又有一个长乐县的退休老进士林从世，也带了全部家产十万银来莆田，在木兰陂现址的下游温泉口筑陂，陂又成了，可是碰上海啸，海潮猛攻主陂，又一下子垮塌了，从此林从世家产败尽，留连莆田至死。

钱林两人前仆后继修陂接连失败，震撼了莆田人的心。这时蔡京还是个未出仕的青年学士，十九、二十岁吧，他弟弟蔡卞小他 2 岁。两人感动之余，竟去求曾在朝廷做大官的堂哥蔡襄出面倡修木兰陂。

协创木兰陂十四家后裔编纂的《木兰陂志集》中引《出汛录》说："蔡襄，万安桥成，从弟京请陂莆南。襄曰：饶汝为之！"

《出汛录》应当是一部记述福建沿海潮汛和洪汛的古代著作，今失传。莆田的古代水利工程木兰陂始建于北宋神宗熙宁八年（1075 年）至元丰五年（1082）。闽侯李宏来莆主创，莆人三余、七朱、陈、林、吴、顾等十四家协创。协创木兰陂十四家的后裔们，到了明代，根据宋代宣和年间知兴化军詹时升主持编纂的《木兰陂集》和历代保存的文件实物编成《木兰陂志》一书，现莆田市图书馆藏有清初版本上下册一套，全国其他图书馆似未藏此书。

蔡襄大从弟蔡京 35 岁，蔡襄建泉州万安桥成于嘉祐四年（1059）十二月（当时蔡京才十二岁）。蔡襄一生为人民办好事，办实事，死后谥号忠惠，在仁宗末年处境很好，人品才学世所公认。他快要当宰相了，然而仁宗死了，英宗继位，怀疑蔡襄在他继位前后提过不同意见，于是蔡襄只好怏怏地外放杭州，做知府。兄弟俩找到堂兄蔡襄，说："哥！你修泉州洛阳桥为泉州人做了大好事，那也来莆田修木兰溪水利，为莆田人做个大好事吧！"蔡襄说："留你们兄弟俩去做吧！"

这件事可能发生在治平三年（1066）二月十二日，55 岁的杭州知府蔡襄给 92 岁的母亲卢太郡过生日寿，杭州附近的蔡家亲朋都来祝寿，蔡京兄弟和在附近工作的父亲蔡准当在其中。蔡襄祝寿诗中说："我今鬓发百垂丝，挥拂菜衣辄起舞。愿亲长年无穷已，愿儿强健典州府。不富不贫正得宜，如我奉亲难比数。"其中"不贫不富正得宜"一句，深为本书作者郑痴奉为金句，心想天下做官的共产党员们如也能奉此为金句，则可多得许多百姓好评且免受许多各级纪委查处之苦。蔡襄尽心尽孝，天下传闻，欧阳修在《长安郡太君卢氏墓志铭》中说："天下许多人为母亲祝寿举杯时，常说：'愿母亲如蔡母卢夫人长寿'，如果老人去世了，常有人说：'哎，我母亲不能象蔡襄家卢夫人那样康健，太遗憾了。'"

这件事也有可能发生在治平三年底，蔡襄在母亲死后，扶柩回莆田守丧，谁知次子蔡旬竟于第二年夏又病逝，蔡襄遭此重击，终于病体难支，自己也于当年即治平四年（1067）八月十六日病逝了。这期间，恰好蔡京兄弟回乡，遂有吁请蔡襄倡修木兰水利之事。

蔡襄是自己病了，不能再为莆人去修木兰陂，第二年就去世了。京、卞两人与堂兄蔡襄有点相似，喜欢为社会做好事、做实事，奇怪吗？不奇怪！宋朝优待读书人，读书人的社会责任感空前地增加了，青年士子满怀热情地走上政治舞台。忠君报国为民做事成为主流思想，是比现在的许多贪官污吏好很多了！九年后，两兄弟果真请求朝廷下文倡修莆田木兰陂，这是后话。

07

兄弟同科高中

　　蔡京、卞兄弟参加礼部会试（宋代称省试）是在神宗熙宁三年，《宣和书谱》的蔡卞传中说蔡卞"少与其兄（蔡京）游太学，驰声一时"，可见之前两人同在京城太学修习。宋时，太学是全国修习儒学的最高学府，太学生从八品以上官员子弟和平民的优秀子弟中招收，两人既然在太学中能够"驰声一时"，估计在学应有两三年，很有可能在王安石应诏入京主政的熙宁元年（1068 年）入学。之前蔡卞已在金陵从学王安石达数年。蔡京之前从学于谁人，史书没有记载。"省"是中央部门的名称，会试由尚书省主持，故又称省试，第一名称"省元"。

　　宋人徐度《却扫编》中有一篇蔡京兄弟省试前，求一位高僧给他们算命问前程的故事，抄录如下：

　　熙宁、元丰间，有僧化成者，以命术闻于京师。蔡元长兄弟始赴省试，同往访焉。时问命者盈门，弥日方得前。既语以年月，率尔语元长曰："此武官大使臣命也，他时衣食不阙而已，余不可望也。"语元度曰："此命甚佳，今岁便登第，十余年间可为侍从，又十年为执政，然决不为真相（大宰相），晚年当以使相（节度使）终。"既退，元长大病（反感）其言。元度曰："观其推步卤莽如此，何足信哉！"更俟旬日再往访之，僧已不复记忆。再以年月语之，率尔而言，悉如前说，兄弟相顾大惊。然是年遂同登第，自是相继贵显。于元长则大谬如此，而元度终身无一语之差。以是知世所谓命术者，类不可信；其有合者，皆偶然也。

译成白话：北宋神宗熙宁至元丰年间，有僧人名叫化成，以看命本领高超闻名京都。蔡元长兄弟（蔡京和蔡卞）初次参加省试（礼部会试），一起去拜访这位算命高僧。当时求算命的人很多，挤满了屋子，蔡家兄弟等了快一整天，才轮得到近前问命。刚把两人的出生年月说出来，僧人就轻率地对蔡京说："你这命只是低级武官中敦武郎、修武郎之类的命！他时衣食不缺而已，不用指望其他的。"又对蔡卞说："你的命挺好，今年就能中进士，十来年官可做到皇帝身边的侍从官，再十来年可进入执政圈子，但决当不到大宰相，晚年会以文臣寄禄官最高阶的使相职终结仕途，虽不参预政事，但有很高俸禄。"算了命回来，蔡京很扫兴，蔡卞说："算命的今天生意太好，人多时间不够用，看他推算得如此草率，如何便能相信呢！"过了十来天，兄弟俩商量好再去找那僧人算命，估计他早忘了前次算命时说的话。谁知报了出生年月后，他还是非常轻易地说得跟从前一样。兄弟俩不由得相顾大惊。可是，当年的会试结果是兄弟俩双双高中进士甲科第九和第十三名，蔡京的名次在蔡卞前面。后来兄弟俩相继贵显。对照算命僧人所说，于蔡京是大谬如此，而于蔡卞则终身无一语之差。《却扫编》作者徐度讲了这故事后，说："以是知世间所谓命术者，类不可信；其算得与实际相合的，皆是偶然。"

徐度对算命先生的看法，和本书开篇蔡京儿子蔡絛的看法一致，都是对算命不以为然的。蔡絛说在蔡京大贵前，有过多次算命，算命的人大都不看好他的"八字"，徐度所描述的这次算命，大概就是其中一次。

宋代士人通过省试后，要参加皇帝主持的殿试，然后定下名次，录取分甲科、乙科两个档次，甲科优于乙科。蔡京、蔡卞两同胞兄弟竟会于同一科高中甲科第九和第十三名，是一件很了不起的事。南宋末仙游县志《仙溪志》以"兄弟同科"作为本县"衣冠盛事"记载，之前一次兄弟同科之事发生在庆历二年（1042）杨寘榜，仙游县吴乘、吴秉两兄弟同榜，但历代仙游县志中见不到两人生平事迹的其他记载，可能他们中的不是甲科，所以经历不显。

南宋的吴曾《能改斋漫录》中有《苏琼善词》一则，说：

姑苏官妓姓苏名琼，行第九。蔡元长道过苏州，太守召饮。元长闻琼之能词，因命及席为之。乞韵，以"九"字（为韵），词云："韩愈文章盖世，谢安情性风流。良辰美景在西楼，敢劝一杯芳酒。记得南宫高选，弟兄争占鳌头。金炉玉殿瑞烟浮，高占甲科第九。"盖元长奏名第九也。

这段话的意思是：蔡京路过苏州，当地知府设宴招待，席上有个官妓善于写词，叫苏琼，在姐妹行中排行第九，蔡京叫那苏九即席赋词，女子要蔡京给个韵脚，蔡京便提出以"九"为韵，苏琼的词说："蔡京啊！你像唐朝韩愈一样文章盖世，又像东晋谢安那样情性风流，如今咱们在这西楼共赏良辰美景，我以这低下的官妓身份，敢敬你一杯美酒！当年你和蔡卞南宫高中，兄弟俩简直是争着占了鳌头，皇家金炉玉殿，瑞烟浮绕，朝廷宣布你高中在甲科第九！好荣耀啊！"

苏琼确有才情，蔡京兴高采烈，他是很在乎这个"甲科第九"的。

08

蔡卞十三岁中进士吗

近年发表的一些主要的涉及蔡卞的著作，如 2007 年顾绍勇《蔡卞研究》、2009 年杨小敏《蔡京、蔡卞与北宋晚期政局研究》、2010 年黎陈晋《北宋蔡卞政治活动研究》，都把蔡卞的生卒年间写成 1058－1117，即生于宋仁宗嘉祐三年，卒于宋徽宗政和七年，享年 60 岁。现代的宋史学人们依此推算出蔡卞熙宁三年（1070）进士及第时年方 13 岁，一起高中的哥哥蔡京则当时 24 岁。写过硕士论文《蔡京的宦海沉浮》的曾莉，对蔡卞 13 岁进士及第表示怀疑，认为 13 岁太早。莆仙人也大多认为蔡卞只比蔡京小 2 岁，当是宋仁宗皇祐元年（1049）生，考中进士时 22 岁。曾有过宋史学人与笔者商讨过蔡卞及第时的年龄疑问，有些材料不妨与读者一起探讨。

第一，若蔡卞 13 岁及第，按理算是神童，但历代史书和宋人笔记中均未见称蔡卞为"神童"。

第二，本书第 5 节说过，上述宋史学人的论文中皆称：蔡卞曾在金陵从学于正在守母丧的王安石。王安石丧母在嘉祐八年十月，如果蔡卞是 13 岁中进士，则此时他只有 5 岁。有学人说从学时间可能在两年后的治平二年，则蔡卞也只有 7 岁，要与陆佃、李定等这些"大龄"同学一起究习高深精博的新学，显然太年轻了。

《宣和书谱》蔡卞评语中说蔡卞"少与其兄（蔡京）游太学，驰声一时，同年及进士弟"。蔡卞举进士前有与蔡京同时"驰声太学"的历史，然后参加会试。假定入太学修业二年，则蔡卞入太学时只有 11 岁，也太年轻，要与比他大 11 岁的哥哥学识水平相似，同时在太学"驰声"，也不太可能。若把蔡卞出生定在皇祐元年（1049），则蔡卞治平二年从学王安石时 16 岁，入太学时 19 岁，参加会试中进士 22 岁，则都在正常年龄。科举制度在宋真宗时已较为完善，此后宋代士人中进士一般要 20 岁以上，明清由于考试内容更为艰深些，中进士一般是 30 岁以上。当然不排除个别较为年轻的。

宋神宗去世前两年，自觉身体不行，对年方七八岁的儿子能否继位行使皇权很担心，所以对神童有多少本领很感兴趣。李焘的《续资治通鉴长编》元丰七年四月记载，神宗下旨把饶州神童朱天锡带到礼部试验，礼部郎中林希主试，这神童年方九岁（林希《野史》说他年十有一），"试诵七经皆通""上（神宗）召入禁中，取诸经试之，随问即诵"。神宗叹曰："此童诵书不遗一字，又无所畏惧，乃天禀也！"皇子延安郡王当时在旁，神宗指天锡而抚着儿子的头说："汝能如彼诵书乎？"神宗当面赐给他钱五万，叫小孩子买书回家去读，还告诫小孩子父亲以后不要让小孩废学。但该书在此记述后注明："天锡后无闻。"可见神童只是背诵能力强，对概念的理解、推理、判断，因年龄关系则还较差，这个朱姓小孩显然后来没能获取功名。

还是如第 5 节所说，蔡卞与王安石次女成亲是在王安石夫人"骤贵"即王安石初相之时，此时蔡卞刚及第，如果才十三四岁，如何适应婚后夫妻生活，也是问题。

另外，北宋方勺《泊宅篇》中有个故事：

枢密蔡公卞只一子，今为显谟阁待制。初，公出帅五羊，道由无锡县，挈家游惠山，时邑人杨生与数僧闲步佛殿。闻公来，戏谓诸僧曰："蔡侍郎无子，吾与之为子矣。"公至广（广州）之明年生仍，不久移知会稽，遂还朝，仍已三岁，途次无锡，悟前生之为杨生。因召杨生二子曰陟、曰昇者，问其父死之日，乃仍生之时。然两日后复问仍以夙昔事，辄懵然不能言矣。蔡杨至今往来如姻眷，奏陟将仕郎。

这故事说蔡卞只有一个儿子蔡仍，在方勺写《泊宅篇》时，蔡仍官居显谟阁侍制。蔡卞很迟才得子，元祐中蔡卞知广州，途经无锡赴任，当时儿子蔡仍还没生，带着全家游无锡的著名风景区惠山寺，碰见当地的生员杨生正和几个僧人在佛殿闲步。杨生听说蔡卞来，对那几个僧人开玩笑说："蔡卞侍郎没儿子啊，让我给他当儿子吧！"蔡卞到广州的第二年生了儿子蔡仍，不久调任会稽知府（今绍兴一带），接着被召回朝廷，又要路经无锡。蔡仍这时三岁了，竟然悟出自己前生就是无锡的杨生。蔡卞因此召来杨生的两个儿子，一个叫杨陟，一个叫杨昇，问他们父亲什么日子去世的，结果知道恰是蔡仍出生那天的同一时辰。可是两天后，再问蔡仍还记得从前的事吗？蔡仍已懵然说不出了。蔡、杨两家至今往来如姻眷，蔡卞举荐杨陟当了将仕郎。

蔡卞知广州是元祐四年（1089）七月任命的，如按皇祐元年（1049）生，时41岁，还没生儿子算是太迟了；如按嘉祐三年（1058）生，只有32岁，还不算迟。而杨生戏言要给蔡卞当儿子，年龄似应少于蔡卞15岁以上，他既有子4年后能受蔡卞召见，言明其父死期，大儿子至少也应有10来岁，则杨生元祐四年碰见蔡卞时似近三十岁光景，且明年便死，如此看来，蔡卞当时似应有四十多岁。所以他皇祐元年（1049）出生是较为合理的。

因此笔者本人较倾向于《曲洧旧闻》卷八《蔡准侍郎少年时见鬼怪》条，如本书第二节所载"庆历四年生京，而一人不见；又二年生卞"一说，作者朱弁系北宋宣和间太学生，时蔡京在世、蔡卞刚死。《曲洧旧闻》虽是被囚金国时所作，所言当是政宣间所闻。文中"庆历四年"虽误（蔡京庆历七年生），但"又二年生卞"是较可靠的。

本书第二节已引用《冷斋夜话》中《蔡元度生殁高邮》条："元度生

于高邮而殁于此"，蔡卞生与死既然都在高邮，我原想通过查阅其父蔡准在高邮的活动记载，就可以推定蔡卞出生年份，限于本人学力和环境，不能解决此问题，实指望读者诸公好事者，能最后确定它呢！

现代学者们的蔡卞13岁中进士的依据可能来源于元朝脱脱所编《宋史》，该书《蔡卞传》说蔡卞："政和末，谒归上冢，道死，年六十。"蔡卞政和七年（1117）死亡是肯定的，《宋史》说他六十岁死，依此推算，熙宁三年（1070）中进士便是13岁。但莆仙许多当地人则说蔡卞活了七十岁。《宋史》中常有错处是公认的，例如这篇《蔡卞传》说蔡卞"历同知谏院、侍御史。居职不久，皆以王安石执政亲嫌辞"，就是一个明显的错误。蔡卞元丰中任职同知谏院侍御史时，其岳父王安石早已不当宰相了，已归隐金陵多年，如何会因王安石是执政，女婿蔡卞引嫌辞去御史台职务呢！其他史书上明明写着，当时因为蔡卞本家蔡确当副宰相，蔡卞岳父王安石的弟弟王安礼也位居执政，所以，蔡卞引嫌，力辞御史台职务。《宋史》编者竟看不见这时王安石已不在朝廷的简单事实，可见其工作草率令人瞠目。这个蔡卞卒年六十，也该打打问号呢！

脱脱《宋史》记载蔡卞卒年六十，可能来自南宋王称《东都事略》卷一百零一，其《蔡卞传》有"卒年六十，赠太傅，谥曰文正"的记述，但无蔡卞因王安石执政亲嫌辞御史职务的错误。

09

蔡京父子与苏东坡

　　熙宁三年（1070），蔡京进士及第后，第一个岗位是去杭州钱塘县当县尉。蔡卞则是分配去常州江阴县当主簿，两人的父亲蔡准自仁宗景祐二年（1034）中了进士后，到现在已工作 36 年了，其中许多时间是当秀州嘉兴县县令，他的"职称"，在英宗治平中升了屯田郎中，是知制诰韩维为他写的诰书，在《南阳集》里查得到。北宋杭州、常州与秀州当时都辖于两浙路，路的治所在杭州钱塘。蔡准当时也在杭州，担任什么官职不清楚，以他"屯田郎中"的"职称"看，也许可以当到两浙路的转运使的副职。

　　熙宁四年（1071）十一月底，苏轼（东坡）也来到杭州，任通判。苏轼、苏辙兄弟熙宁二年守完父丧后回朝，就遇上了震撼朝野的王安石变法。苏轼虽然官位不高，但对王安石的变法有不同意见，对王安石以学校代替科举的计划更是公然表示反对，后来又因被举报运父枢回乡时，用官船私运苏木入蜀售卖事而受到调查。虽然不了了之，但在皇帝和大宰相那里显然已不被信任，这时外放来到杭州任通判，直至熙宁七年离杭。在杭期间与政治上倾向于变法的蔡准、蔡京父子，虽然政治观点不同，却有了一段时间的融洽的交游。

杨小敏教授的著作《蔡京、蔡卞与北宋晚期政局研究》载:《浙江通志》卷十记"来贤岩"曰:"《大涤洞天记》在洞霄宫东南,青檀山前,嵌空数丈,盘石丛竹可以游息。熙宁间,东坡为杭通守,同蔡准、吴天常、乐富国、闻人安道、俞康直、张日华,幅巾藜杖,盘桓于此,后人号曰'来贤'。"蔡准诗《来贤岩》曰"大涤洞沈沈,天柱风嶪嶪。人世悲落花,岩松无易叶。朝夕樵风生,云鹤闲情惬。何当采玉芝,仙踪从此蹑。"

蔡准在诗中婉劝苏东坡莫因官场的沉浮过分失意,说:"世人有时因看落花而伤情,不如看看山岩间四季长青的松叶,早晚在樵风中散步走走,想想神仙也不过如此。心情可以好许多!"

除了游大涤洞之外,熙宁五年夏,蔡准还邀请苏东坡同游杭州西湖。《苏轼集》卷三有《和蔡准郎中见邀游西湖三首》,是苏东坡诗作中很重要的作品,历代文人多有提及。蔡准原诗不传,苏轼和诗三首如下:

夏潦涨湖深更幽,西风落木芙蓉秋。飞雪暗天云拂地,新蒲出水柳映洲。

湖上四时看不足,惟有人生飘若浮。解颜一笑岂易得,主人有酒君应留。

君不见钱塘宦游客,朝推囚,暮决狱,不因人唤何时休。

城市不识江湖幽,如与蟪蛄语春秋。试令江湖处城市,却似麋鹿游汀洲。

高人无心无不可,得坎且止乘流浮。公卿故旧留不得,遇所得意终年留。

君不见抛官彭泽令,琴无弦,巾有酒,醉欲眠时遣客休。

田间决水鸣幽幽,插秧未遍麦已秋。相携烧笋苦竹寺,却下踏藕荷花洲。

船头斫鲜细缕缕，船尾炊玉香浮浮。临风饱食得甘寝，肯使细故胸中留。

君不见壮士憔悴时，饥谋食，渴谋饮，功名有时无罢休。

有文人说此诗表现苏东坡忧国忧民，"对新法祸民的憎恶之情""不忍弃百姓于水火而像陶渊明去自寻清凉"等等，笔者对该文人的这一不凡议论感到"丈二和尚摸不着头脑"。灯下细品，这诗明明白白就是乐观豁达、最能诗酒自娱的苏轼对蔡准《来贤岩》一诗的回应，言下之意是："我来风景秀美的杭州任职，倒不是什么坏事，心情反而开朗着呢！"我们不妨把全诗译成白话：

西湖风景，夏天最好看的是水涨得高，显得更深更幽；秋天是西风吹落叶沙沙作响，芙蓉却盛开；冬天飞雪暗天，乌云拂地；春天则新蒲出水，柳絮映在湖水中。西湖四季都有美景，看得我忘了人生若飘若浮。主人蔡准置酒请我来此开心，盛情难却啊！君不见我苏东坡来钱塘是个宦游客，干的是通判的活，一天到晚审案判决，真不好玩。要不是你请我出来玩，还要干到何时才下班呢？

城市的人不了解江湖的幽静，对城市的人讲江湖，就如对着蟪蛄讲孔子的《春秋》，他听不懂；而要让江湖的人住在城市，却似山间的麋鹿来到坑坑洼洼的汀洲地带，也疾跑不成了。高人顺其自然，得坎且止。公卿故旧们留我不得，只有蔡准你这样我所中意的人留我，我才想终年留你这儿都没关系。君不见古时彭泽县令陶渊明抛官不做，过着弹琴弹到弦断，喝酒喝到头巾都被酒湿了的生活，醉了想睡，就叫客人们回家，自己倒头睡着了，一点不用讲礼数。

在湖边走走，听田间灌溉的水幽幽细鸣，晚稻插秧未遍，麦子就显出了快要收成的景象。我们相携到苦竹寺烧笋，再到荷花洲踏藕。在船头把鲜藕斫成缕缕细丝，到船尾去煮。玉香浮浮，临风饱食，饱后甜睡，肯让那些鸡毛蒜皮的事留在胸中吗？君不见壮士也有焦头烂额憔悴之时，饥谋食，渴谋饮，等功名来到时再努力吧！

通篇是一切想得通，一切看得淡，与大自然融为一体，原没有那么多伟大的情怀，需要某些半瓶醋的文人去歌颂的。

蔡京比苏轼小十一岁，当时蔡京二十六岁，苏轼三十七岁，两人有共同的书法爱好，按照蔡絛的说法，是相与学唐代徐浩（字季海）的书法。

蔡絛《铁围山丛谈》卷四记载：

> 鲁公始同叔文正公授笔法于伯父君谟。即登第，调钱塘尉。时东坡公适倅钱塘，因相与学徐季海。当是时，神庙喜浩书，故熙、丰士大夫多尚徐会稽也。未几弃去，学沈传师，及元祐末，又厌传师，而从欧阳率更。由是字势豪健，痛快沉着。迨绍圣间，天下号能书者无出鲁公之右者。其后又弃率更，乃深法二王。每叹右军难及，而谓中令去父远矣。遂自成一法，为海内所宗焉。

由此可见，蔡京与胞弟蔡卞开始时向堂兄蔡襄学书法，蔡京任钱塘县尉时，恰遇苏轼也在钱塘任杭州副职（通判），就从苏轼学唐代徐浩（季海）的书法。当时宋神宗喜欢徐浩书法，因此，熙宁、元丰间士大夫多倾向徐会稽（浩，绍兴人）。由此可以得出结论，蔡京的书法启蒙于蔡襄，经苏轼指点，由此登堂入室，又学过沈传师和欧阳询（率更），以二王为归宿。

现代书法大师启功先生对二蔡（蔡京、蔡卞）书法评价极高，其《论书绝句百首》之十二称："笔姿京卞尽清妍，蹑晋踪唐傲宋贤。一念云泥判德艺，遂教坡谷以人传。"说蔡京兄弟的笔姿最为清妍，继承晋、唐，傲视宋代书法诸家，只是因为人们把"德"和"艺"扯在一块，一念云泥，遂让比不上蔡京、蔡卞的苏东坡和黄庭坚的书法得到亲睐而流传风行。由此看来，得到过苏东波指点的蔡京是后来居上了。

南宋洪迈《夷坚志》中还有一个蔡京在钱塘的故事：

> 蔡元长初登第，为钱塘尉，巡捕至阳村，有道人状貌甚伟，求见。蔡喜接方士，延与语，饮之酒而去。明日，宿他处，复见之。又明日，诣近

村，道人复至，饮酒数斗，恳曰："夜不能归，愿托宿可乎？"不得已许之，且同榻。至三更，闻舍外人声，俄倾渐众，遂排户入曰："车四元（原来）在此！"欲就床擒之。或曰："恐并损床外人，帝必怒，吾属且获罪。"蔡大恐起坐，呼从吏，无一应者，道人安寝自如。外人（等在床外的人）云："又被渠靸了六十年（又被他拖了60年）！"咨嗟（叹息）良久。闻室内如揭竹纸（造竹纸时把纸从纸模上揭起的声音）数万番之声（众多鬼役喘气之声），鸡鸣乃寂。道人矍然兴（目光炯炯地坐起），谢曰："某乃车四也，赖公脱此大厄，又可活一甲子。已度世三次矣，自此无所患。公当贵穷人爵，吾是以得免。念无以报，吾有药能化纸为铁，铁为铜，铜为银，银又为金。他日有急当用之。"天明别去，蔡惟以其说传仲子絛。蔡死，絛窜广西，赖是以济。

蔡京挨不过道士车四的恳求，让他同睡在内侧，躲过了拘命鬼役，可以再活60岁。道士为报答，教了蔡京化纸为金之法。《夷坚志》中说蔡京把这个工艺传给仲子蔡翛，显然错了，应是季子蔡絛。蔡絛被流放（上山下乡）广西，这一招派上用场，对生活不无小补。笔者学理工出身，猜测这个制"佯金"的工艺，就是把紫铜和含锌的锡放一起炉火融化而已，色泽与九五金完全相同，比重当然比真金轻，通常用于给人补金牙。在当时算是"高科技"。读者若有兴趣的，只要肯赏光读完我的书，我免费教你。

10

倡修木兰陂有功于莆

本书第六节，说过蔡京兄弟还在科举及第以前，就曾吁请堂哥蔡襄来莆建造木兰水利，看来把木兰陂的修建当做了人生理想。这也是当时莆田人的共同奋斗目标。相邻的长乐县人钱四娘和林从世前仆后继，一死一穷，使流传百年的妙应谶语又加上了钱、林失败的悲情。莆人的拳头攥得更紧了，血液流得更快了，一个声音在天上叫着："干吧，干吧！"

王安石的变法提供了莆人实现这一理想的契机。熙宁中，王安石推行"农田水利法"，全国各地大兴水利，谁出钱出力，谁得利又得名。蔡京兄弟初入宦途不久，约在熙宁六、七年间上书朝廷，要求皇帝下诏福建，募建木兰溪水利。皇帝批准了，下诏了。蔡京当时已从钱塘县尉调任淮南西路舒州通判，蔡卞可能还在常州江阴县。蔡京兄弟为家乡仙游邻县莆田县倡修木兰陂，与他们远在外省的基层职务毫无关系，这一功劳不会记入他们的政绩考核，不关他们个人仕途，他们却站出来充当莆人的"人大代表"，向中央提交修陂"提案"。此事说明北宋的青年士人颇有些为国为民的情结在心头的。后世被当成"奸臣"的两兄弟，至少在年轻时是有些像大忠臣堂哥蔡襄那样，喜欢为人民做些好事。

七八年前，笔者费了九牛二虎之力，终于找到协创木兰陂十四家后裔编纂的《木兰陂志》，那里边有一篇元丰五年莆田木兰陂竣工时、当地人方天若写的《木兰水利记》，极其真实地、生动地记载了木兰陂修建全过程，为了取信诸位看官，还是全文照抄吧——

莆南洋自唐元和间，观察使裴次元始塍海为田。然而溪涨左冲，海碱右啮，农不偿种，吏安取科？议水利者谓：筑陂堰之，凿河以导溪流而潴之，设斗门涵泄以待河溢，而尾闾泄之，庶几蕰隆弗能虫，怀襄弗能鱼，下济民艰，上输国赋，诚一方之急务也！

顾海若诲妒，河伯害成，以钱四娘之筑焉而溃，以林进士之筑焉而又溃。时蔡公兄弟京、卞，感涅槃之灵谶，念梓里之横流，屡请于朝，乃下诏募筑陂者。时福州有义士李宏，家雄于财而心乐于施，蔡公以书招之，遂倾家得缗钱七万，率家幹七人入莆，定基于木兰山下，负锸如云，散金如泥，陂未成而力已竭。于是，蔡公复奏于朝，募有财有干者辅之，得十四大家，遂慨然施钱共七十万余缗，助成本陂。

先引水从别道入海，乃于原溪海相接之处，掘地一丈，伐石立基，分为三十二门，依基而竖石柱，依柱而造木枋，长三十五丈，高二丈五尺。上流布长石以接水，下流布长石以送水，遇暴涨则减木枋以放水。又叠石为地牛，筑南北海堤三百有余丈，而陂成矣。

然海虽有障而溪未有潴，膏液甘润尽流入海，见者惜之。李宏与十四大家计议，谓惟凿河可蓄水。然难毁民间之田，且犯堪舆家之忌，为之奈何？十四大家佥曰："水绕壶山遗谶在验，况予等私田半在陂右，毁私田以灌公田，捐家财以符古谶，谁复矫其非者！"于是，各出私力，遇十四家之田即凿之，为大河七条，横阔二十余丈，深三丈五尺，支河一百有九条，横阔八丈有奇，转折旋绕至三十余里，而河成矣。

然溪涨河满，又溢于田，甚至溃堰而出，民甚苦之。李宏又问计于十四大家。佥议曰："今日水利如人一身，陂则咽喉也，河则肠胃也，咽喉纳之，肠胃受之，而不以尾闾泄之，其人必胀。今洋城、林墩、东山等处是亦木兰之尾闾也，泄之可以药水病。"于是倾家赀，募乐助簿，得钱七万余缗，立林墩陡门一所，洋城、东山水泄二所，东山石涵一所。皆鞭石为基柱，伐木为门闸，以河满处为办，遇旁溢则减闸泄之，水稍落即闭之。又恐泄水不足，立东南等处木涵二十九口，以杀其势，而陡门涵泄又成矣。

一日，李宏与十四大家泛舟木兰，为落成之宴，忽报陂北堤决十余丈。宏叹曰："八年之间，柱倾者一，堤崩者再，闸圮者四，后来智力两殚之时，恐前功俱弃矣！"十四大家沉思良久，有一扬杯言曰："曩者开河之土，堆积乱塘，此不可垦为田以贻厥后乎？"遂相与垦塘为田，岁得租二千七百余石。众谓多积无用，不如布散有用，乃舍入郡学及诸寺为租，仅存留一千三百九十余亩，备后来修理之用，而赡陂之田又立矣！

陂成而溪流有所砥柱，海潮有所锁钥；河成而桔槔取不涸之源，舟罟收无穷之利；陡门涵泄立而大旱不虞漏卮，洪水不虞沉灶；赡陂田设而巡护不食官帑，修治不削民脂。盖经始于熙宁之八年，完功于元丰之五年，计钱约费百万余缗，计田约毁四千余亩，计佣四十余万工。由是莆南洋田亩万有余顷，藉以灌溉，岁输军储三万七千斛。

是举也，李君之力居多，十四家次之，其余助力钱者亦不可泯，今具揭于区。而蔡公奏请之功，又非诸君之领袖乎？诸君嘱予纪其事，予窃闻邺旁稻粱之咏，谷口禾黍之谣，至今谈水利者，称史起郑国不衰，岂非水势得哉？莆自入中国来，日虞昏垫，一旦奠海滨于邺旁谷口之安，虽有财力亦得其势故也。

今国家自庆历间筑长桥以便漕路，水去渐涩，黄浦之口渐湮，而三吴多水患。予以为当事者未得其势耳！倘以治吾木兰者治之，固陂障以防其溃，濬河渠以增其蓄，又度其冲射所至，预穿大渠以导其入海，行此以治东南三江，又行此以治西北九河，何忧水患哉？

蔡公兄弟父子不日典枢，必有大建白者，诸君子姓名蒸蒸迫人，他日阴骘所酿，皆未可量。涅槃之谶，骎骎有征。予因不辞而为之记，以贻蔡公及诸君，为他日经济地云。

十四家本《木兰陂志》注此文写于宋神宗元丰五年（1082），正是木兰陂工程竣工之时，文中较为详尽地回顾了木兰陂的蕴酿和建设过程。莆田南洋水利起于唐宪宗元和间（806－820），观察使裴次元在莆田首倡塍海为田，从那时起，莆人就有"议水利者"提出把永春、德化、仙游三县流来的木兰溪之淡水，与海潮上溯的碱水隔断，引以灌溉南洋大片沿海田地的设想，认为"诚一方之急务也！"这一愿望生动地体现在异僧涅槃的谶语中，在文中有三处提到：在讲到蔡京兄弟向朝廷和民间倡建木兰陂时，说"时蔡公兄弟京、卞，感涅槃之灵谶"；在叙述李宏与十四家商议凿田开沟时，说"水绕壶山遗谶在验"；在文章近结束时，又说："涅槃之谶骎骎有征。"异僧涅槃即妙应禅师，出家前黄姓，名文矩，莆田人，生于唐宪宗时，主要活动当在唐僖宗时，唐昭宗时赐号"妙应"。

文中提到与建陂有关的历史人物有钱四娘、林进士，蔡京、蔡卞兄弟，李宏、十四大家等。莆仙在唐末五代的全国性大动乱中未受兵戈祸害，先经王审知据闽三十年，又经留从效、陈洪进割据泉漳（时莆仙属泉州）三十七年，在经济和文化上不是退步而是进步了，入宋后七十年来又有了更大的发展，正如文中所言是"有财力亦得其势"，开发木兰溪水利，使南洋数万顷农田由贫瘠盐碱地变成良田，成了莆田及福建沿海邻县人所关注的事情。

文中提起蔡京、蔡卞兄弟有三处，其第一处说："时蔡公兄弟京、卞，感涅槃之灵谶，念梓里之横流。屡请于朝，乃下诏募筑陂者。"行文至建陂有功者时，又说："而蔡公奏请之功，又非诸君之领袖乎？"在结尾时又说："蔡公兄弟父子不日典枢，必有大建白者，……予因不辞而为之记，以贻蔡公及诸君，为他日经济地云。"着重地肯定了蔡京、蔡卞在创建木兰陂时的作用。元丰五年（1082）木兰陂工程竣工，方天若作此记时，蔡京、蔡卞刚要升迁朝廷中枢职位（中书舍人），所以文中说"兄弟父子不日典枢"，其父蔡准此时约七十来岁。

李宏是闽侯县人，是道士的出身的富户，此文中说蔡京"以书招之"，他率家干（即管家）七人来莆，吸取钱林两人失败的教训，选择木兰山下溪流较为宽阔缓慢处施工，在今木兰陂处筑陂，后因资金不足，蔡京复奏于朝，于是又发动莆田南洋当地十四大家，凑了资金七十万余缗，才筑成主陂和陂上游堤岸。这十四大家身份都为致仕小官，可能是南洋当地有较多田地的地主或周围能享受水利的有田地者的代表。钱、林、李是莆田外县人，能看好莆田南洋水利的良好经济前景，大举陂事，前仆后继，不惜倾家荡产；蔡京兄弟是仙游县籍年青士人，刚出茅庐不数年，在外州军作小官，能热心家乡兴化军的水利事业，屡向朝廷呼吁，使朝廷直接出面倡筑木兰陂，又在民间牵线发动；南洋十四家能在共同利益的前提下，组织起来，互助合作，在李宏带领下，集体协调一致，全靠民间力量，完成这一千古不朽的巨大工程，充分反映了北宋王安石变法时期人们积极向上、开发进取的精神面貌。

《木兰水利记》详尽地描述了木兰陂施工的全过程，先是主陂和堤岸（大约两三年），后是配套灌溉工程长达三十多里的七大河沟，一百零九支沟（估计也用两三年），再是陡门涵泄的泄洪工程，最后又立陂田以备修费用，头尾总计用去八年，在工程的每一阶段李宏都能与十四家紧密配合，商议对策，克服困难，无私奉献，令今人读来倍为感动。

文中多处涉及工程费用。先是李宏应诏来莆时，倾家得缗钱七万，"陂未成力竭"，后有十四家"慨然施钱七十万余缗，助成本陂"。这只是主修筑陂和堤岸的费用，在讲到陡门涵泄工程时，又说"倾家赀，募乐助薄，得钱七万余缗"。在总结工程耗费时，说"计钱约费百万余缗"。可见开沟工程所费亦在数十万缗之上。（缗与"两"相匹，一缗即一贯，1000文或一两）如此浩大的费用不靠官府公币完全民间自筹，还能以赡陂之田建立修陂基金，以应付陂司处理日常陂事和维修开支，实为难得。

文章结尾，自豪地指出了木兰水利经验对全国修治江河湖海水患的意义，认为倘"行此以治东南三江，又行此以治西北九河，何忧水患哉"？

福建莆田的古代水利工程木兰陂，是能与四川都江堰相媲美的我国现存的最完整的古代水利工程之一，是北宋王安石变法中实施"农田水利法"取得重大成效的生动的历史见证。

木兰陂修造成功，灌溉良田数十万亩，天不能旱，水不能涝，是中国古代最著名的水利工程之一，堪与四川都江堰比，至今还在发挥水利功能。从此莆田岁多丰稔，人文勃兴，遂为一方乐土，妙应古谶得于实现。

元丰四年，为奖酬协创木兰陂的十四大家舍田开沟的功绩，时任兴化军知军谢履遂上疏朝廷，拟将因水利工程建成后，废塘所填之田中的一部分酬奖十四家永不科粮。这篇上疏，在十四家本《木兰陂志》中题为《奏请木兰陂不科圭田疏》。全文如下：

福建路兴化军知军臣谢履谨奏为酬水利以风天下事：

切见臣提封之内，永嘉乡维新里有木兰溪之水，自永春、德化、仙游合流至此，以入于海。古议于此截海为陂，可灌维新里至仙游县田数万亩。治平间，长乐钱四娘、林从世接踵筑陂，俱溃于水。熙宁八年，侯官县道人李宏，应诏挟赀来莆筑陂，幸有本军所辖感德乡大姓致仕司法参军余子复、从事郎朱伯震、武显郎余彬、承信郎通判余驹、承奉郎林国钧、承信郎顾筠、武翼郎朱公麇、承信郎县尉朱珪、校尉朱桂、推官朱拱、作院使吴谂、将仕郎陈汝翼、推官朱赓、运使朱枚等十四人，舍钱七十万余缗，助筑成陂，海无泛滥之灾，民有得食之渐。前知军李川以大孤屿东、小龟屿北沿海白地酬奖李宏讫。

然溪海虽分，水无积注，莆南洋万有余顷之田，仅资六塘之水。数日不雨，则禾苗立槁，上下嗷嗷，犹陂未筑也。又幸原助陂十四人，舍田四千九百九十五亩二十八角四十八步，募工自陂右创桥开沟直下，导水东注，为大沟七条，股沟一百有九，计三十余里，以灌南洋上、中、下段田万有余顷，兴化军储才六万斛，而陂成岁得军储三万七千斛。

又思贮水有沟，塘无所用，将开沟之土，移筑五塘为木兰陂田。岁收租谷二千六百六十五石，尽输本军以赡国赋。

切念有莆无陂，二县皆海，有陂无沟，三农苦旱。今十四臣前既舍财助陂，且捐田凿沟，非惟水不能涝，抑且天不能旱，不特下开粒食，抑且上裕军赋，费罔损官，役非妨民。睹迹叹功，沐恩颂德，诚盛世所稀觏也！

臣承乏守土，未有成绩，罪宜万死；而挂冠逸叟，乃能奉承德意，立莆人世世命脉，若不重加酬奖，何以励宇内而风天下？臣议将以原筑塘田内拔若干亩以赐十四人，世收租利，仍免本田粮差，庶上尽报功之典，而下鼓向义之风。未敢擅便，仅本专差里正林贵诚赍奏，伏候敕赐。臣不胜僭言待罪之至。

宋神宗皇帝于九月初一日批准这一奏请，在《木兰陂志》中题为《赐木兰陂不科圭田敕》，全文如下：

敕通直郎秘书丞知兴化军谢履，并本军感德乡致仕具官司法参军余子复、从事郎朱伯震、武显郎余彬、承信郎通判余骃、承奉郎林国钧、承信郎顾筠、武翼郎朱公廙、承信郎县尉朱珪、校尉朱桂、推官朱拱、作院使吴谀、将仕郎陈汝翼、推官朱赓、运使朱枚等：

盖闻君人者握符御宇，岂以一人肆于氓上，亦唯奉天子民，兴利除害为兢兢。故朕即位以来，遣程颢等察农田水利，屡诏诸路监司州县，如能劝诱兴修塘堰者，当议旌赏；又下司农贷官钱募民，赐江宁府常平米五万石，以修水利。徒增烦费，谁报底债？朕甚厌之！

今秘书丞知兴化军事谢履题朕旧臣余子复、朱伯震、余彬、余骃、林国钧、顾筠、朱公廙、朱珪、朱桂、朱拱、吴谀、陈汝翼、朱赓、朱枚等弃己捐财，共成陂功，今又捐田以开沟，且筑田以充赋，国计民生，实两赖之。是固十四臣者，体朕至意乃劝导诱激，尔实与有力焉！其以尔转承议郎，勉图后功；而以原筑陂田四百九十亩七分赐十四臣，免其粮差。盖尔不为子孙谋，而为国家谋，故朕既拔田酬尔勋，而并蠲赋为尔子孙计，永为圭田，眷乃世守。

奉敕如右，牒到奉行。

这一疏一勒形成于元丰四年，元丰五年方天若所作《木兰水利记》早一年。文中提到："前知军李川，以大孤屿东、小龟屿北沿海白地酬奖李宏讫。"李川是谢履前任。文中开列十四家姓名，有三余七朱、陈、林、吴、顾，官阶有从事郎、武显郎、承信郎、承奉郎、将仕郎之类，差遣职务有司法参军、县尉、通判、推官、校尉、作院使、运使之类。勒中称其为"朕致仕旧臣"，看来是莆田南洋感德乡的大户田主，或是田主们的代表。谢履在接到朝廷批复诏勒后，曾于十月吉日立石，开列各家姓名、官秩并捐田开沟亩数，也见于《木兰陂志》中。

谢履在奏疏中赞扬十四家"挂冠曳乃能奉承德意，立莆人世世命脉"。勒书中皇帝神宗说："朕即位以来遣程颢察农田水利、屡诏诸路监司州县，如能劝诱兴修塘堰者，当议旌赏。"强调了他在王安石变法中对农田水利的重视，又说他曾经赐江宁府常平米五万石以修太湖一带水利，但是没有取得可观成效，"徒增烦费，谁报底绩"？感到很遗憾，"朕甚厌之"。因此对李宏和十四家"弃已捐财，共成陂功，今又捐田开沟，且筑田以充赋"，深为感动，欣慰之情溢于言表，决定批准以废塘所填陂田四百九十亩七分赐十四家，免其粮差，还勉励他们："尔不为子孙谋而为国家谋，故朕既拨田酬尔勋，而并蠲赋为尔子孙计，永为圭田。"为奖励兴化知军谢履，把他的官阶由通直郎升转承议郎。勒书中落款处除盖有玉玺：恭承天命之宝外，还开列了相关办事官员姓或名，有王受、吕、孙固、蔡江、黄球、李议等，对研究宋代行政文书，也具有一定史料价值。

木兰陂工程元丰五年完成之后，元丰六年（1083）李宏去世。七年，灌区民众请于兴化知军陆衍，在陂附近立庙（今钱妃庙处），祀李宏和钱四娘，林进士配祀。过后不多年，协创木兰陂的十四家当事者亦相继去世，绍圣四年（1097），其子孙又请于兴化知军饶方，以十四家木主配享。

陂成27年后的宋徽宗大观三年（1109），星变，蔡京第二次罢相，太学生陈朝老和御史张克公乘机攻击蔡京十多事，其中就有"决水而灌田，以符兴化之谶"。在这前一年的大观二年，蔡京指示福建路转运使发民夫为木兰陂灌溉系统开凿新塘（后为地名），有莆田士人方轸（安乐里人）上封事弹劾蔡京："臣与京皆壶山（莆田）人，谶云：水绕壶公山，今朝更好看。京讽部使者（福建路转运使）凿渠以绕山，臣以是知京必反也。"宋钦宗靖康中诸人弹劾蔡京，也有把修木兰陂"以符兴化之谶"作为蔡京罪状的，可见蔡京在修陂中作用重大，不容怀疑。

建陂四十四年后的宣和元年（1119），兴化知军詹时升题庙额曰：李长者庙，并主持编写《木兰陂集》，为之撰写《木兰志序》。他目睹木兰陂水利工程根本地变了莆田经济和人文状态，感动不已，说：

甚哉水之为利害（利和害）也。司马相（元祐时司马光当了宰相），而临川（王安石是临川人）新法罢革殆尽，唯留水利一科，谓百害中获一利。予未有所验，及守兴化，览木兰陂，当其时，绌私钱（花了私人的钱）数十万缗，赢公钱（给政府创造财政收入）数千万缗，毁私田数十百亩，溉公田数十万亩。倘所谓害中伏利，信然哉！信然哉！

这篇《木兰志序》除了在《木兰陂志集》正文中排版外，还以詹本人字迹稿置在全书目录前。詹时升在莆田看到民间才花了"私钱数十万缗"修建木兰陂后，却能为兴化军赢来军储数千万缗，十四户人家才毁去私田数十百亩，却实现灌溉公田数十万亩，认为这是大大有利的事，批评了司马光认为水利只是"百害中才获一利"的看法。

蔡京死后，他倡修木兰陂之事逐渐被淡化，只剩下对钱、林、李宏等创陂者的记念和歌颂，但南宋中期曾身居执政的龚茂良有诗《题木兰陂》，诗中有"此水还应接鄞水，为谁流下海门东"的句子。王安石曾治浙江鄞县水，龚认为陂归功王安石新法的实施和蔡京的努力。

南宋大儒林光朝《木兰即事》一诗，更是对如何评价蔡京倡修木兰陂的事实感到困惑，全诗如下：

济渡清源颂蔡襄，如京如下亦同堂。兰水果符兴化谶，功比万安差雁行。

可怜误国翻自误，身窜家流名垂锢。顿使行人口里碑，尽付当年诸大户。

大户捧诏还自猜，莫是太师嫁祸胎？谁知财散身随显，何如身剖不藏财。

昨过惠安探遗迹，今过木兰重叹息。莫云忠佞天懵懵，就此亦堪辨黜陟？

诗说京、卞与蔡襄是同堂兄弟，京、卞倡筑木兰陂与蔡襄修洛阳桥（万安桥）的功劳相比，其实差不多。蔡京因被认为误国有责，就埋没了倡修木兰陂的功劳，都让给了当年李宏等富户去了，其实那些大户当年接到朝廷要他们参加筑陂的诏书时，还怀疑是蔡京要把灾祸带给他们呢！谁知道破了财去筑陂，会带来身后显赫和子孙享福的好报应，真是合算极了！

明朝郑思亨辑莆田诗文 40 卷为《冈凤集》，收入方天若《木兰水利记》一文，并跋其后曰："木兰一陂，大半皆蔡京之力。蔡京造陂时官知开封府（实际上蔡京权知开封府在元丰七年十一月），累官至右仆射转司空，封鲁国公。"又说由于蔡京政治上被否定，"莆人遂讳京功，并讳天若记。予不以人废言，姑特存之"。

身为修陂十四大户之一的余姓后裔，明代知府余文《重修木兰陂记》说："水利之兴，自治平也，迨神宗采王安石之言，诏诸路劝修陂塘，又准蔡京之奏，诏莆阳协兴水利，时则侯官李宏倡之，吾家十四祖助之，陂之创也，自熙宁始也。"可见，许多莆人坚持认为木兰陂是王安石新法背景下蔡京倡修，明、清许多莆人咏木兰陂，诗有"熙宁新法煽昏君（指宋神宗），吾郡偏邀水利勋""虽得异人完莆事，莫嫌新法创荆公""神灯影里拜钱妃，堪笑元长（蔡京）引水痴"等句子。虽然许多有关木兰陂的古籍都故意隐去了蔡京倡修木兰陂的事实，但由协创木兰陂十四功臣裔孙捐资续刻，明末清初莆田著名士绅余飏等人校辑的《木兰陂志》，却赫然全文收入了上述所引各项史料。

莆田清代末科翰林、民国开明人物张琴篡写《莆田县志》，说蔡京凿新塘，"为轸（方轸）所劾，然凿渠美事也"，"即无古谶，渠亦当开"。又说："然（蔡京）留意水利，（在福建）不行当十钱，固未然得罪于乡里也。"可见蔡京倡修木兰陂得到好评，在文字和口碑上，是或多或少地历史地流传下来。据说20世纪90年代，有某莆田市领导公开说："蔡京倡修木兰陂有功于我莆，其他地方的人可以忘掉他，我们莆田人不应忘掉他呢！"

千古一陂，扑溯迷离；倡修者谁？蔡京无疑！

附录：《木兰水利记》白话译文：

莆田县的南洋，自从唐朝元和（806－820）年间，来莆的观察使裴次元开始塍海（围海）为田，然而常遭木兰溪洪水和大海碱水左右冲刷啮咬，农业收成不抵所用种子，官吏又如何能加于科取？讨论兴修水利的人们说：应该筑陂来堰住溪流，凿河沟以导引溪流，潴存起来，设斗门和涵泄，准备在河沟溢满时作为尾闾（肛门）泄水，这样才能做到暑热不雨时不造成干旱，洪水来时不造成水涝，下济民艰，上输国赋，诚是地方之急务也！

可是东海之神海若、内河之神河伯忌妒害成，钱四娘所筑之陂被冲垮了，林进士所筑之陂又被冲垮了。这时蔡京公兄弟京、卞，感涅槃妙应之灵谶，念家乡遭受水灾横流之害，屡向朝廷请求，朝廷乃下诏招募筑陂的人。当时福州有义士李宏，家雄于财而心乐于施，蔡公以书招之，遂倾家得缗钱七万，率家干七人入莆，定基于木兰山下，负锸如云，散金如泥，陂未成而力已竭。于是，蔡公复奏于朝，招募有财有干者辅之，得十四大家，遂慨然施钱共七十万余缗，助成本陂。

先引水从其他的水道入海，乃于原溪海相接之处，掘地一丈，伐石立基，分为三十二门，依基而竖石柱，依柱而造木闸，长三十五丈，高二丈五尺。上流布长石以接水，下流布长石以送水，遇暴涨则减木闸板以放水。又叠石为地牛，筑南北上下海堤三百有余丈，而陂成矣。

　　然而，海水虽有陂作为障碍不能上溯了，但淡溪水还未有储存的场所，膏液甘润尽流入海，见者惜之。李宏与十四大家计议，说只有开凿河沟可蓄水。然而，河沟所经要毁掉民间之田，难度大；且触犯风水堪舆家们的忌讳，为之奈何？十四大家一齐说："水绕壶山会造福我莆，是妙应遗谶中说得明明白白的，何况我们的私田大半在陂的右边，现在毁我们的私田以灌公田，捐家财以符合古谶，谁还会来搬弄是非呢！"于是，各出私力，遇十四家之田即凿之，为大河七条，横阔二十余丈，深三丈五尺，支河一百有九条，横阔八丈有奇，转折旋绕至三十余里，而河成矣。

　　然而，溪涨河沟满的时候，又溢于田，甚至溃堰而出，民甚苦之。李宏又问计于十四大家。一齐讨论曰："今日水利如人一身，陂则是咽喉也，河沟则是肠胃也，咽喉纳之，肠胃受之，而不以尾闾肛门排泄之，其人必肚胀。今洋城、林墩、东山等处正是木兰之尾闾肛门啊，泄之，可以药水病。"于是，倾家资，募乐助簿发动捐款，得钱七万余缗，立林墩陡门一所，洋城、东山水泄二所，东山石涵一所。皆鞭石为基柱，伐木为门闸，以河满处为标记，遇旁溢则减闸泄之，水稍落即闭之。又恐泄水不足，立东南等处木涵二十九口，以杀其势，而陡门涵泄又成矣。

　　一日，李宏与十四大家泛舟木兰，为落成之宴，忽报陂北堤决十余丈。李宏叹曰："八年之间，柱倾者一，堤崩者再，闸圮者四，后来智力两殚（智慧和力气都用光）之时，恐前功俱弃矣！"十四大家沉思良久，有一人举起酒杯喝光了说："往昔开河沟挖出的土，堆积在废弃的乱塘中，此不正可开垦为田，收益用于以后维修事宜吗？"就相与垦塘为田，岁得租二千七百余石。大家说多积无用，不如布散给有用的地方，就舍入郡学及诸寺为租，仅存留一千三百九十余亩，备后来修理之用，这样赡陂之田又立矣！

　　主陂建成使溪流有了砥柱，海潮有了锁钥；河沟挖成使打水的桔槔有了取不涸之水源，小舟和渔网得收无穷之利；陡门涵泄立而大旱不再担心河床漏干，发洪水不再担心家里的灶淹没了；赡陂田设立使陂的巡护不靠政府官币，陂的修治不剥削民脂。木兰陂开始建设于熙宁之八年（1075），完功于元丰之五年（1082），计钱约费百万余缗，计田约毁四千余亩，计佣四十余万工。由是莆南洋田亩万有余顷，藉以灌溉，每年上缴军储三万七千斛。

这次筑陂的举措，李宏出的力居多，十四家次之，其余助力钱者亦功不可泯，今都题写于匾。而蔡京公奏请之功，难道不是位于诸君之领袖地位吗？诸君吩嘱我纪其事，我曾听过古人名叫史起的人凿漳水于魏，则邺旁有稻粱之咏；又一人郑国导泾于秦，则谷口有禾黍之谣。至今谈水利者，不住口地称赞史起和郑国，不就是得水势吗？莆自入中国来，经常担心洪水为害，一旦把莆田海滨置于邺旁、谷口那样的安稳境地，虽是因为有财力，也是得其水势故也。

今国家自庆历间筑长桥以便漕路，水量渐少，黄浦之口渐湮，而三吴却多水患。予以为当事者未得其水势啊！如果以治吾木兰溪的办法治之，加固陂障以防其溃，濬通河渠以增其蓄，又度其冲射所至，预穿大渠以导其入海，做这些来治东南三江，又做这些以治西北九河，何忧水患哉？

蔡京兄弟父子最近就要升到朝廷中枢去工作了，相信他们在朝廷必有大的建树，建陂诸君子姓名蒸蒸迫人，他日阴德所酿，皆未可量。涅槃之谶说的"莆阳朱紫半"，骎骎有征，会应验的。我所以不推辞而为木兰陂写记，送给蔡京及诸君，为后日蔡京兄弟治国才能的大发挥打下伏笔吧！

官场初露头角

11

蔡京钱塘县尉任满后，改任舒州通判，他在官场初露头角，得益于熊本察访梓、夔。熊本是王安石变法早期较为坚决和能干的一人，泸州发生夷人叛乱，王安石说熊本仔细，必能了事，神宗于是诏熊本察访梓州路、夔州路，前去体量措置，授于便宜行事权力。《宋史·熊本传》在叙述了熊本泸州平乱的过程后，插入一段话："蔡京时为秀州推官，本（熊本）言其学行纯茂，练习（熟练应用）新法，荐为干当公事（助理）。"

此事发生约在熙宁七年，看来熊本这时需要助手，向朝廷推荐蔡京，说他学识和能力纯茂，对朝廷新法的精神领会很深，执行很坚决（练习新法），要蔡京当他的"干当公事"，也就是执行助理。《宋史·蔡京传》中说蔡京当过"舒州推官"，未说当过"秀州推官"。《熊本传》说蔡京此时当"秀州"推官是错了，元代官修《宋史》编得草率，前后不一处甚多，被众口讥评，史家更习惯引用南宋李焘《续资治通鉴长编》中的材料。

蔡京于宋神宗熙宁九年（1076）七月八日调任京城供职，李焘《续资治通鉴长编》卷二百七十七载："舒州团练推官蔡京权流内铨主簿。京，兴化人也。此据《时政记》增入，权流内铨主簿不足书，为蔡京故，特书。十年七月二十四日改校书习学。"

　　李焘根据当时宰相记录的《时政记》，准确地记载了蔡京入京供职权流内铨的时间。流内铨是吏部（中央组织部）中主管七品以下官员任免和考核的机构。流内铨主簿是一个小官，李焘说本来用不着写入《续资治通鉴长编》中，是因为蔡京后来是个大人物，"为蔡京故，特书"。还特地注上第二年七月二十四日改官"校书习学"。

　　《长编》卷二百八十三（熙宁十年（1077）七月二十四日）又载："舒州团练推官、权流内铨主簿蔡京为崇文院校书、中书礼房习学公事。九年七月八日，为铨簿。"

　　又一年，《长编》卷二百九十一（元丰元年（1078）八月一日）再载："舒州团练推官、崇文院校书、中书礼房习学公事蔡京为大理评事、权检正礼房公事。此八月一日事，据中书时政记增入。"

　　这样看来，蔡京在钱塘县尉和舒州推官任上，已得到"学行纯茂，练习新法"的评价，在推官任上被熊本借调跟随他去边远的少数民族地区参与处理较复杂的边民动乱，养成了处事明快干练的独特风格，后调入朝廷机关工作，二年中不断有所提升。

　　蔡卞官场初露头角则与王安石有关。北宋《宣和书谱》蔡卞传中说："初王安石镇金陵，作《精义堂记》，令卞书以进，由是神考（宋神宗）知其名，自迩进用，多文字职。"这里"王安石镇金陵"，是指熙宁七年四月王安石第一次罢相，出为江宁知府，期间撰写了《精义堂记》，叫女婿蔡卞书写呈给神宗，神宗从此知道蔡卞的名气，开始提拔进入朝廷使用，所任较多是文字方面的职务。

　　熙宁八年（1075年）二月，王安石回京再任首相，新学的核心著作《三经新义》就在这时刊行，它是王安石与王雱、蔡卞、沈括等人合著，为王安石新法的推行从儒学经典中寻找和阐明理论，其中《书新义》《诗新义》分别由王雱和蔡卞执笔。蔡卞还著有《毛诗名物解》一书，他是王氏新学的主要传承人之一。

　　由于与前紧密副手吕惠卿的冲突，更由于儿子王雱于九年七月不幸病逝，王安石深感疲惫，坚决地向皇帝提出辞职，神宗为留住王安石想尽办法。这时邓绾听信练亨甫游说，向神宗建议尽量地给王安石的子弟和女婿蔡卞加官，再为王安石赐第京师，就能留住王安石。神宗为此请吴充私下去征求王安石本人意思，王安石大惊，对神宗说："我久以疾病忧伤，没有和人交往，以至众人所传议论多所不知。昨日方闻御史中丞邓绾尝为臣子弟营官，及荐臣子婿蔡卞可用，又为臣求赐第宅。果真这样，邓绾身为御史中丞，本应寻找宰相的过失加于批评，而却是为宰相家向皇上求赏，岂可留任御史台首长？练亨甫亦不当留备宰属！"

在王安石坚持下，二人都被贬职外调。

因此，蔡京或蔡卞在王安石当宰相时，并无受到特殊照顾。但这时王安石对二人都寄予莫大希望。

蔡絛《铁围山丛谈》书中说：

王舒公介甫，熙宁末复坐政事堂，每语叔父文正公（蔡卞）曰："天不生才且奈何！是孰可继吾执国柄者乎？"举手作屈指状，数之曰："独儿子也。"盖谓元泽。因下一指，又曰："次贤也（指蔡卞）。"又下一指，即又曰："贤兄（指蔡京）如何？"谓鲁公（蔡京后来封鲁国公）。则又下一指，沉吟者久之，始再曰："吉甫（吕惠卿）如何？且作一人。"遂更下一指，则曰："无矣。"当是时，元泽未病，吉甫则已隙云。

王安石再坐政事堂，第二次当宰相时，曾与蔡卞（死后赐谥文正）聊天，谈论谁将来能在我王安石之后继掌国柄，屈指数来，先是当时还未得病的儿子王雱（元泽），再是蔡卞，再是蔡京，再则是已和他闹了很大别扭的吕惠卿。

南宋周辉《清波杂志》卷三说："辉在金陵见老先生言，荆公尝谓元度为千载人物，卓有宰辅之器，不因某（王安石）归以女凭藉而然。"可见王安石对蔡氏兄弟极为器重。

12

蔡确擢升参知政事

王安石熙宁九年（1076）十月再次罢相，退居江宁（今江苏南京）半山园，不再出山。有些人把这看作神宗不再信任王安石，新法到此失败。笔者则认为这种观点大谬不然。当时新法各项都走上轨道，皇帝本人已老练成熟，能够乾纲独断，新法在神宗一手主持下健康而顺利地发展。在《朱子语类》中，南宋大儒朱熹的学生问到：神宗元丰时为何不再用王安石？朱熹说："神宗尽得荆公许多伎俩（把王安石的本领都学了），更何用他？到元丰间，事皆自做（自己打理了），只是用一等庸人备左右趋承耳。"（《朱子语类》卷一百三十《本朝四》）

退休在家的王安石眼中，新法实施不断带来欣欣向荣气象，心情愉悦。其诗《后元丰行》《元丰行示德逢》等都表达了自己愉快的心情。

王安石之后谁是新法的代表人？这就不能不归到元丰二年（1079），已经升任参知政事、进入执政圈子的蔡确身上了。

蔡确的六代祖蔡用明与蔡襄、蔡京、蔡卞的六代祖蔡用元是同胞兄弟，二人先一起在仙游枫亭落户，蔡用明后迁泉州定居。因此两支虽分居泉州和兴化两地，四人却都是族兄弟关系。

蔡确父亲蔡黄裳，宋真宗大中祥符元年（1008）进士及第，比蔡襄及第（1030）早22年，先授凤翔府虢县县令，《八闽通志》载有蔡黄裳传，说到虢县当地有个人是凤翔郡守的亲随，仗着太守的势，弄权受贿。蔡黄裳一到任，先就抓了他，捆绑扣留在驿舍中，再去谒见太守，逐条开列那亲随的罪状，加于法办，全府上下无不吃惊。又载蔡黄裳知建阳县任满时，人民拦住部使者（福建转运使，有考核全省官员之责）乞求他再任一届，朝廷答应了。

《泉州府志》把蔡黄裳入《循吏传》。

蔡黄裳七十岁了，官只做到陈州录事参军，仍是小官一个，原为朝中大老的陈执中出任陈州郡守，看不顺眼这位年纪太大的录事参军，要他自请退休。蔡黄裳不愿致仕，不是贪恋官位，而是家贫所致，要弄口饭养家而已。陈执中威胁他："倘不自列，当具牍审斥！"只好退了。陈州（今河南周口睢阳）离泉州家几千里远，宦囊羞涩回不来，只得流寓陈州。

《挥麈录》载蔡黄裳"力教二子持正（蔡确）与硕（蔡硕），苦贫困，饘粥不继""衣服垢蔽"，与妻子明氏艰难度日，终把蔡确和蔡硕两个儿子培养出头。

蔡确进士及第在宋仁宗嘉祐四年（1059），初任邠州（今陕西彬县周围）司理参军，任满移安徽太平州繁昌县令，英宗治平四年（1067，本年蔡襄去世）又任满，改著作佐郎知陕州阌乡县事。熙宁三年（1070，本年蔡京、蔡卞考中进士）九月，曾为执政大老的韩绛宣抚陕西，负有治理陕西和指挥对西夏军事的文武双责，身为属下县令的蔡确在欢迎宴会上，为表达敬佩之情，敬酒致辞说："儒苑昔推唐吏部，将坛今拜汉将军"，以唐朝文坛领袖吏部尚书韩愈和汉朝开国武将韩信两位姓韩的历史名人，来恭维眼前的这位韩姓上司，韩绛高兴之余，说："此生决非池中之物"，看到蔡确才学不凡，于是推荐给任开封府尹的弟弟韩维，韩维向朝廷奏荐蔡确担任开封府管勾右厢公事，由此开始担任京职。

蔡确到开封府就任时，韩维已卸任，升就御史中丞。接任府尹的刘庠到任，按开封府旧例，属下幕僚在新主官到任时要行"廷参之礼"，"趋行"上庭阶（笔者猜想是弓着腰跑步上阶）向新主官唱诺。幕僚们都行了这礼节，而蔡确不肯行。刘庠很生气，蔡确则说这个礼是五代动乱中藩镇们聘用幕僚时行的，以示幕僚对藩镇的卑下和臣从地位。入宋后其他地方都不用了，本朝太宗和真宗即位前都任过开封府尹，当时幕僚与之尊卑太殊，开封府因此还有此礼。今你我都在皇帝毂下比肩事主，虽有旧例，不可用！刘庠不能反驳。

宋神宗和王安石听说这事，很欣赏。神宗称赞蔡确熟悉典故，王安石举荐蔡确改充三班院主簿，进入朝廷办事机构。不久神宗又亲擢蔡确太子中允、权监察御史里行。北宋御史台以御史中丞为台长，以侍御史知杂事（知杂御史）为副长官。监察御史中资历浅的试用者称"殿中侍御史里行"。蔡确在御史台任职长达九年，做遍御史台所有职事，有史料记述受他弹劾过的官员多达二十多人，有的是反对变法的，也有的是变法派成员，参与审决重大诏狱数次，因其忠于职责，办事明白高效，被神宗看重。

熙宁五年（1072）七月，诏蔡确去秦州办理王韶盗贷官钱（公款）一事。当事人王韶曾为文官，上书对北宋和西夏间的战事提出见解，自告奋勇申请上边疆效劳，是普通文官们不愿干的事，王安石寄于厚望。王韶在边界处设立市易司，让汉番商贩通过官方开展贸易，以聚集人口和充实军费，这是加强边防和积极开边的一项有力措施。宰相王安石很支持，而顶头上司郭逵一味干挠找茬，逮捕了办理市易事务的代办加于审讯，抓住了该代办不是以原姓名，而是改名后任用，上奏朝廷说王韶与之合伙侵吞公款。朝廷先派杜纯办理此案，杜纯明知王韶没有贪腐，却上奏"王韶于公款出入不明，无法查勘"。朝廷再派蔡确代替杜纯查案。十一月案结，郭逵以奏劾王韶盗贷官钱不实，被降职调离。相关人员以附会郭逵受到处分，王韶仅以改名使用代办不当，罚铜八斤了事。蔡确公正办案，保证了王韶的努力不致中断，终于在明年取得了战事的重大胜利，神宗在接受群臣朝贺时，高兴地解下玉带赐给王安石。

熙宁十年五月，神宗派侍御史知杂事蔡确和知谏院黄履到御史台置狱推究"浚川耙"一案。此案因范子渊上奏在浚理黄河河道中，使用"浚川耙"，取得成效而起，"水悉归故道，退出民田数千顷"，而所在地大名府老臣文彦博认为不可能，神宗派知制诰熊本核查。

农田水利和浚治黄河是王安石变法的重要内容之一，变法派为此想出了许多办法，浚川耙（前期称"铁龙爪"）就是用于浚通河道的一项工具发明。熊本附会朝廷大佬文彦博，说范子渊所奏不实，以文彦博所说为是，乞废浚川耙。范子渊不服，弹劾熊本附会文彦博，违反奉使按事（查办案件）的规定，到相关事主文彦博府上纳拜和饮酒。指出文彦博不仅是攻击浚川耙而已，是在鼓动反对新法浪潮。侍御史蔡确这时弹劾熊本奉使不谨，议论不公，要求重新派员定夺是非。神宗遂委派蔡确和黄履办理此案，在办案过程中，蔡确弄清了事情，刚好又碰上荥泽河堤有溃决危险，神宗急令俞充前去抢险，俞充使用浚川耙疏导河水，保护了堤岸安全，证明了浚川耙的功效，变法派于是在这场争论中取得胜利。

上述两例颇能说明蔡确当时坚决站在王安石变法改革立场上，以致元祐时被反变法派列入"王安石亲党"。但有一例说明他并非无原则偏袒这位举荐过自己的恩相王安石——熙宁六年正月元宵，王安石从驾观灯，乘马欲入宣德门内下马，被皇宫卫士呵止，要他在门外下马，卫士与王安石随从喧闹起来，王安石马眼被挝伤。王安石认为过去也曾入宣德门内下马，卫士都不阻挡，这次是反变法政敌挑衅，故意不让入。王安石大怒，要求送有关卫士到开封府查办，还要求罢黜勾当御药院内侍一人。一贯尊重王安石的神宗批准了王安石的请求，开封府杖打了十名卫士，连并未参加喧闹的亲从官阮睿也受到决杖处分，王安石还气不能平。蔡确通过调查，知道卫士并非故意，认为王安石做过分了，于是疏奏：

宿卫之士，拱卫人主而已，宰相下马非其处，卫士所应呵也，而开封府观望宰相（看宰相眼色办事），反用不应为之法（皇宫门卫不应该做的条例），杖卫士十人，自是而后，卫士敢守其职哉？

神宗惊奇地问蔡确："卿乃敢如此言王安石耶？"认为蔡确说的有道理，开封府两位作出决定的官员各被罚铜十斤。神宗自此看准蔡确公正忠直可大用。

蔡确忠于职事深为神宗赏识，以致熙宁十年即被拔擢判司农寺。王安石熙宁二年开始变法时，设制置三司讲议条例司来主导变法事务，后来并入司农寺，常平、免役、水利、保甲之政，皆由司农寺颁行，司农寺成为变法重要的领导机构之一。蔡确主持司农寺时间不很长，但进行了一系列整顿，元丰元年冬十月，宋神宗批准了御史中丞、判司农寺蔡确整理编制的《元丰司农敕令式》，是神宗、王安石新法的重要文件，《宋史》说"凡常平、免役法皆成其手。"

元丰二年（1079），蔡确升任参知政事，进入执政圈子。宋神宗在短短九年中，即把蔡确从地方小官升至执政，成为一颗耀眼的政界新星。他是王安石解政后宋神宗最信任的人，又是蔡京、蔡卞的族兄，因此对蔡京、蔡卞的仕途产生了较大影响。

13

京、卞实心任事，常得神宗奖掖

南宋大史家李焘的《续资治通鉴长编》说到，蔡京熙宁九年（1076）七月初调入都城担任权流内铨主簿时，特地声明所谓流内铨主簿只是不重要的小官，本不值得写入他的巨著，只是因为蔡京后来是历史上最有影响的人物才增入的，免得人家质疑他写史把握不住尺寸。

那么，到了元丰元年（1078）八月蔡京升任权检正礼房公事，这官职就非同小可，需得认真写入史书了。官虽还不大，却是宰相僚属，神宗朝皇帝和王安石为了打造亲信工作班底，特设立了中书门下的各房检正公事官，由能熟悉制度条文的士人担任，在决策和执行环节中有重要地位。按规定任满三年即可外放出去知州军，比同级官员的仕途出路要好很多。

元丰二至三年，蔡京从事的一件重要工作，是与李定、张璪、范镗等人制定太学教养法和编修诸路学制。李焘《长编》记载：元丰三年八月壬寅，检正中书户房公事、太子中允、馆阁校勘蔡京为集贤校理、权提点开封府界诸县镇公事。这时蔡京的检正官由礼房改户房，除了检正官办公室的事外，还兼任"下乡指导"开封府地界上各县、镇的行政工作。

蔡京接下来的工作更重要，是在官制所参加官制修定。这是一件朝廷的头等大事，王安石当宰相时没做成，神宗皇帝接过来亲自抓。官制改革想达到循名责实、省并重叠机构、定员编制、废除无实际意义虚衔的目标。这时蔡京34岁，弟弟蔡卞也参加了这项工作。

元丰三年（1080），集贤校理、权提点开封府界诸县镇公事蔡京，为蔡确族兄弟蔡砺之妻苏氏撰书《宋故夫人苏氏墓志铭》。该墓志2017年8月出土于河南省禹州市鸿畅乡李金寨村，现藏禹州市博物馆。出土之地为陈州蔡黄裳家族墓地，蔡确在流放地死后也迁葬在此。

《宋故夫人苏氏墓志铭》志底高67厘米，宽67.5厘米，厚15.5厘米，志文为正书，字大约2厘米见方，四边线刻5厘米夔龙纹。纯青石质；取材大气，打磨平整；字清若新，风韵独特；镌刻精良，完好如初。通篇278字。文中"清源蔡君砺"即蔡砺，蔡确之兄（或堂兄），蔡京族亲。《续资治通鉴长篇》中有蔡砺措置忻州马城池盐记载。墓志全文如下：

通直郎充集贤校理蔡京撰并书。夫人讳淑，字季显，姓苏氏，其先洛阳人，大理寺丞讳谏之女，建州关隶县令讳政之孙，赠尚书驾部郎中讳昌嗣之曾孙，应天府户曹参军清源蔡君砺之配也。夫人年二十而嫁，中外族姻，称其惠和。其夫亦曰："于吾能有伙助。"夫少以文学气节自负，举进士，连上不中第，意不自得，屏居于宛丘之南，往来田亩间，夫人从之，无不足之色，如是者十余年。夫始仕，为西京巩县主簿，相与之官，过京师，夫人以疾卒，时熙宁十年十一月十一日也，享年甫四十。鸣呼，可哀也已！子男二人，曰云，曰需，女五人。以元丰二年十月二十六日甲申，葬夫人于颖昌府阳翟县大儒乡东吴村之原。铭曰：

狷夫人，有令质，沦幽泉。背昭日，金山阳，柏原郁。从先舅，安斯室。中书省玉册官王磻镌。

墓志全文以一笔不苟的晋唐正书笔法书写，可见此时蔡京书法已臻上乘。

现存元丰三年另一著名蔡京书帖为《宫使贴》，致太一宫使、观文殿学士某人。帖八行凡58字，纸本，墨迹，北京故宫博物院藏。帖文如下：

京顿首再拜，晚刻，伏惟钧候，动止万福。久违墙宇，伏深倾驰。台光在望，造请未遑。跂引之情，不胜胸臆。谨启：诇候，动静不宣。京顿首再拜宫使观文台坐。

依行文语气看，似是职位不太显赫的蔡京对一不太熟悉的职位显赫者的问候。

元丰三年（1080）的吴充，和元祐元年（1086）的韩缜，都以观文殿大学士、太一宫使致仕，是可能的受信人。且有学者认为本帖笔力弱于元祐间的《节夫帖》，姑将其置于蔡京书法的早期元丰三年。

《蔡京书法研究》作者江雪认为："此帖在书法上，好像是蔡京初学米芾书法时的状态，结体上的欹侧险劲有几分相似，可是细细对比，真伪显而易见。蔡京书翰《节夫帖》同是蔡京的行书手翰，其用笔矫健，笔意洒脱，长于单字的造型，牵连较少，可是字与字之间却能顾盼生姿，而此帖在字的收峰或牵连处绵弱无力，作品整体气韵不连贯，笔断意断，实在是难以让人将其与蔡京其它传世真迹相比。似乎是故意学蔡京的潇洒飘逸，结果倒显笔力太弱。但此帖还是得蔡京的结体之妙，只是用笔还是过于简单和粗陋。"但大多人士似无怀疑此帖为伪。

可能在熙宁八、九年，蔡卞为王安石书《精义堂记》以呈神宗后，或是在后来因邓绾举荐即入京供职。元丰二年十二月，又因张璪举荐，与虞蕡、袁默、梅灏四人并为国子监（中央最高学府）直讲。按规定须年满四十以上，有老成之器，堪为监生表率者，才可任国子监直讲，而蔡卞时年33，可见学识渊博，为人所重。

元丰三年五月，蔡卞升了修国史院编修官。李焘《长编》说：这一职位本是长乐人林希担任的，皇帝拟差林希出使高丽（今朝鲜）。家在海边的林希怕海上风波不测，不乐意去，被贬职了一段日子，到这时本来要召他复职，可是有御史说这样太便宜了林希，于是，皇帝把修国史院编修官给了蔡卞，以免议论纷纷，可见蔡卞在皇帝心中有点分量。

又过了短短三个月，蔡卞兼任同知谏院，成了御史台（中央纪委）一员，纠察百官，是北宋士人最为羡慕的光荣职务。蔡卞在谏职上做了一年多，忠直敢言，不避权贵，有突出的表现。刚入谏院，即向皇帝提出朝廷官职的差除和变更事项，应由主管文书发送的封驳司抄送谏院审查，得到神宗批准。此事李焘在《长编》元丰三年载："九月庚申朔，知谏院蔡卞请应差除及改更事，并令封驳司关报谏院。从之。"

下个月，蔡卞批评陕西路转运判官"才品素下"，使之罢职。元丰四年五月，又指出王陟臣"身无特操，才乏他长，惟以从谀附贵，苟且取容为事"，使之罢去检正中书孔目房吏房公事的提拔，回任原来的度支判官。元丰四年九月，宰相王珪之子同知礼院王仲修，被蔡卞揭露请假回乡祭祀途中，在扬州公费宴饮，由签书判官邵光陪吃，还与官妓调戏胡来，"有逾违之实"。结果王仲修被罚铜十斤并调动工作，邵光降职。

元丰四年七月，蔡卞的族亲、副宰相蔡确的亲弟武学教授蔡硕留任修军器监救，在枢密院置局工作，蔡卞认为不妥，说蔡硕是执政之弟，又与枢密院的主管副都承旨张山甫有亲，这容易导致互相勾结，席势营私。皇帝下诏枢密院另外差官，代替蔡硕。

元丰五年四月，通直郎、集贤校理、管勾国子监（国子监的负责人之一）兼崇政殿说书（为皇帝讲课）蔡卞，又被提拔为奉议郎、试起居舍人。起居舍人与起居郎两员官员常在皇帝身旁一左一右，记录皇帝的日常工作和国家大事，定期送国史院以备编修国史。

五月，因太学新主官未到任，皇帝命蔡卞兼任权国子司业（太学主官）。七月庚子，"通直郎、考功员外郎蔡京为起居郎，仍同详定官制"。这时蔡京在官制所担任"检讨文字"（起草修改官），蔡卞在官制所担任"详定官"（审定官），兄弟两人同在从事官制改革工作，理有干碍，但宋神宗批示：

京久在官制所，谙知创法本末。其弟卞虽见充（现任）详定，缘系暂置官局，所职止于看详（修改审定）文字，别无政事关由（互相牵扯），虽兄弟共处，理亦无害。

可见皇帝对蔡家兄弟的工作甚为放心。

不久，神宗又提拔蔡卞为侍御史知杂事（御史台副长官），副宰相右仆射蔡确和执政之一王安礼两人皆以与蔡卞有亲嫌，请皇帝考虑更改。蔡确是蔡卞族亲，上六代是亲兄弟，王安礼是蔡卞丈人王安石的亲弟弟。御史台长官的主要职责是批评执政宰辅，按理平常不得与宰执来往，何况有亲戚关系。对此，神宗说：

尝面谕卞，卞亦以此辞。其人有守，必不肯比附。

神宗说他曾当面告诉蔡卞要他当任这职务，蔡卞也以亲嫌为由推辞，依我看蔡卞此人有操守，不会去依附宰执以致有亏职守。在场的另一执政张璪附和皇帝的看法，说："卞识义理，诚如圣谕。"

神宗还说："君臣之间的道义，有施有报而已，我以国士对待蔡卞，他也会以国士来还报我！"蔡卞最终努力辞去侍御史知杂事，但到十月，神宗又把蔡卞从起居舍人兼崇政殿说书提为试中书舍人兼侍讲，从此进入朝廷中枢。

《宋史·蔡卞传》说蔡卞"历同知谏院、侍御史。居职不久，皆以王安石执政亲嫌辞"，是一个明显的错误。元丰五年，蔡卞任职侍御史知杂事时，其岳父王安石早已不当宰相了，归隐金陵多年，如何会因王安石是执政，女婿蔡卞引嫌辞去御史台职务呢！《宋史》编纂得草率，应受众人诟病。

年底十二月，因制定官制成功，奉议郎、试中书舍人蔡卞，通直郎、试起居郎蔡京与李清臣、苏颂四人各迁一官。

元丰六年（1083）二月，国子监诸生要进行策问公试，神宗皇帝特命起居郎蔡京就官制改革拟出试题，来测试考生对官制的理解和见识。自从元丰五年五月新官制颁布后，官员们在品尝了短暂的"循名责实"喜悦之后，却发现"元丰官制"仍然存在许多问题，尤其是政事延缓滞留的问题。三十七岁的蔡京正如神宗所说"谙知新法本末"，所出的试题如下：

诸司之务，寺、监有所不究；寺、监之职，六曹有所不察；六曹之政，都省有所不悉任其责者，殆未足以尽小大相维、上下相制之道焉。岂制而用之者，法未足与守；推而行之者，人未足与明欤？欲度今之宜，循古之旧，而尽由其长，则事之众多，且将有迁滞之患也。诸生以为如之何则可？

这道考题译成白话是："办理具体工作的朝廷各司的业务，它们的上级寺、监有的不加查究；而各寺、监所应担负的职责，它们的上级六部曹也有的缺乏考察；至于有些六部曹的行政事务，它的上司主管都省也不太清楚，因而不能尽监管之责。如此就无法达到使大小事务之间相辅相成，上下部门之间互相制约的作用。难道制定法令者，可以没有他也要遵守的法令吗；而推行法令者，自己可以对法令本身不弄明白就去推行吗？为了官制能适合现实情况，又能吸收古制中合理成份，尽有其长，问诸生以为如何做才好呢？"

宋史学者杨小敏教授在专著《蔡京、蔡卞与北宋晚期政局研究》中说："蔡京提出了上下级之间'适当的'相互间的纠察和任责制，这一思路既是蔡京对元丰官制的反思，也是对现实的体悟。其洞察力在此可见一斑。"

蔡卞任中书舍人在上年十月，本年十月蔡京也荣任中书舍人。当月朝廷诏："中书舍人蔡卞领吏、兵房，蔡京领户、刑房，王震领礼、工房，如有妨碍文字，送别房行之。"

蔡卞的中书舍人资格比蔡京早一年，按惯例，蔡卞任中书舍人在先，举行朝会入宫时，应该排位在哥哥蔡京前面，但蔡卞认为做弟弟应尊重哥哥。因此报告朝廷，要求排在蔡京之后入宫，李焘《长编》载神宗元丰六年十一月癸丑，"中书舍人兼侍讲蔡卞乞叙班于兄京之下，从之"。这件事被朝野广为称赞，兄弟同科高中，前后脚当起居舍人和起居郎，又前后脚当中书舍人，同在朝廷对掌书命，流为一段佳话。陆游的《老学庵笔记》中有更详细的记述。

14

蔡京使辽

元丰六年八月，奉议郎、试起居郎的蔡京被宋神宗任命了一个临时出使职务"贺辽道宗生辰使"，出使北面辽国。

宋朝北境与辽国（契丹）相连，辽国原名契丹，后因其居于辽河上游之故，遂称"辽"，以契丹族人为主体。公元907年，辽太祖耶律阿保机统一契丹各部，称汗，国号"契丹"。这时中国正处五代时期，朱温灭李唐建梁朝，沙陀李克用灭梁建后唐。公元936年，后唐帝国的河东节度使石敬瑭叛后唐自立。为求塞外的辽国施以援手，时年四十七岁的石敬瑭拜认比自己小了十岁、时年三十七岁的耶律德光为"父"，答应以割让长城以南的燕云十六州为代价，请辽国皇帝御驾亲征，帮助石敬瑭打败了后唐。辽国皇帝册封石敬瑭为儿皇帝，国号后晋。公元938年，石敬瑭把燕云十六州（今北京、天津及山西、河北部分）割让辽国，使得辽国的疆域扩展到长城沿线。从此中国失去北部易守难攻的疆域，直接暴露在北方游牧民族骑兵优势的威胁下。

后周世宗柴荣、北宋初宋太祖、宋太宗几次北伐，皆未能收复燕云十六州。公元1004年，宋真宗与之签订澶渊之盟，从此息战。两国到神宗时已和平相处六七十年，礼尚往来，每年派使者互贺统治者生辰和春节正旦。其年，宋朝派蔡京为贺辽主生辰使，吴安持为贺正旦使。

李焘《长编》于蔡京使辽记载中，引述蔡絛《北征纪实》说：

北面黄旗事，可附此。蔡絛《北征纪实》云：建北面黄旗者，当元丰初，鲁公以起居郎借谏议大夫，副以西上阁门使狄咏，奉使辽国。行聘礼毕，而辽人老主令喻使人："皇孙出阁时，（李焘注：所谓皇孙，后乃天祚也。北主嫡子死，所以欲传其孙。）其曲燕（出阁宴），俾南朝使人预之。"鲁公即力辞曰："使人将聘币以讲两国之好，礼既毕矣，则不当与北朝事。"再三力邀不已，鲁公诘其故，则曰："上畔老矣，（李焘注：北人自来呼其主'上畔'）独此皇孙，今亦欲分付（拜托）南朝也。"鲁公始曰："北朝既有亲仗大国，患难相救、疾病相扶持之意，则使人敢不听焉。"

蔡絛《北征纪实》失传，但蔡絛《铁围山丛谈》书中有相似记述，以李焘所载为详。事情经过是：起居郎蔡京借职谏议大夫奉使辽国，以西上阁门使狄咏为副。相关礼仪完成后，辽国老皇帝（辽道宗）令人传达来使："过几天皇孙出阁（行成人礼，出阁与诸臣见初面），举办大宴会，请南朝使者参加。"那辽道宗死了嫡子，打算传位嫡孙，这位皇孙即后来的辽天祚帝。蔡京力辞这次宴席，说："我等使人送到聘币以讲两国之好，现已成礼，不应参预北国的内政事务"。来人再三力邀不已，蔡京询问来人原因，则被告知："上畔老矣（北人自来呼其主'上畔'），独此皇孙，现要告诉南朝将来是他继位。"蔡京才说："北朝既有和我们南朝大国相亲相仗的意思，患难相救、疾病相扶持，那么我等使人敢不听吗？"

《北征纪实》接着说：

及使回，未至国门，国信所（类似外交机构）语录（双方对话记录）先上，神宗皇帝读之大喜，且谓得使人体，即降内批："卿等来日，可上殿来。"及朝见登对，神宗深加称奖，因问敌中事如何？可攻取否？鲁公奏曰："以臣所见，似未可取。"神宗曰："闻彼方刷水鬓，争佩撚金香袋，奢淫若此，安得不亡？卿以谓未可取，何也？"鲁公对曰："臣闻国之将亡，礼必先颠。臣在彼时，见其野外有奚车，植苇左右，系一小绳，然过者必趋，骑者必下。臣询为何，则曰'太庙行宫也'，观其上下礼法严肃犹如此，况号令必行，故臣以为未可也。"神宗皇帝默然。

蔡絛这段记载说：蔡京出使回途，还没到达国门（京城），负责外交事务的国信所已先呈上蔡京出使期间的对话记录，神宗皇帝读之大喜，称赞蔡京作为使人工作很得体，即降内批："卿等回来日，定要先上殿来见我面。"蔡京到京城顾不上回家，就先朝见登对。神宗深加称奖，然后问辽国现状如何，可以攻取否？蔡京奏曰："以臣所见，似未可取。"神宗曰："听说他国内流行刷水鬓，争着佩带金丝香袋，奢淫若此，安得不亡？你说未可取，为何？"蔡京对曰："臣闻国之将亡，礼必先颠。臣在彼时，见其野外有辆奚车，左右植苇，前面系一小绳，然而经过行人必趋前行礼，骑马者必下马。臣询问他们为什么，则说是'太庙行宫'，观其上下礼法严肃犹如此，况号令必行，故臣以为未可也。"神宗皇帝听了沉默不说话。

接下的故事说：

信宿，见蔡忠怀丞相确，即语鲁公曰："吾弟前日对，上谓蔡某却为北人游说，吾弟已有落职知安州之命矣。"鲁公即以所奏语白忠怀，忠怀谔然曰："吾弟不知，只十余日前，降出一黄旗，题曰'御容中军旗第一面'，是上有亲征意。"鲁公即对以疏远诚不知朝廷机密，但据所见直以为对尔。忠怀又曰："吾弟可少安。"翌日，为鲁公奏留，而神宗可之，曰："必是蔡某得安石议论，安石临行，尝戒朕以此。"鲁公后每曰："实未始闻介甫之语也。"

蔡絛说蔡京陛对后两三天，去见他的族兄右相蔡确，蔡确对他说："吾弟前日登对后，皇上说蔡某却为北人游说（大概怀疑蔡京觉得辽人对他好），吾弟已有罢去在朝的职务，外放知安州的命令了。"鲁公即以所奏对语对忠怀（蔡确）说了，忠怀吃了一惊，谔然说："吾弟不知，只十余日前，朝见时皇帝降出一黄旗，题曰'御容中军旗第一面'，是皇上已有亲征攻打辽国的打算了。"蔡京即对蔡确解释自己疏远，实在不知朝廷机密，只是据所见直以为对而已。忠怀又说："既然这样，吾弟可少安。"隔天，在殿上为蔡京奏留，而神宗许可，说："必是蔡某得王安石以前的议论，安石临行时，尝特地告戒过朕，不要贸然去攻打辽国。"蔡京后来回忆这事，每每都说："其实没听过王安石对我说这话！"

辽国老皇帝好生招待蔡京，似乎想与南朝友好下去，而神宗觉得新法推行了十几年，国力大增，想去攻打辽国，把燕云十六州"收复"回来，谁是谁非，本书作者姑且不论，宋太祖当年设立封桩库，不惜辛劳长期积累财富和军需，说是要留备将来赎买失地，若对方不肯，就用来应付北伐之需。还曾立下将来谁复失地即予封王的重诺。宋神宗作如是想，后来的宋徽宗也作如是想。

15

神宗托孤，蔡确表忠

　　诸位，倘若问大宋朝哪位臣子死得最冤？十有八九的回答是岳飞，那是南宋的事情。那么在北宋，又是谁死得最冤呢？恐怕诸位一时半刻拿不出主意来。在下多年究读宋代史料，深觉此人非这位蔡京的族兄蔡确莫属！

　　蔡确既被神宗在短短时间中，从地方小官擢升至尚书右仆射（副宰相），故对神宗忠心耿耿。神宗身体不好，最大的儿子熙宁九年（1076）十二月生，到元丰六年（1083）才8岁，而神宗的两个胞弟雍王赵颢当时33岁，荆王赵頵24岁。皇帝担心身后皇位不能传给儿子，而传给被高太后雅爱的弟弟赵颢，故向他一手提拔起来的右相蔡确交代，要他日后相扶。神宗病危时政局诡谲，高太后有迎立神宗弟雍王赵颢的迹象，蔡确坚决拥立哲宗赵煦，不负神宗顾托。元祐初，在高氏太皇太后导演下，旧党掀起否定新法浪潮，蔡确又苦心与之周旋，终因得罪个性很强的女主和一味党争伐异的旧党，被出知陈州，再以捕风捉影的车盖亭诗案，贬死岭外。哲宗亲政后，知恩图报，为他恢复名誉，赠太师，谥"忠怀"，赐第京师。徽宗时配享哲宗庙庭，徽宗还亲书"元丰受遗定策殊勋宰相蔡确之墓"，追封为汝南郡王，御制《蔡确传》刻碑墓旁。蔡确子蔡懋也官至同知枢密院。而蔡确死后四十三年，北宋亡，南宋高宗以诬陷高氏太皇太后之罪，贬蔡确武泰军节度副使，窜蔡懋英州，所给恩赠一切削夺。元朝修《宋史》，将他入《奸臣传》第一人。

实际上蔡确在生时，未曾有一句说过高氏不是，因车盖亭诗案贬死岭外，新旧两党人士的大多数当时都认为太过分，这纯是高氏迫害蔡确，没有蔡确对不起高氏的份儿。高氏死后，哲宗、徽宗曾间接或直接追究高氏的"政治"问题，这时蔡确在九泉下并无参与，追查高氏之案即便真是"诬陷"，以蔡确死后才发生的别人干的事情，把他打成大奸臣，实在是冤哉枉也！

今人虽然一致认为车盖亭诗案是冤枉，剖析文章不少。但对蔡确生平的研究甚少，较显著的只有孙泽娟《蔡确研究》一篇研究生论文，对他忠于职事方面考证较详，但他一生中最重要的"元丰受遗定策"则未有详考，身后的反反复复也未加阐述。笔者工余茶后翻书，有时便想，蔡确也算一个从枫亭蔡氏出来的大人物，产生兴趣。李焘《长编》中蔡确"受遗定策"一事，史料很生动，很详细，竟达四万多字，引人入胜，这些事又与蔡京密切相关，所以很愿意挑出一些，融入这《蔡京别传》，与有兴趣者聊聊。

李焘《续资治通鉴长编》引用《旧录·蔡确传》记载：元丰六年（1083）秋七月，尚书右仆射蔡确与中书侍郎张璪奏事崇政殿，神宗显示出悲不自胜的神情，对蔡确说："天下事止此矣！"蔡确大惊，连忙说："敢问所因？"神宗说："子幼奈何！"蔡确说："陛下春秋鼎盛，忽有不祥之言，不审所谓？"神宗说："天下事，一定要成年的皇帝才能维持吗？"蔡确说："延安郡王，是陛下亲生长子，臣不知还有其他人可继位的，臣宁死也不会接受其他人继位的诏书！"神宗说："卿果能为为社稷计，宜早下定决心！"蔡确和张璪一齐表态说："臣等敢以死守！"神宗曰："善！"

李焘又在元丰八年二月二十九和三月一日议立太子事项下，重复引用了这一材料。《旧录·蔡确传》写到：蔡确初受顾托，想提出让延安郡王行出阁礼，以便立为太子，但年仅八岁还太小，又想神宗的那些话也许只是一时无聊的悲观想法而已，神宗健康还可以，要不要急着提出立太子，蔡确自己也犹豫不决。

稍后，有臣僚和皇帝面对时谈到蔡确，神宗说："我现在身边的大臣大多是先皇帝留下来的，而蔡确则是我一手从小官拔擢至此，必不负朕。就是胆气有些不足，得有人辅助他就好。"蔡确听到神宗这么说，更加感奋。

元丰七年春三月，神宗在集英殿大宴群臣，特意让皇子延安郡王立侍于御坐之侧，在百官面前亮相，首相王珪率百官廷贺，宴会进行到一半，又命王珪等主要大臣上殿与延安郡王相见，分班再拜。皇子称谢，大臣归座。蔡确乘机奏请明年春延安郡王行出阁礼，神宗当场答应。皇子年幼未当出阁，神宗特令侍宴，是向群臣表示了自己欲传位给儿子的意向。

16

蔡京贡院救火，蔡卞状元烤焦

　　话分两头，暂按下神宗托孤的烦恼不表，继续来讲蔡京、蔡卞官场春风得意。元丰七年（1084）十月，中书舍人兼侍讲蔡卞试给事中。十一月，中书舍人蔡京为龙图阁待制，权知开封府。此前，蹇周辅治理开封府数月，御史中丞黄履批评"蹇周辅揽权归己，留事不决，非剧烦之才"。神宗就将知开封府这一重任交给蔡京，可见蔡京才干不凡。如此，兄弟俩都已位居中央要员了。

　　元丰八年是大比之年，天下士子汇集东京，一搏前程。这届礼部主办的进士省试主考官恰是蔡卞，考场（礼部贡院）一如上几届，借用东京开宝寺。

　　开宝寺为宋代著名佛寺，尤以寺中铁塔名闻全国，宋太宗赵光义时，吴越王钱俶归宋，将他珍藏的如来佛舍利送到北宋开封。太宗命都料将、大建筑家喻浩在开宝寺西隅福胜禅院建筑木塔。塔呈八角十三层，高约129米，塔身稍向西北倾斜，定名为福胜塔。始建于宋太平兴国七年（982年），历经七年建成。仁宗庆历四年（1044年），遭雷火袭击焚毁。仁宗皇祐元年（1049年），又按原样，改用铁色琉璃瓦重建。因塔身琉璃砖瓦的颜色浑如铁铸，所以称它为"铁塔"。宋末寺毁塔存，金人重修寺院，历代寺院多次毁修，清道光二十一年（1841年），黄河水围开封城，寺院被拆毁用以加固城防，大量古碑也被抛入水中，从此寺院被毁，只有铁塔如故，至今尚存。

谁知这回进士考试竟发生了意外的特大事故，在《宋史》《续资治通鉴长编》《铁围山丛谈》《夷坚志》《能改斋漫录》等许多宋代书中，都有详略不一的记载。

北宋人庞元英当时在尚书省工作，尚书省为又称"文昌天府"，著有《文昌杂录》一书，说：

开宝寺为礼部贡院。二月十八日，火。凡本部贡笺与夫所考试卷，须臾灰烬，略无遗者。自正月九日锁院，方定二十八日奏号，至是火。诏以太学为贡院，再令引试，前此未有也。

李焘《长编》在元丰八年二月辛巳（十七日）的记事中说：

是夜四鼓，开宝寺寓礼部贡院火，承议郎韩王、冀王宫大小教授兼睦亲、广亲宅讲书翟曼，奉议郎陈之方、宣德郎太学博士马希孟，皆焚死，吏卒死者四十人。"又说："丁亥（二十三日），三省言礼部贡院火，试卷三分不收一分，欲令礼部别锁试。从之。

蔡絛《铁围山丛谈》则说：

元丰末，叔父文正（蔡卞，死后谥文正）知贡举，时以开宝寺为试场。方考，一夕，寺火大发。鲁公（蔡京）以待制为天府尹，夜率有司趋拯焉。寺屋皆雄壮，而人力有不能施，穴寺庞大墙，而后文正公始得出，试官与执事者多焚而死。于是，都人上下唱言："烧得状元焦。"及再命试，其殿魁果焦蹠也。

上述三份史料所载虽略有细节不同，但内容基本一致，整理起来，这事故发生报告若写出来，大体如下：

正月初九（笔者猜测也许是二月初九）清场锁院，原定二月二十八日阅卷结束，就可以上奏已经录取的考生号码（考生是匿名进行的）。结果考到二月十八日就出事了：二月十七日夜四鼓（更），火灾发生。清晨，知开封府蔡京率队扑救。一看寺庙建筑都很高大雄伟，易燃木质为主，且围墙高度大，攀越困难。蔡京没有足够的消防器材，虽然各有关部门和人员都积极施救，奋不顾身。但火势燎天，救之不得，还是救人要紧。蔡京果断下令在围墙上打洞，好不容易打通了，主考蔡下等人死里逃生，钻了出来，已是个个焦头烂额。因各种原因没钻出来的有现任韩王、冀王两宫大小教授，兼睦亲、广亲两宅讲书，考官承议郎翟曼、还有考官奉议郎陈之方、考官宣德郎太学博士马希孟，以及吏、卒死者四十人，这些人应按"公务员因公死亡"处理。

若按现行我国事故处理条例，一次事故造成 30 人以上死亡为特大事故。本次贡院火灾烧死 40 人，应确定为特大事故，没有考生死亡记录。

二月二十三日，三省（中书、门下、尚书）以火灾中试卷损失，"三分不收一分"为由建议重考，皇帝批准。火灾发生后东京"人心稳定"，没有太多"谣言"传播，只是都人上下唱言："烧得状元焦"，结果重考还真的考（烤）出了一个姓"焦"的状元郎来了！你说稀奇不稀奇？

这位幸运的状元郎叫焦蹈，安徽无为县人，学识很不错，但起初运气不佳，老是乡试考第一，礼部会考就落榜，已落了几回榜。《夷坚志》说他这回因事赴考不及，"及到京，已迟二日"，连考场都进不去。恰逢贡院火灾，改期重考，时来运转，这位"焦"姓士子竟然"趁火打劫"，一跃龙门，还抢来状元桂冠戴到头上。都城上下皆乐，编出了一个顺口溜："不因场屋火，那得状元焦。"更有缺德者出了一句上联"火焚贡院状元焦"求对，一时竟无人能对。南宋乾道年间，一位名叫张震的官员出知成都府，一天，雷电交加下起大雨，府衙受了雷击，这张震心血来潮，下联有了，"雷起谯门知府震"。又是一段趣话。

谁知这焦蹈命中的福份到此而尽，发榜后才六天，就因病去世，都没来得及授他官职。朝廷不胜惋惜，赠他家 20 万钱料理丧事。如今每到六月高考期间，为了保证考场消防安全，也有人会把这个故事提出，要求大家提高警惕。

17

蔡卞金陵探病

李焘《长编》元丰七年五月载："庚申，诏中书舍人蔡卞给假一月，令往江宁府省视王安石疾病。"文后加注："此据御集。八月三日，催赴阙。"由此可知，到了元丰七年五月，王安石已经病得不太行了，五月二十二日（庚申），神宗命蔡卞前去金陵问候和照顾他老丈人。原来批准给假一月，可是因为王安石病情严重，不得不续假，直到八月初三，大概是神宗自己也不太好了，才叫人催蔡卞回京销假。

自从王安石自己的儿子王雱早逝后，王安石的亲情依托全在蔡卞身上。王安石挑选蔡卞做自己新学的继承人，曾由衷地对人说："元度为千载人物，卓有宰辅之器，不因某归于女凭籍而然！"此话见于宋代周辉《清波杂志》，周辉还在这本书的另一处提到了章惇曾打心眼里赞赏蔡卞是个好女婿。"章子厚为息女（亲生女儿）择婿，久而未谐。蔡卞曰：'相公（大宰相）择配如此其艰，岂不失男女时乎？'子厚曰：'待寻一个似蔡郎者！'"那是在哲宗亲政后的绍圣时期，章惇当大宰相，蔡卞当尚书左丞是二把手，两人关系还不错，章惇为女儿择婿，挺长时间没找成，看在蔡卞眼里，有天对他说："大宰相找女婿这么艰难挑剔，就不怕耽误了男女青春年华吗？"章惇回答："哎，还真想找个像蔡郎你这样的。"

王安石第二次罢相归金陵，先住金陵府衙，就给蔡卞写了《江宁府园示元度》诗：

画船南北水遥通，日暮幅巾篁竹中。行到月台逢翠碧，背人飞过子城东。

诗说他从政治舞台上隐退后，逐渐从失子的悲痛中走出，开始了闲静的生活，黄昏，缓缓地从府内花园（今南京天王府）的竹林中步出衙门月台，虽然近视，还能看到眼前的色彩鲜艳的翠碧鸟水上讨鱼，和远处的背人鸟（可能是一种啄木鸟）东飞。

元丰元年，王安石在钟山南麓建"半山园"，《续建康志》描述它："所居之地，四无人家。其它仅蔽风雨，又不设垣墙（围墙），望之若逆旅之舍（路边的小旅店）。有劝筑垣，辄不答（满不在乎不回答）。"建成了又给蔡卞写诗，诗题《营居半山园作示元度》，诗说：

今年钟山南，随分作园圃。凿池构吾庐，碧水寒可漱。
沟西雇丁壮，担土为培娄。扶疏三百株，蒋楝最高茂。
不求鸱鸹实，但取易成就。中空一丈地，斩木令结措。
五楸东都来，属以绕詹溜。老来厌世语，深卧塞门窦。
赎鱼与之游，馁鸟见如旧。独当邀之子，商略终宇宙。
更待春日长，黄鹂弄清昼。

诗说自己老了，盖了个简单的房子养老，在家除了跟游鱼、飞鸟相伴外不大愿意接待外人，只想邀请你蔡卞女婿来这儿，互相讨论宇宙间双方关心的所有事情。

王安石居往在半山园期间，有诗《怀元度四首》。都是表达自己极其想念蔡卞，盼望女婿前来相聚的心情。

其一：秋水才深四五尺，扁舟斗转疾于飞。可怜物色阻携手，正是归时君不归。

其二：舍南舍北皆春水，恰似蒲萄初酦醅。不见秘书心若失，百年多病独登台。

其三：思君携手安能得，上尽重城更上楼。时独看云泪横臆，长安不见使人愁。

其四：自君之出矣，何其挂怀抱。孤坐屡穷辰，山木迹如扫。数枝石榴发，岂无一时好。不可持寄君，思君令人老。

其中第一首写于秋天，因看到秋水疾舟，想到女婿不能乘风而来，"正是归时君不归"。第二首写于春天，以老年多病之身登台，想着秘书郎女婿心有所失。第三首写自己登高遥望，甚感孤独，不见京城（长安）里的亲人，愁思倍增。第四首"自君之出矣"，指蔡卞元祐元年四月因受反变法派攻击排斥外放，令老人何其牵记挂念。

元丰七年六月，王安石感到来日无多，就把"半山园"舍为佛地，请求神宗给僧寺赐额，朝廷以"报宁禅院"为名。王安石从此在城内租房居住到死。只是更加想念蔡卞，有《招元度》一首：

早知皆是自拘因，年少因何有旅愁。自是不归归便得，陆乘肩舆水乘舟。

诗以轻轻的责备口气说："人都是自己画地为牢啊（似乎说蔡卞不敢向朝廷请假），你年轻轻的难道怕旅途辛苦吗？是你自己不想来，你要想来，还不就来了，陆路乘肩舆，水路就乘舟。"也许蔡卞把这首诗给神宗看了，神宗立马让蔡卞前往探望。

王安石还有《寄蔡氏女子二首》是写蔡卞夫人的。其一首有"感时物兮念汝，迟汝归兮携幼。"其另一首又重复了"感时物兮念汝，迟汝归兮携幼"一句，还有"嗟汝归兮路岂难"句，都是强烈地盼望与蔡卞一家见面。神宗曾多次安排蔡卞去探望这位老人。

18

蔡确力保哲宗继位

　　神宗向蔡确托孤后，日子又过了半年多，元丰八年正月，神宗一连病了将近一个月，"皇嗣未立，中外汹汹"，朝廷内外人们开始议论纷纷，蔡确担心起来，作为右相，去问左相王珪对立太子建储有什么意见，王珪不答，蔡确这就更忧虑了。

　　王珪被人称为"三旨宰相"，居相位16年，无所建树，明哲保身，只起了个上传下达的作用。各部门送来奏章有事办，他只回答："取圣旨"，推给皇上；皇上阅批后，他跪接说："领圣旨。"出宫以后，就向有关部门答复说："已得圣旨矣。"

　　蔡确再去问职方员外郎邢恕，邢恕说他最近见到退休官员王棫，王棫一度任过高遵裕的幕僚，而高遵裕是神宗母高太后娘家哥哥。王棫听高遵裕说，最近王珪曾经叫高士充回家问他父亲高遵裕："万一有变故（指神宗驾崩），长乐（指高太后）意欲立谁？"蔡确因此说："珪不忠于王矣！"决定自己来完成神宗先前的顾托。

　　蔡确的弟弟蔡硕时为军器监，与内侍阎守懃在职务工作上常要见面，听阎守懃说：

　　"二王（指神宗弟赵颢、赵頵）每问神宗圣体，多不避宫人，直诣宣仁圣烈皇后（指高太后）左右，屏人语，移时不出。神宗疾不能言，但怒目之而已。"

又说："去年十二月，守懃在延春阁奏事，神宗下阁云：'我足跌头痛。'又叹息云：'我好孤寒！'及语慈圣光献皇后事（神宗祖母曹氏关心爱护神宗的往事），多追慕感泣（似意指母亲高太后不够爱护他）。二月间，因写字指挥事，独守懃在侧，写一'太'字指示守懃，沉思久之，复涂'太'字，又写与守懃'不入局（下象棋进入决战态势）做甚？'"

蔡确听了蔡硕报告，认为神宗写"太"字是想立自已儿子当太子，又不便亲自下指挥来立，怕若诸大臣不忠，主张不定，不全力拥护，儿子立不成。万一高太后以立长君为由立了赵颢，将会祸及儿子。所以只是写字暗示守懃，知道守懃常与蔡硕相见，"欲令传圣意与我耳"。

蔡硕又听另一内侍御药刘惟简告诉他：曾在掌管内廷文书的内侍张茂则房内，看见一张王珪转进来的不知何人的呈状，建言"今来建储事，上系皇太后圣断，非外廷所当预"。蔡确说："最近王珪曾对执政同列说：'立嗣，人主家事（皇帝的家事），吾曹不要管他。'看来惟简之言，完全是真的。"

后来蔡硕又听内侍李嗣徽对他说："奸人的阴谋深不可量，万一被此辈所先手，半夜中出来一张盖了御宝的诏书，第二天又能有什么办法呢？"又见到神宗向皇后的弟弟向宗回，问他所闻，宗回说：

若问所闻，寒心难言。前闻雍王乞于内中（宫中）止宿，中宫（向皇后）厉声纷争，乃已。

雍王赵颢要求留宿宫中侍神宗疾，便于和高太后商量，争取继位，神宗向皇后厉声相争，此事在《旧录·荆王颢传》等处也有记载：

及神宗疾，徐王颢有觊幸意，每侍疾，数率幕直入，颢屡挽止之。朝遇蔡确，（颢）数以言促确曰："延安郡王，太子也，不立何待？"确犹豫未决，颢曰："晚则他人是有。"神宗疾甚，颢欲留宿禁中，颢奏，得弗宿。

《旧录》记载说：

皇后（神宗向皇后）忧恐，出财佛祠设斋，揭牓曰"延安郡王祈祷"，冀天下知王长立，能致恭孝。

向皇后以儿子延安郡王的名义做佛事为父皇祈祷，向宫外宣示，神宗已有儿子能尽孝道。

《旧录·刘惟简传》说：

方神宗疾，蔡确入问，帷幄深密，不详见上（御床上帐幕密，蔡确看不清皇上），惟简屡以太子促之，确尤犹豫。一日，惟简取幄外烛引确见上（拿屋外的蜡烛照着蔡确见皇上），确知疾革，遂立太子。

从这些迹象看，神宗母亲高太后有以弟继兄的打算，这在北宋前朝已有宋太宗继承宋太祖的先例可依，至少此时高太后在立神宗弟赵颢为长君，还是立神宗子延安郡王为幼主的两种选择中犹豫不决，导致首相王珪做起好好先生，观望等待，迟迟不肯建言立太子，"辅臣韩缜、安焘、张璪、李清臣阴持两端，嗫不语"。蔡确因一年半前受神宗顾托，遂挺身而出。朝廷大臣中，只有门下侍郎章惇意气可任，蔡确令邢恕约以共济大事，章惇慨然相从。

《旧录》说：

事愈急，会确母得入禁（宫）中，钦圣宪肃皇后（向皇后）谕确，使外托主兵官燕达等辅立，又因内侍阎守懃谕早定。

这时向皇后万分着急，直接通过蔡确母亲明氏，要求蔡确联系主持宫庭保卫的"主兵官"燕达，准备拥立延安郡王为太子，又通过内侍阎守懃催促蔡确早些行动。

二月二十九日，蔡确和诸大臣去福宁殿探视神宗后，自内东门回外廷政事堂，直邀首相王珪和诸执政官到南厅聚议。事前，蔡确指示权知开封府蔡京："奸人如有异同，须正典刑。"蔡京就带上刽子（刀手）随行，来外廷护卫，预防不测。

蔡确对王珪说："神宗疾势渐急，在上有人问，当何以对？"王珪低首不语。沉默了大一会儿，蔡确说：

> 今日非寻常议事之时，安可缄默观望？去年春延安郡王出侍大宴，圣意（神宗之意）已定。

王珪还是沉默，蔡确看了看章惇，章惇愤怒地说："你说是，我们就顺从你了，不然的话我们就一齐死了算了！"王珪色变不答。蔡确看着章惇说："相公（王珪）岂有他哉，特临大事持重尔！"王珪不得已，方说："皇帝自己有儿子延安郡王，我们还用商议吗？"章惇说："此是第一句啊，不知第二句该说什么呢？（意为第二句应提出立太子）。"王珪无语。蔡确说："相公之言足矣！"于是。索纸写劄子，令章惇手书，然后率领诸执政大臣书名押字。

当晚，诸执政大臣至神宗病榻御案前，展示劄子并由王珪奏曰：

> 去年春得旨，令延安郡王今春出阁，今大本未见，乞立为皇太子，以安宗社之基。请来早降处分，仍肆大赦天下。

神宗已不能言语，闻之点头首肯泣下，三奏三首肯，执政辅臣呜咽流涕，帐后宫人莫不饮泣。又奏请高太后垂帘听政，神宗也点头答应。蔡确拿着劄子对内侍张茂则厉声说："已得圣旨，立延安郡王为皇太子，请都知（张茂则宫内职务）奏皇太后，某等贺。"于是，张茂则引诸辅臣至高太后帘前再拜。太后熟视状奏，差中使锁学士院，准备起草立储诏书。蔡确并选了神宗所信任中使十人，令侍卫皇太子。第二天三月一日，在文德殿宣制，二日，肆赦天下。

《旧录·哲宗皇帝纪》又说：

> 时颢牵幕欲入，颗力挽止之。太子立，皇后谢皇太后，太后抵后胸（用手指戳皇后胸，似不甘愿）曰："事遂矣（这回你放心了吧）！"

事后，皇后几次对儿子说"痛犹在"。以后，蔡确母明氏入宫中，"示击痕尚存"。《续资治通鉴长编》载：哲宗即位之日，"殿前副都指挥使燕达乞宿内东门外，从之"，"又奏差殿前指挥使六十人赴内东门坐甲"。在内东门出入的都是皇族亲王，燕达采取如此戒备森严的警卫措施是一反常态的。南宋史学家李焘称：这种情况"前此未有也"，"应是燕达创有陈请，非旧例也"。而燕达自己解释这样做的原因是为了防止"万一有奸人随皇族而入，则事起不测"。当时曾有人劝燕达说："皇族之事，非所当言，言之恐被罪。"但他仍坚持奏请"守宿内东门外"，高太后迫不得已，只得同意。李焘又说："蔡确令蔡京领刽子入内廷，必有理由来骗王珪，故王珪不以为疑。要不然开封知府与朝廷立储之事能有什么关系，此正说明王珪愚暗罢了。"

蔡确内宿政事堂凡七日，忙完哲宗即位事宜，回家后，哭着对他母亲明氏说"我以前受到神宗顾托，现在可算是无愧于神宗了，但吾家看来像晁错对于汉室那样，将有灾难了！"

蔡确母明氏、妻孙氏入见，向太后、朱太妃十分感激，朱太妃号泣曰："若非相公，我子母几无去处！"南宋以后，官方定位"本朝母后皆贤"，高太后成了"英明领袖"，她在神宗病逝前后犹豫不决或企图另立徐王的事，被说成"诬陷"。李焘对元丰末年立储前后的历史极为究心，虽然基本上也以当时官方口径叙事，但书中用去五六万字的篇幅，详细地开列出各种相关史料，以供后人阅读时能够加于思考。

19

个性极强的女主

哲宗即位时年方九岁，他的祖母高氏临朝称制。大臣们朝见奏事时，高氏与哲宗左右对座，大臣面向高氏奏事，屁股就朝着哲宗的脸。大臣们不觉得这有什么不妥，很少理会这个名义上的少皇帝，眼里只有大权在握的高氏女主。哲宗只看见大臣的屁股不见其脸。年龄稍大，心中的不平与时俱长。难怪高氏死后多年，哲宗与臣下聊起当年祖孙之间的"路线斗争"，还念念不忘这段"脸与屁股"的往事。

高氏的母亲姓曹，母亲的姐姐正是宋仁宗的曹皇后。高家和曹家分别是北宋立国时的大将高琼和曹彬的后裔，地位显赫无比。宋仁宗与曹皇后没生儿子，把宗室濮王赵允让的儿子赵宗实收养在宫中当养子，后来曹皇后也把她嫁在高家的妹妹的女儿高滔滔收养宫中当养女。两个孩子长到七八岁时，宋仁宗有了一位张贵妃，很受宠爱，把皇子生出来了，于是就把收养的赵宗实和高滔滔送回各自本家，可惜皇子长不大就死了。

赵宗实和高滔滔两个小孩都长大了，庆历末年，仁宗与曹皇后商量：

吾夫妇老无子，旧养十三（赵宗实排行十三，时官团练）、滔滔，各已长立，朕为十三，后（曹后）为滔滔主婚，使相娶嫁！

于是，高滔滔嫁入濮王家，成了十三团练赵宗实的妻子。坊间打趣：

"皇帝娶妇，皇后嫁女。"说皇帝老儿要娶媳妇，却让皇后把女儿嫁过来了。

张贵妃终于没有替仁宗生下个长得大的儿子就去世了，仁宗已步入晚年，眼看着再生不出儿子，大臣们纷纷劝说皇帝为大宋江山选出接班人，于是，仁宗又把赵宗实迎入宫，正式立为皇子，改名赵曙，这下高滔滔便成为皇子妃。不久，仁宗突然病死，宋英宗赵曙继位，高滔滔就成为皇后。她育有三儿，长子赵顼即后来的宋神宗，次子赵颢在神宗病危时曾打过继位的算盘，三子赵頵则安分守己。

英宗在位四年就去世了，神宗继位，高滔滔成了太后，十八年后神宗病危，高太后在立神宗长子赵煦还是立自己的次子祁王赵颢之间举棋不定，更倾向于立自己的次子，在蔡确、章惇、向皇后等人的努力下，这次继位危机以神宗的九岁长子哲宗即位结束。高氏虽以太皇太后垂帘听政，但从此对蔡确心有芥蒂。高氏当了九年女主，死后才轮到早已长大的哲宗亲政。

高太皇太后从小在至高无上的帝王家颐指气使，任性惯了，丈夫英宗多病，很惧内，养成高氏极强的个性。英宗有段时间健康情况不错，心想多找几个女的，可是作为妻子的高皇后严格地禁止他接触另外的女姓，英宗也无可奈何。高氏的婆婆曹太后婉言为英宗说情，说："皇儿新近身体好了，既为皇帝，也该有个把年青女人陪他吧！"高滔滔恨恨地对婆婆说："我当初嫁的是十三团练，又不是嫁他皇帝老儿！"言下之意，我结婚时不是在皇帝家，还不是你家媳妇呢！不是你当婆婆来管我呢！曹太后是出了名的好性子，知道她脾气大，不和她计较。据说她娘家有回出了一起火灾，烧到个小孩，高皇后得知大怒，命把值班的丫环杖死，连娘家的人都不忍，跪着求情，后来一问，根本没有那丫环的责任。

她的两位媳妇，宋神宗的向皇后和朱惠妃，都很害怕这位严厉的婆婆。朱惠妃是继位皇帝哲宗的生母，发送神宗灵柩前往陵寝下葬的路上，元老大臣韩琦途中迎候，行跪见礼，本是很正当的，高氏知道了，却把朱惠妃叫来痛骂一通，说老韩德高望重，你何能何德受拜呢？朱惠妃知道婆婆不疼她，只能唯唯谢罪。高氏死后多年，有人怀疑神宗不是高氏的亲生，向皇后向朝廷的大臣们说："就凭她婆婆的嫉妒和大脾气，那容得其他女人为神宗生儿子呢。"

　　大概是王安石新法使得权门势家的既得之利有些受损，这高氏对王安石是很有意见的。

20

蔡确遭遇司马光

立志改革的宋神宗登基伊始，最要紧的事就是物色宰辅之才，结果找到了王安石。如今君权在握的太皇太后高氏决心"更化"，史称元祐更化，废掉儿子神宗和王安石的新法，首先急着办的则是要把先前激烈反对新法的司马光、吕公著、文彦博、韩琦这班老臣找回身边。其中最年轻的司马光已六十八岁，吕公著六十九，韩琦六十九，文彦博七十七。

其实，熙宁初朝廷大佬一致荐举王安石入朝辅政，南宋朱熹说"新法之行，诸公实共谋之""盖那时也是合变（应该变法的）时节"。后来神宗、王安石真正改革起来了，大佬们则感到损害了特权阶层的利益，有很大"不便"，才激烈地加以反对，纷纷离开了朝廷。

宋朝制度开明，政策宽松，超过历史上所有朝代。官员享有发表政见的权利，不同政见的派别斗争不是"你死我活"，而是"你活我也活""你上我下""时上时下"罢了——宋朝士大夫出处进退之雍容有度，好像是历朝历代所少见的。其时君权、相权（行政权）、台谏监督权之间还颇有点近现代西方"三权分立"的意味！宋神宗严守这一"祖宗之法"，从未对反对派进行过残酷打击。司马光强烈而固执地反对役法，连南宋的朱熹也评论说"温公忠直，而于事不甚通晓。如争役法，七八年间直是争此一事。他只说不合令民出钱，其实不知民自便之（老百姓自己觉得便利）。此是有甚大事？却如何舍命争！"而神宗对他也只按本人要求，令去洛阳专心写作《资治通鉴》，事成，神宗大喜，还为之作序。

神宗晚年认为，新法已实行了十七年，既然"国是已定"，他在去世前就已考虑把一些反对过新法的大臣收回朝廷使用。蔡确领会神宗这一意旨，曾私下通过司马光门生邢恕和司马光儿子司马康向司马光本人致敬，有意与反变法派达成谅解，司马光本人反对新法最烈，但熙宁七年之后，"自是闭口，不敢复预朝廷论议十有一年矣！"可能对新法也有了一定理解。得势时的蔡确曾评论反变法派人士刘挚"固善士，但尝异论尔"！南宋邵伯温《辨诬》中说：一些反变法人士牵复入京，如刘挚、梁焘、孙觉、李常，实际是邢恕劝蔡确做成的。《邢恕家传》中说："蔡初既力引光，已而同在门下，相得甚懽（欢）。"

神宗驾崩，在洛阳任闲职的司马光在好朋友程颢劝说下，来到首都参加悼念活动，《宋史》上写道：首都人民一看到司马光，就把他重重围往欢呼："大人别回洛阳啦！留在皇帝身边保护俺们老百姓吧。"笔者对此颇感疑惑，司马光此前固然有好名声，却从未进入执政圈子，未见史料说他做过与百姓生计相关的决策，如何平常不太关心政治的百姓就能知道他准行，能预见司马将来执政了就会给他们带来好处呢？如果司马光的粉丝们故意做秀造此舆论，岂不犯朝廷大忌！？所以史书上这一记载不太靠谱。

靠得住的记载是，太皇太后高氏听说司马先生来到京城，立即叫亲信太监上门慰问，大概是做了"路线交底"。还问司马先生"时政以何为先"？司马先生回答"应以开言路为先"。司马光刚回洛阳，朝廷即升他知陈州，元丰八年五月，调回京城任门下侍郎进入执政。这时首相尚书左仆射王珪病亡，蔡确升任左相并兼山陵使，为神宗建陵和送葬。章惇升任知枢密院事，七月，六十八岁的吕公著入任尚书左丞，七十七的文彦博也来了，只有六十九的韩琦推辞不肯来，据说是对神宗有感情，虽然当年也反对新法，但此时却对将要开始的大变更不感兴趣。宋人笔记中说，后来韩琦因此免受哲宗亲政后和徽宗在位时对司马、吕、文等人的追贬处罚。

坚持新法与反对新法的两派人马开始过招。先是在高太皇太后主张下，朝廷按司马光的请求下诏"求直言"，意在鼓励基层上书反对新法，造成舆论。然而，很快在左相蔡确提议下，朝廷又发出一道补充诏书，表明朝廷之意是征求意见以完善新法，不允许妄议新法，若违反了"六项基本原则"，是要给予惩罚的。对此，司马光三次上书激烈抗议，说既然鼓励"直言"，就得放开"言论自由"，有啥说啥。高太皇太后心知肚明，否定了蔡确的主张，重新下了求言诏，上书的人对新法有赞成的，有反对的，司马光从中如愿收集到了150封反对新法的上书，供朝廷决策参考。

新朝伊始，坚持新法的人提出"三年无改父道"的古训，认为神宗刚刚过世，作为儿子的哲宗应按古训，继承新法，三年不改其父之政策。对此，大名鼎鼎的理论家司马光针锋相对地提出他的观点，认为废弃新法不是哲宗"以子改父"。他认为神宗只是高氏的儿子，现在是高氏"以母改子"，不见得违反古训！到了八、九月，除了司马光、吕公著、文彦博三人入朝辅政外，大批的新法反对派也都调回朝廷了，高氏现在急着要做的是把台谏人员中的新法人物都换成自己人。十月的一天，高氏忽然宣布对台谏作了重大调整，准备任命范纯仁为左谏议大夫，唐淑问为左司谏，朱光庭为左正言，苏辙为右司谏，范祖禹为右正言。

太皇太后问："此五人何如?"司马光、吕光著、文彦博诸执政对曰："正符合外界众人的愿望!"这时，左相蔡确建造皇陵在外，知枢密院章惇表示反对，说："我朝祖宗旧例，谏官人选需由执政以外、两制以上的官员荐举，现在五人并非经过这一程序，却由宫中直接产生，请问陛下从何了解这五人适合担任谏官? 莫非是左右内侍所荐? 此门岂可轻易开启!"太皇太后输了理，辩解说："此皆执政大臣所荐，非我左右也。"这下章惇就更得了理了，说："大臣若要举荐，何不公开说，却用密荐呢? 何况本朝台谏的设置，本来就是用于监督执政大臣的行政表现，纠察他们的不法举动的。所以，执政大臣不得举荐台谏人选，而且新的执政大臣就职后，他的亲戚或曾被他举荐过的官员是现任台谏的，都必须改调他官，这是祖宗法度。当今皇帝幼冲，太皇太后同听万机，当遵循祖宗故例，不可违祖宗法！"章惇一贯快人快语，这番话唾沫四溅，说得太皇太后和司马光、吕公著、韩缜哑口无言，实际上这些人选是先前司马光推荐的，何况范祖禹是执政吕公著亲戚，范纯仁是执政韩缜和司马光的亲戚，三位执政只好纷纷表态他们的亲嫌不能为台谏。司马光还赌气说："纯仁、祖禹作谏官，是众望所归，不可以我是执政故，妨碍贤者进步，宁可我避位不当执政了。"章惇赶紧放软口气说；"缜、光、公著必不至有私，万一他日有奸臣执政，援此为例，引亲戚及所举者居台谏，蔽塞聪明，非国之福。纯仁、祖禹可除他官，还是按老例令两制以上各得奏举台谏人选吧。"这场争论的结果是范纯仁、范祖禹改任他官，唐淑问、朱光庭、苏辙任命皆如故。

十二月，蔡确主持神宗山陵事务后回朝，邓润甫起草蔡确转官制诰，盛称蔡确"独高定策之功"，"堪比汉朝周勃"，比其他大臣韩缜、章惇、司马光、张璪、吕光著等人的转官制词评价都高得多。当年十二月十二日，司马光《辞转官劄子》中说："今陛下以神宗皇帝大渐之际，宰臣蔡确等启迪圣心，建立储贰，传授大宝，各特迁一官，固亦其宜（本来就是应该的）。臣当是时，方闲居在西京，凭几末命，非所预闻，岂得与确等同受褒赏！"几天后，上《辞转官第二劄子》，重复说："臣以十二日具劄子，奏以蔡确等启迪神宗皇帝建立储贰……"，司马光这次六上劄子歉辞转官，其《传家集》都一一具载，李焘《续资治通鉴长编》也载其摘要，说明蔡确受遗定策事，当时是多数人所公认。高氏太皇太后三月临朝后的开头半年多，并无否定蔡确拥立之功。

蔡确在神宗去世前后，虽然设法阻止了高氏可能拥立反对变法的赵颢为帝的企图，但却再无法阻止大权在握的高氏导演反变法派全面否定和废弃新法的浪潮。在高氏指使下，反变法派的台谏刘挚、朱光庭、王岩叟、苏辙等人，从十月开始，就猛烈弹劾左相蔡确，例如弹劾蔡确既担任神宗山陵使，于神宗灵驾发引前一夕，却不能按例内宿宫中，是大不恭。实际蔡确当晚欲入宫时，宫门已闭不让入。紧接着，又蜂起攻击蔡确在结束山陵事宜后，不立即按例上表辞去左相一职，恋栈不去，实际上本无这一定例。也有人提出蔡自居有拥立功。

起初，言官刘挚与王岩叟攻击宰相蔡确时，司马光曾表示"深不以为然"。还叫秘书监傅尧俞去劝说刘挚停止攻击蔡确，说："蔡非久自去，何必做得如此露骨呢？"刘挚说："已做到这地步了，如何停得住！"

21

蔡卞罢侍讲和蔡京判僧录司案

北宋的北面邻国辽，当时和宋已友好相处近百年，双方每遇新主登基或大年初一（元旦），都要互派使节告贺。哲宗登基、高太皇太后垂帘后，也按例派使通知辽国。七月，辽使来吊神宗并贺新主登基，赵宋朝廷于元丰八年九月廿三，命承议郎、龙图阁直学士蔡卞为太皇太后回谢辽国使，代表高氏；又以客省使、沂州防御使曹评为副使。同时以中书舍人范百禄为皇帝回谢辽国使，代表哲宗；以左藏库副使、兼阁门通事舍人高士敦为副使（后以刘惟清代士敦），前去辽国回谢。前此三天，宋廷讨论了高太皇太后送给辽国太后的礼单安排，为此下诏："太皇太后特送辽国生辰礼物，令御药院依章献太后与北朝皇太后礼物数排办。内：冠朵，缠以金玉；腰带，水晶；鞍辔以玉；鞋袜以靴代之。"

蔡卞这次出使辽国，元人修纂的《宋史·蔡卞传》载：

> 辽人颇闻其名。卞适有寒疾，命载以白驰车，典客者曰："此，君所乘，盖异礼也。"

辽国人很认可蔡卞的名望，可能出于对神宗时期王安石实施新法带来国家进步的羡慕。蔡卞正是王安石的女婿，且传承了王安石的新学。其兄蔡京元丰六年八月也曾出使辽国贺辽主生辰，除完成正常外交活动外，辽国老皇帝还特地力邀蔡京参加辽国皇孙的出阁大宴会，有向北宋朝廷显示和交待辽国接班皇帝之意。可见辽人对蔡京的重视。两年之后，其弟蔡卞来访，如果再往前追溯四十多年的仁宗景祐三年，蔡卞堂兄蔡襄因反对宰相吕夷简排挤打击范仲淹等人，写了《四贤一不肖》组诗，京城争抄留传，竟被在京辽使传入辽国。难怪辽人对蔡氏诸兄弟有着很深刻的印象。在得知蔡卞途中偶得感冒疾病，竟派出辽皇自用的白驰车接送蔡卞，赶车的人告诉宋朝使团：这是辽国皇帝的专车！是给予蔡卞的最高礼遇。

就在蔡卞出使途中，朝中新法反对派势力在执政和台谏团队中都已占了优势。在高氏的授意下，向新法人马发动猛烈攻击。十月中，侍御史刘挚言："伏见兼侍讲、给事中陆佃、蔡卞皆新进少年，越次暴起，论德业则未试，语公望则素轻，使在此官，众谓非宜。伏请罢其兼职，以允公议。"十八日，太皇太后谕：

讲筵将开，宜得老成端士。赵彦若、傅尧俞二人如何？陆佃、蔡卞年少，代之。

其实，那年蔡卞37岁，陆佃还比蔡卞大五六岁，以两人早就著书宣扬新法，名满中外，以蔡卞连辽国皇帝都予格外尊重的名望，何来"新进少年""公望素轻"的评价，连给九岁的小皇帝讲读经典书籍的资格都不具备呢？

实际上，蔡卞罢侍讲完全是高氏为控制幼年皇帝的需要引起。高氏在哲宗的教育、看护、乃至长大后婚娶，全都是一手操办，决不允许他人哪怕是向太后和哲宗生母朱太妃插手，由新法反对派的赵彦若、傅尧俞代替了新法拥护派的陆佃和蔡卞，是为了保证哲宗从小能受到保守观点的教育，听祖母的话。到了第二年即元祐元年三月，司马光和吕公著还推荐了洛阳的程颐为崇政殿说书，专门为皇帝讲读经典书籍。

这程颐是个颇有些迂腐和固执的理学家，他一直没有做官，从事讲学，在他看来，任何违背于圣训的事情都是一种邪恶。一个正直之士的唯一目标就是向圣人看齐，绝不容许有半点的杂念。他为人严肃而苛刻，在他身上已没有丝毫的人情，有的只是对终极目标的坚定信仰。他平生不喝茶、不观画，亦极少做诗，甚至自己生日也致斋恭肃，不事宴饮。自从主掌天子讲筵后，很有些不近人情的做法。

本来御前经筵进行时，陪侍的臣僚是坐着，但是，讲读者却要站立着讲，以示对天子的尊敬，可老程却认为这是很违背礼法的，请求今后要特设椅子，让老师坐着讲，从而养成皇帝尊儒重道之心。

而且，程颐老是板着脸孔，一本正经地讽谏皇帝要多多地接触贤良的大夫，少接近那些宦臣和宫女。他建议皇帝身边使唤的宫女、宦臣应该物色年龄四十以上的厚道小心的人，皇帝日常用的器皿、玩具也要朴素简要。他每次给皇帝讲课之前，都要戒斋沐浴，而且在讲课的时候，要求使用古礼，弄得哲宗非常地怕他。

有回程颐听说哲宗在宫中行走时，看到昆虫、蚂蚁就躲避而过，不忍伤害它们，就表扬他：

如果皇帝能将这样的仁爱之心推广到四海百姓身上，这才是做帝王要遵从的要道！

但是哲宗毕竟年龄幼小，童心未泯，他看到春风中的柳枝煞是可爱，就爬到栏杆上折了一支。不巧被程颐看到，程颐就立刻板了脸，教训他：

现在春和景明，是万物生长的季节，不可以随便地摧折。

如此上纲上线，不但哲宗很尴尬，连格外尊师重道的高氏都不高兴起来。

这样的帝师，能比蔡卞好多少呢？蔡卞虽然罢了所兼职侍讲，但又没说犯错，仍然当他的给事中，一再要求辞退去照顾患病的王安石，不允，年底还调任礼部侍郎。

他的哥哥开封府尹蔡京这时也碰上麻烦。

蔡京判僧录司案遇到麻烦，后来成为新法反对派把蔡京攻离朝廷的理由之一。李焘《长编》在不同日期的记述中提及此事达六七次，他书则未提。本笔者反复究读这些记述，大约理出了头绪。事情可能起源于神宗去世后，在皇宫内福宁殿开设佛事道场，参与法事的僧人由管理京城僧务的僧录司指派，待遇从优，是僧人们趋之若鹜的好差事，但按规定参会的僧人要有高的资质。

开封僧人惠信没有参加这次法会，他向僧录司的主管部门开封府举报僧录司接受贿赂，开后门让不够资质的差僧和没有度牒的沙弥（小和尚）参与法会，混取朝廷恩禄。开封府尹蔡京受理此案，在接到僧录司方面没有受贿的声明后，熟悉宋朝律条的蔡京认为，惠信与安排僧人入宫事无关，事不干己而妄诉。引用了"凡投词，有事不干己者，必加惩治，轻者杖臀"条文，打了惠信二十下屁股。

那惠信可能是有后台指使，竟不服，又向礼部所属主管祭祀事务的祠部投诉，祠部则把此案交给大理寺，要求大理寺依法审理。大理寺相当于全国最高法院，大理寺几次发函开封府调取案宗，熟悉制度和律条的权开封府尹蔡京都不予答复，还向宰相府申诉说："就算是台谏六察举劾本开封府处理不当的公事，也都须奏禀朝廷下旨才接受审查，有些才送大理寺等各司推勘，今祠部连本府如何行遣此案都不问，就要直接送大理寺，不符合正常程序。乞朝廷根究。"

朝廷有诏："请祠部对蔡京的申诉作出解释。"祠部说："此案僧录司中的相关当事人属领取重（厚）禄的公人，按本朝律法，犯受贿罪要比普通吏人加重惩治。惠信诉僧录司中人受贿，还有资质不够的小法师混取金钱，依律条应予受理，故送大理寺。本不是举劾开封府办案不当。而开封府乃以六察举劾来说事，很没道理。"十月十六日圣旨诏："惠信向祠部所上的告状，祠部不必审理。"

一个很普通的僧人告僧录司开后门，按理是件小事情，可以到此结束。但反新法派的主攻手、侍御史刘挚揪住不放，大做文章，上疏弹劾蔡京："我认为重禄吏人因事受贿，于法许告，法之所当告，则告之所当受也。惠信之所告、祠部之行文皆是对的，大理寺以惠信曾经在开封府告过，故取前案，将有所质。而开封府之前以惠信所告不干己，以杖一百（实际为二十）坐之矣。惠信状内若杂有干己不干己事，则不干己者当坐罪，而干己者当审理。即使状词皆不干己，则惠信虽然当坐罪，而僧司受贿，于开封府为所部犯法，还是应当举劾处理。故开封府自己怀疑人家是举劾开封府处事不对，恐怕是因出案给大理寺对自己有妨碍，所以不肯出前案，故意引六察举劾须禀朝旨作为理由，说祠部不该直送大理寺。以此来护其短。而朝廷取到祠部分析状，状中说依法受状送所司，未尝论及开封府前断之对或不对，则祠部、开封府互状所论明白，而事由大理寺审理殊无相妨，自当推结。今乃因开封府妄奏，遂罢祠部、大理所当治之狱，则臣所不能理解啊。若犹以祠部、开封曲直未明，故两罢之，在祠部、开封府也是可以的，而惠信无辜被刑，何其不幸！吏受赃得免，独何幸耶！吏受赃已告，僧告之或为诬告，而都不弄明白，是废法啊。许之告，许之受，而不处理，是废法啊。有司出入人罪而不问，是废法啊。法者，天下公共，守在有司，虽人主不得而私之。如今祠部不必审理的决定若说是出之于圣意，缘天下之公法，陛下岂肯自己废弃它？故臣知其必不然。我私下以为只是左右奏事画旨时，失于详述是非、开陈灭裂，致有此决定。伏望圣慈更赐详酌指挥，令大理寺将惠信所告事推究虚实，依法施行。若祠部、开封府亦有罪状，伏乞一就勘结，以正典宪。内殿道场所用僧数不少，皆出入宫禁，而僧司好好加于选择，吏人因而受赃，辇毂之下敢冒法禁，理无可恕者。"

刘挚这次上疏似一时没有下文，但一二月之后，也成了把蔡京攻逐出朝的主要理由之一。

22

蔡京五日复差役

元丰九年正月初一，诏改当年为元祐元年，有的朝士们认为，这一年号各从神宗"元丰"和仁宗"嘉祐"取一字而成，意味着参照"元丰"和"嘉祐"新、旧二法并用，"对钧（度量）行法"，贵于便民。而新法反对派中的死硬分子如高太后、司马光、刘挚、王岩叟等人的决心却是要驱赶蔡确、章惇等所有的新法派出朝，而且"务要罢尽一切新法"。

正月初，刘挚等罗列蔡确十大罪状，如"辄自称定策，贪天之功"，神宗梓宫发引前夜"不赴内宿"，山陵使回"不肯引罢、废礼贪位"等，蔡确在半年多的政局发展中也明白高氏和诸回朝元老要全面否定新政，自己已力不从心，也不能见容于高氏，因此主动不断提出辞位，已处于待罪让权状态。

新法中的保甲法、方田均税法早在去年七月和十月就被废除，免役法和青苗法也一直在受到攻击。正月中旬司马光因病不能上朝在家理政，自觉来日无多，竟发誓：

四患（役法为其一）未除，吾死不瞑目矣！

旧法因公使用民力，是直接由官府按名册指派民户充当，一般由乡村中家产丰厚的一二等大户承担重要的职役，家产较低的中下等户承担不太重要的轻役或不承担，各家各户轮流承当，称"差役法"，民户常因出役耽误自家生产，许多特权家庭例不承当差役，很不合理。差役中的一项名称是"衙前"，是主要负责看护和运输官物的差役，如果丢失了，则负有赔偿损失的责任，这样一来，担任衙前的富户常致破产，如当时人所说："不见人因赋税破产，却屡见破产皆由差役起。"新法改为民户按经济能力出钱"免役"，然后由官府雇人应役，称"免役法"或"雇役法"，实质上是以税代役。此法制定时已经反复推敲细节，实行时又经局部试点再全面推开，近二十年已为民间所习惯，但是司马光一直上奏称：

> 今法度所宜最先更张者，莫如免役钱！

不顾众多大臣的辩驳与劝阻，迫令以"三省枢密院同进呈"的名义废罢免役法，骤然下令限开封府五日恢复差役法。

知枢密院章惇提出，既是三省枢密院同进呈，他必须细阅呈文，遭到拒绝。直到颁布后才看到文件全文，于是，在太皇太后帘前与司马光面驳，指出司马光二月初三日劄子中说，上户（富户）们认为差役为便，以出免役钱为害；而二月十九日劄子内却又说"免役钱虽于下户困苦，而上户优便"。旬日之间，所言的上户利害正相反，岂不是说明问题尚未考虑成熟？司马光恼羞成怒，两人争得脸红耳赤，章惇不觉中爆出一句粗话："后日安能奉陪吃剑！"太皇太后大为气恼，狠加斥责，说章惇有失大臣之体。

"后日安能奉陪吃剑！"可能只是当时坊间一句俚语，不算很粗，用在朝廷争论则很是不雅。至于这话今人理解起来是何意思，则没有看到学者们做出诠译。网上看到有人说是章惇气急，要和司马打架单挑之意；又有人说是警告司马别以为现在哲宗小，就强把人家老爹的役法改了，担心将来哲宗长大了报复呢。笔者觉得：章惇是说司马没与我枢密院商量就以"三省枢密院同进呈"的名义废罢免役法，将来追究责任，我可不想奉陪你上刑场吃剑呢！

新法反对派的骨干苏轼、苏辙兄弟，也是极力主张完善免役法，而不是把好好的免役法改回差役，司马光的固执不讲理也把苏轼气坏了，一出朝竟大呼"司马牛！"把他们的领袖说成一头不听劝、不商量的"牛"。笔者细读司马先生这一时期反对新法的大批奏书，的确也认为这位老先生尽管学问了得，但有时却显得对政事、边事不甚了了，又以老资格的理论家好作论断，不免误事多多，后世也有此种人，当自以为戒。

朝廷既然下旨开封府，令开封、祥符两县五日内改为差役。蔡京身为开封府主官，只得坚决令开封、祥符二县按照旧法所需数目，提供了一千余人充役。并报告司马光事已如期办理，司马光喜曰：

使人人如待制（蔡京），法何患不行！

后来一些史家认为蔡京既积极参与变法，此时却带头改免役为差役，以取悦司马光。而他在九年后绍圣哲宗亲政时，又坚决主张把差役恢复为免役，是反复无常的小人的政治投机表现，常被世人诟病。多年前有位著名的宋史老学者提示我查找资料，把此事说明白一些。我因此查阅了李焘《续资治通鉴长编》，李焘在记载此事后加了一句评论：

议者谓京但希望风旨，苟欲媚光，非事实也。

蔡京应朝旨首改役法，在当时已遭到苏辙批评，苏辙弹劾蔡京"明知熙宁以前旧法役人数目显有冗长"，却不依最近下达的指示考虑适当人数，"便尽数差拨，及朝旨本无日限，辄敢差人监勒，于数日内蹙迫了当，故意扰民，以坏成法，乞赐行遣，以戒天下挟邪坏法之人"。

九年后的绍圣元年，哲宗亲政，章惇为相，在讨论是否将司马光力主的差役法改回雇役法时，负责讨论此事的蔡京对宰相章惇说："取熙宁、元丰法施行之耳，尚何议为？"为朝廷所采纳。宋代理学派史书对此说"京欲掩盖元祐迎合之迹"，《宋史·蔡京传》则说：

十年间，京再莅其事，成于反掌，两人（蔡京与章惇）相倚以济，识者有以见其奸。

蔡京本人是新法派，当时执行朝旨改役法是职责必须执行，到绍圣时，朝廷既绍述神宗，蔡京又提举（负责）讲议役法事，当然主张复雇役法，本是很正当的，哲宗、徽宗和他的新法派同事们，亦从来未就此事指责过蔡京。所以，蔡京五日复差役当不构成政治品质的问题。但此事在绍圣三年十二月，被侍御史董敦逸提起，当时官居翰林学士承旨的蔡京应哲宗要求，上书自辨，此为后话。

23

新法派纷纷被赶出朝

蔡确既然受尽围攻，又一直请求辞职，元祐元年（1086 年）闰二月初二，得罢相外放，以"正议大夫、守尚书左仆射兼门下侍郎""依前官充观文殿学士，知陈州""仪轨依现任宰相例"，算是很有大臣体面，出掌大郡。

此时的蔡京和蔡卞也正在被猛火围击，说是"既与王安石为婚姻之家，又与蔡确有宗族之契，凭持势力，习惯恣行"。这时蔡卞一直请辞，王安石病重，蔡卞要去照顾老丈人，实已无心在朝了。闰二月十八日，原试礼部侍郎蔡卞以龙图阁待制出知宣州。苏辙为朝廷起草蔡卞外放敕书，语气很是温和：

> 具官蔡卞，奋由文艺，久践台省，欲效才实之美，自诡民社之政。宣城古郡，晋、唐名臣临长其地者，风绩相望也。尔其勉思古人，以修条教，服我新命，以宠吏民。可。

蔡京知开封府，处理的公事复杂，被人抓把柄的机会就更多。惠信告僧录司一案，经侍御史刘挚等人不断纠缠要求，还是付大理寺审理，但圣旨只令"据惠信递交祠部状内所指人根究，不得支蔓"，刘挚则进一步要求查明开封府在此案中有无失职，显是为了驱赶蔡京出朝的目的。史料中此案没了下文。

开封府审理段继隆一案，也被反新法派揪住辫子。起初是有个叫李雍的，向开封府状诉知济州段继隆违法卖掉进奉恩泽。事起山东济州知府段继隆因向朝廷进奉物品有功，例得一项恩泽，就是一个准国家公务员的名额，可以在自己的直系或旁支的亲属中选人。段继隆也许是自家没有人选，却把这个名额违法卖给别人去享用。台谏们揭发说：蔡京初接案，判拘捕有关当事人到案，因事情牵连到门下省段处约，本应申报都省（宰相府）处理，蔡京已在案卷上判了"申"字，然后，旁边的人告诉他，段继隆有三个亲族在三省做胥吏，除了门下省段处约外，还有段处厚在中书省，段处信在尚书省。蔡京从前曾在中书省当过检正官，可能与段处厚相熟，于是，蔡京抹去"申"字，不上报都省了。只判"追余人"，令处约自己说明白。等到处约的辩解到了，即令勘问告状人李雍有无诬告。刚写下一个"勘"字，有开封府吏提醒蔡京说："处约一面之词未可信！"蔡京一想也是，又抹掉"勘"字，改成"放"字，放李雍回家算了。台谏们说蔡京审理此案循私不公，"亲书涂抹，任情放纵。不奉朝廷法令，而与夺一出于己（与和夺都凭自己一时心思）"。此案后移大理寺，苏辙又说："大理寺官吏畏避观望，数月不决。"

又有监察御史孙升，揭发蔡京曾违法差开封府判官王得臣替名人李福到河阴县追欠百姓私债。

另外，蔡京勘断小阿买杀人一案，吏部差刘斐审问。刘斐看详案卷，称情节可疑，前后举出可疑细节部题十九处，申刑部再行会问。最后证实小阿买杀人罪成立。蔡京论奏刘斐不该反复疏驳阻刑，刑部不当移推，皆宜论罪。殿中侍御史吕陶攻击蔡京"徇情好胜，逞威犯分，岂有不容问难，便欲行刑？"

总之，台谏们硬说蔡京知开封府以来，"殊无治迹，听狱断罪，失谬极多"。但似乎都不能坐实蔡京有错，林林总总七八条中，只有段继隆一案，在蔡京外放四个月之后，查出结果是段继隆坐申报材料不实被勒停，蔡京不加深究被罚铜二十斤，只是个很轻微的处分。

蔡京对众台谏和新朝廷的用意也心知肚明，知道这京城对他乃是非之地，不可久留，也不能久留。打报告请求补外，想溜之大吉，才一请司马光就批了。挺客气，外放知真定，是个大郡，有体面。可是台谏们认为这一重要位置"非京所当任"，"京荒唐浮薄，士论所鄙，深虑因而生事，岂可更领边帅之任？伏乞追改施行！"

于是，元祐元年闰二月二十三，龙图阁待制蔡京改知较不重要的成德军。约在同时，曾布出知太原。再隔一天，轮到宣布知枢密院章惇贬知汝州。

新法派中数章惇最为倔强，屡次面折司马光，忤逆太皇太后。台谏们攻他"宁负朝廷而不忍负安石，欲存面目以见安石"，"见蔡确已罢，自知不安，欲为此一节，卖直声而去，以慰其朋党之心"。"以悖慢不逊奏对于至尊，以强悍非理凌轹其同列"。"庙堂之上，诋诉同列，摧辱公议，屠沽之言，播在中外"。说他公然谩骂上书朝廷批判新法的人是"不逞之徒"，意见不同的大臣"无见识"，还说出"后日安能奉陪吃剑"的粗话。本以为这般围攻一番，他就会如蔡确、曾布等人主动要求外放离开朝廷，谁知他竟放言决不上章辞职，"不贬不去！"

于是，宰执和台谏们心急如焚，一直劝太皇太后不再等他提辞，直接贬他出朝算了。当时天旱，朝内外很发愁，有个御史说："我曾多次上奏，罢了蔡确和章惇，可以得雨，不久前罢蔡确而相司马光，自后不出旬日，三得雨，都城近尺，而畿甸尤为沛然，此有以见睿断所召，而天心之应陛下也。天道必可畏，公议必可信，岂非明验？"呼吁早罢章惇，可再召霖雨。

于是，太皇太后下诏：

正议大夫、知枢密院事章惇，累有臣僚上言轻薄无行，好为俳谐俚语，……近者，每于帘前同辅臣议政，动多轻悖，全无恭上之礼。宜解机务，可守本官，知汝州。

太皇太后事后悻悻，说：

改更事（废除新法事），天下人皆喜，只惇不喜，本候他自请，图教去得好。却是他如此，不免贬去。一似蔡确得他请去，便乘势教去也。

意思说，本来等章惇自己提辞，还像蔡确那样给个体面差事，是他自己不识相，所以只有汝州（河南省中西部）那样的去处打发他了。

自此新法派朝臣基本都清洗出朝，几乎清一色的反新法派控制朝廷。废除神宗王安石的进程加速，改革者的抵抗基本停止了。要按太皇太后高氏和司马光等人之心，新法必须彻底废弃，但毕竟它实行了十七年，推行的成效有目共睹，很大程度上改变了过去出现的积贫积弱局面。在罢废新法的过程中，即使在保守派中，也产生许多分歧和争论，例如苏轼兄弟就反对取消雇役法，范纯仁劝止废除青苗法。大多新法尽管被公开宣告废弃，但受阻反复后只是被废除其中一部分，有的只是改头换面。

实际上，太皇太后高氏见识不广，气量甚小。早年她就对新法意见很大，深宫中又看不见新法实施取到的社会成效；一旦手握权纲，就一味地要司马光给她把新法全废了。司马光受知于宣仁，一心报效，但他搞理论做纸面研究恐怕还行，对政事国事就不甚了了，以权威自居，抹不开面子，工作中出现的漏洞被反新法派同行指出的就不胜其数，难怪屡次被章惇驳得下不了台。驱赶新法派、废弃新法的运动给国家政治、经济带来巨大的损失，透过李焘的《长编》，其实可以看得很清楚。但南宋开始，尤其到了后期，王安石的新学和新法被统治者彻底否定，高太后成了无比英明和伟大的领袖，司马光成了千古一出的贤者，那些为社会进步作出努力的人（即便是鼎鼎大名的王安石）后来成为奸臣，太不公道吧！

南宋《清波杂志》有个记载，元祐初年，高太后痛下决心，下令福建路建州不许再造名茶"密云龙"，连次一级的好茶"团茶"也不要再造了，她说："这样免得经常受人煎炒，不得清静"，又说："拣这些好茶吃了，又生得出什么好主意？"因为埋怨别人向她讨要名茶，使她不得清静，竟生了气废了茶业名牌，还振振有词说大臣们喝了好茶，脑子里又能想出什么好主意呢？完全忽略了茶业在当时对国家商业和岁入的重要性。清代有一位歌功颂德捧臭脚成为本能的文人说："宣仁（即高氏）改熙宁之政，此其小者。顾其言，实可为万世法。"何其肉麻！

24

王安石之死

　　话说王安石熙宁九年（1076）十月再次罢相，退居江宁（今江苏南京）半山园，不再出山。实因失子之痛，还有长期过度的使用心力，健康很差。当然也有人生适可而止，避谗畏讥的考量。王安石离政后，新法各项也都走在轨道上，皇帝本人已老练成熟，能够乾纲独断。新法在神宗一手主持下健康而顺利地发展，退休在家的王安石眼中，新法实施带来了欣欣向荣气象，心情愉快。其诗《后元丰行》作于1081年（元丰四年），是一首变法改革的颂歌，也是作者政治理想的直接展露。

　　歌元丰，十日五日一雨风。

　　麦行千里不见土，连山没云皆种黍。

　　水秧绵绵复多稌，龙骨长干挂梁桁。

　　鲥鱼出网蔽洲渚，荻笋肥甘胜牛乳。

　　百钱可得酒斗许，虽非社日长闻鼓。

　　吴儿踏歌女起舞，但道快乐无所苦。

　　老翁堑水西南流，杨柳中间杙小舟。

　　乘兴欹眠过白下，逢人欢笑得无愁。

　　这首诗译成白话是：我放声歌唱，元丰年间真是好时光。十日下阵雨，五日刮阵风，事事很顺当。连绵千里的麦子覆盖了原野，翻腾着金浪，满山的谷子与云彩相连，散发着芳香。水田里稻子青青，雨水充足，水车被闲置在檐下派不了用处。撒下渔网，网上的鲫鱼堆满了水中的沙洲，水边的荻芽又肥又甜，味道超过了牛乳。花上百十个小钱就能沽到斗酒，虽然不是社日，可处处听到庆丰收的喧天锣鼓。吴地的少年打着拍子唱起歌，姑娘们高兴地翩翩起舞，都异口同声地说我们真快乐，再也没愁苦。老翁我乘着只小船沿着护城河向西南漂流，有时在杨柳间系上小舟。满目美景看不够，又乘兴斜躺着漂过金陵石头。见到的人都是那么的欢乐，个个红光满面，喜上眉头。

北宋人王巩《闻见近录》记载，曾亲眼见王安石："居钟山下，出即乘驴。……见其乘驴而出，一卒牵之而行。"王巩问其仆人："丞相公去哪？"仆人说："若牵驴的士兵走在前头，就听牵驴的士兵；若士兵走在驴后，即听驴想走哪就哪儿！路上丞相公想停则停，或坐于高松大石，或田野耕凿之家，或入寺随行。未尝不带书在身上，或诵于驴背之上，或诵于憩息之时。袋子里盛饼十数枚，丞相食罢，即遗牵卒，牵卒之余，即饲驴矣。"如果田野间农人好意以饭饮来献，也接过来吃下。出发时没定下目的地，有时刚走数步就回家，近于无心者也。

神宗时常惦记着他这位老师兼丞相，时而让蔡卞过来探问，有回听内侍汇报说，金陵知府对王安石不够尊重，立马换了王安石的亲弟弟来守金陵。这位退休老人进城买药，提着药笼子，看见弟弟的仪仗，并不想相见，也如一般小百姓避入街旁民居。遇见个老太婆，以为这老头是走街的江湖郎中，就向王安石问药，略知医道的荆公把药给她，她却没钱，把手中的一捆纱线给荆公当药钱，说："相公可拿回家给相婆织布用。"原来她听到随从叫王安石"相公"，不知是"丞相大人"之意，还以为"相公"家中必有"相婆"，王安石很乐意地收下了。至于王大人家的吴夫人能否织布，没有史料可供发挥！

元丰七年（1084），苏轼刚从黄州谪所量移到汝州，途经金陵，当时路过金陵的官员往往拜谒老宰相王安石，苏轼更是不会放弃这次机会。王安石得知苏轼要来的消息，穿便服骑着驴子，到苏轼停船的地方接他上岸，一齐到半山园住下。二人同游蒋山（钟山），谈诗论佛，相处甚欢。王安石还邀请苏轼退休后也搬到金陵居住，以便两大当代文豪成为邻居。当然，此时的苏轼还远未看破红尘，他委婉地拒绝了王安石的邀请。东坡和诗云：

> 骑驴渺渺入荒岐，想见先生未病时。
>
> 劝我试求三径宅，从公已觉十年迟。

这两位北宋时期最伟大的文人尽管政见不和，却从未成为任何意义上的私敌，相反，他们之间在政治上的相互宽容和在文学上的互相倾慕，永远都应当成为惯于"文人相轻"、惯于"落井下石"，动辄互相倾轧到欲置对方于死地的后世文人们警省的楷模。

笔者常看到一种市井之说，觉得很不对：苏轼因改诗与王安石结怨，遭王安石报复，利用"乌台诗案"制造文字狱，把苏贬去边地。且不说因诗结怨毫无凭据，也不合两个诗人惺惺相识之义。而且乌台诗案在元丰二年发生，此前四年王就已解除机务退养，不在京城，远在金陵，如何就参与进去了？只有史料说，王在金陵听说有人认为苏攻击讥讽伟大皇帝该杀，于是，写了封信给神宗说"岂有圣世而杀才士乎"？至于这一"途听道说"是来自何方手笔，就不想也不须考证了。

宋神宗驾崩，王安石悲伤大哭，作挽诗曰：

> 将圣由天纵，成能与鬼谋。
>
> 聪明初四达，隽义尽旁求。
>
> 一变前无古，三登岁有秋。
>
> 讴歌归子启，钦念禹功修。

译成白话是：神宗皇帝啊，你的圣智来自于天生，你的圣明集神鬼与众人之能，你聪明通晓天地四方，无所不知，你尽搜俊才，共襄国事。你的变法史无前例，功超百代，年年丰收，岁有余粮。百姓对你的讴歌现在要归给继承你的儿子，愿他继承父志，象夏启继承大禹一样。

王安石与司马光原来私交甚厚，也曾比邻而居。后来王以行新法作宰相，司马以反对新法不做枢密使，两人在朝反覆辩论，私下则三次书信争论而后绝交。神宗丧后，听到司马光应召入朝的消息，王安石对他的侄儿王防说：

我过去交游甚多，都因国事相绝，现在居闲不理国事了。司马十二，是一位君子，我很想写信一封相问。

王防欣然为他在案上铺好纸笔，王安石屡次要下笔作书，却都长叹而止。

后来，有人告诉他蔡确罢职，司马光当宰相了，王安石知道新法维持不下去了，怅然叹曰："司马十二作相矣！"据朱熹《三朝名臣言行录》载：

王荆公在金陵，闻朝廷变其法，夷然不以为意。及闻罢役法（免役法），愕然失声曰："亦罢至此乎？"良久，曰："此法终不可罢！安石与先帝议之二年乃行，无不曲尽。"后果如其言。

王安石本已有病在身，眼见朝中新法派尽被驱出朝，多年心血而成的新法正被逐个罢废，心情抑郁，终于一病不起。张邦基《墨庄漫录》载：

荆公病革甚，吴夫人令蔡元度诣茅山谒刘混康问状。刘曰："公之病不可为已！适见道士数十人往迎公。前二人执幡，幡面有字，若金书然，左曰中函法性，右曰外习尘氛。"元度自言如此。

茅山在今江苏省句容县，道教名山。传至北宋刘混康已是第二十五代，法师刘混康以道业闻于东南，很受朝廷注意。自熙宁九年（1076）王安石退隐钟山后，与茅山第二十五代宗师刘混康、第二十六代宗师笪净之都有来往，蔡卞曾为笪净之写作墓志铭，中有"王安石闲居金陵，闻净之高行，遗书致礼邀之，先生奉杖履以从"一句。这回王安石病危，吴夫人令蔡卞去茅山向刘混康询问病情预后，刘说王安石的病已不会好了，刚才蒙眬中已看见道士数十人前往迎接荆公荣登仙录，走在最前面二人各执一面旗旛，写着金字，左边是"中函法性"，右边是"外习尘氛"。《墨庄漫录》作者张邦基注明这一记载来自蔡卞口述。

王安石死于元祐元年四月初六，终年六十六岁。此时蔡卞已离了京城，当在宣州任上请假前来料理王安石家事。

由于朝廷驱赶改革派出朝，并加紧废除新法形成的政治高压，王安石去世时，没有大办丧事，门生故旧鲜有上门吊唁，时人张舜民有诗《哀王荆公》：

门前无爵罢张罗，玄酒生刍亦不多。
恸哭一声唯有弟，故时宾客合如何？

诗中说，丧礼不设节钺之类的仪仗，就是致祭的酒食，亦不丰盛。俯地哭拜的，只有他的弟弟王安礼，当时还在金陵当太守。当年的宾客下属，已全无踪影。实际上安礼此时已调任他职未赴，申请留任数月，料理长兄丧事，得到批准。王安石大弟子陆佃也率弟子哭祭，女婿蔡卞当然在场主持丧事不待说。

司马光这时也在病中，听到这个消息，写信给吕公著，说："介甫文章节义过人处甚多，但性不晓事而喜逐非，致忠直疏远……"建议"朝廷宜优加厚礼，以振起浮薄之风"。这样，王安石被追赠为太傅，苏轼起草制词评价说：

天命将有非常之大事，必生希世之异人。使其名高一时，学贯千载，智足以达其道，辩足以行其言。瑰玮之文，足以藻饰万物；卓绝之行，足以风动四方；用能以期岁之间，靡然变天下之俗。

太学的负责人国子司业黄隐见新法新学派失势，平日里就不准太学里的诸生引用王安石的经义。那时反变法派诸人并无形成学派，没有系统的经义学说供学生参考，学生只能常引用王安石的。黄隐总是给予批评警告，太学生们非常不满。王安石去世，诸生设斋致奠，以申师资之报，却遭到黄隐阻拦，威胁要开除学籍。学生于是罢课闹事，说："朝廷既立其书，又禁学者之习，此何理哉？"台谏们一看闹得不象话，也纷纷批评黄隐"妄意迎合附会""职事乖失如此"，遂把他撤职，以平学潮。

王安石去世后，其吴夫人即为女儿、女婿接去，从此在蔡卞家养老。曾布《曾公遗录》中有十多年后绍圣间的史料一条，说哲宗亲政后，对王安石家非常照顾，王安石儿子王雱过去才得一馆职就不幸早死，哲宗近来还破例赐第（府第）给他家，"然安石止有一妻（即吴夫人），寓蔡卞家，今已七十五岁，零丁孤老，至亲唯一弟吴蕡，亦颇有文学"。吴夫人提出要求，请皇帝给她弟弟一个京职。这件事蔡卞认为自己为岳母求情不便说话，于是曾布提出，章惇赞成，皇帝痛快地答应了。可见蔡卞对岳父母的情义始终不变。

25

蔡确陷车盖亭诗案

蔡卞在宣州知府任上只做了十个月，元祐元年十一月，朝廷又把他改知江宁府，敕文中说：

具官某，文华之美，发自早年，才力之优，见于治郡。宣城之政，数月而成；秣陵之徙，百里而近。既助予治，亦安尔私，勉修厥官，以答恩宠。

朝廷的语气仍然是很客气的，说他"文华之美"是年轻轻就具备了，治理宣州的善政才上任几个月就成功了，现在调你去江宁府（秣陵），一方面是治理国家的需要，另一方面呢，也考虑了你个人的方便，这里"私"事是指其岳父王安石去世后事。

蔡京所去的成德军，位于今河北省正定县，北宋时算是较为偏远，但明清后因靠近北京首都，成为京郊"畿辅"。蔡京知成德军时致力扩建府学，事载《畿辅通志》卷28，说正定府"府学在府治东，熙宁三年龙图阁学士吴中复创修，元祐三年蔡京知成德军，始迁之大之。"蔡京一生喜欢作为，从元祐元年闰二月至元祐二年十二月改知瀛州不到二年中，就为成德军迁移军学，加于扩建，算是为当地教育事业做出贡献，留名当地志书。

司马光病死后，新法反对派分裂为洛、蜀、朔三派。洛党以程颐为领袖，朱光庭、贾易等为羽翼。蜀党以苏轼、苏辙为领袖，吕陶等为羽翼。朔党以刘挚、王岩叟、刘安世为领袖，羽翼尤众。其中洛党和蜀党冲突最为激烈。

程颐一向最主张"敬诚格物"，动不动以"礼"训人。元祐元年九月，办理司马光丧礼，中书门下两省官员刚在朝廷上举行了庆贺朝廷降赦的仪式，就急着要赶去司马光家，举行祭奠仪式。程颐站出来反对，说：

孔子曰："哭则不歌。"我们岂可贺赦才了，却往吊丧？

似乎有些迂腐。苏轼和他争辩："孔子明明是说'哭而不歌'，不是'歌而不哭'，我们今天是先贺赦，再去吊丧，并不违反孔子教导呢！"苏轼讥笑程颐迂腐，众皆大笑。后来，丧礼中程颐与门人朱光庭主张吃素，苏轼则与门人黄庭坚主张吃荤，争论不休，于是，两派失欢结仇，不断寻事相讦。朔派的人有时也参与到洛派方面去攻击蜀派。

后来，苏轼两次主持学士院馆职考试，程派门人就在"策题"上找岔攻击苏轼。第一次策题的题目是《师仁祖（仁宗）之忠厚，法神考（神宗）之励精》，提示考生：

今朝廷欲师仁祖之忠厚，而患百官有司不举其职，而或至于媮（偷懒）；欲法神考之励精，而恐监司守令不识其意，流入于刻。

意思是现在朝廷想师法宋仁宗时较为宽松忠厚的作风，则怕百官不忠于职责，导致马虎应付；想效法宋神宗励精求治，又怕各级官吏不能理解先帝的本意，发展成执法过于苛刻。怎办才好？又提示考生：

汉文宽大长者，不闻有怠废不举之病；宣帝综核名实，不闻有督察过甚之失。

说汉文帝是个宽厚的长者，但没听说当时朝中臣子们有怠废不举的病态；汉宣帝比较严明，事事讲究名实相符，也没听说人们认为他督察过于苛刻。要求考生以汉文帝、汉宣帝的历史和宋仁宗和宋神宗两位先帝的实践来评论"媮"和"刻"的分寸如何掌握。

程派的人朱光庭等人就说策题"独称汉文、宣帝之全美，以谓仁宗、神考不足以师""谤讪先朝，不识大体"，以"仁宗难言之盛德，神宗有为之善志，不当以媮、刻为议论"，强烈要求太皇太后"正其罪而戒人臣之不忠！"本是个不难断定是非的小事，可是任凭苏轼百般辩白，太皇太后多方调解，洛党们仍然群起围攻不舍，非要分出个大是大非不可。

第二次策题是要考生评论"王莽篡国易，曹操得国难"，程派的人就说苏轼"不通先王性命道德之意""有损国体"。两次策题之谤，都是洛党以文字为奇货，利用台谏势力发动的，以攻击蜀党领袖为目标，最终都不了了之。

蜀党则力诋洛党领袖程颐"人品纤污，天资憸巧，贪黩请求，原无乡曲之行"。朱光庭去河北赈灾开了仓库，蜀党就以"耗费朝廷积年军粮"为言，也不依不饶。新法反对派在后世常称之为"元祐党人"，或称"旧党"，旧党自己的内部就斗得个不亦乐乎，可见这些人不是做事的人，是意气用事之徒，习于吹毛求疵，惯于上纲上线。这种病态性格，终于在迫害蔡确的"车盖亭诗案"中达到极致，从而打乱了北宋相当和平的朝廷政治生活，不但给受害者造成了痛苦和死亡，而且产生了反作用力，使施害者本身遭遇灭顶之灾。

话说蔡确元祐元年（1086年）二月，罢相外放知陈州，明年二月，又因弟弟蔡硕的过失被认为有失管教，降职知亳州，随后知安州（今湖北安陆县）小郡。蔡确此时仍然心境颇佳，宋代官员职务升降本为常事，不似后世看法，只升不降才有脸。安州政务少，远离朝廷不当政客了。少了各种人事间的困扰，游兴大发，就写了《夏日登车盖亭》十首绝句，后来成了被人揭发的材料。抄录如下：

一．公事无多客亦稀，朱衣小吏不须随。溪潭直上虚亭里，卧展柴桑处士诗。

二．一川佳景疏帘外，四面凉风曲槛头。绿野平流来远棹，青天白雨起灵湫。

　　三．静中自足胜炎蒸，入眼兼无俗物憎。何处机心惊白鸟，谁人怒剑逐青蝇？

　　四．纸屏石枕竹方床，手倦抛书午梦长。睡起莞然成独笑，数声渔唱在沧浪。

　　五．西山仿佛见松筠，日日来看色转新。闻说桃花岩石畔，读书曾有谪仙人。

　　六．风摇熟果时闻落，雨折幽花亦自香。叶底出巢黄口闹，波间逐伴小鱼忙。

　　七．矫矫名臣郝甑山，忠言直节上元间。钓台芜没知何处？叹息思公俯碧湾。

　　八．溪中曾有划船士，溪上今无佩犊人。病守翛然唯坐啸，白鸥红鹤伴闲身。

　　九．未结茅庐向翠微，且持杯酒对清辉。水趋梦泽悠悠过，云抱西山冉冉飞。

　　十．喧豗六月浩无津，行见沙洲束两滨。如带溪流何足道，沈沈（沉沉）沧海会扬尘。

　　元祐四年二月，蔡确迁复，守本官知邓州。眼看处境有所改善，就在这时，与之有过积怨的知汉阳军吴处厚偶得蔡诗抄本，于四月五日上本朝廷揭发蔡确写诗讥讪高太皇太后和朝政。其中"讥讪尤甚"的是上述第七首"矫矫名臣郝甑山，忠言直节上元间"两句。唐代安州人郝处俊袭封甑山县公，是个忠直之士，唐高宗上元年间，高宗因风疹要逊位给武后，被郝处俊谏止。吴处厚说蔡确"指武后以比太后（高氏）"。

　　此外，第三首中"何处机心惊白鸟，谁人怒剑逐青蝇"是"讥刺执政"；第四首中"睡起莞然成独笑"句，"亦含微意，况今朝政清明，上下和乐，即不知蔡确独笑为何事"？第六首"叶底出巢黄口闹，波间逐伴小鱼忙"两句，出巢鸟儿"黄口闹"，是讥刺过去弹劾蔡确的言官，水波间忙于逐队的小鱼是比喻新进擢用的臣僚。

反变法派的左谏议大夫梁焘、右谏议大夫范祖禹、右司谏吴安诗、右正言刘安世、御史中丞傅尧俞、侍御史朱光庭等"吴处厚奏至，皆手舞足蹈相庆，不食其肉，不足以餍"，纷纷上本弹劾不已。起初高氏并不认为这是个大事情，"殊不怒，但云：'执政自商量'"。派性最强的梁焘则节外生枝，奏说他在入京途中会见邢恕，邢恕极言蔡确"有定策功勋，是社稷之臣"。说这话是当时喝第三杯酒时说的，在座有已故司马光之子司马康可作证。这下触及高氏痛处，她最忌讳人家提到哲宗继位前后的曲折，"始怒焉，泣谓执政曰'当时谁曾有异议，官家（哲宗）岂不记得，但问太妃（可以去问哲宗生母朱太妃）'。遂促蔡相谪命（催促对蔡确加于谪贬）"。

蔡确此诗浅近易读，显为良好心情下的即兴之作，与政治问题本无搭界，当时即使在反变法派中，也只有上述少数人要求严惩蔡确，多数人认为不宜开此告讦之风。苏轼新知杭州还未出京，闻讯上本，婉转劝告高氏不要把事闹大，建议由哲宗出面提出要追究蔡确，再由高氏出面加于宽恕，不要追究。以此方式来把事情化小或化无。中书舍人彭汝砺指出：

今缘小人告讦，遂听而是之，又从而行之，其源一开，恐不可塞。

已故司马光之子司马康不肯为梁焘揭发的邢恕言论作证，说当时"肚饥贪吃，不听得"。气得左相文彦博骂他"如此不肖耶（不象他父亲司马光）"！而王巩却在文彦博面前称赞说："司马康，温公（司马光）子也，温公，道德人也，康不证人以罪，真肖矣！"并向文彦博指出："蔡确外议以谓过当。"高氏不断催促执政们谪贬蔡确，说："蔡确事都无人管，使司马光在，必不至此。"

梁焘奏"确党尤盛"，拟定了一个名单上报，里面都是亲附蔡确和王安石的人，罗列的蔡确亲党有：安焘、章惇、蒲宗孟、曾布、曾肇、蔡京、蔡卞、黄履、吴居厚、舒亶、王觌、邢恕等四十七人；王安石的亲党有：蔡确、章惇、吕惠卿、张璪、安焘、蒲宗孟、王安礼、曾布、曾肇、彭汝砺、陆佃、谢景温、黄履、吕嘉问、沈括、舒亶、叶祖洽、赵挺之、张商英等三十人。高氏赞成说"确党多在朝!"右仆射范纯仁当面争论说:"确无党!"吕大防、刘挚则坚持蔡确诚有党在朝。王安石和蔡确亲党名单被立榜朝中公佈。

五月十二日,蔡确责授左中散大夫、守光禄卿、分司南京。盛陶、翟思、赵挺之、王彭年等四人也因反对给蔡确定罪,一并被降职外放。彭汝励称病拒绝草制词,尚书王存奏言盛陶等人不当责。在朝臣一片不满的气氛中,高氏遂变本加厉,要加重对蔡确的惩罚。从五月十四开始,梁焘、刘安世、朱光庭等又一再上本言蔡确责轻。五月十八日,辅臣于高太皇太后帘前议再责蔡确,范纯仁和王存持反对态度,范纯仁说:

> 不可以语言文字之间,暧昧不明之过,诛窜大臣。今日举动于将来为法式,此事甚不可开端也!

而高氏帘中忽语:"蔡确可英州别驾,新州安置。"众执政皆大惊,他们不论赞成加重惩罚与否,都万想不到要把蔡确贬到最为偏远的新州,几十年从来没官员被贬去那个瘴气很重,容易死亡之地。反对蔡确最卖力的吕大防、刘挚也深感意外,连忙以确母老为由,请求不贬蔡确去岭外。高氏发狠说:"山可移,此州不可移!"既然加重惩罚本是吕大防、刘挚主张,二人此时不敢多说。范纯仁、王存散会后留身劝说,直言不宜置确于死地,高氏不听。纯仁出宫对吕大防说:"去新州这条路七、八十年没人走,长满荆棘,奈何开此先例,我等将来只怕也不免去走呀!"

事后,高氏对梁焘、吴安诗等人大加称奖,说:"卿等于此事极有功,言事每如此,天必佑之!"又向执政们宣谕说蔡确:"自谓有定策大功,意欲他日复来,妄说事端,眩惑皇帝,以为身谋。皇帝自神宗长子,子继父业,其分当然。昨神宗服药既久,曾因宰执等对时,吾尝以皇帝所写佛经宣示,其时众中止是首相王珪,因奏延安郡王当为皇太子,余人无语。安焘于时见确有何策立功劳?若是确他日复来,欺罔上下,岂不为朝廷之害?恐皇帝制御此人不得,所以不避奸邪之怨,因其自败,如此行遣,盖为社稷也。"

这里高氏根本否定了蔡确拥立有功，把当初蔡确运作的奏立储君归功给当时观望犹豫的王珪，以当时宣示延安郡王赵煦所写佛经来表白自己在那时并无异议。但高氏宣示是在立储定议之后而非之前。高氏又明言她搞"车盖亭诗案"的目的是防止将来蔡确复来，哲宗亲政后受其"眩惑"。《旧录》则指出当时立储前后，宫内起帮助作用的是几个内侍，"则陈衍、梁惟简、张士良主之"，立储的建议"皆出臣下（执政们），宣仁唯首肯（高氏只是点头接受）而已"。

高氏还放话："决不杀他，教他自生自死！"这种你死我活、狠下杀心的政治斗争方式，违背了北宋"祖宗之法"，习惯于北宋较为文明的政治生活原则官员们，包括变法派和反变法派，都认为太过分。斗争双方以及后人都较为一致地认为哲宗亲政后变法派对反变法派的政治报复，源于此时高氏的倒行逆施。

26

蔡京蔡卞流落外任

元祐二年（1087）十二月，四十一岁的蔡京从成德军改知瀛州。元祐三年闰十二月，蔡卞从江宁府改知扬州。在元祐四年五月的车盖亭诗案中，反变法派提出"王安石亲党"名单30人，"蔡确亲党"名单47人，列榜公布，不许在朝为官。蔡京兄弟在名单中处于显著地位，又一次大大地影响了他们的仕途。

六月，本来决定龙图阁待制、知瀛州蔡京为宝文阁直学士、知成都府。除命一出，谏官梁焘、范祖禹、吴安诗、御史朱光庭等皆言其不可。梁焘奏：

蔡京在蔡确党中，最号凶健阴憸，利诱群小，助为虚声，心怀奸罔，勇于干不义之事，到成都必徼得才能之名，以压前辈，妄作聪明，必不肯以持循安静为意也。蜀民若被他的妄作所动摇，恐别致生事，为异日之忧。

范祖禹亦奏："成都兼两路钤辖，是一方面之重任。祖宗以来，任命此职最为谨慎。……蔡京虽有才能，而年少轻锐，非端厚之士。又按惯例，自成都府回朝的人将担任执政，就是差点的也是三司使或知开封府的要职。当今朝廷正在分辨邪正，如蔡京这种人必须加于裁抑，不宜提拔。

今进职远帅要职，则资格名望骤增，露出了他日大用之苗头，实不妥当。伏望且令他还是依旧知瀛州旧职。"

于是，六月二十五日，取消了蔡京宝文阁直学士、知成都府的安排，诏蔡京仍以龙图阁待制为江、淮、荆、浙等路发运使。可是到了七月，任命再次改变，诏："龙图阁待制、知扬州蔡卞知广州。新江、淮、荆、浙等路制置发运使、龙图阁待制蔡京知扬州。"这回是蔡卞在扬州才呆七、八个月，屁股还没坐暖就调去广州，蔡京在四路制置发运使位置上屁股还没坐下又调去代替弟弟守扬州。

《铁围山丛谈》记蔡京在扬州任上时，扬州的芍药名甲天下，其间有一株花，象紫官袍而有黄色边缘的，名"金腰带"。扬州人传说，此花一开则为世上祥瑞，且佩簪此花的人位必至宰相。

昔韩魏公韩琦以枢密院副使出知维扬。一日，"金腰带"忽开出花来，他就宴请平生所期望的四个人，都让他们插上"金腰带"，其后四人果皆辅相。蔡京守维扬，"金腰带"又出一枝，则鲁公簪之。未几，叔父蔡卞文正公亦守维扬，一旦（一天早上）"金腰带"又出。扬州人大喜，祝贺文正（蔡卞），折了花献给蔡卞。然花未开全，文正为之怅然，亦簪上而赏了献花的人。久之，文正独为枢密使，加使相、检校少保，视宰相恩数。

《铁围山丛谈》是蔡絛年老时的著作，这里他把他父亲兄弟俩知扬州的前后顺序弄反了。

《宋史·蔡卞传》中记蔡卞在广州给人以清廉、有政声的印象。因海外贸易，当地"宝贝丛凑"，但蔡卞"一无所取"，离开广州调赴越州时，外国商人很是留恋和惋惜，"以蔷薇露洒衣送之"。《萍洲可谈》卷二载有蔡卞在广州任上，用医助教王士良的钩藤散，治愈当地疫疠之事。这段记载意译成白话，是说：广州医助教王士良，元祐元年，死三日而甦醒。自言被追至冥府，有穿浅绛衣如仙官的人踞坐殿上，审问士良曾为他人行药杀妻，士良不服。殿下有吏唱言"是熙宁四年开始作案"，即取出档案簿籍查阅，良久，说"并无此事"。判官抚案说："糟了，本是黄州的士良，误做广州的士良。"令放士良还阳回生。既出了殿，又令引至庑下，壁上贴有揭示说："明年广南遭疫，宜用此药方。"士良读之，乃《博济方》中钩藤散也，本方治疫。士良读之，小声问左右的人："这时是何所在？"回答说是太司真人之处，管治天下医工。时蔡元度守五羊（广州），听说此事，召士良审问，令幕客作记。到来年春，疫疠大作，以钩藤散治之，就能治好……

此记载中，王士良死而复生的说法是无稽之谈，而说蔡卞知广州的时间也不在元祐元年而在元祐四年七月，但所记以钩藤散治疫疠之事大致可信。有史家说，这反映出蔡卞作为一个地方官较好地履行了保一方百姓平安的职责。

元祐五年五月，蔡京在扬州才干了十个月，来了诏命："知扬州、龙图阁待制蔡京知颍昌府（今许昌）。"可一个月左右，新的调令又来了，"六月，新知颍昌府、龙图阁待制蔡京知郓州（今山东东平）。"

元祐五年十月癸卯，蔡卞在广州干了十七个月，又调知越州（今绍兴）。

元祐六年闰八月，蔡京兢兢业业的工作态度和良好的工作成绩，总算得到朝中多数人的肯定，朝廷打算让他去知渭州。渭州北宋时辖境相当今甘肃平凉、华亭、崇信及宁夏泾源县地，又称平凉，是面对西夏的前线，要蔡京去挑此重任。但深恐蔡京从此被朝廷重用回朝的王岩叟赶紧出面阻挡，说："蔡京虽做过三次地方首长了，但本来就没经历西线战事，未可把平凉交付给他。今西夏之人方崛强，不时出没，形势紧张，原渭州知府刘舜卿不可调动。"又有人提出让蔡京去替代也是前线的环庆路的章楶，把章楶换回朝廷权诸曹侍郎。可是执政之一刘挚不愿意朝中多出一个侍郎，左相吕大防于是主张让蔡京知永兴军，即今陕西西安，古称长安。因此，蔡京这次得到一份较为重要的工作，是旧党内部互相牵制和权力平衡的结果。

《铁围山丛谈》载有一故事，意译成白话颇有趣："鲁公（蔡京）帅长安，因旱祷雨于终南山紫阁寺，与僚属共歇于大树下。树旁有殿，上有土偶人，旁边有一堆还没焚烧的楮（纸）钱，像是有动物在里头动着，疑其为虎，公命二个仆役去看看，二人看过窃笑而出，报告蔡京："是个全身赤裸的妇人，坐在楮钱内，以楮钱自蔽其身耶。"蔡京好奇而胆大，拉着宾从去观察。那裸妇才见蔡京，则长揖着说："奉命在此候你已三日了。"蔡京还礼道："某何人，能得到仙姑惠顾，很感激。"裸妇还答："本欲和你在蜀地相见，所以不止是今天，于此先打个照面！"因举手抚摸土偶人说："就这土偶人亦有佛性呀。"蔡就问道："此乃泥土瓦砾合成，安得有佛性耶？"裸妇则亦嘻笑着说："不然，一则非一，二则非二。"遂向蔡京作揖告别而去，蔡京平伸双臂拦着她说："愿仙姑下山，使万人共瞻仰，岂不美哉！"裸妇就看着蔡京说："那好事不如不做罢！"就这样裸着身体，略不畏耻，委蛇而去，望着她似乎走得挺缓慢，可是，一会儿已在庙后山之上了。"

蔡京疑其为观音大士以裸妇示现，而世上多把这种传说中的裸妇称为"毛女"。现代的革命作家从"毛女"的传说得到启发，创作了歌剧《白毛女》，后来改成芭蕾剧，是名闻一时的"革命样板戏"之一。

蔡京自紫阁寺回府，果然如裸妇仙姑所言，才在长安呆了八个月，就去了蜀地。元祐七年四月，新的调令又到了，这回终于把三年前不肯给的知成都的职务给了蔡京。蔡京的这次除用，梁焘仍然反对。梁焘言："元丰朝的侍从官中，可用的人多，唯蔡京不可用。上次除授成都时，我在台谏言路上任职，就尝论奏过了。"有人劝梁焘："听说成都旧长官多滞事，蔡京此人有才，要换上他去把成都料理一番。"梁焘硬说："今若用此人，必非成都之幸。"任命搁了数日未下，恰逢梁焘因病告假，任命遂下达执行。

元祐三年，范祖禹曾激烈地反对重用蔡京知成都，这回却不开口了，其中可能有个奥秘！就是他刚刚和蔡京合作完成了同知枢密院赵瞻神道碑的撰写和书丹。赵瞻卒年七十二，太皇太后高氏对辅臣们说："惜哉，忠厚君子也。"赠银青光禄大夫，谥曰懿简。朝廷敕令左朝散郎试尚书、礼部侍郎兼侍讲范祖禹为其神道碑撰文，令左朝散郎龙图阁待制、知永兴军府事蔡京为其神道碑书丹。范是著名散文家，蔡京的书法此时更已名满天下。双璧共辉，两人合作愉快，可能有了相互谅解。此碑今存重庆大足县北山佛湾石窟第 104 号龛内，壁正中立一碑，面向西北，碑高 3.79 米，宽 1.36 米，厚 0.34 米。碑顶部正中直书刻两行篆文："懿简公神道碑。"两旁刻蟠龙花纹装饰。碑文竖刻，楷书，分刻 39 行，每行 51 字。碑首第一行题："宋故中大夫，同知枢密院事、上柱国、天水郡开国侯，食邑一千二百户，食实封三百户，赠右银青光禄大夫，谥懿简，赵公神道碑。"次行署款为"左朝散郎、试尚书礼部侍郎、兼侍讲，范祖禹撰。左朝散郎、龙图阁待制，知永兴军府事，蔡京书，并篆额。"末行题："元祐七年五月癸未朔，二十五日丁未建。"是弥足珍贵历史文物，四川美术出版社出有拓印本。

蔡京到成都后，果然一日于药市遇一妇人多发，如上次所遇毛女，对蔡京说："三十年后还要相见呢！"说完人就不知所在了。三十年后，蔡京退休，以太师鲁国公致仕，居住在京师。一日，蔡京在相国寺资圣阁下纳凉，一村人自外进入，直至蔡京面前说："毛女有书给你。"蔡京接书，其人忽然就不见了。启封后，见到信中大书"东明"二字，蔡就不晓其意。此后，蔡京遭贬，途经长沙，死于东明寺。

宋人喜谈征兆、卜算预言和命数，宋人笔记中多有宿命论色彩，这是一种古人文化，可供今人欣赏而勿相信。如上述毛女信中预言蔡京将来死于长沙"东明"寺，就不正确，本书作者郑痴阅读《三朝北盟会编》，据押送和处理蔡京后事的官员报告，蔡京死于当时的长沙"崇教寺"而非"东明寺"。又有宋人王明清在其《挥麈余话》中说：

蔡元长（蔡京）帅成都，尝令费孝先画卦影，……末后画小池，龙跃其间，又画两日西月，一屋有鸱吻，一人掩面而哭，不晓其理。后元长南窜，死于潭州昌明寺，始悟焉。

这段话中"两日"为"昌"字，"日西月"为"明"字，预言蔡京死于"昌明寺"，也不正确。这些宋人笔记都是事后几十年道路听途说而记，长沙当时较为远僻，记载得不准确，也在所难免。

《成都记》上记载成都府学大门"府学"二大字，是蔡京所书。

27

蔡确之死

元祐六年（1091）春初，蔡确被放逐新州安置已是第三年，例当"量移"（移到近地安置），朝廷未见办理。有一天，太皇太后高氏和哲宗皇帝外出临奠，蔡确母亲明氏预先守在路旁，两宫车队经过时，明氏自氊车中伸出头来高呼："太皇万岁，臣妾有表！"太皇太后从前在宫宴上想必已多次见过明氏，青天白日、大庭广众之下，惊奇于明氏的倔强和胆量，命卫士取表而去。

第二日，三省进呈明氏马前状，是要求依元祐四年明堂赦文，让蔡确放归田里，或按吕惠卿二年即量移例，量移近地。《续资治通鉴长编》引用此时已为右相的刘挚《日记》，记述明氏告状事最详。

太皇太后迟迟不把明氏奏状发下三省讨论，拖延多日后。四月四日晚，刘挚从三省下班回家时，明氏与孙蔡洸，抱刘挚马首哀诉。刘挚告诉他们要等明氏奏状发下时，三省才可以议论此事。"十五日，明氏再诉，遣其孙洸赍状至"，状中明氏不称自己的封号，止写"明氏"，表示很大的不满。二十五日早，明氏遍诣三省、枢密院，并告诉在漏舍中等待或经过的官员。五月二十以前，明氏所递四状已送往刑部。又六月六日，明氏再状，二十一日，明氏再状，又抱马首号诉。又七月二十四日，都堂晚集，明氏与其孙再次出头陈状。

到了八月二十四日，太皇太后才召开会议，讨论蔡确量移之事。太皇太后对蔡确余恨未消，向执政们宣谕曰：

蔡确不独为吟诗谤讟（诽谤怨恨），缘此人于社稷不利。若社稷之福，确当便死（如果为了国家社稷的福祉，蔡确应死在贬所才好）。此事公辈亦须与挂意。

右相刘挚大概是为明氏不屈不挠的请求所感动，为蔡确求情说："她看人家吕惠卿二年就量移了，请求依例办理。"高氏说："不得比惠卿，便是三期满，亦岂可用常法让他量移。此人反正是不可放回。你们要时时提防此人，以免久远为害不少。"

死硬的元祐党人朱光庭也说："蔡确的罪可与古代共工等'四凶'相比，岂有复还之理！理极不可。"于是，蔡确没有得到量移。

蔡确既以诗得罪，知道高老太太因哲宗继位事，对他是深恶痛绝，遂以言为戒。其往新州（今广东新兴县），只携一爱姜，名琵琶姐，以善弹琵琶而名。又蓄一鹦鹉，甚通人性而聪慧。新州离都城超过三千里，极其荒凉，蔡确、琵琶姐、鹦鹉三者相依为命。蔡确每欲呼其姜，只需击案上一小钟，鹦鹉闻钟声，即传呼："琶琶姐，主人叫！"未几，小姜水土不服，中了瘴疠而死。蔡确倍感凄惨，自是不复击钟。一日，因神宗生日圣节来到，主恩难忘，于是，服冠裳，勉起哭祭，而腰带尾节误击案上小钟有声，鹦鹉遂依习惯，高呼"琵琶姐，主人叫！"蔡确大为感怆出涕，因赋诗云：

鹦鹉声犹在，琵琶事已非。伤心江汉水，同去不同归。

自是郁郁成疾。这段凄穷的故事，宋人笔记《鸡肋编》《侯鲭录》等多种著作都加于记载，有的与此略有细节不同，例如"小钟"作"响板"，诗中"声"字作"言"字，"江汉"作"瘴江"，"去"字作"渡"字等。直至如今，许多文人为此写文，几多凄婉！对蔡确的晚景表示同情。

蔡确的母亲明氏冒死拉下脸皮告御状，看来是为了儿子免于死在新州。但高氏却巴不得蔡确便死。果然，元祐八年（1093年）正月初六，蔡确病死于新州贬所，享年57岁。而高太皇太后闻讯说：

"蔡确已死，此人奸邪，朋党为害，得它如此，是国家福。"左相吕大防说："此是天诛。"

他的死在优待士人，立誓不杀大臣和言官的北宋，引起朝野极大震撼。

据说蔡确儿子蔡渭（后改名蔡懋）也因受迫害，从京城逃回泉州蔡巷老居，后又躲到德化香林寺避难。香林寺主持出家前曾与蔡渭同住于小巷内，见永春、德化两县捕快在追寻蔡渭下落，便劝其暂剃发为僧，躲过了追捕。

宋人笔记《默记》《甲申杂记》以宿命论的色彩，记述一个名叫欧阳大春的官员，在元祐初为广东幕官时，尝梦到走入了一僧舍，稍新洁，有大字题在西室曰："宰相蔡确死于此室。"醒来不晓得这梦是何意旨。当时，蔡确尚在相位，不久听得他外放了，而欧阳大春此时也被广东转运使任命暂代新州知府之责。一日，走到一座僧舍，宛然如梦中所见。僧舍中又有西室，亦如梦中看到。不由叹息，与同官说起那梦境。不久，蔡确谪新州，要找个寺庙住下来，州中无其他僧寺，竟住于此寺。所卒之地，悉如前梦之西室。又若干年后，轮到新党清算旧党，也是宰相的旧党首领之一的刘挚也贬来新州，死在新州。后人在县城郊外建有"二相堂"，两位昔日对头冤家，死后相聚一堂，岂非宿命？不知能否"相逢一见泯恩仇"呢！

笔者夜深遐想，蔡确死因，其实不在于诗谤，而在于太皇太后"恐蔡确于社稷不利"。《续资治通鉴长编》中多次写及她的这一狠刻心态。在元祐四年五月行遣蔡确去新州时，她说：

若是确他日复来，欺罔上下，岂不为朝廷之害？恐皇帝制御此人不得，所以不避奸邪之怨，因其自败，如此行遣，盖为社稷也。

明言她搞"车盖亭诗案"的目的是防止将来蔡确复来，怕哲宗亲政后受其"眩惑"。还放话："决不杀他，教他自生自死！"元祐六年春，明氏递马前状要求量移时，她又说："蔡确不独为吟诗谤讟（诽谤怨恨），缘此人于社稷不利。若社稷之福，确当便死（如果为了国家社稷的福祉，蔡确应死在贬所才好）。此事公辈亦须与挂意。"蔡确死了，她还说："蔡确已死，此人奸邪，朋党为害，得它如此，是国家福。"

南宋时朱大圣人朱熹也直截了当说：

宣仁性极刚烈。蔡新州之事，行遣极重。当时若不得范忠宣（范纯仁）救，杀了他，他日诸公祸又重。

指出宣仁（高氏）当时甚至考虑把蔡确直接杀了，开了北宋祖宗定下不杀大臣、言官的杀戒，还好执政大臣范纯仁力劝而止。朱熹说，否则元祐诸人日后遭到新党报复时，灾祸会更为严重。

高氏这种你死我活、狠下杀心的内部政治斗争方式显然违背了北宋"祖宗之法"，习惯于北宋较为文明的政治生活原则的官员们，包括多数元祐党人和所有新党，包括施害者与受害者，无不认为太过分了。从史料记载中看，告密者吴处厚的检举书刚送走，他儿子即闻讯赶来哭谏，说这种行为将来见不得人，不容于全体士大夫。元祐党的最高领袖司马光的儿子司马康，竟然不肯为诬陷蔡确提供证词，推说"当时肚子饿，只顾着猛吃菜，没听见桌上他人在说什么！"坚持了自己的士大夫（知识分子）底线。几个铁杆的元祐党人刚得到检举书时，兴高采烈，行动非常积极，到了高氏决定行遣蔡确去新州时，除了文彦博一人外，殿上其他人都大惊失色，纷纷反过来为蔡确求情。几年后，刘挚被朋友问及蔡确诗案事，他后悔自己当时的过头言论是"鬼劈口"，是因一时鬼迷心窍，不经过思考脱口而出。他们都清楚这是对已经长久形成的北宋政治生活原则的破坏，都担心对方的遭遇将来也会落到自己身上。那条七八十年没大臣走过的去新州的荆棘之路，既然开给了蔡确走，则也可能轮到自己。中国宋史研究会前任的会长、北京大学著名教授邓小南先生，在她的名著《祖宗之法：北宋前期政治述略》一书中，对此有深刻的讨论。

元祐党人尤其是后来的一些理学家们，动不动开给王安石的头条大罪是"破 祖宗之法"，说均输、青苗、免役、市易、农田水利、方田均税、保甲、保马、将兵等法令是"破坏了祖宗之法"，其实这些经济上、军事上的法令，本来就是因时而变，连理学家们的老祖宗南宋朱熹也连说"本来就该变"。朱自己也干过类似的事情。所以"祖宗之法"不是王安石所破。笔者曾有幸在厦门大学听过中国宋史研究会前任会长邓小南（宋史大家邓广铭之女，北京大学教授）讲座，她说"祖宗之法"实是北宋立国后所迅速确立起来的文人政治体制、朝廷上下较为文明的的政治生活规矩，太祖立誓不杀大臣、言官等，我觉得很有道理。太皇太后高氏操控元祐党人破坏了这些祖宗之法，搞乱了这些既有的政治生活习惯，不但受压受害的新党，甚至扬眉吐气的旧党中多数人都是心惊胆战的。

但又需看到，尽管元祐间对新党的打击排斥也好，还是元祐后新党对旧党的报复也好，若真的与后世相比，都还是算最为文明的。抛开元朝皇帝大臣间的相互残杀不说，明朝朱元璋一案诛杀臣子成千成万人，且一案接一案地杀，有时导致大臣上朝先与家人诀别，不知能否平安回家。明太祖之后的皇帝也是动不动把大臣押到宫门外大打屁股，致伤致残，诛杀抄家也不为少见。清朝几多文字狱，几多杀大臣，为官的一味附和皇帝，是大屁不敢放一个的。哪似有宋一朝，御史敢与皇帝、宰相大唱对台戏，祖宗立誓不诛大臣和言官。宋朝政治上有些东西，确可让后人好好研究学习哩！

28

哲宗十年不言庙堂

哲宗继位时才十岁，小孩子很难说会有什么政治见解。高氏在教育上、生活上对其加于极严格地控制，安排内侍、侍女、请师傅直至娶妇，都力求做得滴水不漏，不让他人甚至哲宗的嫡母向太后和生母朱太妃插手。

高氏太皇太后垂帘九年，宋哲宗已经由十岁的儿童长成十八九岁的青年，高氏自己表面上也承认"母后当阳（高氏当权），非国之美事"。但一直大权独揽，不肯让哲宗亲政，哲宗无法行使帝王威权。反对新法的掌权大臣也无视他的存在，唯太皇太后马首是瞻，这一切在年青的哲宗心里引起极大不满。

据蔡絛《铁围山丛谈》所载：哲宗亲政后，曾对臣下回忆这段日子时说：那时大臣奏事都背着我，面向祖母，我只看见大臣的背部和屁股。高氏还多方控制孙皇帝，派年长的宫女去服待他，实际对他进行监视。

高氏太皇太后临朝九年，她对新法的否定，把国家财政引向严重危机，又对邻国西夏采取了莫名其妙的示弱弃地的策略，引起了朝野不满，又不肯归政于早已成人的哲宗皇帝。反变法派大臣们一味奉承高氏旨意，根本无视年轻皇帝的存在。对朝廷内外交困局面有所了解的哲宗皇帝对祖母的专横和控制极为不满，暗中立志继承神宗新法。为了保住帝位，对祖母的专横和控制虽然极为不满，也只能沉默地充当傀儡，"况潜用晦""十年不言庙堂"。

每次大臣向哲宗和高太后奏事时，哲宗都沉默不语。有一次，高太后问哲宗为何不表达自己的看法，哲宗回道："娘娘已处分，还要我说什么？"吴安诗和冯京因担任侍讲与诗读，刚与哲宗有了接触机会，就感到奇怪，说：

盖执政数年间，未尝闻皇上德音，皇上渊默谦静，在朝听政从不出语说声可否，只在为皇上读书而举行的经筵上，为学问才与老师对话。

甚至太皇太后出语重遣蔡确去新州时，殿上范纯仁等大臣向坐在高氏对面的哲宗请求，要他表态减轻对蔡确的处罚。宋哲宗明知蔡确当时对自己的继位有大恩，却硬是咬紧牙根不啃声。这韬光养晦的功夫，远非一般不到二十岁的年青人所能具备的！

高氏死后，哲宗亲政七年，二十五岁就死了。死后，朝廷为他所写的谥议、谥册、哀册中，毫不忌讳地宣扬了他对付祖母和元祐党执政们的这一"正确"策略。如《哲宗谥议》中说：

明而用晦，盖不言者九年。及南面而听天下，疏观万物，泛应曲当，其辟也开而天，其阖也渊而深。虽左右之人，莫察其喜怒之色。

《哲宗谥册》中说：

践阼之日，实在幼冲。委政帘帏，恭默渊静。年甫及冠，而犹沉潜用晦。十年不言，庙堂宗工左右携仆朝夕陪侍，莫能窥其仿佛。一旦亲政，独运神断。指顾号令，耸动中外。延登勋旧，屏斥奸回。威声所加，雷迅电击。

灵枢移入陵寝后发布的《哲宗哀册》中说：

保以恭默，玩心神明，不大声色，晦若冲机。曷从而测，澹然众美，莫知其极。

这些材料明确地表明，在哲宗逝世当时，朝廷大臣们直至神宗向皇后的态度。他（她）们对哲宗当时的韬光养晦的功夫加于高度赞扬。他们还因哲宗的这一英明机智，议出谥号曰"哲宗"。

在为哲宗选择皇后的问题上，高氏更是表现出她的专横性格，为了达到进一步控制哲宗的目的，亲自为他"历选世家女百余入宫"，从中挑选最能秉承高太后旨意者。经过一年多的挑选，先选中十名。且对外保密，连向太后和朱太妃也不能干预。

有一天，高氏忽然召集大臣为皇帝议婚，说："为了选皇后，我已看了百来家，难得有合适的，现在看来，狄谘家的女孩可以。"左相吕大防说："祖上是狄青勋臣家，门户是对的！"高氏说："可是，她不是嫡母所生，出自侧室，而且嫡母悍妒，女孩生下三岁就送给伯父养大，将以所生为父母，还是要以所养为父母呢？"

北宋时，普通士大夫家娶亲都很讲究正妻所出，狄家的这女孩是侧室所出，而且是抱养，事涉两个父亲，三个母亲，挺复杂的。可是，这女孩在入宫考察中，肯定最听高氏的话，太皇太后"重在表现"，明知"家庭出身"有些问题，与当皇后的条件差距较大，但显然是想得到大臣们的附和。有大臣问高氏，还有其他人选吗？高氏不想回答。结果大臣们商量了又商量，还是劝高氏放弃了，怕天下人取笑，堂堂皇家，难道连士大夫家的条件都不能达到吗？

元祐七年二月，太皇太后决定推出孟家女，说："近来在九家十女中，选得孟家之女最为妥当！虽然比皇帝大了三岁，但外貌年轻，看不出有那么大年纪！"王岩叟问道："谁家的？是夫妻正出的吗？"高氏说"父亲是孟在，善人小官，但祖上当过大官，母亲是王广渊之女，娘家的门阀挺大的。孟在官小，女儿就不会太骄！"韩忠彦说："家庭出身问题不大，进行过勘婚没有？"

"勘婚"就是把年命八字排卦勘算，看有无相克。太皇太后这回是铁了心非孟女莫属，大概是这女孩的政治表现太好了，说："勘婚是普通人家做的事，咱们皇家不比常人家，不勘则大家都方便，若勘起来有什么问题，谁知他勘得对不对，他敢负这个责任吗？你们执政们就敢负这个责任吗？"

大家一看高老太这态度，知道圣意已定，天命难拗，说不定背地时勘过了，不适合，所以不让勘。大家也就迁就着表示同意了。

于是，高老太太一鼓作气，速战速决。元祐七年二月，选中孟氏为后，四月即先宣布诏立孟氏为后，中旬才举行婚礼。先立为皇后再成婚，这在宋代绝无仅有。（事见现代学者陈振所著《宋史》，上海人民出版社2003年版）。事情过程中哲宗和皇太后、皇太妃都成了局外之人。

事后，哲宗与孟后一贯感情不合，可能觉得身边是个太后的"特务"，亲热不起来，转而宠爱一个长得很美又年轻一些的刘妃，后来还废了孟后，另立刘氏为后。这是后话先不提。

哲宗常使用一个旧桌子，高太后令人换掉，但哲宗又派人搬了回来。高太后问为何，哲宗答："是爹爹（神宗）用过的。"高太后心中大惊，知道他将来必会对自己的措施不满。

哲宗对精心爱护和培养他的父皇感情极深。大臣刘挚曾上疏，让高太皇太后教导哲宗如何分辨君子和小人。高太皇太后说："我常与孙子说这些，但他并不以为然。"高太皇太后由此愈加担心，当然更不敢放下权力。

蔡确死后大半年，太皇太后也病危了，《宋史纪事本末》载：吕大防、范纯仁、苏辙、郑雍、韩忠彦、刘奉世入崇庆殿后邸，问候太皇太后圣体安康。太皇太后对吕大防等说："今疾势有加，与相公各位必不能再相见了，且喜辅佐官家（皇帝），为朝廷社稷做了许多工作。"吕大防等欲退，太皇太后单独留下范纯仁，意有所嘱。皇帝令吕大防等也别走，一起听取太皇太后吩咐，太皇太后说：

"老身受神宗顾托，同官家御殿听断公事。试言九年间，曾施私恩与高氏否？"吕大防说："陛下以至公御天下，何尝以私恩及外家。"太皇太后说："正欲对官家说破，老身殁后，必多有调戏（挑拨）官家者，宜勿听之。你们几位亦宜早求退，令官家别用一番人。"当日适逢秋社，太皇太后乃呼左右，问曾赐出社饭否？因对吕大防说："公等各去吃一匙社饭，明年社饭时，我已不在，你等思量老身也。"

《过庭录》对于高氏临终，则作如下记载：

> 元祐八年季秋二日，宣仁圣烈皇后寝疾，内外忧惶。三公诣阁门，乞入问疾，诏许之。至御榻前，障以黄幔，哲庙（哲宗）黄袍幞头，立于榻左，三臣立右，汲公（吕大防）进问曰："太皇太后圣躬万福。"后曰："老婆待要死也。累年保祐圣躬，粗究心力，区区之心，只欲不坠先烈，措世平泰，不知官家（哲宗）知之否！相公（你们几位执政）及天下知之否！"辞气愤郁。吕公未及对，哲庙作色叱曰："大防等出！"三公趋退，相顾曰："吾曹不知死所矣。"

哲宗这时不再畏惧祖母了，恐执政们与老太婆说出些有妨碍的话来，竟作色喝斥宰相们滚出去。吕大防们知道，他们的政治支柱与心理支柱坍塌了，"吾等不知死所矣"！

既然十岁小孩子很难会有什么政治见解，太皇太后又用尽一切手段不让哲宗接触不利于她的人和事物，却为何培养不出一个能忠实于她的孙子来呢？史家们对此没加讨论，笔者夜深辗转反侧，忽然想到这也许与向太后和朱太妃有关。她俩亲历了儿子继位时的曲折，亲历了丈夫在位时十七年孜孜以求的变法事业，又多少身受了高氏对她们的轻视、猜疑和压制，应当被视为哲宗成年过程中主要的影响来源，应是她们私下不断地提醒哲宗，要在太皇太后和大臣面前采取不说少说韬光养晦策略，以等待以后亲政一日的到来。诸位看官，我说的有道理吗？！

29

哲宗亲政，风云突变

哲宗亲政次日，就下旨把继位之前所用的"随龙"内侍刘瑗等十人召入宫内，显然是对太皇太后先前安排在他身边的随从不放心。中书舍人吕希纯封还词头，且上疏反对。执政吕大防、韩忠彦等向哲宗进呈吕希纯状，哲宗辩解："只为宫中缺人，而且从前也有把承受内侍召入宫中使用的例子呀！"吕大防说："虽如此，众议颇有未安。"苏辙说："此事不是没有前例，但你亲政之初，中外拭目以观圣德，而你首先擢用内臣，故众心惊疑啊！"哲宗只好说："那么就等办完太皇太后丧事再下这个旨吧。"但他的心里难免悻悻。

范祖禹上书劝皇帝：

今陛下所宜先者，莫如报太皇太后之德，循其法度而守之。太皇太后听政之日，因天下人心欲改，故与陛下同改之，非以己之私意而改也。既改其法，则作法之人及主其法者，有罪当逐，陛下与太皇太后亦以众言而逐之。今必有小人进言曰："太皇太后不当改先帝之政，逐先帝之臣。"此乃离间之言，不可不察也。

苏轼本来与范祖禹约定一齐上章，苏轼写好奏章去见祖禹，看了祖禹的奏章后说："公之文，是经世之文。比我写得好，不如我的奏章不用了，就签名在你的奏章上，就改你一个字行了。什么字？在'臣'字下添个'等'字就成了！"

中书舍人吕陶的话更为露骨："太皇太后凡有更改，本来就非出于私意，盖不得已而后改也。至如章惇悖慢无礼，吕惠卿奸邪害物，蔡确毁谤大不敬，李定不持母丧，张诚一盗父墓中物，宋用臣掊敛过当，李宪、王中正邀功生边事，皆自积恶已久，罪不容诛。则太皇太后所改之事，皆是生民之便，所逐之臣，尽是天下之恶，岂可以认为是错了？"

就此看来，哲宗亲政之初，几个死硬的元祐党骨干斗胆向哲宗施压，企图阻止对高氏的已有政局的改变。而且朝中的新党成员也很少。但高氏九年统治问题多多，满朝文武都在观望哲宗的意向。很快，善于见风使舵的御史杨畏主动上疏，批评近年不正常施政。他说："神宗皇帝更法立制以垂万世，乞赐讲求法制，以成继述之道。"哲宗当即召他登殿面对，对杨畏说："先朝故臣有哪些人可以召回朝廷使用，朕不能尽知，可详具他们的姓名，秘密送给我。"杨畏即提出章惇、安焘、吕惠卿、邓温伯、李清臣等神宗朝大臣，各加以评论；且密奏书万言，详细阐述神宗所以实行变法、建立新法的原意，乞召章惇来当宰相。皇帝都连声说好，愉快地接受了。

这杨畏原来是反变法派首相吕大防提拔上来的，这时站出来要求恢复神宗王安石新政。可见元祐的朝政问题严重，哲宗立志恢复新法，绝非单纯出于对高氏控制和压迫的逆反心理，或继承父道的孝子情结，而首先是为了解决"元祐更化"给朝廷带来的以财政亏空为首的严峻问题。

元祐八年十二月，哲宗下旨：降职外放的章惇除资政殿学士，吕惠卿复中大夫，王中正复遥郡团练使。可是，朝中给事中吴安诗不肯撰写章惇的任命书，中书舍人姚勔也不肯起草吕惠卿、王中正的诰词，都缴还词头，请哲宗收回成命，哲宗不听。

元祐九年二月，高氏安葬事完成，殿中侍御史来之邵请求哲宗"逐吕大防以破朋党"，吕大防也自己求去。既然当初蔡确完成神宗丧事，元祐党人都说首相蔡确应该求去，那么，现在首相吕大防办完宣仁丧事，又有人弹劾他，哲宗也就把他罢知颍昌府（今许昌）了。

接着，又是天下士子的大比之期，从在贡院中举行的省试中胜出的优秀者，进入由哲宗亲自主持的殿试。这时，新法派李清臣已从真定召回为中书侍郎，哲宗命他提出策试考题，是挺长的一段话，译成白话是：

朕想神宗皇帝身兼神明之德，有舜禹之学，凭几听断，十九年之间，凡礼乐法度能够对天下有好处的都去做了。朕（哲宗）思继述先志，拳拳业业，白天黑夜都记在心头。今聚集尔等英豪在殿堂之上，策问你们对当世之务的看法，希望能听到高明的见解，得以有所作为。以明过去的是非得失，设施于政，而效见于时。朕即位至今快十年了，近年以来，恢复了词赋之考选，而士子的才能没有增加；罢去了常平之官，而农户并不增加收入；役法方面可差可募之说争论纷纷，而役法的弊病并无解决；治黄河究竟要向东或向北改，争议不休，而河患滋漫；赐土给西夏以怀柔远方，而西夏的之侵犯并未停止；让利以便人民，而商贾之路反而不通。至于吏员过多，兵备短缺，灾荒屡至，寇盗尚繁，这些是什么原因啊？好的政策应该继承下去，不好的政策则需要更革，贵在使之可行适当，又何尝要一成不变呢？

这试题显然提示考生批评宣仁时期的政事，而赞扬神宗和王安石的新法。可是，当时考官是元祐党的人，就以元祐党的观点来评卷。录取名单送上来了，哲宗很生气，下旨取消重评。这回叫李清臣和杨畏评卷，取了激烈抨击宣仁政事，热情赞扬神宗熙宁、元丰新法的考生湖北潜江人毕渐为状元。

守门下侍郎苏辙反对御试策题"历诋近岁行事"，有"欲复熙宁、元丰政事之意"。说神宗虽然英明伟大，其间事有过差。宣仁元祐以来，是"随宜修政以安天下"。从前"汉武帝外事四夷，内兴宫室，财赋匮竭，于是修盐铁、榷酤、平准均输之政，人民不堪负担，几至大乱；汉昭帝即位后，委任霍光执政，罢去烦苛，汉室乃恢复稳定。后世对此大为称赞"。

到面对时，哲宗很生气地责备苏辙说："人臣言事本来说得不对又何所害？可是你昨天奏的是机密事，不可宣于外，自己还说是秘而不出，而今天却对众公开？且以汉武帝事比先帝，这引喻也太不妥了吧！"苏辙说："汉武帝是个明主呢。"哲宗说："你所奏称汉武帝，'外事四夷，内兴宫室，立盐铁、榷酤、均输之法'是吗？说武帝穷兵黩武，末年下哀痛之诏，此岂明主吗？"

苏辙大恐，下殿待罪。归家，即具奏："我论事失当，冒犯天威，不敢自伏。乞圣慈怜臣不识忌讳，出于至愚，少宽刑诛，特赐屏逐，以允公议。"诏苏辙除端明殿学士、知汝州。从此朝论大变，朝廷官员们争着向皇帝陈说绍述之策，元祐之人一个个得罪出朝。

还在元祐八年五月，蔡卞从知越州改知润州，哲宗亲政后又改陈州。九年三月，召回朝廷复中书舍人。四月，他起草了一份谪贬苏轼的诰词。苏轼先前已不在朝廷，在知定州任上，侍御史虞策、来之邵揭发他在元祐中所起草的制诰中，屡屡讥讪先帝，苏轼在谪贬吕惠卿的诰词中写着："均输之政，自同商卖；手实之法，下及鸡豚。"诰词中讽刺神宗的堂堂"均输"法如商人唯利是图，"手实"法连鸡呀猪呀都得交税。他在吕大防拜相制词竟说："（神宗时的）老百姓也太辛苦了，需要休息。"在《司马光神道碑》中则说："其退于洛，如屈原之在陂泽"，把司马光去洛阳比做屈原被流放，不是怨恨神宗皇帝太昏愦吗？有旨苏轼落职，降知边远的英州（今潮州）。

这回蔡卞写的诰词是：

轼行污而丑，学僻而欺愚。顷在先朝，自取疏斥，肆予纂服，开以自新。弗讹尔心，覆出为恶，辄于书命之职，公肆诬罔之辞，凡兹立法造令之大经，皆曰蠹国害民之弊政。顾威灵之如在，岂神理之可容。深惟厥辜，宜窜远服，祗夺近职，尚临一邦。

这诰词语气尖刻，说苏轼行污而丑陋，学僻而欺愚。在神宗先朝时，被贬斥是咎由自取，但仍然保持公职，让你自新。可你不吸取教训，又来作恶，动辄利用起草诰命的职务，公然散布诬蔑先帝的不实之辞，凡先帝立法造令的大政，都被说成蠹国害民之弊政。看先帝的威灵如在眼前一般，你这种行为岂是神灵之可容？深思你的罪过，应该贬窜你去边远州郡，现只是把你知定州的近职免掉，还让你再担负英州地方的官职吧。

这时，新党的曾布也回到朝廷，任翰林学士，上书请复先帝政事，并请改元以顺天意，这正中哲宗下怀。改元往往都在年头，这时已是四月末，哲宗诏改元祐九年为绍圣元年，于是，天下晓然知道皇帝志在绍述神宗新法无疑。这年一至四月发生之事，史书上记为"绍圣元年"或"元祐九年"都可以，五月以后的事情就只能记为绍圣元年某月了。

这年四月三日，元老大臣冯京卒，哲宗和向太后驾入冯府临奠。蔡确长子瀛州防御推官蔡渭是冯京的次女婿，他抓住机会在丧礼上当面向哲宗倾诉父亲受迫害的冤情。哲宗和向太后想起蔡确拥立之功和以后的遭遇之惨，不胜感慨。第二日，即诏复蔡确右正议大夫。六月，诏蔡确追复观文殿学士，赠特进。十一月，又追复观文殿大学士。

30

章惇拜相，蔡京献策

话说元祐七年四月，蔡京知成都府，到了元祐八年五月，即太皇太后高氏去世前四个月，曾上书请便郡，乞移东北方向一郡。"便郡"是北宋官员向朝廷提出调动申请，想去家乡或靠近家乡为官，以便照顾家中老人。蔡京当时四十六岁，他父亲蔡准估计已七十多岁，可能住在福建老家仙游枫亭或杭州钱塘。

《范太史集》有《知成都府蔡京乞移东北一郡不允诏》一文，是范祖禹为朝廷起草的慰留诏书，写道：

> 朕唯祖宗以来视远如迩，全蜀之寄，尤难其人，自非望实兼允，不以轻授。卿服在侍从，一纪于兹，邦畿浩穰，边阃要重，已试之效，庶众所知。是以辍自关中，付之剑外，期年报政，西土用宁。何疑上书，易求便郡？……勉企前哲，宽予西顾，益务绥靖，以副朕怀。所请宜不允。

诏书说，皇帝我知道祖宗以来都是远郡近郡一样给于重视的。只有很难得的人才，方能寄付于全蜀重任，非要名望和才能兼备者不以轻授。你出身侍从，在成都做了一年，那里就出现一片繁荣的景象，在此要重边阃，已试出你的工作能力和成效，这些众所周知。我把你从关中（陕西）调来负责剑外（四川），你才用一年就实现了我的期待，西土得以安宁。

现在心中有何疑难，上书要求便郡呢？还是以治理蜀地的前贤们为榜样，安心工作吧！减轻我的西顾之忧，把当地治理得更加妥当安静，以实现我的期侍。你的便郡申请就不予批准了吧。

诏书对蔡京在成都的工作表现大为肯定，也符合人们对蔡京一贯的有魄力有手段的评价。但《续资治通鉴长编》在记述元祐七年四月梁焘反对蔡京知成都府的任命后，又引述《梁焘行状》中的话："蔡京后来到了成都，果然如梁焘所预言，轻举妄作。白天发生盗劫，把药市几乎烧光。后来又搞了个'万僧会'，穷极侈丽，两川骚扰，老百姓在驿站齐集累日闹事。士女杂乱，恶少群聚，杀人剽夺一日发生了十多处。"然后，又说后来御史们弹劾了，把蔡京从成都调去知永兴（实际上蔡京知永兴在知成都之前）。虽然《长编》作者李焘接着指出这篇梁焘的行状有误，但有的后人还是以此认为蔡京把成都搞得乱七八糟。当然，也有现代学者指出这一描述可能与客观事实不符。

本书作者认为成都较为动乱的局面应发生在蔡京前任李纯任上。因为《长编》卷四七二元祐七年四月癸酉记载：李纯因成都大火受到追究和处罚。由此推测，正是因成都不稳局面，才把能人蔡京从永兴军调去成都，上述诏书似乎已说得很明白了。

至于"万僧会"之事，宋人笔记《却扫编》《鸡肋篇》等载，蔡京在成都发动全城庆祝元宵，点灯结彩，可能就是这次万僧会。因灯会需用灯油，一时没有着落，蔡京就借用了城防仓库中的储油数万斤。结果，转运使弹劾蔡京动用"战备油"，其罪非轻，左相吕大防大概是认为蔡京庆祝元宵有助当地社会稳定，叫人查查成都城防现是否缺油？回答元宵一过，蔡京就给补回仓库了。持元祐倾向的吕大防这回袒护了蔡京，说："堂堂方面大员，临时应急动用一些灯油，又补上了，没什么好计较！"

哲宗亲政后，当然想起这位当年带领开封府刀斧队协助蔡确守卫外廷，以逼迫王珪，一起向神宗建议立自己继位的人。绍圣元年四月九日，诏蔡京权户部尚书。宋吴坰《五总志》载：蔡元长自成都召还，入朝途中过洛阳。当时是陈睦（和叔）为洛阳留守，文潞公文彦博以太师的尊贵身份回乡休养在家，两人在白马寺宴请蔡京。酒酣，文对蔡说："我看你的风骨，必致大贵，定会做到如老夫一样的官职。你的子孙爵禄还要超过我。但不如老夫安乐闲适，愿将来深思慎处啊！"

在宣布了蔡京的任命八天后，哲宗又宣布了一项重要的任命：资政殿学士、降授通议大夫、提举洞霄宫章惇为正议大夫、守尚书左仆射兼门下侍郎。南宋福建人陈均所编纂的《皇朝编年纲目备要》，载翰林学士曾布起草的制词中说："元祐之初那时，政令出于太皇太后帘帷，权柄操在政事堂那几个大臣手时，神宗的善政良法多所纷更。而章惇能不畏强权，正色危言于庙堂。被贬职离开朝廷十年，还一贯地保持气节不变。虽风波并起于畏途，而他素有的金石般的品性一点不被消磨！"

又说："现在四方之休戚，还有些闭塞不得上闻，左右大臣的忠邪也不断受到议论，我希望你就是我所要寻找的真宰相，由你来操办我的国政。"

《朱子语类》有一条朱熹语录：

> 方惇之再入相也，京谒之于道，袖出一轴以献惇，如学校法、安养院之类，凡可以要结士誉、买觅人情者，具在。惇辞曰：元长可留他时自为之。后京为相，率皆建明，时论往往归之。

看官，朱大圣人大家都认识，到孔庙拜孔子，顺便就得拜拜朱熹。朱子所过之地都成为圣迹，叫做"朱子过化"之地。朱子对他的弟子们讲课时，有些重要的话被他弟子们记录下来，编成了一部书，叫《朱子语类》。书中有朱子给他学生们讲过的一个关于蔡京的故事，说蔡京这回入京途中，章惇被朝廷任命为宰相，正在从地方去首都到任，蔡京路上去见他，从袖子中取出一份建议书献给章惇，建议实行教育科举改革如"学校法"，实行社会救助如"安养院"等等，"凡是可以邀结士林中的声誉，博得百姓民心的措施都写上去了"。可是，正在赴宰相任的章惇没有好好和蔡京讨论这份建议书，而是婉转地推辞说："留给你自己以后当宰相了再去做吧!"朱大圣人接着说:"后来蔡京当宰相,就把这些都实行了,社会舆论当时对他很有好评呢!"

章惇此番上任,最关心的事不是"学校法""安养院"之类,而是对元祐党人加以清算,急着"以其人之道,还治其人之身"。章惇原来有个朋友叫陈瓘,也象蔡京那样,在章惇入京途中某码头等着见他,章惇亲自走出船舱迎接陈瓘,坐下论道。陈瓘问他:"章相公此番回京拜相,天下人拭目以待,你将如何处理目前政局?"

章惇直人快语,说:"司马光等人不问先帝政令好坏,凭借个人好恶,将新法尽数废除,将先帝一生心血毁于一旦,误国误民!我这回朝,先和他们把这账算清楚!以正朝纲,以慰先帝。"

陈瓘争辩道:"司马光即使有错,也得先了解他的心迹啊!当今之急是消除朋党,公平持正,才可以救弊治国。"话不投机,章惇就不再说什么了。

可见章惇和蔡京两人虽然同是王安石的后继者,但前者更多地着眼于短期政治目标,蔡京则看到长远理想的实现。现任中国宋史研究会会长李华瑞教授在给杨小敏《蔡京、蔡卞与北宋晚期政局研究》一书所写序言中指出:王安石变法贯穿的一条主线就是"建构理想社会"。"譬如以国家的名义摧抑兼并,赈济贫乏,发展生产"等。蔡京比起章惇,更能忠实地继承王安石的理想,经过神宗时期的学习、实践,又经过元祐时期多个地方长官岗位的磨炼后,面临着新法派掌权局面的出现,蔡京心中有了一个理想主义色彩很浓的社会蓝图。

回想起蔡京兄弟出仕才三年,还是基层小官的时候,就向朝廷再三上书,倡建兴化军木兰陂,朱子是南宋人,他当时离蔡京死的时候已经近百年了。朱大圣人还记得这个故事,讲了给学生听。可见这故事当时流传普遍,真实性很大。蔡京后来当宰相,真的在社会救助和教育科举改革方面做了许多史无前例的好事,史家们现在对这些都取肯定态度。难道因为蔡京有个"奸臣"的称号,我们就不好去提起这些历史吗?许多人为与外国人争论古代科技发明国，争得脸红耳赤，难道就不能为北宋后期真实存在的当时在全球无与伦比的社会文明感到自豪吗？其实追溯中国古代曾有过的这一段文明史，本身就是现代中国人的文明的一个体现，何必死死拘泥于并非科学与真实的"忠奸之辨"呢！

有关蔡京在社会救济和社会慈善领域的贡献，这方面可以参考台湾的学者王德毅的著作《宋代灾荒的救济政策》（台北：中国学术著作奖助委员会，1970 年版）、金中枢《宋代几种社会福利制度——居养院、安济坊、漏泽园》《宋代几种社会福利制度考略》两篇论文；宋炯《两宋居养制度的发展——宋代官办慈善事业初探》这篇论文，发表在《中国史研究》2000 年第 1 期上，西南大学教授张文著《宋朝社会救济研究》《宋朝民间慈善活动研究》（西南师范大学出版社 2001 年版，2005 年版）。这些今人研究成果大致都肯定了蔡京的好想法。

31

蔡卞重修《神宗实录》

随着新宰相章惇到任，新党清算旧党的运动展开得如火如荼，哲宗把憋了九年的窝囊气一古脑儿地发泄到当年只把脸朝着太皇太后，而把屁股对准他的元祐党人。起初，所列罪状除了否定神宗先帝良法外，主要一条就是诬陷前任宰相蔡确，导致蔡确死于岭外。

蔡确儿子蔡渭（后改蔡懋）在冯京葬礼上向哲宗和向太后面诉父亲冤情。第二日是四月十三日，朝廷即追赠已故蔡确左正议大夫，并同日宣布以故相王安石配飨神宗皇帝庙庭。四月二十二日，又诏蔡确子孙"依正议大夫亡殁"条例给予恩泽。六月中，蔡确灵柩将在颍昌府下葬时，朝廷再下诏：

> 观文殿学士、赠特进蔡确特追复观文殿大学士，令颍昌府候葬日，并官为应副。

要求颍昌府当地官方出面，办理葬事一应事宜，次年十二月追赠太师。蔡确死亡后，在哲宗、徽宗时代，所得哀荣更是达到无以复加的地步，充分表明神宗的这两个儿子皇帝对蔡确生前忠于神宗、受遗顾命的感激。

蔡确生前留下遗训，说："我死之后，敛以平日闲居之服，棺材尺寸只要能容得下身体就够，作圹不得超过我父亲楚公（蔡裳），棺前设一桌，中间放一瓦器，左右放衣衾巾履和笔砚。葬事从简，才称我平生。不麻烦地方政府公家出面，不向朝廷申请恩典，不接受赙遗，不求人作墓铭、神道碑。该放墓铭、神道碑的两处都要只放块刻石，刻上'宋清源（指泉州）蔡某墓'几个字，再刻下葬岁月于其旁，可矣。……"可见蔡确淡泊处世，这次赐葬和子孙恩泽都是朝廷主动给予。

御史中丞黄履上章说："吕大防、刘挚、梁焘在太皇太后垂帘日，都当上执政大臣。是梁焘先提出蔡确有不轨之心的邪言，接着吴处厚陈奏蔡确诗诬，刘安世等人乘机共攻蔡确，以致投蔡确于岭外，竟不得量移内地，不能见他慈亲而死。陛下现在亲政了，恢复了蔡确的官位，而诬陷蔡确的人们真应该显加贬黜才是！"

左司谏翟思、右正言上官均、左正言张商英、侍御史来之邵等人则群起响应，纷纷论奏元祐党人吕大防、刘挚、梁焘、苏辙、苏轼、吕希纯等迫害蔡确之罪。张商英还说："朝廷叙复吕惠卿、蔡确，不过以通常的法例办理，让人疑惑两人是否过去真的犯有错误。当初，蔡确领受神宗顾命，拥立之际，有那点对不住陛下你，而杀了蔡确的人现在还以美官要职布列中外，这样显得一点是非曲直都没了！"

来之邵甚至说："那时先帝陵土未干，而司马光等互相唱和，废弃先帝良法，扫除先帝重用的忠臣，朝中仁义之士熟视而吞声。现在司马光、王岩叟和朱光庭相继已死，只刘挚还活着，这是上天留下给陛下报仇用的啊！"

绍圣元年六月，吕大防从知永兴军降知随州，刘挚降知黄州，苏辙从知汝州降知袁州，苏轼从原已从知定州贬知英州，这回再贬，没官当了，安置更边远的惠州。吕希纯则自朝官崇政殿说书贬知怀州。梁焘、刘安世、吴安诗等都受到相应贬职处分。

哲宗心有未甘，黄履、周秩、张商英等又交章论之不休。秋七月，再次加重对上述"奸臣"的处罚。追夺司马光、吕公著赠谥，拆毁两人墓葬所立牌楼及神道碑。起初，章惇和蔡卞还建议发冢毁棺，有人劝阻，说"这在太平盛世恐非美事"，哲宗才罢休了。死去的王岩叟的赠谥被追夺当然不在话下，活着的吕大防、刘挚、苏辙、梁焘、刘安世等也更进一步，官职全撤了，分配到边远州军安置，接受地方管制。

接着，哲宗总结了这段时间绍述新政的"成果"，下了一道"申儆诏"。训戒百官，不妨意译如下：

朕继位之初，宣仁圣烈皇后以太母之尊权同听政。自以帘帷之间，见闻不够周到全面，故破格起用某些大臣，推心置腹，把政事委托他们去办。而司马光、吕公著忘了累朝皇帝对他们的旧恩，对先帝神宗不满意而怀怨恨。利用国家之变故，实行奸邪之深谋。引吕大防、刘挚等，周旋欺蔽，表里配合。对宗庙神灵恣意讪渎，朝廷号令辄肆纷更。首信偏词，轻改役法；开诉理之局，使有罪者侥倖；下疾苦之诏，使群小谤言；诬蔑新法是"横敛百姓"，则滥开了蠲免国家收入的逃漏渠道；诬蔑新法增加国库是"厚藏"，则把三千万贯常平之积耗光；他们过分推崇声律诗赋以轻薄经术，任意穿凿制度以紊乱官仪；明明是丢弃境土，却荒谬地说成"和戎"；明明是放松了边备，却硬说先前的巩固边防是"黩武"；黄河不修理罢了增浚，却说靠修城隍就能保护民众；器械资用缺少缮修，凡属经纶一皆废绌；人才淆混莫辨于品流，党派纵横不停地争强斗胜。都只顾自己一时痛快，忘了身负托国重任，不论国家的利害得失。这实在不是太皇太后的本意。十年同恶，四海吞声，敌计得逞，边民受害。其中司马光以下的错误重大者，各已轻重给予惩罚，至于一般的射利之徒，跟着起哄凑热闹的，定须听从朕的申戒，洗心革面，切实领会朕的仁心，不忍去处罚你们，给你们予自新之路。布告天下，对你们所犯错误，就一切不问了。

元祐时期的执政中，只有苏颂一人没有受到处罚。当初苏颂参加执政，看到大臣们奏事，全都取决于宣仁。偶而哲宗说话，也无人应答，觉得不对头。轮到自己奏事时，总是奏了宣仁后，必再奏皇帝。哲宗若有宣谕，必告诸臣："大家注意听取圣语！"到这时元祐大臣们倒霉了，也有御史弹劾苏颂。可哲宗说："苏颂懂得君臣之义，不要轻易议论他，梁焘每在朝上发歪论时，苏颂开陈排击，还是尽出公论，朕皆记得。"于是，苏颂免贬。

新党用于清算旧党的另一罪状是纂修《神宗实录》不实。元丰八年三月神宗去世后，元祐元年二月，朝廷修《神宗实录》。左相蔡确提举（负责），翰林学士兼侍讲邓温伯、吏部侍郎陆佃并为修撰官。左司郎中兼著作郎林希、右司郎中兼著作郎曾肇并为检讨官，入内都都知张茂则提举管勾。不到一个月，蔡确罢知陈州，于是，新相司马光提举，邓温伯、陆佃并修撰。十月，因司马光已死，又以新相吕公著提举，旧党中坚分子黄庭坚、范祖禹担任检讨。元祐四年（1089），吕公著去位，左仆射吕大防又提举修《神宗实录》。元祐六年（1091）三月癸亥，书成进呈，吕大防等修史人员都得到奖赏。所以，第一次修成的《神宗实录》以反变法派为主要成员编成，极力诋毁王安石和新法。事后四十来年，范祖禹儿子，南宋范冲与宋高宗论修史，也毫无忌讳地承认当时他父亲修《神宗实录》时，"大意止是尽书王安石过失，以明非神宗之意"。可见这部《神宗实录》失于偏颇。

这本《神宗实录》，许多地方引用司马光家藏材料，如司马光《日记》《杂录》等，多有对新法推行的不当叙述和对王安石的不当批评。身为王安石门生的陆佃也参加修史，他虽后来不主张新法，但因元祐党人不顾事实的修史做法，屡与史官范祖禹、黄庭坚争辩，反对贬低王安石和新法，黄庭坚说："如你所说，我们这部书就成了'佞史'！"陆佃则反驳道："如果都用你的意见，这部书岂非成了'谤书'吗？"

随着哲宗的亲政，和绍述神宗国策的确立，重修实录显得必要而且迫切。绍圣元年四月戊辰，同修国史蔡卞上疏：

先帝盛德大业，卓然出千古之上，而《实录》所记，类多疑似不根，乞验索审订，重行刊定，使后世无所迷惑。

哲宗批准了蔡卞的建议，以蔡卞兼国史修撰。闰四月丙申，命左仆射章惇提举修《神宗实录》。

五月己酉，翰林学士承旨曾布说："最近奉旨重行修定神宗皇帝实录，我认为《实录》所载事迹，于去取之际，确实有所偏差。如当时《时政记》，都是那时执政们共同编修的，可是，元祐史官往往不以为是可信的。至于司马光的《日记》和《杂录》，多是从他的宾客或道路传闻得来的，却都认为是事实，写进去了。"他请求用王安石《日录》来校正原《神宗实录》中的谬误。哲宗于是下令蔡卞到王安石侄儿王防家调取王安石《日录》，以参定《神宗实录》和《正史》。多年后，曾布还说：

> 元祐所修《实录》者，凡司马光《日记》《杂录》，或得之传闻，或得之宾客；而王安石有《日录》，皆君臣对面反复之语，乞取付史院照对编修，此乃至公之论。

陈瓘《四明尊尧集》却说："蔡卞专用王安石《日录》以修《神宗实录》，薄神宗而厚王安石，尊私史而压宗庙。"他还认为蔡卞私下删改了王安石《日录》。而南宋朱熹说他曾经仔细考查王安石《日录》，认为王安石一生的政治思想的"隐微深切"之处，皆聚在此书。他说：

> 而其词锋笔势，纵横捭阖，炜烨谲诳，又非安石之口不能言，非安石之手不能书也。

他认为陈瓘说蔡卞撰造此书，"固无是理"。

绍圣元年九月，翰林学士、修国史蔡卞，中书舍人、同修国史林希等又请求对神宗《日历》加以修订。他们说："先帝《日历》，自熙宁二年正月以后至三年终，是元祐中秘书省官孔武仲、黄庭坚、司马康修纂；自熙宁四年以后至七年终，是范祖禹修纂。而黄庭坚、司马康、范祖禹又都是先帝《实录》修撰，其间所书正与原修先帝《实录》相为表里，故意增损，多失事实。既然修国史院已得旨重修先帝《实录》，则对所有原来范祖禹等所进《日历》，臣等乞一一就看改正，务尽事实。"哲宗批准了这一请求。

朝廷追究范祖禹、赵彦若、黄庭坚修史不实的责任，诏令他们分居京都附近，蔡卞等摘出《神宗实录》中记载一千多条，要求原修撰们到国史院供答史料来源。各人皆供称"别无按据，得之传闻"。黄庭坚被问到为何在《神宗实录》中写进"铁龙爪治河有同儿戏"时，还坚持说："庭坚时官北都，亲见之，真儿戏耳。"哲宗说："史官敢如此诞谩不恭！"御史刘拯言："范祖禹、赵彦若、黄庭坚擅敢增损诬毁先帝，为臣不忠，罪不可赦。"朝廷诏吕大防特追夺两官，范祖禹责授武安军节度副使、永州安置，赵彦若责授安远军节度副使、澧州安置，黄庭坚责授涪州别驾、黔州安置。

32

蔡京提举重修敕令所

　　司马光和高太皇太后一切政事反王安石之道而行之，欲尽废新法，数月内罢去了保甲、方田、市易、保马、青苗、免役等法，当时就引发了朝议纷纷，连保守党同列都"病其太迫"，认为这样做大不利于社会稳定。司马光却一意孤行，公然宣称："若安石、惠卿所建，为天下者，改之当如救火拯溺，况太皇太后以母改子，非子改父。"

　　对此，较为温和的保守派苏轼曾规劝极端保守派们说："臣私忧过计，常恐百官有司矫枉过正，或至于偷（偷懒），而神宗励精核实之政渐致惰坏，深虑数年之后，驭吏之法渐宽，理财之政渐疏，备边之计渐弛，则意外之忧，有不可胜言者。"果然如他所言。

　　面对朝廷内外交困局面，哲宗皇帝大张旗鼓恢复新法。神宗以前的旧役法因公使用民力，是直接由官府按名册指派民户充当，称"差役法"。王安石新法改为当役乡村民户按经济能力等级出钱"免役"，称"免役钱"。原来的官户、僧道户、女户等不参加差役的"免役户"也要出些钱，称"助役钱"。加上原来就规定用于补助差役的酒税、坊场收入等，由官府雇人工当差应役。收取免役钱时适当加收余额，准备灾荒年头收不到钱时应急开支。此法制定时已经反复推敲细节，实行时又经局部试点再全面推开，在熙宁、元丰间实行近二十年，已为民间所习惯。本质是以税代役，使农民不再困于劳役。役法困惑朝廷多年，屡求改善而未得解决，王安石实施雇役法，有秦汉乡官制回光返照的迹象，大致解决了困扰州县职役的问题，是历史性的重大进步。

而宣仁高太后、司马光不顾改革派和保守派中大多数人的反对，悍然宣布废弃雇役法，恢复旧差役法，而后明知行不通，又部分改行雇役。而后在极端保守派的坚持下，又再废雇役，导致了募役其名、差役其实的名募实差制度，其间反复不已，给乡村百姓带来诸多困扰。元祐五年，苏辙曾实事求是地指出"雇法之行，最为简便"，他说罢弃雇法，只有最上等的富户（其中许多本来不出钱）和最下等的穷户（按规定照顾不出差役）两头叫好称便，而当差主体是中等户，却叫苦不迭，他的原文是：

> 且如畿县（首都郊县）中等之家，例出役钱三贯，若经十年，出钱三十贯而已。而如今既行差役，诸县中以最轻的差役手力为例，农民应差在官，一天要花自己的钱一百文，在役一年之用已是三十六贯，二年役满，花费七十余贯，就可以罢役而归乡。大乡（富户数量多的）得闲三年再轮差，小乡（富户数量少的）不及一年再当差，以此计算，差役五年之费，倍于雇役十年。赋役所出多在中等户，如此条目，不便非一，故天下皆思雇役而厌差役，到今天已经五年了。

绍圣元年三月二日，代理荆湖南路提点刑狱安惇上书说："元祐差役法实行的这几年来，终未就绪，未能达到宽恤民力的目的，实在不比旧日免役输钱方便啊。望恢复熙宁旧法，令民众均纳役钱，官府自募人应役。"哲宗看到正中下怀，说："实行元丰旧法，而减去多余的宽剩钱，百姓有何不便呢？"右司谏朱勃认为，不能急着改，他说："向民众收钱免役，本来就有过分多收的，而用钱雇人当差时，有时则有把工钱定得太重的，各种出差役的民户之中，也有的认为直接出差方便而不愿出钱免役的，只有找到人材详尽地加于探讨裁定，才能做到大家都感到方便。"于是，哲宗诏送户部看详役法所，加以讨论。

随后章惇以宰相到任，蔡京以户部尚书到任并提举（负责）看详役法所，关于役法的细节讨论不一，章惇迟疑不决，曾布上书催促尽快了结看详，出台新法令。曾布说："毁废神朝法度之人既已黜逐，则前日之良法善政，当讲究增损并加施行。否则人们则以为是神宗朝政事本身错了不可行；若它们不可行，则毁废它们的人何以得罪呢？"曾布又说："今议论无所折衷，户部蔡京、王古两人所见多不同，其官属日相纷争，众议恐未易了。"哲宗省悟。负责役法讲议的蔡京做事一向明断，即向章惇建议"取熙宁、元丰的法令就加于施行吧，还讨论什么呀！"章惇相信蔡京的话正确，遂确定当差的人额，募雇的工钱一律遵从元丰时的旧法。哲宗欣纳，事情就这么定下了。

役法这件事，司马光是错得比较离谱，南宋的人为了替"伟大"的司马先生辩解，只好说："初，役法差募二者俱有弊，王安石主雇，司马光主差，范纯仁、苏辙俱光门下士，亦以差役为未便。章惇，安石门下士，亦以雇役为未便。纯仁、轼、惇虽贤否不同，然悉聪明晓事，兼知南北风俗，其所论甚公，各不私其所主。"

元祐初，蔡京执行司马光和朝廷命令，五天内改雇役为差役，得到司马光的肯定。此时又果断地建议复雇役法，后世有的人说他反复小人，但当时哲宗皇帝、章惇宰相并没因此对蔡京的忠诚产生怀疑，满朝大臣们也对蔡京没有说闲话的。看来蔡京力排一些人的阻力和疑虑，出自对这一政策的深刻认识和自信。

一年半后，绍圣三年五月七日，右正言孙谔又对役法表示疑虑，说："在官府应差的人数，是元丰多而元祐少，元祐虽人数少而不废事。雇佣役差的工钱，是元丰重而元祐轻，元祐轻未尝废役，莫非元丰的役法不如元祐吗？愿陛下博采群言，不拘于元丰、元祐为评判依据，只以能使天下百姓得到公平为目标，岂不盛哉？"翰林学士、详定修敕令蔡京力攻孙谔，说："早在神宗熙宁四年，反对雇役最力的刘挚就说雇役法有十害，其中第一害就是纷错不均。曾布当时与他辩论，认为新法比旧法均；第二害刘挚以为新法贫富多少不平，曾布以为比旧法公平，不均不平之辨已判明二十年了。孙谔于二十年后窃取其说，言于陛下追复新法之日，臣愚不知他孙谔安的是什么心？免役法复行将及一年，天下吏习而民安，而谔指以为弊，论多省、轻重，言下之意是元丰不及元祐多了，故意诋毁熙宁、元丰。元丰行雇法，元祐行差法，雇与差不可并行。元祐时固然兼行一些雇法，但极纷然无条理，而孙谔提出不区分熙宁和元祐，是欲伸元祐之奸，惑天下之听！"

哲宗认为孙谔是帮助元祐的人，要把他外放，仙游人陈次升对哲宗说："谏官以言为职，既有见闻，必须上达。说得对你就听纳；说不对你得曲全容忍，以示朝廷之容德。臣伏睹天禧元年二月七日真宗皇帝敕诫台谏诏书中有'虽言有失当，必示曲全'句，则知圣朝开言路，激昂士气，不以人言失当为虑，而患在人之不言也。今孙谔无他罪，止是议役法失当，推原其情，盖欲补完良法，亦可矜察，欲望朝廷再赐详酌施行。"哲宗不听，诏孙谔罢右正言，差知广德军。

当年十二月，侍御史董敦逸攻击蔡京：

元祐初，司马光秉政，蔡京知开封府，光唱京和，首变先帝之法，……皆是蔡京首为顺从，何其之速也？

官居翰林学士承旨的蔡京应哲宗要求，上书自辩说：

当时开封府只是将朝廷恢复差役的命令传达到县，全国诸县见文件内有"立即施行"之文，所以，承行不敢少缓。开封府虽见诸县承行之急，但因各县是遵依法内指挥，开封府岂敢禁止？当时，司马光还三次召臣到东府，诘责不差衙前之役，怒见辞色。臣即乞外任。前后一月余，臣已罢去，遂流落外任十年。臣若能应和司马光，则必为光所知，不应变法之始，一月之间，一请遂得罢去。

南宋史书《续资治通鉴长编》和《皇朝编年纲目备要》在记述了蔡京差一千人充役之事和司马光的称赞后，接着写了一句话："议者谓京但希望风旨，苟欲媚光，非事实也。"在记述绍圣中蔡京主张照元丰旧役法施行，得到章惇采纳，也只是说"京欲掩盖元祐迎合之迹"，不似《宋史》蔡京传中所说："十年间，京再莅其事，成于反掌，两人（蔡京与章惇）相倚以济，识者有以见其奸"那么苛责。到了现代，仍有许多人批评蔡京两面派，假装拥护王安石，实际反对王安石，是"打着红旗反红旗"，怎么当时的众多改革派们都没人如此看蔡京呢？

哲宗绍述新法，另一个重点是恢复青苗法。这是王安石和哲宗为了抑制贫民破产和富豪兼并农民田产的有力政策。在禾苗正在成长，青黄不接的当口，由官府根据农户的经济偿还能力和自愿申请原则，贷给小额款项，以利农户度过难关。免受高利贷剥削而破产，分夏收、秋收两次偿还，官府并由此得到相应的利息，相当程度上增加了财政收入。由于青苗法的实行侵犯了富豪之家的放债利益，所以反对的声音很大。司马光先后提出的反对理由无非是"朝廷与民争利""官员为政绩而强行配放给不需要的农户""农民轻易从官府得到钱，就会轻易花掉不还钱"等很站不住脚的几条。

户部尚书蔡京负责详定重修敕令所，于绍圣元年七月二十三日建议仿照王安石改革之初设置条例司，奏："神宗皇帝熙宁之初，将欲有为于天下，得王安石而任为宰相。于是置条例司，选天下英材，设官分职，参备其事；兴利补弊，功烈昭著。元祐以来，天下用度所需费用，都逐渐枯竭了，美意良法，都遭到诋诬丑化。事到今日，正应该参酌旧例，考量得宜，以合乎陛下追述先帝的志向，以成就足国裕民的效果。然则可以参与这事的人很多，岂是我蔡京单力所能胜任。伏望皇上查看熙宁中设置条例司的往事，上自朝廷大臣，下选通达世务的贤者，同共考究。庶几成一代之伟业，以诏万世。"

设置级别更高的制置三司条例司一时还放着，而恢复新法事却在抓紧进行。绍圣二年七月，蔡京建议复青苗法，说："我奉诏措置财利，窃见熙宁中先皇帝以天下之本在农，故参核古代先王春种秋收互补之意，行青苗散敛之法，薄取利息，以防兼并，使农人得以尽力田亩，不为兼并所困，实大惠也。青苗行法之初，论者不一，赖先帝神武英明，断之不疑，得以就绪；数年之后，取者云集，纳者辐至，天下仓库丰盈充实，储财不可胜用。自元祐废罢以来，兼并放纵，农渐失业，往昔所积，支用殆尽，至今未能恢复。今欲乞皇帝下有司检点熙宁、元丰青苗条约，参取增损，适今之宜，立为定制，以幸天下。"

蔡京的建议立即得到响应，淮南转运副使庄公岳、奉议郎郑仅、朝奉郎郭时亮、承议郎许几、奉议郎周纯、右承议郎董遵等，纷纷发表赞成言论，提出看法。九月底，详定重修敕令所完成实施方案，恢复青苗法，禁抑配，只收一分息。

绍圣三年，蔡京完成了常平、免役、农田水利、保甲等各项法令的修订，总为一书，名《常平、免役敕令》，颁之天下。此书的编成颁布，标志着主要新法已得到恢复。十二月，蔡京又上《新修太学敕令》，这样，教育与科举也恢复了神宗时期的制度。据《宋史·哲宗本纪》记：元符二年（1099）八月，哲宗御殿逐条听取章惇、蔡京奏读《新修敕令式》，"惇读于帝前，其间有元丰不曾有过、元祐才有的条款，哲宗问：'难道元祐的法令中也有可取之处吗？'章惇说：'里头有好的东西也收进去了。'"可见蔡京考核整理法令时，注意到吸收元祐政策中的合理之处，并非如极端保守派一味否定熙、丰。

33

蔡卞行事唯安石是尊

哲宗亲政的绍圣、元符年间，是蔡卞的政治生涯中的黄金时期，他于绍圣元年（1094）三月复中书舍人、同修国史，升翰林学士承旨，十月迁为尚书右丞、同知枢密院事，再迁尚书左丞，与尚书左仆射宰相章惇、知枢密院事曾布同为三人执政核心。绍圣元年七月，蔡京升翰林学士承旨，为哲宗策划起草最重要的文件，可以经常与哲宗见面谈话。兄弟两人在朝廷上举足轻重，都致力于恢复王安石的新法和新学。蔡卞作为王安石的嫡传门人和女婿，正如《宋宰辅编年录》所言："自绍圣以来，以王安石理论的继承人自许，而愿做天下学者之师者，只蔡卞一人而已。"

哲宗以王安石配享神宗庙廷，蔡卞以王安石《实录》重修《神宗实录》，说明王安石的政治地位重新得到公认。蔡卞详定"国子监三学及外州州学制"，朝廷继续以王安石主编的、有蔡卞参与编写的《三经新义》和王安石晚年著作《字说》作为科举士人的教科书。《清波杂志》说：章子厚（惇）在相位，一日国子监长官请示："《三经义》已镂板，王荆公《字说》亦今颁行，请宰相批示。"章子厚说："我不清楚此事，请向左丞蔡元度（卞）请示吧。"可见蔡卞当时处在王氏新学理论权威地位。

陈瓘在太学里当博士，对新学很不买账，而太学里的负责人薛昂、林自是蔡卞的门人，推尊王安石而排挤元祐旧党，禁戒士人不得学习元祐学术。据说，蔡卞和薛昂、林自两人私下商议销毁司马光《资治通鉴》的印刷雕版，陈瓘听说了，故意在学生考试时出了一道题，特地引用当时《资治通鉴》写成时宋神宗亲撰序文，表明神宗都有训示，且肯定了司马光此书，尔等敢动吗？林自自觉理屈、愧歉，急告蔡卞不能乱来，乃密令太学中把《资治通鉴》雕版置之高阁，不敢再议毁版了。

又有一次，陈瓘主持"学期考"，本想把那些平常重视司马光史学而轻视王安石"经义"的学生取为前列，从而使他们得到科举出身。林自报告蔡卞，说"陈瓘欲尽取史学而黜通经之士，意欲沮坏国事而动摇吾荆公之学。"蔡卞发火，说等前五名名单一出，就调出考卷来评论，加给他反对王安石的罪名。谁知又被陈瓘听到消息，就故意把前五名都取了喜欢谈经义、纯用王氏新学的人，蔡卞无以发作。然而，五名之下，往往都取了博洽稽古、喜欢史学之士。陈瓘常说："当时若不如此矫柔做作一番，则势必矛盾激化，说不定史学也被蔡卞他们给废了呢。"

陈瓘后来出了一本书，叫《四明尊尧集》，专门骂蔡卞和王安石。

蔡卞言必尊安石，给人一种他靠王安石起家的感觉，连他的夫人王安石女儿也被作为饭后谈资。南宋中期的宋人笔记《清波杂志》中说：

蔡卞妻，王安石女，颇知书，能诗词。蔡有国事，先谋之于私第，然后宣之于朝堂。时执政相语曰："吾每日奉行者，皆其咳唾之余也。"

《清波杂志》第三卷中又有这样一句话：

蔡拜右相（徽宗时），家宴张乐。伶人扬言曰："右丞今日大拜，都是夫人裙带。"

林自曾在太学中说漏了话："神宗皇帝对王荆公的知遇，还比不上古代滕文公之知孟子。"陈瓘就将林自此话告知章惇，说是这话看来出自蔡卞之意。章惇对这一说法很是不屑，大怒，召林自大骂一通。章、蔡因此不和。章惇还当着蔡卞、曾布等人的面说过："王荆公，我章惇过去认识他，他叫王介甫（安石字介甫），如今也只认他是王介甫，却不曾唤他作王真人、王至人、王圣人！"章惇有材而豪爽，不一味迷信王安石，而这对蔡卞来说是不能接受的。连曾布也屡次在哲宗面前议论说："蔡卞但以王安石所言为准绳。只要说王安石所言是对的，就支持和提拔，而不喜欢王安石的，就打击贬黜，这妨碍朝政。"

元祐党人不论已死或在世，这时大多以"诋毁先帝（神宗）""废罢新法""阴谋废立""篡改实录"等罪名，先后受到新党人物的严厉报复。京、卞兄弟中，似以蔡卞参与此类报复事件为多，例如建议由蹇序辰和徐铎（莆田人状元出身）主持"编排元祐章牍"，从元祐大臣的奏疏中寻找材料加罪于他们，先后加重了对他们的处罚。又如把元祐"看详诉理所"所平反的熙丰中得罪之臣的案件重新加上罪名，二者牵涉到的打击面都较广。《宋史·蔡卞传》这样评说他：

专论绍述之说，上欺天子，下胁同列，凡中伤善类，皆密疏建白，然后请帝亲答付外之。……章惇虽巨奸，然犹在其术中，惇轻率不思，而卞深阻寡言，论者以为惇迹易明，而卞心难见。

但近代史家梁启超却说蔡卞的这些罪状，"凡此皆所谓莫须有者也"。

元祐中曾置看详诉理所，在宋神宗时代得罪受罚之人可以进状申诉，不少人因得以解除处分。元符元年六月，在蹇序辰、安惇的请求下，在蔡卞的敦促和章惇的建白下，哲宗同意设置了看详元祐诉理所文字。这次清理元祐年间陈状和诉理中对神宗不敬不顺者，据说被祸者凡七八百人，被恢复了从前的处罚。怨恨之人编出民谣传播：

大惇小惇（指章惇和安惇），入地无门；大蔡小蔡（蔡京和蔡卞），还他命债！

新党人士对元祐时代的痛恨甚至由人及物，中国历史上很著名的"元祐水运仪象台"，实际上是宋神宗时代经济和科学大发展的产物，元祐元年立项建立"浑天仪象所"，由出生于南安的苏颂主持工作。他招聘各路人材制造，共计用铜两万斤，其制造之巧妙和精度远超古代张衡浑天仪。元祐四年竣工后，苏颂还著了《新仪象法要》一书，配有图纸七十幅，成为留给后人的宝贵科学遗产，使九百年后的现代中国人得以复制研究这一工程。但蔡卞等新党人士因其产于元祐而对其不以为然。《曲洧旧闻》卷八有《苏子容（苏颂字子容）铜浑仪》一则，说：

元祐四年三月巳卯，铜浑仪新成，盖苏子容所造也。子容又图其形制，著为书上呈朝廷。皇帝诏令藏于秘阁。至绍圣初，蔡卞以其出于元祐，议欲毁之。时晁美叔为秘书少监，惜其精密，力争之，蔡卞不听，乃求林希为助。林希言于章惇，铜浑仪得于不废。

绍圣四年（1097）正月，哲宗下诏，黄履、蔡京、林希各举荐可以充当御史的人材。蔡京和林希共同推荐的人得到任用，而黄履所荐者未得任用。当年六月，哲宗又诏翰林学士承旨蔡京、翰林学士蒋之奇、权吏部尚书邢恕，各举监察御史二员，蔡京等推荐的人选又被安置在台谏的位置上。照理蔡卞已为执政，蔡京已为侍从之首，台谏之选不应与执政有牵连，哲宗却放心让蔡京推荐台谏之人选，显示出皇帝对蔡京的信任非同一般。以致奉议郎、权通判通远军李深上书，抨击蔡京、蔡卞对台谏的控制。他说：

比年蔡卞已执政，乃使其兄蔡京得荐台官，既被其兄之荐者，能不私其弟乎？况尝闻陛下命黄履、蔡京各荐可充御史者三人，而黄履所荐者二人，不召一人，虽召亦为监司而已。京之所荐三人皆召对，而二为御史，一为监司，四方瞻望，愿登蔡氏之门者，惟恐不及！

由此可见蔡京兄弟在朝势力之盛。

持元祐观点的御史常安民在绍圣二年九月曾奏道：

蔡京之奸足以惑众，辩足以饰非，巧足以移夺人主之视听，力足以颠倒天下之是非，内结中官，外连台谏，今在朝之臣，亲党过半。

这些话从侧面证明了当时刚回朝廷没几年的蔡京即很孚人望，后被立为徽宗皇帝的端王赵佶在入宫路上常见到正在下班路上的蔡京长子蔡攸，他听人说是蔡承旨的儿子，就对蔡攸有了好感。可见哲宗亲政年间，蔡京在朝廷已具备了足够的人望，为他不久任相打下基础。

在绍圣与元符年间，蔡京兄弟是宰相章惇恢复新法的得力助手，但蔡京对章惇较为骄横的作风却不肯买帐。南宋陆游的《老学庵笔记》提到曾布、林自两大臣向哲宗抱怨：章惇常只着"隐士帽""紫直掇"一类的便服，来会见朝廷侍从以上的穿正规朝服见他的大臣，"其强肆如此"。哲宗回答：

彼见蔡京亦敢尔乎？

不可一世的章惇会见蔡京时不敢穿便服，可见蔡京是个很有个性的人，在朝威望很高。

在哲宗亲政的七年中，除任命章惇为左仆射外，未再任命过右仆射，使章惇一直处在独相状态。可能是觉得当初极力拥立他继皇位的是蔡确和章惇两人，蔡确既死，天下只有章惇对他最忠。章惇为人率真，性豪迈，博学多才，言无所隐，敢作敢为；但他比较自负，锋芒毕露，颇有傲气。看问题有时过于偏激，很不善于团结一班人。蔡京本是一个宰执的优良人选，但他弟弟既已进入执政圈子，哲宗当然就不好让蔡京也同时处在执政班子里。当有人提出让蔡京进枢密院，章惇激烈反对，认为兄弟并进执政之典，"自三代以来，无此先例"！据二十年后徽宗对蔡京说，他哥哥哲宗在徽宗小时曾对他说过要用蔡京当执政，总受到章惇阻挡。

蔡京精干机敏无人能及，在皇帝召对时能准确地揣摩到人主心中的问题所在，充分表现了他对政事的敏锐嗅觉、精准判断与独到见解，很得哲宗好感。例如绍圣四年八月癸未，蔡京在奏对时，指出当时政局面临的难题有三个。一是赵姓宗族待遇不均，"有贵极富溢，骄奢淫侠，无所不为；也有身为白丁，下夷编户，有饥寒之忧"。二是官员任命方面"员多阙少，……奔兢求职之风盛，廉耻守身之道衰，人材出不来，以致政事松弛"。三是社会经济方面"商不通，……民未加富，俗未加厚"。正是当时哲宗思虑的事情。蔡京又提出办法说："以恩制义则九族可睦，以官任士则百姓可章，以利行商则万邦可和。"哲宗听了大为高兴，说：

孟子所说的，当臣子的人应该非尧、舜之道不向君王陈述，蔡京你是做到了！而朕希望当个尧、舜那样的君王，恐怕是做不到啊？

蔡京应答曰：

舜何人哉？有为的君王就是吧。古代商朝高宗三年不言，而陛下不言九年，比高宗英明远了，这就是尧、舜之圣明啊！陛下志于尧、舜，则尧、舜不难达到。

话中的"高宗"是是商代中后期的重要君主武丁，号称中兴之主。他在守丧三年中不对政事发表意见，采取观察部属和思考问题的策略。蔡京称赞哲宗在太皇太后和元祐党人掌权九年中，采取沉默不言以自保的策略，比武丁还高明。这一马屁拍得让一心想要有所作为的哲宗心旷神怡。

元符二年六月戊子，蔡京等言："臣等每因职事请对，要等待阁门排班次，有时好几天才排到，而文字遇有急速，深恐失事。伏望皇上指挥阁门，今后允许翰林学士们可以依六曹和开封府例子，优先挑班上殿奏事。"这一请求得到批准。这样，蔡京就可以随时地向哲宗奏事，实际上是获得了更多接触皇帝的机会。哲宗对蔡京的好感，可能影响了下任皇帝他的弟弟徽宗。

34

哲宗废后

哲宗的皇后孟氏年大哲宗三岁，当时是其祖母强加于他的。哲宗本对高太皇太后的控制极为不满，因此对孟后没有感情，而宠爱一个刘姓的嫔妃。于是，孟后与刘妃争宠，成了一对冤家对头。

据刘氏本人崇宁中《上（徽宗）谢表》所言："妾本京都良家之女，因先朝入宫侍御。"则其出身于京都平民之家，自幼以宫女身份侍候哲宗。有人研究说，她似比哲宗小三岁，哲宗即位之日，应是她进宫之时。以七、八岁的小女孩，专门服侍十来岁的小皇帝。当哲宗在祖母太皇太后高氏百般控制，向太后、朱太妃二位母亲万种小心加于呵护的九年中，这个刘姓女孩的忠心至关重要。《宋史·哲宗昭怀刘皇后传》中说她"有盛宠（对哲宗），能顺意奉两宫（向太后与朱太妃）"。可见在她的三位主人与高氏太皇太后的周旋中，得到了异乎寻常的信任。两个孩子在一起长大，虽然身份地位悬殊，但青梅竹马加上相互依赖，建立爱情势成必然，所以，哲宗与孟氏大婚之后，刘氏也顺其自然地成了妃子。

孟氏是高氏百中挑一出来的女子，长相可能一般，出身也只是中级官员之家，还比哲宗倒大三岁。唯对高氏太皇太后马首是瞻，是高氏选中她的主要原因。难怪哲宗对她有所提防，爱不起来。高氏死后，哲宗亲政，无所顾忌了，无怪乎疏远孟后，盛宠刘氏。孟以皇后之尊，刘以哲宗之宠，在双方争风吃醋中各有所恃，势均力敌。

《续资治通鉴长编》引各种记载，细述孟、刘两个女人斗气事甚详。说："初，后朝谒景灵宫（奉祀赵氏先皇诸神主），讫事（祭事毕）就坐之际，嫔御皆立侍。刘婕妤独背立帘下，阁（皇后阁）中皆怒。后阁（皇后阁）中人陈迎儿喝曰：'绰开（站旁些）！'婕妤背立如故。迎儿退，有不平语，繇（由）此阁中皆忿。"更详细的记载是：

冬至，会朝隆祐宫（向太后居住地），俟见于他所（在候客厅等候接见）。后（孟皇后）所御坐朱髹（朱漆）金饰，宫中之制，惟后乃得之。刘婕妤（刘妃）在他坐，意象颇怃（不平），其从行者为之易坐，制与后等（座椅级别与孟后同）。众皆侧目，有不能平者，故传喝曰："皇太后出！"后（孟皇后）起立，婕妤（刘）亦起立，寻各复所（一会儿复坐），或已撤（有人把刘的坐椅撤走），婕妤坐顿于地。婕妤怼不复朝，泣而去，且诉于上。时内侍郝随用事，谓婕妤曰："毋以此戚戚。愿早为大家（皇帝）生子，此坐终当为婕妤有耳。"

会（恰巧遇到）福庆公主（孟所生女）病，后有姊颇知医，尝医后（孟后）危疾，以故出入掖庭（妃嫔居住区）。投公主药弗效，乃取道家治病符水以入宫。以示后（孟后），后变色问曰："此何从来！"对以实，后曰："六姊宁不知禁中严密，与外舍异耶（与宫外民间不同，禁用符水）？"戒令存之；俟上至，言所以然。已而，上过视公主疾，后特以告上，上曰："此亦人情之常耳。"

这件违规带符水入宫的事情，哲宗算是不与计较。但孟氏缺少见识，又做了一件很错误的事情，违反宫规，陷入"祷祠厌魅"之案，绍圣三年（1096）九月，终被哲宗废去。

福庆公主病情危重时，孟后忽然见到有纸钱在旁，颇为忌讳。以为是刘婕妤暗中遣人持来，益有疑心。未几，孟后养母燕氏及尼姑法端、供奉官王坚以旁门左道，为孟后制作"祷祠"。事情败露，哲宗怒。诏入内押班梁从政、勾当御药院苏珪，在皇城司审鞫。查出王坚罪状是以其家藏的"雷公式"祷祠图样给尼姑法端看，又以他得到的南方枫木，同法端到光教院制造，为孟后作祷祠。祠中写上"所厌者伏，所求者得"等语；祷祠制成后，怕被宫门检查，以生枣覆之而入。尼姑法端的罪状是与王坚一同造祷祠，又曾经令王坚去宫外闾巷间，找到所谓"驴驹媚蛇雾叩头虫"，进送孟后，让孟后佩带身上，到皇帝寝殿侍候。孟后养母燕氏的罪状是在哲宗来皇后阁时，作"欢喜"字，烧符取灰，置茶中以进。刚好那时候哲宗不欲饮茶而止；又用符灰和水以洒御道，认为这样做可以得到让哲宗增加临幸皇后次数的效果；还令王坚绘刘婕妤像，以大钉钉其心；又欲取当年五月中中疫而死的宫人的骨灰，偷置于刘婕妤寝室，希望这样能让她以此疾患死；又取七家针各一，烧符置刘妃阁中，皆以厌魅，但没有灵验。

狱成，哲宗欲废后，批：

皇后孟氏，纵欲失德，密构奇邪。上则不足以懿范内令，下则不足以章明妇顺。朕躬禀皇太后、皇太妃圣旨，恭奉玉音，可废居道馆，仍赐四字仙师、法号并法名。仰三省、枢密院同定。

隔天丙辰日，哲宗御延和殿，见宰臣执政官，诏曰：

皇后孟氏，旁惑邪言，阴挟媚道，迫从究治，验佐甚明。狱辞具孚，覆案无爽。朕夙夜恻怛，寝食靡宁，难以私恩而屈大义。躬禀两宫慈训，恭被玉音："失德若斯，将来何以母仪万邦，上承宗庙？"可上（缴交）皇后宝册，废居瑶华宫，赐号华阳教主、玉清妙静仙师，赐紫，法名冲真。其居处、供帐、服用、廪给之类，务从优厚，称朕所以始终待遇之意。

殿中侍御史仙游人陈次升出面奏阻：

以皇后孟氏旁惑邪言，阴挟媚道，迫从究验，证佐甚明。而陛下能断大义，不牵私恩，奉承两宫慈训，废皇后孟氏为华阳教主，降诏以告中外。命下之日，士庶惶惑，咸谓："后无可废之罪。而陛下废之。"或相与为之咨嗟弹指，良可骇也。盖以所治之狱不经有司（没有经过司法相关部门）。虽闻追验诬佐，而事迹秘密，朝廷之臣，犹不预闻，士庶惶惑，固无足怪。后之废立，事体至重，臣窃谓自古推鞫狱讼，皆付外庭，未有宫禁（宫内）自治，高下付阉宦之手。陛下但见案牍之具耳，安知情罪之虚实！万一冤滥，为天下后世讥笑。欲乞陛下亲选在廷侍从或台谏官公正无所阿附之人，专置制院，别行推勘，庶得实情。如后之罪，在所不容，虽废之，人无怨言。今事不经有司，狱成宦官，此天下人心不能无疑也。伏望圣慈特降睿旨施行。不胜幸甚！

哲宗于是又派侍御史董敦逸录问。敦逸，江西永丰人，元祐中立朝为侍御史，弹击不避近，人畏惮之，京师呼为"白御史"。审案过程中，敦逸秉笔疑未下，内侍郝随从旁以言胁之。敦逸畏祸不能刚决，乃以奏牍奏上。

此案除孟氏被废外，孟氏之父庆州防御使、提举中太一宫兼集禧观孟在，降职荣州刺史，添差邓州总管；王坚、法端、燕氏皆处斩；凡被牵连有失察责任的人以等第定罪，贬秩赎金有差。

事隔二年，元符二年（1099）九月，贤妃刘氏为哲宗生了皇子。哲宗大喜，给小孩封越王（后改邓王），诏立刘氏为皇后，又在朝廷激起轩然大波。右正言邹浩上疏说："今陛下为天下择母，而所立是贤妃刘氏，一时公议，莫不疑惑！"又说："仁宗时皇后郭氏与美人尚氏争宠致罪，仁宗废后，接着也就摈弃尚美人，以示公正。后来仁宗择后，不从妃嫔中选择，而另去贵族家选后，可为万世之法啊！陛下废了孟氏，与仁宗废郭氏无异，但当初并无付外廷审治，是否与贤妃争宠致罪不清楚。等到读陛下的诏书，说要别选贤族，天下遂释然不疑。怎么现在竟然要立刘贤妃了呢？……贤妃那天跟着你去景灵宫祭拜，雷声大作，很异常，前几天立后制书宣读之后，又下起暴雨，又下起冰雹，自从奏告天地以来，一律都是阴雨天气。天意昭然，是很反对立刘氏为后的啊！"

哲宗看了疏，心里很不舒服，碍于邹浩是言官，有言责，不好说什么，只是说："刘氏生了皇子立后，也是有祖宗先例的呢，又不是我一个!"邹浩说:"祖宗可以效法的好事是有很多,你又不去效法,而效法了祖宗有小错的地方,怕后世责备这件事的人会纷纷不已呢!"哲宗气得脸色大变,也不好发作。

谁知邹浩牛性子大发,竟然又上了一道让哲宗无法忍受的奏章,说:"臣闻仁宗皇帝在位四十二年,邦国无流离之患,边境无征伐之苦,黎民繁庶,万国咸宁。当是时,他本可以嬉游后宫,因为并不是处在需要焦心劳力的时节。而仁宗对宰相寇准说:"朕观自古乱天下、败国家者,未尝不因女子,是以褒姒灭周,妲己亡商啊。我的后宫女子,巧媚百生,朕未尝顾盼呢!"这仁宗之意,岂不是要为后代留下好榜样吗?奈何陛下这么快就忘了仁宗的事业啦?我看陛下的作为,都要超过了桀、纣,而甚至比周幽王还坏呢!那刘妃是杀了卓氏而夺了人家的儿子,冒充为你生子。欺人可也,讵可欺天乎!卓氏何辜哉,你这不比桀、纣坏吗?你现在要废孟氏而立刘氏,只会快陛下之意,那刘氏有何德性,你这样做不比幽王立姐己更坏吗!我看祖宗有唐、虞、尧、舜之德,而陛下有桀、纣、幽王之行,不知陛下吃得下睡得着吗?"

第二天,宰相章惇入对,认为邹浩大逆不道,除名发送最边远的新州羁管。

新州很远,邹浩很穷,无法治装路上御寒,也无法应付路上盘缠,因为得罪皇帝受重遣,一般人不敢和他来往了。仙游人王回赶到邹家去,安慰邹家老母,并慨然发起募捐,为邹浩治装,仙游的朱绂、傅楫都慷慨解囊。众多官员捐款支持邹浩,对朝廷是一种压力,朝廷决定具狱审查此事。于是,捐款者都被叫去问话,好多人害怕了。王回则居之晏如,御史问他:"参加到事件中去了吗?"王回说:"不但参加了募捐,还参与了上书呢!"御史不相信,王回说:"不信我背几段邹浩的上书您听听。"果然一口气背了二千多个字出来,于是,被判除名停废。

可是,刘后为哲宗生的那男孩邓王不满百日就夭折了,哲宗空喜欢了一场。而且再一年哲宗自己也病死了。

这孟后却后福滔滔，在北宋亡后因拥立南宋高宗有功，居太后位。政和中，蔡京修《哲宗实录》（世称旧录），写入孟氏因祷祠厌魅被废事，南宋范冲重修《哲宗实录》（世称新录），则为孟氏辨诬曰：

绍圣中，章惇为相，挟奸固宠，交结嬖幸，动摇中宫，故昭慈圣献后（孟后）之废天下冤之。其案词所坐事有至猥亵、闾巷不为者。时宦侍治狱于掖廷，宫妾辈被掠诬服。《旧录》遂据而书之，岂不亏损懿德哉？今采摭事实，窜削旧文，以辨诬谤，皆有所从。谨条画之附于后，庶后来有可考，亦足少慰在天之灵矣！

《新录》将《旧录》中的记载加以删节修改，但仍无法把孟氏缺少见识犯错事掩盖干净，为此宋高宗表态："借使（即使）实有之，只是妇人求媚之事，与前世巫蛊咒诅不同，何足深罪！"认定哲宗废后不当。

35

蔡京审理同文狱

走出宣仁太皇太后阴影的哲宗，深怀怨恨，碍于皇家体面，不好公开追究祖母，就把矛头毫不留情地对着元祐党人，不断重翻历史旧账，不断加大对他们的惩罚。哲宗素来怀疑元祐党人在他亲政前暗中阴谋，怂恿祖母，要废了自己的皇位，换上他的叔叔楚王赵颢当皇帝，所以，亲政后一直很在乎这方面的揭发材料。

在元祐中最受冤抑的蔡确家人明氏（蔡确母亲）、蔡渭（蔡确儿子）、蔡确生前好友邢恕，在这方面最为积极。绍圣初，明氏曾递状检举说：梁焘曾对怀州致仕官员李洄言"朝廷若存蔡确，则于徐邸（赵颢当时封徐王）安得稳便"！李洄当时感到这话很不对头，就告诉了邢恕。由明氏递状检举，但这时的执政只把明氏的揭发状存档，没有对所揭发事进行调查。

绍圣四年二月，宫苑副使、西京第七副将高士京进状，检举神宗逝世前后任左宰相的王珪。说王珪在神宗驾崩前后曾对外宣扬说："立谁当皇帝，是太后家的家事，外廷不应多管。"王珪要士京兄士充在朝中散布这一说法，还要士充回家（高家是高氏太皇太后娘家）向高父遵裕问太后之意到底立谁继位？被高父骂出。高士京说他是听到其兄高士充亲口对他说的，高遵裕还曾对从前的机宜官王棫说过此事，王棫自可作证。

高士京的揭发，得到元丰末御史中丞黄履在立储当天和三月初两封弹劾王珪的奏书印证。在那两封奏书中，黄履已指出当时王珪对外散布"立谁当皇帝，是太后家的家事，外廷不应多管"。而且，绍圣二年十一月，右正言刘拯也已有奏疏论劾此事。这时给事中叶祖洽指出：

若以珪之事为无事迹，则当时二三执政尚在，及见今侍从间甚有知其详者，皆可考正其事。黄履为御史中丞，尝论之于前，刘拯为右正言，又论之于后。近日，高士京又极陈其状。

哲宗觉得此事证据充分，诏：

王珪遗表恩例，并行追夺，其子孙与次远监当差遣，仍永不注（不分配在）近京路分（靠近京城的路），所赐宅拘收入官。已故承议郎高士英，特追毁出身以来文字。

绍圣四年八月六日，承奉郎、少府监主簿蔡渭（后改名蔡懋）又抛出了一颗重磅炸弹，蔡渭奏："臣叔父蔡硕，从前曾在邢恕家，见到一封文及甫元祐中寄给邢恕的信，信中说到元祐奸臣刘挚、梁焘、王岩叟等，企图不利皇上的大逆不道之谋。文及甫是文彦博爱子，必知当时奸状。"哲宗于是诏翰林学士承旨蔡京、吏部侍郎安惇在同文馆置狱，究治当时有无企图废立的阴谋。

文及甫给邢恕的信中写道：

自毕禫当求外，入朝之计未可必，闻已逆为机窨，以榛梗其途。

这段话好理解，意为："我母丧守孝已毕，回朝我要请求一个外任，留在朝内做官恐怕不能达到，有人已给我设下陷阱，阻挡我留在朝内的路径。"但信中又发泄了对时任重职的大臣们的不满和牢骚，他这样说：

司马昭之心，路人所知，又济之以粉昆，朋类错立，欲以眇躬为甘心快意之地。

当事人文及甫供述信中"司马昭"暗指刘挚，有"路人皆知"的废魏立晋的野心；"粉昆"暗指王岩叟和梁焘，因为王岩叟面如傅粉，因此"粉"指王岩叟；梁焘字况之，况字可看成"兄"字，等同"昆"字，粉昆即指他们俩。"眇躬"一词往往用于帝、后自称，这段话便可理解为刘挚有野心。和梁焘、王岩叟等合力，要干一件欲谋废立，置皇帝于"甘心快意"之地的大事。文及甫还说："我父亲文彦博临终时，屏左右，独自告诉我：刘挚等人将谋废立。"

左相章惇又把绍圣初明氏的检举状从档案中找出来，敏感的哲宗诏令邢恕详细上报李洵如何听到梁焘所说"蔡确不死，徐邸安得稳便"的细节，与同文馆案一并办理。

哲宗看了文及甫供状，又听了邢恕的情况说明，龙颜大怒，当着诸执政大臣和汇报审案工作的蔡京、安惇的面，情绪激动，流着泪说：

如果真的废了我，他们会让我活下去吗？不会的，他们肯定要杀了我！他们杀了我才"甘心快意"啊！现在几个主犯虽然死去了，可我要族此六家！

六家应是司马光、吕公著、刘挚、梁焘、王岩叟、范祖禹。

主审官蔡京并不像哲宗和章惇、蔡卞那样意气用事，只顾无止境地打击反对派。蔡京态度较为温和，认为这种大逆不道之罪如果坐实，将使大批人头落地。而且立即牵联宣仁高太皇太后作为背后主谋，很损皇家体面。当事人有的已故，凡活着的也早受到很严厉的处罚了，因此蔡京不取极端态度，而倾向于息事宁人。

邢恕过去曾对蔡硕说过，信中"司马昭"指刘挚，而"粉昆"是指韩忠彦，俗语称驸马都尉为"粉侯"。韩忠彦是驸马韩嘉彦之昆兄，故以"粉昆"指韩忠彦；"眇躬"则是文及甫自称。信中这段话可以解释为"刘挚对我不友好，司马昭之心，路人所知，又加上粉昆韩忠彦附和他的看法，他们朋类错立，欲把我放置到让他们甘心快意之边远之地当小官"。若如此解释，则纯是发泄对刘挚和韩忠彦不满，与刘挚他们有无废立阴谋无关。文及甫怨恨刘挚，是因为他被除都司时，遭到刘挚论列。刘挚又曾论他父亲文彦博不可除三省长官，故文彦博官只做到平章军国重事。文彦博致仕，文及甫自"权侍郎"以修撰守郡，后又为其母服丧，丧除，与邢恕书请补外，写了这封信，故有躁忿诋毁之辞。

蔡京、安惇上报朝廷：

事涉不顺，及甫止闻其父言，无他佐证，望别差官审问。

说事涉对皇上不恭，是一个严重的问题。文及甫有这封信是实，文彦博临终说"刘挚等人将谋废立"这话，文及甫是一个人听他父亲说的，而他老父亲早已死去，死无对证，请再派别的官来审问。哲宗再派中书舍人蹇序辰与内侍一员复审。

章惇对蔡京的温和态度不满意，《续资治通鉴长编》引用南宋时蔡京第五子蔡絛著《党籍篇》说：

绍圣初，章丞相当国，则罪元祐之臣遂深惨。当是时，鲁公（蔡京）议多不合，故终与章丞相有隙。章丞相尝谓林希曰："勿语蔡四（蔡京），蔡四曾得他指头麻引来。"

"指头麻引"是市井之语，意思说蔡京元祐时还得到刘挚的小好处，能得个发运使、守成都等，难怪手下留情。

蔡絛说：他父亲蔡鲁公时为翰林学士承旨，与蹇序辰、内侍三人以狱事召对，而哲宗语益严峻。鲁公进曰："为人臣而欲废主，天下当共疾之。况臣等从前受过他们排斥？臣在元祐时，尝两次过路首都，备见当时人情。若说他们心中都没有皇位更换的观望则不然，至于敢有废主之心，恐欺天也。且此案几个主要的嫌疑人皆已前死，狱事无所据验，不能以邢恕、王及甫的偏词而妄杀人。且我做臣下的与其导引陛下去族人之家，不如将顺皇上美德，扩天地好生之度，宽大此无辜之辈哉？"

那时帝怒未息，又哲宗素威严，二人为之汗浃其背，而鲁公词益恳恻。哲宗犹未许，但屡勒三人须尽力，说："你们莫是要放过他们？假如当时废了朕，我只有死啊，那得至今日呢?"鲁公叩头又言之，哲宗大怒，作色不语。二公怕极，急于退朝，鲁公以笏拦二公，且力争。哲宗忽以手据膝，张目而言："嚇！就为蔡京你赦此六家罢。"于是，鲁公独再拜谢。

蔡京因此在文及甫手书供词上写下批语说："司马昭之心，不知所出，引据不足证实被揭发者所当获罪名。"狱事遂得以缓和。

蔡絛所写的这些话可能被人视为南宋语境下儿子蔡絛为父亲美化辩护，但蔡絛又引用其后徽宗初陈瓘弹劾蔡京的奏书中，有"不族刘挚者，终归谁恩? 欲斩王珪者，初亦何事?"来说明"鲁公是时虽与元祐旧党对立，也与章丞相、叔父文正公（蔡卞）不合"。

徽宗初，任伯雨弹劾蔡京的奏书中也有类似论说：

> 自谓有究治平反之功，欲使天下皆谓哲宗有滥诛之意，而京有及物之仁，归过于先烈，卖祸于惇、卞，为自安之计。

可见蔡京审理同文狱时的确留有余地。以致后来徽宗初叙复刘挚等人官位时显示了蔡京的先见之明。

哲宗最终发话结案：

> 朕遵祖宗遗志，未曾诛杀大臣，刘挚等可释勿治。

刘挚等人以"诚有是心，然反形未具"结论，未再加重处分。刘挚、梁焘两人早已贬岭外，同文狱案未结，而梁焘于十一月底病死于化州，刘挚后七日病死于新州。

此案以后牵出内侍陈衍和张士良，陈衍被查出曾扣压朝臣请求高氏撤帘还政的奏书，不呈给哲宗，还泄露内廷机密；张士良被人检举曾听到高氏说要废黜哲宗，但他严刑之下坚持不承认。章惇、蔡卞、邢恕诸人本想顺藤摸瓜，揪出已死的高氏加于废黜，以打击元祐党人。哲宗开始也热衷于此，但追究已死数年的高太后将极大损伤朝廷体面。所以，当惇、卞准备了废弃宣仁太后的诏书，要哲宗去宣读时，向太后（神宗皇后）出面泣涕阻止，许多大臣也出面劝阻，所以，只将陈衍罪状上报处死，宣仁之事不了了之。蔡京在处理此案中持比章惇、蔡卞温和得多的态度，有息事宁人的倾向。使向太后对他的为人产生一定好感，以致徽宗即位之初蔡京被人多方攻击时，向太后竟坚决对之加以庇护。

36

蔡京考识秦国玺

绍圣五年（后改元符元年）正月十七，秦代古都咸阳居民段义赶赴北宋首都开封，向朝廷献上一枚古玉印，在哲宗朝不太平静的政治生活中，又激起了几朵浪花。

段义在咸阳城郊居住，因造房屋挖地基，掘得一枚古代玉印。起初藏于家，不拿出来献给官府。但他掘地得宝之事传开了，有人举报到朝廷执行政令的最高机构尚书省，说陕西有人得宝匿而不献。一贯重视"祥瑞"的宋廷，正准备下文咸阳所辖永兴军（长安，今西安）调查此事。段义大概听到风声，主动赶赴京城来献。

礼部收到一看，果不寻常，是块皇家用玺，玉色正绿，很美，上刻篆文："受命于天，既寿且昌。"礼部不敢怠慢，立即上报皇帝：

永兴军咸阳县民段义挖地得到古玉印记一枚，请委任官员考证其来源去脉。

哲宗诏令礼部、御史台、起草诏书的学士院、管理档案的秘书省、主管祭祀的太常寺众多部门组织以蔡京为首的专家学者十三人，联合"攻关"，讲求定验以闻。

御史台主簿李公麟认为玺文是小篆，又是出自咸阳，疑这是秦玺。曾布和林希争论说这恐怕不是秦玺。章惇说："就算秦玺又何足贵，何必集合这么多人来研究，不过当作文物藏到天章阁的瑞物库里去而已。"黄履亦深以章惇所言为然。

编造上天赐祥瑞，来证明统治者的地位是上天的意志早定，是自古至今有效的帝王术之一。宋朝皇帝中以宋真宗最热衷此道，一听说有天瑞出现，都要大举庆贺，对上报官员大加封赏。朝臣与地方官尝到了甜头，不断假造符瑞，以骗得赏赐，就如当今学者造假一般。或报黄河水变清，或报天象"五星连珠"，或献白鹿，或献灵芝……大臣丁谓，报数百只仙鹤飞临天书阁、太清殿；又报天书阁腾起五彩气柱千余条。

宋真宗天禧二年（1019 年），永兴军都巡检朱能伪造了一封"天书"奏报朝廷，诡称是在山林中发现的。"天书"上写着"赵受命，兴于宋，付与恒（宋真宗名恒）。居其器，守于正。世七百，九九定"。宋真宗亲率庞大的仪仗队到琼林苑迎"天书"入宫。随后热烈庆贺，一面下诏大赦天下，一面广设道场祭祀天地，又给大小官员大发奖金。大家明知是假，乐得实惠。正如一位宋代官员指出："其实哪有什么'河图''洛书'，都是圣人（帝王）因神道而设教。"以迷信作为教育民众的手段而已。

真宗眼见骗术有果，龙颜大悦，遂下诏改元为"大中祥符"（1008年）。以纪念上天赐书的伟大时刻。

这回哲宗得到的可是一个货真价实的传国之宝，完全可以视作上天的恩赐。如何对它做出评价重若千钧，众人公推学博识广的翰林学士承旨蔡京担纲这一重大国家级政治学术课题。三月十六日，蔡京向皇帝递交一篇精彩论文，笔者将之全文意译成白话如下：

奉旨讨论鉴定咸阳居民段义所献玉玺，臣等讯问段义，确于绍圣三年十二月内，在咸阳县河南乡刘银村修造家舍时掘土得之，并不是从坟墓中收取到，曾有光照满室。

至于篆文所刻的官称，经研究，篆文与古秦代丞相李斯所书篆文相合，有鱼龙凤鸟之形，是古代"虫篆"。比较其书法体态，则自汉、唐而下的金石遗文中，没有如此笔法精妍的作品。又与制玉工匠们探讨，则说从玉玺做工而言，决非今日工匠的水平可造得成。臣等取来宫中秘阁所收藏的古今玉玺谱记录来对照，又参考以历代史书，皆不相合。今止以历代正史所载为据，略去诸家与传注中的谬误，来鉴定这玉玺的传授之实。

观察所献玉玺，其色深绿如蓝，温润而有光泽。其文曰："受命于天，既寿永昌。"其背（玺印上端）有五龙相盘的螭钮，钮间有用以贯穿丝绶的小孔。又得玉螭首一，其玉白如膏，也是温润而有光泽，螭首上端又有螭钮五盘；钮间也有贯组小孔，其面无文，与玺相合，大小方阔，无毫发差殊。篆文和做工，皆非近世人所能做成。

臣等今考证历代玉玺之文。刻着"皇帝寿昌"者，是晋朝玉玺；刻着"受命于天"者，是后魏玉玺；"有德者昌"者，是唐朝玉玺；"惟德允昌"者，是五代时石晋的玺；那么我们认为"既寿永昌"者，可知是秦朝玉玺。今玉玺得于咸阳，其玉乃蓝田之色，其篆文乃李斯小篆体。其文是凹刻而非隐起，其字几乎都饰以龙凤鸟鱼之形，乃是虫书鸟迹之法。其做工尚象远古而不似近今之华丽，所传古书，莫可比拟。而刻作篆文之巧者，亦今人莫能模仿，决非汉以后所能作，是很明白了！

今皇帝陛下仰承天运，嗣守祖宗大宝，而神玺自己出现，其文曰"受命于天，既寿永昌"，则天之所赐，那能忽视哉！古之王天下者，其盛莫如周朝，惟有赤刀、宏璧、琬琰、大玉、天球、河图、舞衣、兑之戈、和之弓、垂之矢等用来作为重宝。汉、晋以来，得到宝鼎瑞物时，往往告庙改元，赦罪庆寿。况我朝现得传国之器乎！

有人说："玉玺秦所作，何足宝呢！"然西汉高祖破秦而得之，东汉光武帝收降刘盆子而受之，都当做至宝而随身佩带，号曰"传国之玺"，而为之祠告祖宗高庙，对民众和官员都给了恩赐。而东晋渡江立国，没有传国之玺，世人因此讥讽他们。一些朝代为了传国之玺不惜或设诡谋以骗，或兴战争以夺。盖其重要如此。

恭惟皇帝陛下事天之诚，事地之孝，明察著见，而盛德日隆，将以成天地之化。故灵符呈现，神宝出应，其所以昭示陛下的是应天受命，陛下非竭诚尽礼不足以报称天地。臣等被奉诏旨，得与讨论，黜诸家伪说，而作出判断，考证甚为明白。这一玉玺，委实是汉以前的传国之宝。迎接和接受上天赐给此宝所需的法物和礼仪，请皇帝诏令所属各部施行。

哲宗大喜，令礼部、太常寺考察从前事例，制定献授玉玺仪式。四月初八，礼部、太常寺上奏："奉诏详定传玺法物礼仪。谨按国朝会要：应在大年初一元旦、五月初一或冬至日举行大朝会奉上传国玺。这次拟用五月初一大朝会行受宝之礼，参照淳化元年那次元旦朝会行册礼的仪式。前期工作，应令有关部门预先制造受宝法物，与玉玺一并进纳宫内，暂于宝堂安奉。朝会前三日，差官奏告天地、宗庙，社稷，前一日，皇上戒斋于内殿，到时皇上服通天冠，御太庆殿，从龙座走下接玺，群臣三呼万岁，上寿称贺。"

四月十八，哲宗宣布定于五月初一受宝，诏宰臣章惇题写安放玉玺的玉函，十九日，章惇题写"天授传国受命之宝"，并在京城遍贴文告。

五月初一，迎玺的这天终于到了，一大早，皇宫内的大庆殿装点得金碧辉煌，哲宗坐在龙椅上，接受百官的朝贺。段义身着皇帝亲赐的金织衣袍，手捧披着红绸的玉函，在蔡京等十三名文官的簇拥下，缓步走上殿去。哲宗降坐接受传国玺时，深有感慨地说道："这枚传国之宝历经劫难，今天终于回到大宋朝廷，这是一种好的兆头。朕御服其玺，世世传受！"

第二天，下诏大赦天下，死罪减等，徒刑以下释放，十二日大宴群臣，发放奖金。其中，参与仪式陪位的在京宣德郎每人赐绢十疋，那些没有参与陪位的在京宣德郎觉得不公，御史蔡蹈为他们讲话，上奏于廷，哲宗正在兴头上，大笔一挥，统统发了，满朝皆大喜欢。哲宗还给献宝人段义封了个右班殿直的小官，赐绢二百匹。

接着，也按真宗得天书改元的榜样，诏从绍圣五年六月初一起，改年号为元符元年六月。真宗改元"祥符"，哲宗效此改元"元符"。讨论改元时，章惇说："元符最好，其次有真符，宝符，皆不及元符好。用'宝'

字的年号不宜采用，因在前代往往是末岁所称，如唐代'天宝'。"哲宗说："既如此，即且用元符。"曾布心想：真宗时以为天书降，尝于承天门里作元符观，后被火烧废，则元符之号，不太吉利，可是只是心里想想，嘴里不说。

这秦朝传国之玺的故事，可以写成一部大书，蔡京考识它，只是它的历史的一小段。其前其后，故事层出不穷，把这故事说得最完整的，可参看徐作生著《中外重大历史之谜图考（第二集）》，中国社会科学出版社出版。

说是楚人卞和献璞给楚厉王，经玉工辨识认为是石块，卞和以欺君罪被砍去左足，楚武王即位，卞和又去献宝，这回断去右足。至楚文王时，卞和抱玉痛哭于荆山下，文王命人剖璞，果得宝玉，经良工雕琢成璧，人称"和氏璧"。

四百多年后和氏璧落入赵王之手，秦昭襄王想要它，假以十五城换璧。赵王无奈，遂派蔺相如怀璧使秦。勇敢机智的蔺相如不辱使命，设计"完璧归赵"。但是六十一年后，秦灭赵，和氏璧还是落入秦国。

秦始皇命宰相李斯磨刻和氏璧作成这块皇帝玺，想代代相传，称为"传国玺"。刘邦率兵入咸阳，秦皇子婴上始皇玺。刘邦称帝，随身服之，代代相授，号为"汉传国玺"。

西汉末年，王莽篡政，小皇帝刘婴仅两岁，玺由王莽姑母孝元太后代管。莽命其弟王舜进长乐宫索玺。太后见王舜怒斥，将玺投地。传国玺被摔缺一角，经黄金镶补，但终难天衣无缝，天下至宝，从此留下瑕痕。东汉时则归了刘秀。

东汉末，十常侍作乱，汉少帝夜出北宫避难，仓促间未带传国玺，返宫后，传国玺查无下落。不久，十八路诸侯讨董卓，其中长沙太守孙坚攻入洛阳，从城南甄官井中捞出一具宫女的尸体，在项下锦囊中取得此玉玺。三国时期，玉玺又经袁术之手，传入曹操手中。三国归晋，玉玺传晋。再经南北朝三百年的颠仆流离，最后落入唐高祖李渊之手。又三百年唐末五代，后唐清泰三年（公元936年）11月，末帝李从珂见大兵压境，和皇后携传国玺登上元武楼自焚而死，从此玉玺下落不明。

哲宗亲政时，经蔡京辨认，此物入宋。另外，毕沅《续资治通鉴·宋徽宗大观元年》载："徽宗帝又以其文，做李斯鱼虫作新玺，大将五寸，皆为螭纽，其篆则蔡京命其子蔡絛模仿原玺刻写。"

以后的秦玺流落多为传说，明弘治十三年，鄠县毛志学在泥河滨得传国玺，由陕西巡抚熊翀呈献明孝宗皇帝，但孝宗疑其伪，却而不用。明末，相传由元末元顺帝带入沙漠的传国玺，竟被后金太宗（即清太宗）于"上年八月得元代传国玺于元裔林丹汗之苏泰太后"，太宗由此"乃定立国之计"，改国号为"清"。

清初，故宫交泰殿藏御玺三十九方，其中一方"受命于天，既寿永昌"的玉玺被人称为传国玺。公元1746年，乾隆皇帝从中钦定二十五方宝玺，将此方宝玺剔除在外。由此可见，这是一块伪造的赝品。1924年11月，末代皇帝溥仪被逐出故宫时，警察总监张璧和鹿锺麟等还在追索这块玉玺。

《蓝田县志》上，记秦始皇传国玺之形制，有五个不同的版本。

蔡京书《香山大悲菩萨传》

　　元符二年底，蔡京为汝州香山寺以正楷书写《香山大悲菩萨传》碑刻，亦称《千手千眼观世音菩萨得道正果史话碑》，碑刻至今幸存。这方碑刻在中国佛教发展史上具备里程碑意义。

　　汝州香山寺位于今河南省宝丰县县城东南十五公里的香山（火珠山）之巅，全名香山大普门禅寺。寺内高 33 米的大悲观音大士塔耸立中央，塔底洞内有一通《香山大悲菩萨传》碑，是寺内的镇寺之宝。高 2.22 米，宽 1.46 米，碑文 50 行，满行 91 字，共 5000 多字。该碑历经兵火灾害，目前碑额及碑文上部和右部的一些字迹已经失去或者损伤，所幸其余部分尚完好可读。

　　观音（观自在）菩萨具大慈悲、大智慧、大愿力、大功德。法力无边，救苦救难，是中国佛教信众最为崇信的一尊菩萨。在中国，大都把观世音画成或塑成女性，慈祥、美丽、端庄，手持柳枝或净瓶，不断地为信徒驱邪赐福，送子送女。然而从考古与佛经看，观世音原是男性。《华严经》称善财童子到普陀山参拜观音时，"见岩谷林中金刚石上，有勇猛丈夫"，可见观音是男性。《悲华经》上说：

　　有转轮圣王，名无诤念。王有四子，第一太子名不眴，即观世音菩萨；第二王子名尼摩，即大势至菩萨；第三王子名王象，即文殊菩萨；第四子名泯图，即普贤菩萨。

既是王子，自然是男性。"观世音"的梵文 avalokitesvara 一词，最后字母"a"字，是用作男性单数名词的。在印度各地出土的观世音像，亦都是男相。印度自古重男轻女很严重，因此，在佛教净土中也是清一色的男人，没有女性存在。许多印度女性厌恶己身，渴望来世转成男身，印度佛教主张只要她们一到净土便都变成男子了。

佛教在东西汉之交（公元开始前后）传入中国，与古中国的文明相互交融。因此中国早期的观音菩萨像也是男性的，但古中国国情与古印度有所不同，妇女的社会作用相对而言高于印度。妇女向女相的菩萨倾诉和祈求当较为便利，例如妇人向菩萨求子，如果面对的是一尊佛经所言的"赳赳武夫"（印度出土的一尊观音像还雕有突出的雄物），是不方便的。佛经中载明：观世音菩萨"示现"以超度众生，有时候可示现大丈夫之相，有时候可示现庄严女人相。众生需要菩萨示现怎样的身相，菩萨就为众生示现怎样的身相。这就为观音法相在中国向女性演化，提供了教义上的依据。在中国的原有宗教如道教中，有诸多女性神祇，如王母娘娘等。所以把观音菩萨像女性化，是既有宗教生活需求，又在佛经教义上有所依据的，符合中国佛教信徒的信仰习惯。美国学者于君方著《观音：菩萨中国化的演变》，陈怀宇、姚崇新、林佩莹等汉译本，商务印书馆 2012 年版，有很详细的研究。

据说南北朝后期，我国有了女性观音的说法。有人指出《北齐书·徐之才传》（北齐是中国南北朝时的北方王朝之一，公元 550 年~577 年）中记载：

武成酒色过度，恍惚不恒，曾病发，自云初见空中有五色物，稍近，变成一美妇人，去地数丈，亭亭而立，食顷，变为观世音。

可见，美妇观音的形象在南北朝后期已经有了，流行则当在唐朝以后。《观音感应传》里有马郎妇观音（鱼篮观音）传说，说是唐元和十年，陕右金沙滩上发生了女相观音提篮鬻鱼，教诵佛经以点化众生的故事。看来与此同时，叙述观音菩萨成道过程的中国式的女相观音的本生故事，也开始形成、流传和定型，女相观音佛像也逐渐取代了男相。

我国北朝中后期，在中原古城香山地区，出现了原始的妙善传说，说楚庄王的三女儿妙善在香山修行，得道证果为大悲观音菩萨。香山寺所处的山，原名火珠山，春秋战国时代为楚国城父邑；西汉置县改城父为父城，东汉仍称之为父城。东汉灵帝时，大量西域僧人在父城巡游传教，看到火珠山与天竺香山极其相似，再加上东土中国的父城与西土天竺佛教圣地父城的巧合，遂改火珠山为香山，并在山上建寺，供奉观音菩萨，名香山菩萨寺，可能是中原一带最重要的观音道场。

北宋哲宗时，香山寺方丈怀昼很想将各种妙善公主修行得道成为观音菩萨的民间传说加于综合整理，加工形成正式的中国人的观音菩萨本生故事。哲宗元符二年十一月，大文豪、翰林学士兼侍读蒋之奇外放知汝州。怀昼抓住机会，请蒋到寺接待多日，斟酌商讨，终于写成《香山大悲菩萨传》。接着，请翰林学士承旨、中大夫、知制诰兼侍读、修国史蔡京书写刻碑。传中的这位汉王室公主修行正果的观音菩萨，和印度佛教经典里的男相观音相比较，不仅保持了佛教的慈悲精神，还融入了中国传统文化的孝道思想和道教修仙思想，可以说是儒释道三教思想的融合。后世人往往称这方碑刻为"蔡京碑"。

本书作者不揣浅陋，择其要者译成白话如下：

唐初中国佛教律宗大师释道宣，在京城长安附近的终南山灵感寺修道，并帮助玄奘法师翻译西天取来的佛经。因道行高深，能常与天神交谈佛学。一日，大师询问天神："观音大士在中原灵踪，以何处最显？"天神说："河南嵩山之南200里处的香山，就是观音菩萨的修行成道之地。"随后，讲述了菩萨由古代庄王第三女妙善公主证道修行而成观音菩萨的本生故事。

王后梦吞明月而怀妙善，将诞育时，天地震动，异香满宫。奇光照耀皇宫内外，产后不洗而净。梵相端严，祥云覆盖其上。妙善长大超凡脱俗，宅心慈惠，常穿朴素旧衣，不事奢华，不食腥荤，开口必言因果报应，劝人为善。宫中女侍听了她训诫的，无不改恶从善，吃斋修行。但庄王排斥佛教，对此非常不满。

父王说："我有国家要治理，不喜欢讲佛，你赶紧择婿出嫁，免在后宫惑乱嫔妃，坏我国风。"妙善说："父王难道不知爱河浪阔，苦海波深，富贵不能长久，荣华如泡沫和闪电一般，那无常一到，一切都休，只因一世之乐，而沉万劫之苦。我因此对俗世深生厌弃，立志出家修行，成佛菩提，既报宫中父母恩，又拔世上众生苦。请父王哀怜垂察。"

王后也叫妙善前来劝嫁，妙善却说："世人难免三种忧患，少年面如满月，到老来头白面皱，称为老患；平时健步如飞，到病时卧床不起，四肢艰难，称为病患；临死虽多骨肉姻戚，不能替代，只有割弃，称为死患。母后如能为我找来夫婿免此三患，我即嫁他，否则誓死不嫁。我知只有佛门，能为世间一切人免此忧患，因此潜心修行，母亲让我了此大愿。"

庄王发怒，禁闭妙善在后园茅屋中，不给钦食，令王后和妙善两姐去劝。说："如能回心，父女相见，不然即从饿死。"母见妙善流泪："自汝离宫，我哭两眼皆枯，汝父忧愁累日不朝，你须回心随我回朝！"妙善说："儿在此无苦，父母何须自苦。世间骨肉必要离散，即使相守百岁，无常且至，终须一别，母自归宫，儿无退意！"

两姐劝："我妹居此，甘忍艰辛，欲求作佛。你看如今出家人，有谁能放光动地，作成佛祖。还是嫁人成家度日为好，不使父母伤心！"妙善说："汝自贪恋荣华恩爱眼前之乐，不知乐是苦因，无常一到，地狱门开，谁人可免！且自省顾，勿深劝我，虚空有尽，我愿无尽，且劝夫人回宫。"两姐无言，求母后听其出家。

庄王更加恼怒，召来尼姑惠真，说："我小女不遵守宫中礼仪，坚请出家，莫不是你们尼姑谋划诱惑导致如此？你现在就把她带到尼姑庵里去，限期七日，劝她回心转意，服从我的教导，我就会给你们装修尼舍，广度尼众，要是做不到，我烧了尼姑庵，灭了尼众，一个不留！"

妙善被五百尼众隆重迎入寺庵，就向佛祖烧香礼拜。尼众劝曰："你生长王宫多少富贵，何苦来此寂寞苦处！还是速返内宫，胜似静处伽蓝！"妙善微笑说："我要出家访修道行，望证佛果，救度众生。你们是佛门弟子却如此言语，难怪俗人对我不解，也难怪父王憎恶你们，不敬三宝，都是因你们虽然出家，却心不合道，以致如此。"说得尼众无言可对。

道长惠真向妙善解释，说奉国王之命，被逼劝说公主，哀求公主开恩回宫，否则佛门将遭大难。妙善说："你没听佛经上说，释迦如来为法忘躯，舍全身而求半句偈语；萨垂太子投崖饲虎，以证无生无灭至境；尸毗王割肉救鸽，得超彼岸。汝等既已出家，当知肉躯无常变化之可厌，难道不求解脱，超出世道轮回，还那么贪生怕死么？"

尼众又生一计，以劳苦作贱来逼妙善回宫，要她做厨，供尼众斋饭。妙善允诺，凡事劳作争先，一日尼说："蔬圃无菜，汝当供之。"妙善入圃，见菜蔬甚少，方生一念："明日如何供菜？"伽蓝、龙神就来助她，次日一早见圃中长满菜蔬，供给有余。

尼又说："寺中无水，须去西边二里处取水。"妙善方允，即见厨房左边涌出一泉，清澈味甘。惠真遂知妙善不凡，能得神助，入宫奏王。庄王震怒大骂："逆女长习邪教，竟施妖术惑众，辱朕何多！即令捉去郊外，断头送来！"使臣领旨来到，妙善叫尼众速避，自己出来受死。屠刀将下，天阴地暗，雷电暴风大作，山神摄取妙善，置于山下。使臣既失公主，只得回宫奏王。

庄王惊恐暴怒，驱五百兵围寺，尽斩尼众，悉焚寺舍，夫人王族以为妙善已死，莫不恸哭，王说："莫哭，逆女是魔怪来生我家，除去可喜！"而妙善被神力撮至河南汝州，见一山林幽寂，欲在此静修，但闻一缕秽气，方念此山安有秽气，山神化为老人出现，说："此山是小兽小鸟居处，不是仁人修道之所。"妙善又问："西边那座山如何。"老人说："小龙所居，也非仁者修行之地，只有两山之间的小岭号香山者清净，是汝修行之地。"说毕化去不见。妙善在此修行三年，人无知者。

庄王排佛焚寺，杀戮僧尼，罪业深重，故得了迦摩罗疾病，周身长满恶疮，秽臭难闻，人不敢近，寝食不安，医不能治。有异僧立于王前，说有药方可治此病，王问其方，僧说："只有以不发怒者的眼和手入药，可令王病立愈。"王说："岂有取了人家眼和手，其人不会发怒的！"僧说："汝国西南有山曰香山，山中有仙人与王有大因缘，如得其手眼，可医王病立愈无疑。"

使臣持香入山，见茅庵中有一仙人，双足交叠趺坐，身相端严，就上前燃香且读庄王敕令。妙善说："汝国王不信三宝致病，我将手眼以救王病，用后当发心归向三宝，乃得痊愈！"妙善说毕，以刀自挖两眼下，伸两臂任使臣砍去。使臣以仙人手眼和言语奏王，王深生惭愧，令僧合药服之，旬日即病愈。感谢异僧，僧说："非我之力，王当入山供谢仙人！"言毕不见。

庄王与王后，两女及宫族严驾出城，到香山仙人庵所，王见仙人无眼无手情状惨伤，由己所致，深感愧谢。夫人与两女见仙人疑似妙善，哽咽告王。仙人忽说："阿母夫人勿念妙善，我身是也，父王恶病，儿奉手眼以报父恩。"一家遂相抱大哭，哀恸天地。王说："以我无道，恶业障心，令我女手眼不全，受兹痛楚。今以我舌舔儿两眼两臂，愿天地神灵，复完我儿眼臂。我从今归向三宝，重兴佛刹，弘扬佛教。"

王言毕，口未至眼，忽失妙善所在。瞬间天地震动，光明照耀，祥云周覆，天鼓发响。乃见千手千眼大悲观音菩萨现于云中，身相端严，巍巍堂堂，如星中月。王与诸人持香跪地，抚膺号恸，扬声忏悔。须臾妙善复还本身，手眼完具，趺坐合掌，俨然而化。王以种种净香围绕灵躯，燃薪火化，火尽灵躯依然。王又发愿："应是菩萨不肯离此地，愿建塔供养。"遂将菩萨真身置宝龛内，外建十三层宝塔，与宫眷在山守护，昼夜不寝。久而回朝，大兴梵宇，增度僧尼。

天神讲完观音菩萨本生故事，道宣律师又问："那么，河南香山寺宝塔今状如何？"天神说："虽然塔久已废，现只土浮屠一座而已，但圣人示迹，兴废有时，后三百年当兴。"道宣立命弟子义常记录天神所述。这事在唐高宗时，长安在今陕西省。三百年后，北宋祥符二年仲冬，有游僧来河南香山寺，夜里沿塔绕行念佛，到天明才止，对住持怀昼说："我在终南山灵感寺古屋佛经堆中，寻得《香山大悲菩萨传》一卷，是唐朝时天神向终南山道宣所传，汝处是观音菩萨成道之地，故不惜远道，携来送汝。"怀昼当夜读后大为惊奇，次早欲找游僧谈话，已不知去向。

怀昼于是请汝州太守蒋之奇来看此古卷，蒋太守认为句句是佛言至理，但嫌俚语稍俗，遂代为整理润色。随后商请翰林学士承旨，知制诰兼侍读蔡京书写碑文。

自从《香山大悲菩萨传》立碑后，香山观音菩萨道场香火更加风靡中原，观音本生故事遂成定型而广为流传。又三年，蒋太守移任杭州，又在杭州天竺寺立蔡京所书《大悲菩萨传》石碑，观音天竺道场也因此兴旺异常。观音本生故事由北而南风靡全国，后来又传至宁波一带，遂有南海观音道场更加显赫，现为国内外信徒广泛崇拜。

宗教信仰是一种文化，宗教与科学都是人类文明的重要组成。佛教汉化，成为汉传佛教，是中华古代文明的重要组成部分。讨论观音汉化，从男性演化为女性的历程，有利于中国历史尤其是佛教史的研究，也有利于提高信众的信仰境界。

在中国大陆有三处男性观音像比较重要。一处是在甘肃敦煌莫高窟。"窟内壁画上的观音，是生有两撇小胡子的青年男性形象"；一处是在湖北当阳玉泉寺，寺内殿侧有石刻观音像一座，令人注目的观音面有胡须数缕，长及胸口，体魄雄伟，确系男人无疑，相传此像出自唐代书圣吴道子手笔；还有一处在四川广汉龙居寺，画中菩萨生着络腮胡子，是彪形大汉的形象。实际上，全国各地男相观音雕像远不止上述三处，例如福建省仙游县枫亭镇塔斗山上，建于唐末五代的天中万寿塔上，有男相观音雕像，与全国各地古代石窟或各种佛像图集中相关造像比较，颇有其独特之处。在中国古代男相观音像中极为少见，最为古老和典型，极具研究价值。

38

辽主劝和，蔡京妙对

北宋北境与辽国相连，在五代时后晋石敬瑭把燕云十六州（今北京、天津及山西、河北部分）割让契丹（后为辽国），北宋初宋太祖、宋太宗几次北伐，皆未能收复，真宗与之战成平手，签订澶渊之盟，两国到哲宗时已和平相处百余年，北线无战事。

仁宗、英宗、神宗、哲宗时期战争主要在西线，与西夏之间进行。晚唐公元881年，党项族首领拓跋思恭因为平定黄巢起义有功，被唐僖宗赐姓为李，册封为定难军节度使。治夏州，统辖夏、绥（绥德）、银（榆林）、宥（靖边）、静（米脂）五州地区，奠定了后日西夏割据政权的基础。五代时期，夏州总对设在开封的中央政权"俯首称臣"，换取自己的割据自理状态。

公元960年，北宋建立，夏州李氏也照旧称臣。公元982年，夏州内乱，夏州首领李继捧在权力斗争中失势，索性直接到大宋首都觐见纳土。宋太宗对夏州主动来投十分高兴。但如对待内地纳土的地方首领一样，将夏州李氏首领们也全部迁徙到京城开封，再授予其他州的节度使职务，却引起夏州李氏的不满。李继捧的族弟李继迁则"走避漠北，联络豪右，卷甲重来"。从此，北宋和夏州的战争就爆发了。

正当李继迁事业蒸蒸日上之时，吐蕃的番罗支突然进攻夏州，李继迁中箭身亡。其子李德明即位后，改变了之前的扩张政策，公元1006年，向宋朝求和，宋真宗也不想再战，于是，双方达成和平协定。景德（1006）三年，宋真宗赐姓党项首领李德明姓赵，封为西平王，定难军节度使。公元1032年，李德明去世，李元昊继位，宋仁宗册封其为"西平王"。但是，李元昊并不满于称王，自称"青天子"，称呼宋朝皇帝为"黄天子"，并建立年号，于公元1038年正式称帝。第二年，遣使入宋京，要求北宋承认他的帝号。此举遭到了宋仁宗的拒绝，宋以谋反罪名削去李元昊封号，从此双方进入战争状态。朝廷决定派兵讨伐，于是，李元昊开始侵犯宋朝边疆，宋夏战争再次爆发。党项人以狩猎游牧为生，善骑善战，初期三次重大战役，都是夏军得胜。这样一来，战争使宋军事上的积弱状态更加暴露无遗。

神宗朝国力大增，对西夏用兵，争夺鄯、湟、廓三州，先期获大胜，后惨败丧师，神宗临朝悲伤大哭。但西夏也因连年争战，疲惫不堪，国力远不如北宋之雄厚。元祐时，在司马光主张下，宋廷一味退让示弱，软弱糊涂，主动将神宗时建造的米脂等四寨割给西夏，并未换来和平，夏人由此更加轻视宋国，仍然侵扰不已。著名史学家、北京大学已故教授邓广铭先生在《北宋政治改革家王安石》（人民出版社1997年版）一书中，对于这种"斥地与敌"的行径大力批判。黄纯艳在论文《"汉唐旧疆"话语下的宋神宗开边》（发表在《历史研究》2016年第1期）也有阐析。

哲宗亲政后，在章惇主持下，又与之争战不已，逐渐占了上风。绍圣三年五月，西夏入侵鄜延路，经略安抚使吕惠卿在六、七月间十四次派兵反击，也越境进入夏地。九月，夏军攻破金明寨，进至延安北五里，次年二月又攻绥德，但各路宋军相继出击获胜，出境修复原先割让的米脂等寨。元符元年（1098）十月，夏梁太后亲率三十万大军，大举进攻平夏，但被宋军击败，伤亡惨重，粮尽而退。宋将折可适乘机夜袭夏营，擒俘西夏著名勇将统军蒐名阿里，监军妹勒都通等三千多人，取得宋夏战争中少有的胜利。

西夏力衰，难以为继，请求辽帝出面向宋朝施压，要求宋朝答应讲和并归还所占土地。西夏与辽国有亲戚关系，曾娶辽宗室女，与宋军战败时往往求辽国出面斡旋。辽贺旦使萧昭彦通知宋接伴使刘逵说："北朝将派泛使（专使，有别于礼节来往的常使）来，只为西夏人一直请求，只得答应斡旋。若你们南朝肯相顺，甚好。"刘逵回答："这事应该讲是非道理而不是讲人情。"元符二年（1099）正月初三，哲宗与辅臣们讨论此事，大家都说刘逵的回答很得体。

正月，梁太后病死。二月，西夏崇宗李乾顺结束母党专政和母党的穷兵黩武政策，诛杀曾为梁太后策划扰掠宋国边境的嵬保没、结讹遇二人，遣使向宋廷告哀并谢罪请求停战。

哲宗接到吕惠卿报来西夏欲入使求和的消息，君臣滋滋欢喜，相互道贺，都说："边事可喜，祖宗以来，未尝如此！"讨论辽国将要到达的专使的接待馆伴人选，哲宗提出范镗，曾布不同意，说："对方派来的专使萧德崇官居两府，范镗官轻不匹配，还是用蔡京为好。"蔡京足智多谋，以"有手段"善办事著称，宋廷觉得事关重大，选择蔡京作为谈判代表是很为慎重的。正月二十五，宣布翰林学士承旨蔡京任北阙泛使馆伴。关于宋夏战争，现任中国宋史研究会会长、浙江大学李华瑞教授在其《宋夏关系史》一书（中国人民大学出版社2010年版）中，有更详细的考察和探索。

蔡京紧张准备谈判事宜，查阅宋、辽、夏外交历史档案，起草谈判中可能发生的应答发言预案，乘机向哲宗要求再添个文员帮助起草审看文件，建议就用秘书监正字方天若，哲宗答应了。方天若是莆田人，多年前蔡京兄弟倡建木兰陂，方天若写了《木兰水利记》碑文，对蔡家父子三人在修陂过程中的功劳大加赞扬。绍圣二年，在科考答卷中以坚决主张新法，抨击旧党的立场，取得榜眼，高科入仕。这回蔡京是想拉他一把。曾布在哲宗面前揭穿了蔡京任用私人的用意，哲宗只是说："当个馆伴副职也没什么。"蔡京又提出让方天若在辽国泛使上殿奏事时一同上殿，以便记录泛使与哲宗之间的对话，曾布坚决反对，说："泛使虽直前奏事，皇帝却不必答理他。"哲宗问："那他若再三有所奏请，我如何说话？"曾布说："那就说你回馆驿对馆伴蔡京说去，等待朝廷研究答复。"蔡京这是想让朋友方天若有上殿与哲宗见面的机会，好让皇帝知道朋友的才能，曾布有些小心眼，知道方天若才能了不得，怕蔡京的势力增大，尽管也是工作需要，却一口挡住了。

蔡京又请求谈判过程中尽量按他所拟定的预案应答，统一指挥。哲宗答允。一切准备就绪，就等专使到达。

守边大臣曾旼奏来，按例北使到达边境白沟即须换乘宋国递马，但泛使萧德崇等到白沟却不肯换乘，要求辽国护送人马要送到雄州才换乘，改为宋国人马护送，就象神宗时辽使萧禧那样。边臣曾旼与张赴二人一面坚执不从，一面请求朝廷指示，朝旨起初指示曾旼"从长考虑处理，回答辽使时既说理在拒绝，但如果对方态度婉顺，也可考虑准许。所贵以不失双方欢谊为好，最后由朝廷决定"。

章惇主张坚拒，曾布主张还是按上次朝旨，看情况相度处理。许将也这样认为，哲宗犹豫不决。问蔡卞，蔡卞说："要考虑能否一直拒绝下去，他会质问为何他的待遇不如神宗时萧禧？"章惇说："我们坚持不让，他不能久留白沟，只好服从。"曾布说："万一他坚持不听，事情闹僵了怎办？"哲宗认为不能因小失大，指示曾旼若是争不过，就放他们进雄州。

蔡京被召对于崇明殿，哲宗问："你想北人将以什么理由劝和？"蔡京说："彼必以曾把公主嫁给夏国，是亲戚为词。在仁宗朝，辽主劝和时，我国曾有书答北朝，说：'既论辽夏有联姻之旧，我宋国当宽问罪之师。'"哲宗问："仁宗皇帝有书如此，后彼方何以应答。"蔡京说："对方回答也有礼，说'属友爱之尤深，在荡平之尤可'。当时夏国也得罪辽国，辽主说你宋国要荡平夏国也未尝不可。"哲宗说："好的，将来就把这些话说给他们听。"

三月十三日，辽国泛使左金吾卫上将军、签书枢密院事萧德崇，副使枢密直学士、尚书礼部侍郎李俨见哲宗于紫宸殿，哲宗设宴垂拱殿款待。这次辽国派遣专使是专为夏国游说息兵及还故地，萧德崇对哲宗说："北朝皇帝告诉南朝皇帝，西夏的事，早些休兵讲和，这就好！"哲宗令在旁官员回答：

西夏人累年以来一直犯顺，理须讨伐，何烦北朝遣使。

泛使德崇不吱声，唯唯而退。

三月十六，馆伴辽国泛使所蔡京奏："萧德崇等跟我们盘点交割辽国朝见礼物，称有玉带并小系腰，原来就没有在包装上加封印，馆伴蔡京等诘问德崇是何原因不加印封。德崇说常礼是有司排办，都加了印封。而这份金玉带珠子系腰是北朝皇帝身上亲系的，临行时当面付授，送给南朝皇帝，所以无封印。"起初，宰臣章惇说这是无礼，而其他执政皆说这是对方表示勤厚之意，哲宗也认同了大家的看法。

三月十九，萧德崇、李俨等递辽国国书。国书上说："我们辽国与你们宋国，三朝通五世之欢，二国敦一家之睦，阜安万宇，垂及百年。而夏国是辽国的藩辅，我国几次把公主下嫁他们，他们还几次接受我国封王。这几年，夏国连表驰奏，称南兵大举打入西界，请求我国派去救援之师济急。理当依允他们，但考虑到事贵解和，念辽之于宋，情重祖孙；夏之于辽，则义隆甥舅。必欲两全于保合，岂宜一失于绥存……现在特派专使前往，传达我劝和的诚意。"

递完国书回到驿馆，蔡京请辽国泛使吃饭。萧德宗未肯就座，就拿出一件文字，再三要求蔡京转交哲宗。蔡京几次都拒绝了，萧德宗只得请求蔡京转告哲宗说他有个"白劄子"上交。哲宗指示蔡京如果文字涉及宋夏战争的事，即允许代为收接递交。

这个文件实际上是个备忘录，内容大体是：

夏国差人向辽国告奏，说宋国诸路大发兵马，深入夏境劫掠。在边界要害处多处修筑城壁，侵取不息。请求辽国照会大宋国还给所夺疆土，拆毁所建城壁。于是，我们辽国检勘历史记载，还在十七八年前，是宋国以夏国梁太后囚废夏主为由，兴兵入夏，且牒告我国。当时又接夏国告奏，说南朝无故起兵讨伐。我国曾按事理两边劝和。这次宋国又举兵入夏，修筑城壁，且未告知我国。这有违辽宋两国百年前互不侵犯的信誓。我辽国与夏国累世联亲，理当拯救。只以南北两朝通好年深，固存誓约，便难于允其所请。今特遣使臣去就宋国交涉，候到南朝，把历史上的来龙去脉说清楚，分付馆伴闻达南朝，仔细研究，请贵国早作决定，勾退兵马，及还复已侵占疆土城寨，以巩固祖宗信誓，不失两朝久来欢好。

宋国随即决定，也以一份国书和一份备忘录来回答辽国。接下来蔡京与萧德崇、李俨之间就国书与备忘录的文字进行了长时间的争辩。对于宋国备忘录中"西人悔过谢罪，许以自新"这句话，辽国专使认为全未提到辽国派使劝和的作用，不能接受。经蔡京呈报后，哲宗指示可以改写，章惇建议改为："夏国作过不停止，北使虽来劝和，亦须讨伐。若能服罪听命，虽北朝不来劝和，亦自当听许。"曾布说：

如此只是和辽国厮骂（骂架），却不得了事。建议改为：夏国罪恶深重，虽然他们已遣使谢罪，未当开纳。现以北朝遣使劝和之故，已令边臣与夏人商量，若至诚服罪听命，当相度许以自新。

哲宗认为这样改好。

对于辽国国书中"休退兵马，还复疆土"八字，辽国泛使认为宋方没有给出明确回答。萧德崇说："不回答这八字则不敢受国书。"甚至说得很无礼："你们若肯抽退兵马，还复夏国疆土，要给一份明确文字；若不肯，也要给一份明确文字，方敢受国书。"宋国方面拟回答：

我朝廷既许以自新，夏人如无再作过，即自无出兵讨伐之理。致于建置城寨，只是为在奔冲之处增加防御，兼是本朝郡县之地，决不可还复。

辽使要求再改得更明确一些，宋方说已经够明确了，双方相恃多日，哲宗说："他们坚不肯受劄子，且不管他们，让他们再住数月亦不妨。"

蔡京在馆伴所两次请泛使吃饭，萧、李皆不赴饭局。说："公事未了，不敢饮酒听乐。如前日劄子，只得自新两字，北朝所言八字，并不曾答，虽饿杀亦不敢受此劄子。"四月一日，第三次请了，勉强出席，李俨看到侍从端上来新鲜的杏子，有感而发，指盘中杏子说：

来未花开，如今多幸（杏）！

"杏"与"幸"谐音，"幸"指你们好意请我吃饭。意思是我来你们宋国一住好多日子了，来时杏树的花还没开，如今都结了这么多杏子了。只是请饭局有什么用，我完不成外交任务怎么回国呢？

蔡京一听，随手拿起另一盘子中的梨子对曰：

去虽叶落，未可轻离（梨）。

以梨对杏，很工巧。"梨"与"离"谐音，蔡京以谐音表达挽留之意，更妙。意思说，你若还跟我们达不成协议，就算到了秋天杏树的叶子落了，还回不去呢！梨和杏在古代是很普及的果子，李俨才华横溢，颇通汉语诗词，蔡京敏捷果断，通过对子向辽使表达了宋国在退兵和还土的问题上的措词，不再退让了。

辽国泛使知道宋国不肯让步，此后只在其他一些细节上再争取到修改，如要求增加"特停征讨"四字，宋廷依蔡卞建议写上"特免讨伐"；蔡京又请对国书中批评辽主的"听其夏国反覆偏词"一句加以修改，因此话有指责辽主之意，缺少礼貌。建议改成——

夏人以诡辞妄告贵国，贵国既移文照会，又遣使劝和。

态度婉转，又不失体面。四月初七，蔡京又疑泛使不肯造朝见宋帝，哲宗还担心朝见时将有大的言语冲突。结果辽使如期造朝，向皇帝问候起居完毕，不说什么就退出了。

宋廷最后确定的措词：

如果夏人听命伏罪，朝廷许以自新，即岂有更出兵讨伐之理？其边臣进筑城寨，是为了在西人奔冲处增强抵御能力，本系本朝郡县境土，而且夏国是藩臣作过，理须削地，无可还复。

辽使造朝时，跪于庭下说："所得白劄子，只得自新两字，未分白，乞更赐增添。"哲宗答："事理已尽，无可更改！"

辽使最后向蔡京提出国书中太多地引用辽兴宗的话，说兴宗前后所说相互矛盾，意似未便。还有说所筑城寨是在"宋朝廷郡县之地"，有另生领土争端枝节的可能。蔡京答："国书自身已是很明确，无可更改，只是汝两人老是误解，白白拖延了许多时日。我们的白劄子只说兴宗的话前后有所不同而已，却没有你们北朝出语那么不客气，说我们'有违先旨'，那个是轻是重？若说本朝郡县之地，连夏国的兴州、灵州、银、夏、绥、宥不也原是我宋朝地是谁地？此地皆太宗、真宗赐给李继迁的，如何是横生枝节呢？"

蔡京的强硬回答，说明宋国当时并不畏惧辽国。

四月十一日，辽国专使接受国书和白劄子，向宋廷告辞。此次萧德崇、李俨滞留宋国京师三十七天乃归，与蔡京进行了一场"马拉松"式的谈判，没有捞到便宜。到了当年年底，西夏正式誓书谢罪，两国停战。

笔者浏览当下报刊，总觉人们对北宋"积贫积弱"说得有些过分了，以总体国力而言，在宋、辽、夏三国中，到神宗后，还是宋国强，就是宋军仗老打不好，这有制度的原因，也有统治者主观努力不够的原因。

39

蔡京草徽宗继位诏

元符三年（1100）春节，二十五岁的哲宗病倒在床，其实一年来他都在带病工作，据向氏皇太后事后对执政们回忆：哲宗乳母窦氏和若干殿中伴人"久在大行（刚去世的皇上）左右，自去岁来，大行饮食不进，至有全不进晚膳时，一切掩覆（被隐瞒），并不曾来道（告诉我）。"

元符三年正月初四，宋哲宗诏"以服药，不视事三日，自五日为始"。原定五日在紫宸殿举行的辽国副使的告别宴被取消，六日辽国副使只能在宫门外行告别礼。

初七，宰臣执政官入内东门问安圣体。到了初十那天，三省、枢密院要进内东门问安圣体，从上午等到下午申时（下午3－5点），才入对于福宁殿。

上著帽，背坐御座，神色安愉。谕惇等曰："医者云：胃桩未生，饮食不进。外事更处置（朝廷的事，你们就看着办吧）。"惇等曰："已祷宗庙社稷，今更于文德殿设醮祈请。"

这次召对拖到晚上，宰臣执政官们都在禁中宿夜。

哲宗故意隐瞒自已病情，直到病重，才派人对向太后说："今年元宵没法上城楼看灯了，袍服珠宝都难以穿戴了，须且罢观灯！"

十一日这天召对时：

上坐榻上，神采光泽如常。曰："服丹砂数粒，桩（胃桩，或作胃口解）犹未生，不冠（冠服不完整）勿怪。"

章惇等已看出大事不妙，请拟例肆赦（大赦），哲宗批准。十二日，哲宗暴死，看来哲宗短命或与服用硫磺、丹砂之类古代硫、汞有毒药物有关。

南宋初《蔡惇直笔》（又称《夔州直笔》）说：

哲宗少年，乃染疾咯血，而极讳病。二三年间，咯唾不能进唾壶，只使左右内侍以帕子承唾。唾皆有血，内侍随唾入袖，不容人知，无敢泄其病证。国医诊视，不许言气虚弱，养成瘵疾，终不可治。至元符三年正月十三日（应为十二日）暴崩。

年仅二十五岁的宋哲宗去世，无子，新君须在哲宗诸弟中择立。当时在世的哲宗弟弟共有5个，都不是宋神宗的向皇后生的，均是庶出（神宗嫔妃所出），按年龄排序为申王赵佖、端王赵佶、燕王赵俣、简王赵似、睦王赵偲。

有关向太后和宰执们讨论继位人选的诸多史料中，以政和中蔡京主持编写的《哲宗实录》（史书中常称《旧录》，因为南宋绍兴时范冲重修《哲宗实录》，常称《新录》）所记较为可靠。

是日，宰臣、执政黎明诣内东门，宣召入会通门，至福宁殿。皇太后坐殿东。垂帘，宰臣、执政至帘前，皇太后哭谕章惇等以大行皇帝升遐，惇等皆哭。皇太后宣谕曰："邦国不幸，大行皇帝久望有子，今却无子。天下事，须早定。"臣章惇厉声曰："在礼律，当立同母弟简王。"皇太后曰："须立端王。神宗皇帝诸子，申王虽是长，缘有目疾，次即端王，当立。"惇又曰："论长幼之序，则申王为长，论礼律，则同母之弟简王当立。"皇太后曰："俱是神宗之子，莫难如此分别，于次端王当立。"于是知枢密院曾布曰："章惇未然与众商量，皇太后圣谕极当。"尚书左丞蔡下曰："皇太后为宗庙社稷大计，诚是，当依圣旨。"中书侍郎许将曰："合依圣旨。"皇太后又曰："先帝尝有圣语云：'端王有福寿，又仁孝，不同诸王。'"于是惇等承命，退至阶前。都知梁从政等白："召五王问疾。"章惇曰："且召五王来看。"下斥惇曰："太后圣旨已定，更有何拟议。"于是，谕从政等召诸王皆至内东门，唯端王得入。会今上（徽宗）是日在假，皇太后再遣中使召今上至福宁殿东，起居讫，升殿。惇等从至（跟着端王到）寝阁帘前。皇太后谕今上曰："先帝无子，端王当立。"今上曰："申王，兄也。"固辞。久之，皇太后曰："申王有疾，次当立，不须辞。"今上又辞再三，太后再三宣谕。惇等进曰："天命属大王，上当为宗庙社稷大计，不当辞。"今上即皇帝位，宰臣等称贺毕，召翰林学士蔡京于内东门幕次，草遗制进入。久之，今上命中使宣辅臣面谕，请皇太后权同处分军国事。皆奏曰："陛下圣德谦抱如此，不知皇太后圣意如何？"今上曰："适恳请已许，及遗制未下，可添入。"遂诣帘前具陈上旨，皇太后曰："为皇帝再三恳请，然皇帝年长聪明，不须更如此。"辅臣皆曰："愿为国大计，勉从皇帝所请。"时所命中使吴靖方谓蔡京曰："元祐祸乱（高氏垂帘引起恶果），前事未远，岂可更为？且长君不当如此。"京以语辅臣，而惇等不果谏，乃呼阁门御史台追班宣遗制。

南宋绍兴时范冲所修《哲宗实录》（新录），对蔡京《旧录》所记大部没有异议，只对最后一段"时所命中使"至"惇等不果谏"四十二字提出辩驳："岂有新帝即位，初出命令，而中官与翰林学士毁蘖如此？不可以训。今尽删去。"显然是因为忌讳"元祐祸乱，前事未远"八字。

大宰相章惇很想立简王，固然有简王与大行哲宗同出于朱太妃，是前任皇帝同母弟的理由，但向太后本已对宰相章惇的专横不满，又怀疑他与朱太妃和内臣勾通，《蔡惇直笔》说哲宗重病中：

偶钦圣宪肃皇后（即向太后）在侧（哲宗病榻侧），钦成（即朱太妃）继至，乃号叫哲宗求一言（求立谁继位一句话），已不应。钦圣遂曳退曰："他已说与我了。"徐问其言，钦圣乃曰："教（叫）我后要立端王。"钦成俛首而去。

向太后与章惇、曾布、蔡卞、许将等议继位之君时，拒绝了章惇立简王或申王的建议，主张立有才学的平日哲宗所喜欢的端王赵佶为帝。有史料记载当时章惇说过端王"轻佻不可以君天下"，笔者认为章惇不大可能当面作此狂妄之语，曾见有人著文指出此语出自元人所修《宋史·徽宗纪》文末的作者赞语中，明人《宋史纪事本末》最早把此语写入相关史事的描述中，后被清朝人《续资治通鉴》引用，并固化成为学者常用的史料。宋代史著如《续资治通鉴长编》《皇朝编年纲目备要》中并无章惇此言，有的宋书中只说章惇"默然"。

《曾布日录》所记当日向太后和宰执们讨论继位事，与《哲宗旧录》略同：

> 至福宁殿东阶，立庭下，垂帘，都知已下云："皇太后已坐。"再拜起居讫，升殿，太后坐帘下，微出声发哭。宣谕云："皇帝已弃天下，未有皇子，当如何？"众未及对，章惇厉声云："依典礼、律令，简王母弟之亲，当立。"余愕然未对。太后云："申王以下，俱神宗之子，莫难更分别。申王病眼，次当立端王。兼先帝曾言端王生得有福寿。尝启云（向太后自己曾对他说），官家方偶不快，有甚事？"余即应声云："章惇并不曾与众商量，皇太后圣谕极允当。"蔡卞亦云："在皇太后圣旨。"许将亦唯唯。夔（章惇）遂默然。是时，都知、押班、御药以下百余人罗立帘外，莫不闻此语，议定遂退。梁从政引（向太后）坐于慈德宫南庑司饰阁前幕次中，殿廷上下有哭者，从政等呵止之，令未得发声。余呼从政，令召管军及五王。从政云："五王至，当先召端王入。即位讫，乃宣诸王。"少选，引喝内侍持到问圣体牓子，云："诸王皆已来，惟端王请假。"遂谕从政速奏皇太后，遣使宣召。久之未至，余又督从政再奏，遣皇太后殿使臣往趣召，从之。余又再召都知已下，谕之云："虽已闻皇帝大渐，然宰执未曾亲见，乞入至御榻前。"从政云："是，是。"得旨，令引入，开御帐，见大行已冠帻小敛讫，寝以衣衾。从政等令解开覆面帛，见大行面如傅

粉，余等皆哀泣，但不敢发声。左右近习呜咽，涕洒榻上。两老女监坐于左右，都知以下送余等降阶。余谓从政等曰："适来帘前奏对之语，都知已下无有不闻。"从政唯唯。余又顾押班冯世宁等，云："总闻得？"余又谓："端王至，便当即位。帽子、御衣之类必已具。"从政云："已有。"再聚幕次中，议草遗制。制词皆二府所共草定，然未敢召学士。须史，报端王至，遂宣入至殿廷，余等皆从行。端王回顾宰执，侧立，揖甚恭。又躬身揖都知已下，至殿阶，引喝揖躬起居讫，帘卷升殿。余等皆同升，至寝阁帘前。皇太后坐帘下，谕端王云："皇帝已弃天下，无子，端王当立。"王跋踏固辞，云："申王居长，不敢当。"太后云："申王病眼，次当立，不须辞。"余等亦云："宗社大计，无可辞者。"都知已下搴帘，引端王至帘中，犹固辞。太后宣谕云："不可辞。"余等隔帘云："国计不可辞。"闻帘中都知以下传声索帽子，遂退立庭下。少选，卷帘，上顶帽，披黄背子，即御坐。二府都知以下各班草贺讫，遂发哭。再奉慰讫，退。赴会通门外幕次，召学士承旨蔡京至，相对恸哭，遂草定遗制。京亲书讫，召都知进入，催阁门御史台退百官班。是时，未宣遗制，嗣君宫中人已来，引喝内侍云："皇后已在内东门，候得旨宣入。"须史，姬侍从入者四十八人，会通门犹一一点数放入。移刻，都知刘友方、梁从政至幕次中宣谕云："皇帝有指挥事，召二府入对。"遂同入，立庭下。上御坐，宣名奏万福讫，升殿。上密谕章惇，语声低，同列皆不闻。余云："臣等皆未闻圣谕。"惇云："请皇太后权同处分事。"上亦回顾余等云："适再三告嬢嬢，乞同听政。"余曰："陛下圣德谦抱，乃欲如此。然长君无此故事（前例），不知皇太后圣意如何？"上云："皇太后已许，适已谢了，乃敢指挥。兼遗制未降，可添入。"余等遂奉诏而退，召蔡京及呼梁从政取遗制重修写讫。又呼从政等进入，及指示以所添一节，从政等色皆骇愕。遂呼班，班入恸哭，福宁殿几筵内道场之类皆已具，班定，乃引班。宰臣升殿受遗制，西向宣读讫，降阶。宰臣烧香，奠茶酒讫，又再拜。方宣遗制时，止哭，然上下内外恸哭声不可遏。移班诣东序，贺皇帝即位。又奉慰讫，宰臣、亲王、嗣王、执政皆升殿恸哭，上亦掩面号哭。是日，余不觉与亲王同升殿，又方号泣，与三省分班东向立。退，乃见亲王在侧。宰执皆奏上："以社稷大计，乞少抑圣情哀泣。"又降阶慰皇太后讫，复升殿，至帘前与亲王等分立。又奏皇太后，已得圣旨，于遗制中添入"权同处分军国事"。太后云："官家年长聪明，自家那里理会得他事。"余等云："皇帝宣谕，云太后已许，已谢了。"太后云："只为官家再三要如此，只管拜（一直拜求）。"余云："已降遗制，愿上体国计，勉徇皇上所请。"遂退。

蔡京草遗制事，《铁围山丛谈》卷一记：

鲁公为北门承旨，时翰苑偶独员。当元符末，命召入内东门草哲庙遗制。既未发丧，事在秘密，独学士与宰执而已。于是，知枢密院曾布捧研以度鲁公，左丞叔父文正公为磨墨，宰臣章惇手自供笔而授公焉。鲁公后每曰："始觉儒臣之贵也。"

这段记载说翰林学士承旨蔡京受命起草哲宗遗制，当时尚未宣布发丧，知道事情的只在极小的范围内。知枢密院曾布给蔡京捧砚，尚书左丞蔡卞给他磨墨，宰相章惇沾墨递笔。蔡京事后觉得很得意，常说"始觉儒臣之贵也"。

十八岁的宋徽宗偶然被立为皇帝，如何君临百官及天下，心中无底。乖巧的他恳请五十四岁的向皇太后垂帘同听政，为他先压住台面。史料上说向太后虽知长君即位，本无垂帘之理，但端王恳请再三，久之，终于答应了。实际上，是母子俩关在房子里商量了挺长时间，太后考虑了宰臣章惇有些强横的作风。章惇在讨论继位人选时又有不同看法，疑有异意。怕新皇不能顺利行使权力，权衡利弊，最终决定扶上马后还保驾护航送一程。

徽宗之立，是向太后独断的突出表现之一。据徽宗后来有一天对执政们说："当时圣瑞（朱太妃）见哲宗病危，屡次靠在病榻旁催哲宗，说还不赶快做出继位决定，哲宗郁愤，至死不和她说话。哲宗快断气，内侍梁从政就早早把圣瑞的椅子摆到哲宗寝殿前。"徽宗说到这里，旁边向太后补充说："皇帝说安排椅子的事，还不只椅子，还有妆具之类，我看到了很吃惊，不由自主地绕着福宁殿走来走去好几次。"她从而决定打破章惇、朱太妃等人的可能的串通勾结，决定立端王为帝。

40

从谥议、谥册、哀册看哲宗

　　哲宗短暂的一生中，有几件事在历史上常引起争论。在神宗去世前后，宣仁皇太后高氏到底有没有打算立神宗之弟赵颢，而不是立神宗之子赵煦？神宗的向皇后和蔡确、章惇等到底有没有进行了许多努力，才使哲宗得以继位？高氏大权在握的九年中，到底是对哲宗精心进行保护和培养呢，还是对之百般控制甚至有加以废黜的企图，并且至死不肯还政于孙？十岁即位的小孩哲宗有没有采取沉默不言的策略以自保？又是在何人的教导下坚持九年，直到亲政那天？哲宗亲政后绍述父亲新政，清算元祐党人虽然过分，但有没有一定理由？

　　《宋大诏令集》一书中，载有元符三年即哲宗去世当年朝廷所颁谥议、谥册、哀册。他书所无，靡足珍贵。笔者想借此以助人们理解当时朝廷执政大臣们的想法，既然当时是徽宗在位，向太后同听政，则这谥议、谥册和哀册当然是徽宗和向太后、朱太妃等人所认同和批准的。

　　李焘《续资治通鉴长编》记当时徽宗和向后命宰臣章惇撰写大行皇帝陵名（永泰陵）、撰哀册文，知枢密院事曾布撰谥册文，中书侍郎许将书写哀册文，左丞蔡卞书写谥册，翰林学士承旨蔡京撰写谥议。

　　这三个文件应以蔡京所撰谥议为先。哲宗去世不久，即由蔡京牵头，组织相关人员，评议大行皇帝的生前事迹，讨论起个适当的谥号，奏请批准。宋朝三品以上官员去世，若死者家属申请，朝廷则命礼部的太常寺官员，按死者生前表现，赐谥号，如"文正""忠简"之类，皇帝的谥号则要用更多的字数。能参加皇帝谥议讨论会的，恐怕非待从和执政莫属了。蔡京撰写的这篇谥议中有三段话，有助于后人理解这段历史。

其一段说：

恭惟大行皇帝以天纵之圣，承百年积累之业。越在幼冲（还在幼小少年时），履帝之位……明而用晦（明白事理而选用韬晦策略），盖不言者九年。及南面而听天下（到亲政时），疏观万物，泛应曲当，其辟也开而天，其阖也渊而深，虽左右之人，莫察其喜怒之色。

可见，哲宗在世时是经常强调元祐时期高氏和新法反对派大臣对自己的压抑，在朝廷上形成了定论，"不言者九年"的表述才会被写入谥议中。

又有一段文献说他：

丕承其烈（继承神宗的大无畏精神），悼法度之板荡（痛惜新法被元祐党人破坏），则当宁太息（在朝廷上当着臣下的面长长叹息）。愤奸罔之诬言，则敛容出涕。政无小大，追复之。不夺于浮言，不移于异议。熙宁元丰之政，复行于今日，可谓孝矣！

可见哲宗继述父志，痛恨反新法派出自内心，并非被人误导。

还有一段是阐述为何给他加于"哲宗"庙号。

德之可宗者，莫大乎"哲"。古代称颂尧，说他"知人则哲"；称颂舜，说他"浚哲文明"，称颂成汤和帝乙，则说他们"经德秉哲"，称颂文王和武王，则说"世有哲王"。我们体会到大行皇帝运量酬酢，万世可得而宗者，"哲"也！盖帝之所难。而王之所由兴，这些人若非有着天下的至高无上的英明。怎么能达到那种治国的境界？所以，大行皇帝尊谥，其实是上天所赐，曰：钦明睿武昭孝皇帝，庙曰哲宗。

"哲"为英明之意，蔡京举出了一大堆古代帝王颂词中的'哲'字用法，建议以"哲宗"作为大行皇帝庙号，"哲宗"从此成了已故皇帝赵煦的通用代名。历代皇帝庙号中多有重复的，如"仁宗""德宗"之类，只有这"哲宗"是独一无二，蔡京可谓匠心独具乎？

曾布撰写、蔡卞书写的哲宗谥册颁于元符三年七月三日，以谥议为基础撰写，作为宣布谥号的正式诏书。文中有段话说："神宗父皇早弃万邦，把江山交付给他，登基之日，实在幼年。委托政柄给太皇太后垂帘，自己保持着恭默渊静，年甫及冠成年，而犹沉着地应用韬晦策略，十年不言。上自庙堂上的大臣。下至左右携仆，朝夕陪侍，而莫能窥其到底在想什么。一旦亲政，独运神断，指顾号令，耸动中外。延登勋旧，屏斥奸回，威声所加，雷迅电击。于是祖述先业，询图治道，熙宁元丰之际，美政良法，切于世务、便于人情、可施于今、可传于后者，莫不斟酌增损，举而行之。"

文中半句没有提起祖母对他有什么培育之恩，且有贬斥之意。历诉大行皇帝各方面的丰功伟绩后，结语写道：

谨遣摄太尉、特进尚书左仆射、兼门下侍郎、上柱国、中国公、食邑八千一百户、食实封二千六百户臣章惇，奉玉册玉宝，上尊谥曰"钦文睿武昭孝皇帝"。庙曰"哲宗"。伏惟灵德在天，昭鉴不远，诞膺典册，比隆唐虞，锡美邦家，万世无斁。呜呼哀哉！

帝王哀册则是一篇祭文，往往以玉片制成书页，埋入陵寝。章惇撰文、许将书写的哲宗哀册写明哲宗是当年七月二十日下葬，皇陵名曰"永泰"。文中除了重申哲宗"执其徽柔，保以恭默，玩心神明，不大声色，晦若冲机（韬晦如攻城器具冲机，平时不动声色），曷从而测（不可观测）"外，还说哲宗"深察奸党总在做奸欺之事，他们擅国不道，罔上徇私，交修旧怨，释憾一时"。

哲宗葬礼结束，徽宗密赐章惇金三百两，曾布、许将、蔡卞各二百两，小龙茶各一斤。史料中没有提到蔡京得了多少金子，大概小龙茶一斤总会有的吧。

至于《哲宗实录》，第一次纂修是由蔡京主持编写，于徽宗大观四年（1110）成书，哲宗此时已死11年，这部书常称《哲宗旧录》。到了南宋高宗，又对《哲宗实录》作了第二次纂修，改动非常之大，常称《哲宗新录》，这时哲宗已死了三四十年了。《旧录》在记载了哲宗去世前后的事情后，按惯例对哲宗写下一段评议，应是当时朝廷对哲宗的评价，被南宋李焘《续资治通鉴长编》引用。如下：

哲宗皇帝十岁即位，上则太母（指高氏）称制，外则奸臣（指司马光等）迷国，内则阿保临察（指高氏派侍从人员监视），虚路寝而居崇庆殿东数楹（不让住正式的皇帝寝殿，而只让住在崇庆殿东的数间屋子里，好加以管束），语、默、作、止，必以闻（报告高氏）。弃逐股肱耳目（把原来神宗指定的顾命大臣和原来使用的耳目随从都驱逐走），左右护卫之臣，悉用先帝所仇，天下寒心。帝蒙养沉潜（沉潜刚克），足不逾阃（出户），见无礼者（指大臣们不睬他）漠然若无见，问则不答，盖不言九年。及亲政，睿智浚发，追保佑之功（指蔡确等），永怀而不忘；悼先烈之坠（指蔡确），当宁而流涕（在朝廷上当着臣下的面流泪）；定国是之论，圣谇（疾恶谇言）而不惑；正诬诋（神宗）之罪，必罚而无赦。片言以难壬人（片言就能难倒佞人），坐筹而却大敌。运量酬酢，渊默雷声，主威以立；蒐兵选将，开辟境土，武功以昭。左右仆御，不见喜温之色。逮凭玉几，神宇泰定，若脱敝屣（坐靠在案几边，就能使天下大定，如脱下拖鞋般轻松）。呜呼！非天下之至明，孰能与此者？高宗之亮阴，宣王之复古，何以尚兹？（古代商高宗武丁三年不言，而哲宗不言十年，周宣王复古成中兴，而哲宗能绍述神宗之业，他们那能比得上哲宗啊？）

《旧录》接着又以崇宁元年三月和八月宋徽宗二次讲话，重提哲宗即位时的旧事，一次说："蔡确对哲宗有功劳，当时向皇太后本要从神宗灵驾西行去陵寝，蔡确密上文字，吩咐内臣阎守懃奏太后，请她留下保护皇帝，太后于是借故不去陵寝，晨夕常与皇帝一起，以铜筷吃食，饮水亦要亲尝。"

另一次说：

那时奸臣诚有异意，我也曾经亲耳听到向皇太后说，神宗病危时是她令阎守勤要蔡确弟硕去转告蔡确辅立哲宗，告诉蔡确徐王赵颢数留禁中，不肯出，魏王赵頵不得不牵着臂引他出宫。蔡确母明氏入禁中，皇太后让她转告蔡确，外托主兵官燕达，并知开封府蔡京相助。及哲宗即位，群臣中多有建言废立，太后说：他们上奏的章疏都已被焚烧掉了。哲宗连所须衣物，小心到有时都要自买。

以此来证明哲宗的确沉着机灵，奸臣没法暗害他。《旧录》成书时徽宗还在当皇帝，蔡京谅不敢捏造徽宗的讲话。

南宋《新录》则指责"蔡京修哲宗实录，贪天之功，辄以私意增入"。说：

此论只是盛誉绍圣权臣能够力排元祐，未尝发明哲宗圣德，与祖宗实录末卷体例不同。其间托为徽宗训辞，尤非恭顺，事皆诬诋。因此把《旧录》此项四百八十一字都予删去。

《新录》另写了一段对于哲宗的评议：

上聪明睿智，见于凤成。自初即位，甫十岁，而临朝尊严，左右仆御莫能窥其喜愠。天资好学，在宫中博览群书，祖宗宝训、实录，皆详阅数四。居常渊默不言，及侍臣讲读，则反复问难，无倦色。事宗庙尽孝，每荐享，必自庙门降辂，步至斋宫，虽盛暑，却伞扇不御。至神宗室，未尝不涕泗霑裳。奉三宫，竭诚均礼，友爱诸弟，无间言。宣仁升遐（去世），奸人肆为诬谤。上曰："先后（指高氏），妇人之尧、舜也。于社稷大计，圣意素定，特群小窃有窥度尔。"用事者假继述以胁持上下，言官请诛旧臣无虚日，上独罢激怒迎合之尤者，以警其余，修身养性。尝语辅臣："绍圣以来，论熙、丰善政、元祐弊事者，皆今日云尔，昔日宁有是言乎？"常宠奖宗室，王公耆寿而贤者，俾判大宗正事，以惇叙九族。有灾异，辄责躬罢宴游，以砥天戒。雨旸小差，必曲加询访，唯恐病民。若嘉雪应时，则喜动颜色。其忧民恤农如不及。有司请复免行钱，上曰："须从民愿，勿强也。"又命减宽剩，曰："朝廷安待此以佐邦用邪？"京师浚湟，役兵冒寒，遣使特加给赐。常戒密院省边事，曰："举动不可不审，当以生灵为意。"每行，见昆虫蝼蚁，未尝践履，盖仁厚出于天性云。尤善知人，灼见是非邪正，以照临百官中外，罔有遁情。如谓"嘉问、居厚辈诚不可用""留邢恕于朝，置周秩言路，必无安静之理"，皆切中隐愿。蔡卞荐常立为侍从，上曰："立诋神考，而卿荐之何也？"顾丞相惇曰："卿未见其语乎？"命中使就史官取立父秩行状，指"涂炭""必败"等语示之。惇、卞皆顿首谢，立坐是斥去。一时权臣欲遣使岭表置狱，连逮元祐之臣，欲尽诛之以快己意，率罢使不遣。惟一人英断是赖，用能致十有六年之间，天下晏然，民用康乂。追配祖宗，殆无愧辞。呜呼盛哉！

这段评价除了赞扬哲宗尊严、好学、孝悌、恤民等良好品行外，对哲宗时的大政方针少有涉及。《旧录》说哲宗曾用韬晦策略来对付高氏和元祐大臣，《新录》则说哲宗本人曾高度赞扬高氏是"妇人之尧舜"；《旧录》说哲宗勇于对西夏争战，《新录》则说哲宗恤战收兵；《旧录》说哲宗坚决清查元祐党人，《新录》则说这是新法派人士干的，哲宗本人曾替元祐党人讲话，还能洞察蔡卞之奸。南宋朝廷需要把北宋亡国的责任推给新法派，以王安石和蔡京做替罪羊，这样写可以理解，但真相如何，后人自有不同的看法。

向皇太后其人

钦圣宪肃向皇太后，是前朝宋真宗得力宰相向敏中的曾孙女、仁宗朝虞部郎中向经之女。神宗在潜邸时，她即嫁给神宗，封颖国夫人。治平四年春正月英宗崩，神宗即位，立为皇后。元丰八年三月神宗崩，哲宗即位，成了皇太后。

她是一位很不寻常的女姓，因受家族影响，有较高的文化修养。曾布曾说向太后的"手诏文词甚美，虽外廷词臣还比不上"，虽不免溢美，但可见她很有些文采。而向太后听了这话，却没沾沾自喜，只是谦虚地说："我一个妇道人家，"瞎"字也不识，怎生理会得它天下事。近因看边奏，见西夏"瞎征"名，方识瞎字。"

可见有自知之明，很低调。

徽宗曾说："皇太后聪明，自神宗时已与闻政事。"她与神宗之间有极深的感情，平常处理与御嫔间关系很得体，不产生别扭。自己回顾说，与神宗共同生活几十年未曾红脸争执过。长期受神宗熏陶，养成了有主见、善独断和思虑周全的政治风格。神宗病危时的风风雨雨中，她能努力与蔡确勾通，终于通过辅臣向神宗建议立储，而成功地克服高氏的犹豫与阻力，使儿子哲宗得以继位。当太皇太后高氏准备修理庆寿故宫让向太后居住时，她又能摸准高氏的脾性，识相地推让，说：

安有姑（公婆）居西而妇（媳妇）处东，渎乱了上下之分。

终以庆寿宫的后殿隆祐宫为居所，以示自己无意干政。哲宗初即位，向太后怕皇帝受人暗害，朝夕陪侍，连饮食都试于铜筷并亲尝。哲宗在元祐十年中能韬晦以自保，应是向太后和朱太妃背后指导的结果。绍圣中章惇和蔡卞怂恿哲宗废弃高氏的太皇太后名分，将重大损伤朝庭体面，幸得向太后与朱太妃出面阻止，没有酿成大事。

徽宗之立，是其独断的突出表现之一。据徽宗说："当时圣瑞（朱太妃）见哲宗病危，屡次靠在病榻旁催哲宗快做出继位决定，哲宗郁愤，至死不和她说话。"从而决定打破章惇、朱太妃等人的可能的串通勾结，决定立端王为帝。

徽宗令执政讨论向皇太后以何种礼仪垂帘听政。北宋建政以来，曾经发生了天圣、嘉祐、元丰三次垂帘听政。1022 年，宋真宗驾崩时，遗诏由皇太子赵祯即位，是为仁宗。赵祯时年 13 岁，便由刘皇太后垂帘听政。其年号"天圣"，拆字作"二人圣"，意为两个圣人共同执政；年号"明道"，意思就是"日月同辉"。嘉祐八年宋仁宗去世，赵曙即位，赵曙虽是成年长君，但即位之初，由于生病，便由曹太后来垂帘听政一段时间。再就是元丰八年神宗去世，哲宗十岁，高太后垂帘。其中刘、高两后听政时，都是皇帝幼小，太后与皇帝同御殿垂帘，朝廷把太后生日与皇帝生日同等立作诞节，遣使与辽国互贺皇帝和垂帘太后诞节，天下文书要避太后家讳。嘉祐八年曹太后垂帘那回，英宗已是长君，曹后只是临时垂帘，遂无与皇帝同殿听政、立诞节、与辽国互贺等待遇。

当时执政们很为难，按理应以曹后为例，规格远低于刘、高，但此事若由徽宗拿主意，估计皇帝不好做人，若报皇太后自己裁处，估计太后也不好说话。最后还是到太后帘前奏事，进呈了嘉祐故例，太后说："相公等裁定。"章惇等皆说："须禀告太后取旨。"太后又说："何不奏取官家指挥？"曾布说："刚才皇帝再三令禀奏皇太后取旨，兼此事是皇太后身分事，皇帝实难裁处。"章惇也说："是太后面分事。"太后于是很坦然地说："皇帝是长君，本不须听政，只是皇帝再三坚请，故且勉从。不久便当还政，所以只要如慈圣曹太后的规格甚好。"

于是决定向太后不必和皇上同殿听政。三省、枢密院先向皇帝奏事后，再到内东门向太后覆奏职事，其他百官不向太后奏事或上表章。执政们都为此感到轻松和佩服。为了向世人表明自己这回垂帘无意揽权，正月十四日，向太后手书付中书省说：

皇帝践祚之初，勉从勤请，非久便当退归房闼，除不御前后殿已指挥外，如回避家讳之类，都不要施行。

皇帝圣聪，本不须同听政，只为勤请，不得已从之。执政相公等必知此意，只恐天下人不知，将会骂我不懂道理，并取笑我呢，所以我降手诏，欲令中外知我本心，非欲参与政事啊！

解决了自己听政的礼仪问题后，向太后又提醒并指示章惇等人说："皇帝生母陈贵仪，应当追赠皇太妃。"章惇等愕然，方觉思虑所未及，唯唯奉诏。向太后又说：说"皇帝以申王为皇兄，要优加礼数，破格加封。"惇等皆说："圣意如此甚善，来日便进呈降制。"由此可见虑事周全。

向太后又与徽宗做出决定，大行皇帝哲宗刘皇后仍号元符皇后，宫殿并以元符为名。讨论此事时，曾布对徽宗说："太宗皇帝以弟继兄，即位后，处理太祖的孝章皇后礼数不够，受到后世批评，我们这回又是以弟继兄，处理哲宗皇后礼数当务从优厚。"徽宗说："太后亦知此事。"有人提出迁刘后居皇仪殿，皇太后说：

神宗在世时，每提到太平兴国时处理孝章皇后事为不妥，尝说"若使二哥（神宗弟岐王赵颢，宋代哥、姐称呼与现代不同，兄弟皆可称哥）继我为帝，你（向氏）即是孝章那种遭遇。"

向皇太后说到这里，想到元丰末神宗病危时，自己差点儿就是孝章皇后的遭遇，不由哭起来了。章惇也说："神宗也尝谕辅臣们，说太宗处理孝章事太薄。"读者诸君读到向太后此言，还会相信神宗病危时太皇太后高氏迟疑不立哲宗的事，只是空穴来风吗？

向太后又从处理哲宗刘后仍称"元符皇后"事，想到哲宗已废孟后，认为孟氏纵然有错，但废弃未免过分，也可能是考虑到当时废孟后、立刘后两件事上，新法反对派的人反应都非常激烈，以致邹浩等人受到哲宗过分处罚，所以决定恢复孟氏皇后名号以召和气，也是不枉婆媳相处一场。可见向太后处事与人为善。

向太后对徽宗说："哲宗废后时已有悔意，可恢复孟氏的哲宗皇后位。"元符三年五月九日，徽宗宣谕翰林学士承旨蔡京说：

> 废后在瑶华宫当道士，皇太后极所怜悯，今欲复其位号，召你来草制，用语须平凡，不可过当，恐彰显先帝之失。

蔡京说："臣曾草废后诏，今又草复后制，臣岂得无罪？未敢奉诏。"徽宗说：

> 向皇太后对我说，以前先帝既废后，亦有悔意，曾语与皇太后。今先帝上仙，追前意给她复位号，于理无嫌。

蔡京说："古无两后并存之例，今日若出于皇太后恩怜，理亦无妨，但有复必有废（意为复孟是否废刘），不知圣意如何？"徽宗说："元符皇后先帝所立，位号已定，岂可更废！"蔡京说：

> 圣意如此，天下幸甚。两后并存（孟后与刘后）有以见陛下尽兄弟之义，皇太后母爱之仁。

徽宗说："你于制词中可加入'三省经过讨论研究，不废元符皇后之号、无嫌两后并存'之意，使天下晓然知之。"京奉诏而退。

五月十日，蔡京草成《复孟后制》，宣：

> 朕绍述烈圣，承向太后东朝之训，施惠行仁，既已取信于大众，念今追往，又能敦睦于亲族。废后孟氏，出自勋门，嫁入王室，得罪先帝，退

处道宫，已有累年，还能恭行美德。向皇太后念哲宗仙逝远去，追抚前事，不胜悲情，对孟氏也深为怜悯，指示不必终身追废。而重申皇后的崇高名位，还复宫庭里面。现诏辅臣们，具依向皇太后指示审议。虽元符刘皇后建号，已正位于中宫；而永泰皇帝（哲宗）已去世，本无嫌于两后并存。啊！源情顾义，盖示亲亲之恩；克己慎身，宜成妇妇之道。其率循于懿范，以上答于深仁。往服茂恩，永膺多福。可复为元祐皇后。

遂以牛车把孟后载回宫中。

与对待自己和后族的低调和谨慎态度相反，向皇太后于大政方针决不含糊，当务之急是不让章惇再呆在大宰相的位置上。向太后对章惇的不满，其来久矣，绍圣、元符中报复元祐人士太甚，平日作风又过于强横，而且在端王即位一事上曾有异议，还能让他留下吗？怎么赶走章惇呢，曾布向她建议，把外放的元祐人士召回使用，放到台谏位置上，他们最恨章惇，定会拚命攻章惇，直到把他攻走！

42

章惇、蔡卞见斥

在徽宗即位之初的内阁会议上，章惇说："神宗皇帝留意政事，更张法度，为万世之利！"蔡卞说："臣等皆神宗拔擢，惟谨守神宗法度，以报神宗恩德，皇太后必尽知神宗政事本末！"章惇又说："神宗政事如此，元祐中间遭变乱，可为切齿！"向皇太后叹息。曾布说："我等首被神宗识拔，当时于政事、法度无所不与；神宗所擢人材，今日用之者皆是。"太后说："相公等皆是神宗旧臣，现在要更加用心辅佐官家（指徽宗）！"曾布说："臣在熙宁中，听说神宗披阅文字，常至深夜，左右未尝让美女侍候，以免分神，他是如此励精忧勤！"太后说："如今的官家生性勤笃，必能象神宗那样。"曾布说："这实在是宗社天下之福啊！"这段对话说明向太后与徽宗有意继承神宗遗志遗法，不似有些后人所说的要把朝政弄成"小元祐"。

但向太后和徽宗鉴于哲宗亲政后斥逐元祐人士太过分，而这些元祐之人又有着北方强宗巨党不可轻视的家族背景。他们还切实考虑了要把首相章惇排出朝廷的现实需要，决定一定程度上改变了绍圣、元符以来的用人方针和施政方向，采取了曾布调和两派、持平用中的意见。他们准备将新旧两党的激进人物都暂放一旁不用，以求朝廷内部团结，想努力造就一个

"法无新旧，便民则为利，人无彼此，当材则可用"的新局面。

向太后认为，新党方面的温和人物可用于执政的现成有曾布为主，而旧党方面，也要用较为温和名望又够大的人来当执政，首先考虑的是范纯仁，这个庆历新政主帅范仲淹的儿子，在元祐三年和八年分别两次担任过执政，名望高。又不似司马光、王岩叟、刘挚、梁焘等过激，曾在"元祐更化"尽废熙丰之政的政治大气候下，仍能保持清醒头脑。元祐元年四月，曾以国用不足为由，请得太皇太后高氏和司马光批准，恢复青苗法，但到八月又被极端保守派攻废。他不主张废除雇役法，劝司马老头应"熟议缓行，不然滋为民病"，还主张保留和改善保甲法。所以，用范纯仁作为旧党代表是向太后首选，可惜宣召时才知其人已双眼失明，病重不能成行了。

向太后认为旧党温和人物的其次代表人物是韩忠彦，可以委以重任。这是真宗、仁宗、神宗三朝头号重臣韩琦的儿子，官二代。元祐年间，韩忠彦知枢密院事，主张弃地。绍圣年间，因此降为资政殿学士，改知大名府。在元祐人士中较为温和，绍圣、元符中所受打击也较轻。徽宗即位后，韩忠彦先被除吏部尚书。二月庚申，召拜门下侍郎，将于大用。新法派给事中刘拯上本说：

韩忠彦乃是驸马都尉韩嘉彦之兄，按祖宗家法，外戚不宜执政。元祐中，他尝除尚书右丞，人们多有批评，以致改除枢密府。如今委以门下侍郎的执政重任，虽然人是不错，非其他外戚能比，然而，将来援此为例，臣恐将为敦爱外戚之人留下说话的余地，有妨祖宗家法。

徽宗却下诏说：

韩琦定策元勋，忠彦纯厚旧德，岂可以嘉彦之故，妨任勋贤，宜依已得指挥。

蔡卞对人说："韩忠彦乃帘中向太后所信。"四月初八，韩忠彦升尚书右仆射兼中书侍郎；十月初四，再升至尚书左仆射兼门下侍郎为正相。最终形成了以徽宗、向太后、左相韩忠彦、右相曾布的新的统治核心。

四月，还在世的元祐党人25人恢复职位，或减轻处分调回内地，已死的元祐党人33人归还遗表恩泽。朝廷下诏刘挚、梁焘并许归葬，刘挚、梁焘、王珪、吕大防、范祖禹、王岩叟、刘安世、朱光庭的儿子们并许叙复。朝廷再下诏撤销编类臣僚章疏局。

太后痛恨章惇。徽宗当然也恨章惇。元符三年二月，徽宗催促曾布尽快让邹浩恢复官职，徽宗说："邹浩从前攻击章惇最力，章疏都还在，章惇未必肯给办理。"曾布说："不如就由皇上批付三省，不必指名，但以大赦应牵复移叙之人，要三省速具姓名取旨，则必不敢缓也。"

一批新法反对派人士叙复入朝了，著名的炮筒子陈瓘、邹浩、任伯雨、陈次升、龚夬等人陆续进入台谏重地，原权发遣卫州的陈瓘任左正言，监袁州酒税邹浩任右正言，知洺州龚夬任殿中侍御史，开始和曾布协同作战，攻击当初反对端王继立的章惇和新党的激进人物蔡卞。

四月，陈瓘一上任就弹劾章惇"独宰政柄，首尾八年，迷国误朝，罪不可掩，天下怨怒，业归一身"。又说章惇"担任山陵使不称职，致使哲宗的灵车陷在泥中不能行走，露宿于野外"。章惇这时担任安葬哲宗的山陵使不在朝，早知在立端王事上失言，不能见容于向氏，已经提出辞职，这与元祐担任枢密使时凭人攻击而不提辞职不同，是不攻即开始辞了。陈瓘弹章中说：

先皇帝因病弃天下，陛下临御，海内讴歌，归于有德。皇太后顺其自然，倚成于天，躬定大策。而章惇于此时，意语乖倒。陛下以天地之德量，置其言于度外，不予计较，自古仁君宽仁大度，未有如陛下今日者也。臣则认为惇之求去是应该的，陛下不许他辞职加于挽留是错的。

陈瓘也想上章攻击蔡卞，先试探徽宗的口气，说："臣欲击蔡卞，然未敢。"徽宗问："何故？"陈瓘说："外间议论如把蔡卞攻走，向太后和你就要用蔡京执政，所以我就不敢；如果用蔡京，不如还是用蔡卞啊！"徽宗摇摇头说："无此意！"于是，陈瓘上章攻击蔡卞说：

神宗对待王安石，犹如古代成汤对待伊尹一样。而我朝自绍圣以来，以王安石之道自任，而愿为天下学者之师者，蔡卞一人而已矣。他痛斥流俗，力主国是，以不仕元祐为高节，以不习诗赋为贤士，一切以王安石为是。自认为身之出处，可以追配安石。而如今陛下施政持平，厌恶偏执一方，察流俗之可包容，知国是之当谨审，所以善述神宗之政，而能发扬哲宗之绪。蔡卞过去的偏执，与现在的朝政不合，道合则从，不合则去，此人臣之大节，正是王安石认为的贤者所为。今蔡卞的个人看法与朝廷不合，处在应该离朝而去的时节，凭什么迟回顾位，恋栈不去呢？王安石处理个人进退，似不如此！愿皇上以我的章疏给蔡卞看，让他自己决定该不该走。

在陈瓘带头下，龚夬、任伯雨等也纷纷开火，龚夬说："尚书左丞蔡卞，操心深险，赋性奸邪。始因阿附权臣章惇，致位二府；既而渐盗威福，中分国柄，公报私仇。不附己者，弃斥无余。只因为是王安石之婿，妄说他尽传安石之学，以欺朝廷。所以清议沸腾。伏望圣慈察其奸邪，断自宸衷，特行重黜，以慰天下之望，非独愚臣之私愿也。"陈瓘说："绍圣大臣负诬神考，轻欺先帝，皆托于继述之说。而倡此说者，尚书左丞蔡卞也！章惇前日所为，皆卞教之。卞以继述神宗为名，以纂绍安石为主，立私门之所好以为国是，夺宗庙之大美以归私史。"任伯雨说："卞之恶，有过于惇。如诬妄宣仁圣烈保祐之功，致元祐皇后疑似之罪；安惇作理诉所，而士大夫得罪者八百三十家；蹇序辰编排章疏，而语言被罪者数千人。先帝亲政六年，未尝有失，独此数事，皆卞为之。"

徽宗说："台谏攻卞已十余章，如何才能使蔡卞知道呢？"又说："只要对章惇说说，则蔡卞自知。"章惇令吴伯举把皇上的话转告蔡卞，蔡卞于是请辞求外放。对蔡卞动辄以神宗说事，徽宗和向太后均不满意。三月，朝廷任命上官均当台谏官员时，蔡卞说上官均元祐中诋毁神宗政事，徽宗很不高兴，对曾布说："渠（蔡卞）但所不喜，即以诋毁神宗为言。"曾布说："蔡卞门下士布满中外，如刘拯、蹇序辰、吕嘉问之徒，皆其上客，气焰不可向迩。"向太后表态："蔡卞如此，先贬黜不妨。"五月十九日，蔡卞罢尚书左丞，为资政殿学士知江宁府。制词说："左右执政之臣，朕所礼遇。……具官蔡卞从前擅长文学，被遇哲宗先帝。由侍从官擢拔为执政，参与朝政决策。工作多年，一直努力。我继位之初凡事仍与你商讨，以辅弼待你。现因一些人对你有意见，我决定让你辞去繁勤的执政，就任较为轻松一些的工作。这样决定是有理由可察的，但你我的君臣之谊仍然还在。让你保留资政殿学士的崇高儒士之班，付你治理江宁府的牧民之寄。你的工作岗位虽然不在朝内，而在朝外了，但都是重要的工作。服从我的安排，不要辜负这一异恩。"从制词看，蔡卞此次外任，徽宗对他还是客气的。

因为蔡卞调动工作，王安石的遗孀、蔡卞的丈母娘吴氏请皇帝收回赐给她的京城住宅，得到批准，就跟着女婿去江宁了，不久朝廷又在江宁府给她安排了住宅。后因陈瓘继续论奏，蔡卞遂以太中大夫、守少府少监、分司南京、太平州居住。而侍御史陈次升、右正言张庭坚尚交疏攻之不已，遂降授中大夫，移池州居住。蔡卞贬黜，这是曾布削弱章惇、蔡卞势力的第一步，向太后对此也是同意的。九月甲申，知江宁蔡卞落职提举洞霄宫，太平州居住，十一月移池州居住。

章惇先后五次上表请求辞去政务，徽宗说："朕不欲用定策事贬章惇，但以扈从灵驾不职加罪于他。"哲宗下葬后，九月初一，章惇以"扈从灵驾没有尽职"被罢去尚书左仆射兼门下侍郎职务，以特进、改任越州知州。制词是翰林学士承旨蔡京所作，制词中有章惇曾经"参陪国是"的肯定之语，陈瓘大为不满。

陈瓘、李清臣等人认为这样对章惇的"责罚太轻"，又提出"章惇在绍圣年间设立审查元祐诉状局"，编类元祐党人章疏，对元祐党人施以残酷刑罚与贬窜，受害者一千余家，应当加重论处，十月初三，章惇遂被贬为武昌军节度副使，并罚令潭州安置。中书舍人徐勣所作责词也相当严厉，说章惇"依势作威，法所不赦；怀奸迷国，罪何可逃？要给予足够刑罚，方可为臣之戒。具官章惇处心狭猛残忍，赋性阴邪。凡说出开导皇帝的话，无非杀伐之事。阴挟仇怨，妄肆中伤。或称有人图谋危害皇上，或托辞有人谤讪宗庙。摈除禁从近臣，视若猪狗般加于驱赶；排斥缙绅大员，弃之如断梗浮萍。常把人投之荒裔，不肯让他们有生还之日！杀戮无辜，道路以目。造成朝廷不和谐气氛，连年不得安宁。自古奸臣，未有跟你比的！"最后，章惇被责授雷州司户参军。

43

向太后坚决庇护蔡京

哲宗亲政后，所用章惇、蔡卞、曾布三个新党头面人物中，章惇较为骄横跋扈，蔡卞一切以王安石既有政策而判是非，很有些固执。曾布则较为温和，但显有投机心理且气量窄。曾布迎合向太后和徽宗，首倡调和新旧两党的论调，得到太后和新皇认同，知道章惇和蔡卞很快就得走人。新入朝的韩忠彦为人忠厚，虽很得太后信任，但本领小。所以，曾布认为，这大宰相的位子不要很久，就该轮到自己了。可是，曾布有个心头之患，就是蔡京。蔡京的本事比自己大很多，哲宗亲政时，只是由于弟弟蔡卞已为尚书左丞，兄弟不宜同为执政的原因，才放在执政圈子外边当个翰林学士承旨。但往往在朝廷重大决策讨论时，蔡京的意见举足轻重。这点哲宗心中非常明白，据徽宗多年后回忆所说，他的哥哥哲宗曾多次对他说过："蔡京有本事，被章惇嫉妒着，不得重用。"蔡京若不赶走，这大宰相的位子能否到手，曾布还真的心中不踏实呢！

早在徽宗刚刚继位一个多月的元符三年三月，台谏们攻击章惇和蔡卞的行动还没展开，曾布就找到机会，要把蔡京弄出朝去。那时，有个名叫郭知章的官员安排好知太原府，先要入朝见皇帝面对，然后赴职。韩忠彦和郭知章要好，要照顾他，留在朝廷工作。韩忠彦就私下与曾布商量，想留下知章，以蔡京去知太原。黄履也赞成，三月十八日，一起去皇帝那儿进呈。"曾布先说："河东（即太原）久缺帅，乞派贺知章陛辞后赴任。"韩忠彦遂说："知章嘛，初次担任边帅，岂可付以河东？河东面对西线夏人，事体重要，要从作过边帅，知悉边事的人才可前往啊。"曾布当的是知枢密院的官，主管兵事，说："我非不知此，但无人可差，故且暂定以知章充选。"蔡卞不知曾、韩是串通好的，还说："是啊，自来须用曾经在河北作边帅的人。"于是，曾布说："按旧例，须用做过宰相或两府的人。现在皇帝身边的从官如吴居厚、安惇皆不曾作过边帅，蒋之奇做过，但新自边境才调回来，不好再叫他去吧？"忠彦才摊出底牌："如此，只有蔡京去！"徽宗当皇帝没几天，不知他们葫芦卖什么药，只是问大家："你们都以为如何？"曾布说："去太原免不了辛苦啊，若令蔡京去，须在职名上给予优待。"章惇也因蔡京名望比他好，巴不得蔡京走，说："蔡京现为承旨，自当给个端明殿的职名。"曾布说："兼两个殿学士的职名也无妨。"蔡卞这才明白了他们本意是弄走哥哥呢，说："蒋之奇曾经做过边帅，不是也可让他去？"许将也说："朝廷正缺人，不如叫贺知章去太原。"皇帝说："就让他去。"许将又说："且让贺知章去。"曾布加重语气说："不知圣旨是且让贺知章去，还是让蔡京去呢？"没等皇帝回答，章惇就果断地说："蔡京！"曾布紧接着说："如此，则起草圣旨吧！"

徽宗也来不及细想，蔡京知太原府的事就定下了，给了他两个殿职名，"端明殿学士兼龙图阁学士"，够优待了吧。事后，蔡卞再去见徽宗，说："吾兄接旨后不敢马上辞行，认为是平常论事屡与现在的宰相有冲突，以致被宰相所逐。"话说到这份上，徽宗不好回答，所以不答。

但随之"太后不胜其怒"，蔡京未赴太原任，徽宗即有旨蔡京复职学士翰林承旨，留在朝廷。曾布不肯让如意算盘落空，找到徽宗面前说："京卞怀奸害政，善良正派人不愿与之并立！"话也说绝了，徽宗不好说什么，只好安慰他："太后想让蔡京先把神宗国史修完再说呢。"曾布又到太后帘前去争辩。关于曾布与向太后的这场对话，以南宋陈均《皇朝编年纲目备要》所载最为详尽，意译如下：

及至帘前，以京事开陈，帘中毅然不可夺。曾布说："如此臣不敢安心工作！"太后说："留下蔡京写神宗史，干枢密你什么事呢？"曾布说："君子小人，不可同处。臣在哲宗先朝尝有去意，今日以太后听政，皇帝践祚，政事皆合人心，因此，也想再为朝廷竭力。蔡京的事这样变化，我何可安？"太后说："朝廷政事没变，只是让蔡京做翰林学士，了却神宗史！"

曾布认为赶走蔡京符合调和新旧两党的既定方针，以辞职相要挟。向太后的态度非常坚定，任凭曾布怎样费口舌，都改变不了她的主意。曾布坚持力陈不已，说个没完，太后说："且奈辛苦！"意思是说你也说得够累了，请他别说了退下。当臣子的都明白，主子对臣子说"且奈辛苦"，也就是不想听下去了，可曾布还说："臣为朝廷分别邪正，此事关系重大！"眼看着宫中已报"辰正"牌，这早朝到了九点了，最后，太后不得不放话："日色已晚！"意思是我也该下班了吧。这才把曾布打发走了。

其实，蔡京在向太后的眼中是个很能干又不像章惇和蔡卞那么激进的新党，蔡京审理同文狱，不顺着章惇、蔡卞甚至火气正旺的哲宗的意旨，不对刘挚、梁焘等深文周纳，不用刑逼供，有息事宁人之意，以至没有查出高太后和元祐大臣们废黜哲宗的实际行动，使此事由大化小，不了了之，使向太后可以果断有力地阻止了哲宗废黜太皇太后高氏的进程。可能蔡京正是向太后心中将来的执政人选。

致于徽宗，本来就对蔡京的书法情有独钟，还是端王时，就曾高价收买蔡京不经意写给两个仆役的字画。在入宫路上常见到正在下班路上的蔡京长子蔡攸，听人说是蔡承旨的儿子，就对蔡攸有了好感，即位后加以使用。史书上写了太后不让蔡京知太原的事后，就说那时徽宗未有赶走蔡京之意，而蔡京因起草诏书得进见徽宗，数次在皇帝面前说起应继述先帝的新法事业，徽宗摇手示京说："你讲的我能理解，只是现在母后之意未听，你姑且等着吧！"

这时有旨命蔡京校对《五朝宝训》，以备在经筵上为皇帝宣讲，殿中侍御史龚夬说："祖宗宝训过去进读过了，现在要蔡京去校对，我担心他会添入自己之意，以误圣学。"蔡京说："太祖、太宗、真宗、仁宗、英宗的《五朝宝训》，我是不敢改动的，但要增加神宗事迹，以成《六朝宝训》。"朝廷批准了蔡京的意见。

六月中，龚夬上殿论蔡京罪状，徽宗很不高兴地说："夬所陈，皆曾布之语也。"龚夬被皇帝指责做了曾布的传声筒，只好自辨一番，遂请外放。龚夬背后劝曾布：

你对蔡京的议论，皇帝周围的人极不乐（可能暗指太后），听说有"无震主之功，却有震主之威"之语，说你呢。最好不要再说蔡京的事吧！

还说："韩忠彦、李清臣皆皇上亲擢，尚且退缩不说蔡京了，你又何必呢，但收起不讲就没事了。"又说："陈瓘亲闻皇上对他提到，曾布与内监刘友端尝共事。"曾布有些吃惊，说：

我当年帅河东，刘友端作走马（类似皇帝联络员），同官三年，固然有些要好，等到他成为皇帝亲近之人后，我未尝与之接触，他后来的职事，亦无与我西府（枢密使）相干者。皇帝指责他乱搞修造土木事，皆相府三省所行，我未尝与他有交通之迹。我曾布若能与刘友端交通，绍圣、元符中早就当上宰相了。

旧党人士范纯礼也对曾布说："皇上有所含蓄，恐怕太后撤帘后必更有所为啊！"曾布趁机问韩忠彦："外头议论喧然，说某人（指蔡京）在皇上那里多有谗潜，你跟皇上靠近，听到皇上对我有所批评吗？"忠彦说："没有。"曾布又叫弟弟曾肇请忠彦告于实情，忠彦说："哎，多方以言探试上意，恐有所疑，真没有啦。"又说："从前我在外多年，能召还重用，都是你家曾布使力，何敢隐瞒啊！"

八月，蔡京奏请建造景灵西宫，以安放神宗的神案，而以哲宗的神案置于神宗之后。原先没有放置神宗神案的独立宫殿，而居于英宗之后殿。

哲宗崩，又没了放置哲宗神案的地方。蔡京说："新殿若在原先神殿的宫东兴建，迫于民居难展开，宜即在原有神殿御道对面建西宫，首奉神宗神案，而哲宗次之。"右仆射韩忠彦以下执政们都同意请建，徽宗下诏恭依，且命户部尚书李南公总其役。九月初一，章惇外放，制词也是翰林学士承旨蔡京所作，可见虽然五月十九日蔡卞已外放，这几个月蔡京仍在正常工作，不受出知太原事件的影响。

44

太后提前还政，蔡京终于出朝

向皇太后原定于哲宗葬礼完成附庙即撤帘，罢同听断国事，考虑到大局已经安定且自己健康不好，更总觉得垂帘于年长成君，将来史书不好交待，社会舆论会吃不消。历史资料记载，这位出身名门的太后极其爱惜她的宰相祖先和自己的声誉，有如鸟雀之爱羽毛，决定提前还政。

六月二十八日，太后手书付三省说："我德薄，决不敢象从前明肃、宣仁两位太后那样称制终身，所以我时时以前代称制终身之失误为鉴戒。自同听断以来，朝夕惶恐，日计一日，巴不得早点撤帘。只是皇帝以大行哲宗山陵事重为请，故答应他等候葬事完成，祔庙礼毕，即退处后宫。今皇帝圣智日增，万务益习，仁明睿断，裁决中理，海隅苍生，咸被德泽。我实感欣慰，再无顾虑。何况山陵营奉也近就绪，灵椁引发有期。我若不知退止，岂不蹈古人所戒？而失周公到成王长成即还政养退的古训吗？可不必等到祔庙，只到灵驾发引那天即行撤帘，罢同听断。布告中外，咸使闻知。"

太后对执政们说：

皇帝盛年圣聪，本不须同听政，但因他再三坚持，我不得已从他所请。我祖父先丞相（向敏中）最被真宗皇帝信任，先真宗一年去世，来不及参与策立仁宗，你等相公皆知先丞相事业的吧。我父亲（向经）曾说过：曹太后慈圣有盛德，但一事不好，就是英宗病时她垂帘听政，以后还政给英宗有些太迟。我至今记得此语，一直心里不自在。现在提前还政，才算不违父教，不辱先相门风。俗话说："被杀不如自杀！"难不成还等什么时候才退，让他人有言语相逼后才还政吗？何如先自处置为善呢！

七月初一，太后撤帘还政。太后撤帘后，曾布和台谏们认为保护蔡京的靠山没了，又掀起新一轮攻击蔡京的高潮。

首先是御史中丞丰稷、殿中侍御史陈师锡奏言：

翰林学士承旨蔡京，资政殿学士、知江宁府蔡卞（此时蔡卞知江宁），奸邪狠愎，兄弟同恶，迷国误朝，为害甚大。卞虽去位，尚窃要职，玷污名邦。京安然在职，认为朝廷无识其奸，还在日夜交纳内侍和外戚，以求大用。中外见陛下容忍且留下蔡京，都说朝廷果有大用蔡京之意。蔡京好大喜功，锐于改作，若果大用，必须妄作，变乱旧政，天下治乱自此分矣，祖宗基业自此堕矣！

又说蔡京在哲宗时审查同文狱案，欲灭刘挚之族，但徽宗即位后改正此案之时，又"自谓有究治平反之功，欲使天下皆谓哲宗有滥诛之意，而京有及物之仁，归过于先烈，卖祸于惇、卞，为自安之计"。

更为严重的是他攻击"蔡京身为禁从，外结后族，交缔东朝（指向后）"，向太后家人"向宗良、宗回亦阴为京游扬，进列要路，是皆国之患。若黜京等于外，则间言不入于慈闱，圣虑可忘于忧患，实宗社之福也"。

九月十五日，右司谏陈瓘上奏："向宗良兄弟（向太后兄弟），交通宾客，漏泄机密，陛下知之乎？皇太后知之乎？宗良兄弟，依倚国恩，凭藉慈荫，夸有目前之荣盛，不念倚仗之可畏，所与游者，连及侍从，希宠之士，愿出其门。遂使物议藉藉。或者以为万机之事，黜陟差除，皇太后至今还在参与国政。"

十六日，御史中丞丰稷也上疏要求向太后"诫敕外家"，说："今宗良等内外交通，迹状甚明；蔡京交结之迹，天下所共知也。蔡京作向太后亲叔向綽墓志时写道："吾（向綽）平生与士大夫交游，无如承旨蔡公与我最深厚。"蔡京身为从官，而与外戚相厚，书于碑刻，以自矜夸，证据确凿。如此之类，非止一事而已。又京与弟卞久在朝廷，同恶相济。卞则出矣，京则牢不可拔，还自己认为执政的位子可以决取。人皆传说蔡京因慈云寺事得与内侍裴彦臣交结，外议讻讻，众所知也。"

蔡京在神宗朝知开封府时，曾为向家在墓园中建慈云寺的征地事上有过帮助。写墓志铭的人一般都说与墓主交厚，其实都很正常，没有见不得人的事。爱惜名誉的向太后被无端泼了一头污水，又是"纵容外家"，又是"撤了帘还在干政"，其愤怒心情可想而知。《宋编年通鉴》追记说：

太后闻之大怒，至哭泣不食。

一生屡历风波的老太后竟又哭又不吃饭，徽宗一再下跪，说定要贬去陈瓘，为太后消气，而太后怒犹未解。左右近习，有的对徽宗说只有擢拔蔡京当执政，庶可解太后之怒，旁边侍臣皆莫敢言。

第二天，徽宗作出批示：

陈瓘累言皇太后尚在参与国事，其言多虚诞不根，可送吏部与合入差遣，降职使用。

韩忠彦、曾布主持的三省请给陈瓘做一个小郡的长官，皇上坚持不可，乃给了一个添差监扬州粮料院的小小职务。

这事闹到如此之大，没有史料直接披露太后母子俩私下对形势如何评估，对回朝的元祐人士的意气用事如何认识，对一手操作这一事件的曾布还值得多大信任。过了几天，太后的气平息了，按照宋朝优待台谏的传统，徽宗给陈瓘改知无为军。太后鉴以目前朝中反对蔡京的势力较大，也作了让步，对徽宗说："若是他们这帮人还在纠缠不休，也就让蔡京外放吧。"

这时永兴军（长安，今西安）缺长帅，徽宗想派蔡京去，韩忠彦表示赞成。有人说："先前派他去河东时准备给他两个学士职名。"皇上说："给他吧。"韩忠彦说："长安与河东不同，河东责任重，长安比较轻松，而且现在又揭发了一些蔡京的罪状出来，最好只给端明殿学士一个职名。"皇上说："好。"曾布高兴地说："蔡京之出，天下人一同喜欢。"十月初三，蔡京以端明殿学士出知永兴军。而丰稷罢言职，被任命为工部尚书。

笔者饭后茶余、睡前起早乱翻一通史书，不经意间觅得以上几条向太后庇护蔡京的史料，颇为生动，收入书中。心想，一些学者认为向太后是这一时期"元祐保守党的总后台"，新法在此时又被"否定"掉，这样的看法不一定对。从许多史料综合看来，向太后的娘家，从前神宗新法开始时虽反对过新法中的一项，但作为神宗的妻子，这时还是与徽宗一起探索一条既能使神宗的新法得到适当继承改善，又能使两派人士和衷共济的路子。结果，元祐党人的死缠烂打使这一路线黯然失色，后来徽宗不得不回到其兄哲宗所持的单方面支持新党的做法上。有一位宋史学家认为："从这个意义上说，旧党集团于崇宁中再遭禁锢，是自我作践的结果，咎由自取。"

若不这样看，则何以解释向太后在神宗去世前后为儿子的继位忧心忡忡，何以解释哲宗继位后小心翼翼，何以解释哲宗亲政后咄咄逼人，何以解释太后对蔡京全力庇护，何以解释蔡京这次被贬出后不久即回朝任相呢？

章惇、蔡京、蔡卞均被挤出去以后，元符三年十月初九，以韩忠彦为尚书左仆射，曾布为尚书右仆射，二人并相。徽宗与向后的本意是继续神宗、哲宗的革新事业，所以在新党头面人物外放后，元符三年十月，徽宗下了一道"绍述诏"，仍然打着继承神宗的旗号，声明强调他为政的根本是为了"成朕继志述事之美"，警告不得"以曲学偏见，要意改作妨功，扰政以害吾国是！"明年改元"建中靖国"，表示"本中和而立政"，明确要求两党成员消除成见。

十一月，蔡京改知江宁府，侍御史陈次升奏："新除端明殿学士、知江宁府蔡京，过去在翰苑倚势作奸，自从安排他当边帅，即怀怨望。臣僚屡有弹奏，不蒙显谪。今除知江宁府，仍领端明殿之职，采之众论，谓京负朝廷至深，朝廷待京何厚！伏望重行黜责，以示至公。"

宰辅们说，蔡京和蔡卞贬责都太轻，于是，朝廷诏蔡京落端明殿学士，提举杭州洞霄宫。正议大夫、提举洞霄宫蔡卞再降为太中大夫，守少府少监，分司南京，依旧太平州居住。

45

调和路线失败，曾布引火烧身

徽宗虽然下了"绍述诏"，强调他为政的根本是为了"成朕继志述事之美"，警告不得"以曲学偏见，要意改作妨功，扰政以害吾国是！"明确要求两党成员消除成见，表示"本中和而立政"。但回朝的元祐党人并不肯接受朝廷建中靖国的良好意愿，一味"是元祐而非熙、丰"，攻逐新党，引起徽宗的强烈反感。

建中靖国元年正月十三，向太后去世，徽宗独揽朝纲。虽然年号是建中靖国，但徽宗已认识到回朝的元祐人士多是意气用事之徒，而他自己绍述新法的态度已明。这时曾布为皇太后山陵使，赵挺之为仪仗使。在出葬路上，曾布从随行宦官刘瑗口中了解到徽宗继承神宗新法的坚定想法后，即授意手下大臣赵挺之"建议绍述以合上意"。

而左正言任伯雨继续攻击已经潭州安置的章惇，说他："长久窃取宰相权柄，迷乱国政，欺罔皇上，毒害缙绅大臣。乘哲宗先帝变故仓卒，辄逞异志。如果其计得行，将置陛下与皇太后于何地！若饶恕他而不诛，则天下大义不明，大法不立矣。我听从辽国来的北使说："去年辽主正在吃饭时，闻中国罢黜章惇，放下筷子站起来，称善再三，说大宋南朝错用此人。"北使又问："为何才处理得这么轻?"以此观之，不独国人皆曰可杀，虽敌国莫不以为可杀也。"

任伯雨八上弹章，徽宗还是不想加大对章惇的处罚，台谏陈瓘、陈次升等纷纷出面反复论奏，徽宗只好下诏章惇责授雷州司户参军。

任伯雨又言蔡卞恶甚于章惇，陈其大罪有六：

诬罔宣仁保佑之功，欲行追废，一也；凡绍圣以来窜逐臣僚，皆卞启而后行，二也；宫中厌胜事作，卞乞披庭置狱，只遣内臣推治，皇后以是得罪，三也；编排元祐章疏，被罪者数千人，议自卞出，四也；激怒哲宗，致邹浩远谪，又请治其亲故送行之罪，五也；塞序辰建看详诉理之议，惇迟疑未应，卞以二心之言胁之，惇即日置局，士大夫得罪者八百三十家，六也。卞阴狡险贼，恶机滔天，门生故吏，遍满中外，今虽薄责，犹如在朝，人人惴恐，不敢回心向善。朝廷邪正是非不得分别，驯致不已，奸人复进，天下安危，殆未可保也。

奏入，徽宗不予理睬。

半年之间，任伯雨凡上一百八疏，徽宗私下劝他少说，他却抗论愈加激烈。他又反对曾布调和元祐、绍圣之人的倡议，说："人才固然不当分党派，然自古未有君子小人杂然并进，可以达到国家大治的。君子易退，小人难退，二者并用，终于君子自去，小人犹留。"曾布觉察到他正准备进一步弹劾自己，赶快把他调出台谏，去当度支员外郎。

徽宗对曾布说："近来所擢拔的言事官，多为绍圣中丢失官职的人，恐怀忿心，议论或过当，卿等可把我这话说给他们，让他们不要说过头话。"曾布说："宰执与言事官没有正当理由是不相见的，因此我身为宰执，无法传达你的这层意思。"徽宗说："他们以前多是你所提拔的呢，难道不能叫人说给他们知道吗？"曾布唯唯点头。

四月十二，曾布以任山陵使将出，留对，说："人们议论，以为臣出使之后，必有合谋并力来倾摇我的人，愿陛下留意。"皇上说："此辈待人如此，岂有此理呢！"

果然，朝中元祐人开始百般攻讦首倡调和论调的曾布。曾布回朝后，右司谏陈祐累章弹劾曾布自山陵还朝，不主动乞请外放，说："山陵使从来号为凶相，治平中韩琦、元丰中王珪还朝不去，其后有臣子不忍言者。"又说："布有当去者三：一，自山陵还；二，路上不紧跟太后神主，独自腰舆而行；三，陵事完成不当先与属官推恩。"

弹章都被徽宗留中不发给三省，陈祐就把屡次弹章直接缴申三省。于是，曾布不赴朝参见，六月十五，徽宗责陈祐通判滁州，将其外放。

过两日，左谏议大夫陈次升对，有剳子救陈祐，皇帝不答复。而右司谏江公望又奏说此事，皇帝说："陈祐欲逐曾布，引李清臣为相，如此何可容他？"公望激烈反驳："陛下临御以来，撤了三个言官，逐了七个谏臣。今陈祐揭发宰相过失，自是他份内职事，岂可便说他有异意啊！"

江公望又上疏说：

自哲宗先帝有绍述之意，辅政非人，以献媚的为自己人，忠于国君的为异己，借威权以报私隙，使天下骚然，泰陵（哲宗）不得尽继述之美。元祐人才，本皆出于熙、丰培养而成，遭绍圣窜逐之后，存者无几矣。神宗与元祐之臣，本来就没有射钩斩袂的过节，哲宗先帝信仇人而黜责他们。陛下若把一些人看成元祐一伙，则必有元丰、绍圣一伙成了对头，有对头而党争兴，党争则各党复立矣。陛下改元诏旨中，声称本中和而立政，皇天后土都听到啦，今若自己违背了，奈皇天后土何！

语气很不轻。

死活跟曾布硬磕的，是陈瓘，此时已调回台谏，当初推荐他当左右司谏的，正是曾布自己。陈瓘献上两本书给皇帝，《日录辨》和《国用须知》，说曾布有两大罪，一是在绍圣时主张以王安石《日录》修改《神宗实录》，《日录辨》中列举了陈瓘自己所认为的不实之处，说此书"乃人臣私录之书，非朝廷之典也"。而绍圣中是今宰相曾布请以《日录》降付史院，"事之乖缪，无大于此者"。

再一罪状是，在哲宗亲政期间一直主张对西夏用兵，耗尽了神宗时的国库，以《国用须知》为证。陈瓘上书前先到曾布家中预告，说：

阁下于瓘有荐进之恩，瓘不敢负，现在弹劾你是冀有补于你。若阁下不察其心，拒而不受，则今日之言，谓之负恩可也。

曾布读完陈瓘奏章，争辩了好一会儿。瓘色不变，慢慢起立说："刚才所论都是国事，是非有公议，你不要暴跳如雷，失了待国士之礼呢！"曾布矍然改容，气极。

第二天，陈瓘奏书上呈，徽宗看着曾布说："有如此报答恩人的吗？"曾布委屈地说："臣绍圣初，在史院不及两月，以元祐所修《神宗实录》者，大量引用司马光《日记》、《杂录》，或只是得之传闻，或只是得之宾客；而王安石有《日录》，皆君臣对面问答之语，我请求取王安石《日录》，付史院照对编修《神宗实录》，此乃至公之论。其后绍圣负责重修《神宗实录》的人，乃是章惇和蔡卞，今提举史院乃是韩忠彦。而陈瓘说我尊私史，厌宗庙，不知他怎么想的。神宗理财，虽累岁用兵，而战争所至，府库仍然充积。元祐中，非理耗散，又有出无入，故仓库为之一空。现在陈瓘说我坏了三十年根本之计，恐怕不公道吧！"

皇帝说：

卿一向荐引陈瓘，当时你推荐他当左右司谏，朕说不可。今日如何？

曾布愧谢。而左相韩忠彦等说："陈瓘必须外放，让他做一个知州吧。"皇帝起初不愿意，令重责陈瓘，忠彦及陆佃皆说："陈瓘言诚过份，当事人曾布却能容忍陈瓘呢！"于是，陈瓘出知泰州。中书舍人邹浩、右谏议大夫陈次升皆乞留下陈瓘，徽宗不从。

从前，曾布的弟弟翰林学士曾肇，因哥哥当右相，引嫌出知陈州，写信对曾布说：

兄与章惇异议，众所共知。绍圣、元符间，章惇、蔡卞排挤你，无所不用其极。今兄刚得到皇帝信任，正当引用善人，扶助正道，以杜绝惇、卞复起的可能。而数月以来，元祐派的端人吉士，相继出朝，现在所进用的辅臣、从官、台谏者，皆是尝服事过章惇、蔡卞的人。一旦形势与今日不同，彼等必首引惇、卞以为固位计。曾氏之祸，其可逃邪！最近看来皇帝的意向有所转移，小人们的气势有所增长。以后即使惇、卞未至，只要蔡京上台了，一蔡京足以顶惇、卞二个，思之可为寒心。

曾布不以为然，答曾肇书说："我曾布自熙宁来到朝廷，至今时事屡变，唯有我在熙宁、元丰时，不完全跟新法派站一起，故能免元祐之贬斥；唯有我在元祐时不完全附会元祐人士，故能在绍圣时免去元祐大臣所受创伤。我的处世其实粗有义理，恐未至给我们家族带来灾祸吧。"

但过了一段时间，曾布大受攻击，又在写给其弟曾肇的家信中忧心忡忡地说：

"元祐之人持偏如故，凡议论于上前，无非是元祐而非熙、丰，以致皇上愤郁，厌恶日增。"元祐之人又把不能为所欲为的责任归咎右相曾布，要驱逐曾布出朝廷，"上（皇帝）意益以不平"，曾布信中又说：

布朝去此，则京（蔡京）辈暮至矣！于斯时也，元祐之人蹈复辙而不已者，其可为痛心恸哭也！

他明确地预见到蔡京复出的前景：

废兴莫不有命，使京、卞辈时至命通，非常安民（常为一元祐党人）所能除，亦非稷、易（二元祐党人）之徒所能御也，此乃至理！

46

蔡京操演大榜书

却说元符三年九月，蔡京在曾布和回朝的众元祐派台谏们联合攻击下，失势出朝知永兴。十一月，又改知江宁府，再被劾，落去端明殿学士职名，只得个提举杭州洞霄宫的挂名祠职，怏怏东下江南。但他若想想向太后对他的公开庇护和徽宗"姑且待之"的吩咐，则心情不至太差。据蔡絛《铁围山丛谈》所载，在今江苏仪征长江边的亭子下，就发生了一个蔡京书法大表演的故事，自古至今脍炙人口。蔡絛写道："元符末，鲁公（即蔡京）自翰林院谪居祠职，因东下江南，拟在仪真（即今仪征）找房子住下来，他在长江沿岸徘徊久之，叫船夫把船停在岸边的亭子下。书法家米元章、词家贺方回得到消息，就来拜见，正在热烈地讨论书法和诗词，一个"恶客"闯了过来，古人所说"恶客"，大体是指那种不太受欢迎之客，或是较为粗鄙、不大讲理之人。

这恶客竟然对三位当世顶端大学者说："蔡承旨写的大字，举世无双。然而我私下以为，不过是先写成小字，然后，依靠灯光烛影的办法加于放大，再描下来成为大字的，不然，难道你能拿得动如椽子般大的毛笔，才写得出那么大的很好看的字吗？"

这恶客看来对光的直线行进和小孔成像的物理学有所了解。我国很早就利用光的这一性质，发明了皮影戏。用纸剪的人、物在白幕后表演，并且用光照射，人、物的影像就映在白幕上。随物距的大小变动，像的大小也会有成倍的变化。恶客认为蔡京的大字不是用特大的笔来"真"写，而是利用灯光烛影的办法，放大后的"描"写而已，是"假"写。

蔡京笑着对恶客说："让我当面写给你看看吧！"米元章、贺方回两位大喜，说："难得啊，可以一睹蔡君的特大号榜书大表演了！"米芾字元章，是当时全国头号大书法家和画家，贺铸字方回，是当时全国头号大词家，都是蔡京好友，有两位助阵，蔡京也来劲了，命仆役磨墨侍候，在桌上铺下两张大幅"澄心堂"宣纸。许多人围着看稀奇。

左右传呼："取公大笔来！"就看见一个仆役抱出一个巨大的笔筒，有笔六七枝，大如椽臂，三人已愕然相视。蔡京乃徐徐调笔而操之，看着恶客微笑，问："客官要我写什么字呢？"恶客即拱手而答："某愿作'龟山'两字啊。"蔡京低头，一挥而成，观者莫不称绝叹息。

墨才干，贺方回忽然向蔡京打了一个长揖，卷起宣纸就急急离开亭子走掉。于是，米元章大怒，由此二人绝交好多天不来往。后来，两人和解了，商量好把蔡京的这两个字在龟山寺刻石，米芾自己题书其侧，曰"山阴（今绍兴，贺铸籍贯）贺铸刻石。

蔡絛在讲完这一故事后，自豪地说："故鲁公大字，自唐人以来，至今独为第一。"

北宋《宣和书谱》对蔡京所书"龟山"两字大榜书大加赞扬说：

（蔡京）本朝题榜不可胜计，作"龟山"二字，盘结壮（庄）重，笔力遒劲，巍巍若巨鳌之戴昆仑，翩翩如大鹏之翻溟海，识与不识，见者莫不耸动，斯亦一时之壮观也。

可见蔡京大字榜书独树一帜，此方石刻名扬四海。

蔡絛《铁围山丛谈》另有一则蔡京书法的逸闻："绍圣间，天下号能书者，没有比鲁公更高明的了。公在北门翰林院的办公室中，有执役亲事官二人，对蔡京的服务挺周到的，夏天热，两人就各自购置了白团扇，为蔡京扇凉。蔡京觉得受用，心里喜欢他们，就在两把扇子上各题写杜甫的诗句一联。不数日，两位执役忽衣戴新楚，喜气充满了蔡京的办公室。问他们哪来的钱买好衣服？他们回答：某亲王出二万钱把扇子买走了，发了财呢！这位亲王就是后来的徽宗。宣和初，徽宗在保和殿曲宴群臣，提起这事，对蔡京说："从前的那两把扇子，如今还尚收藏在御府当宝贝呢！"

蔡京学习书法的理想是在"晋韵唐法"的基础上进行创新，他有机会向同时期的书法大家蔡襄、苏轼、米芾、徽宗等人学习交流，又长期接触和整理御府所藏各代名家书迹。蔡京是中国北宋官刻丛帖《大观帖》的整理装裱活动的带头人，奉旨书写帖内的款识标题。蔡京的书法发展出具有自己"姿媚""飘逸"的个性。

蔡京、蔡卞和蔡襄三人，是宋代最著名的书法家，对蔡京书法的赞扬不但出自《宣和书谱》，还出于北宋米芾等其他书法家之口。后世认为北宋有四大书法家苏、黄、米、蔡。"蔡"这里指蔡襄或蔡京，屡起争论。有的人以蔡襄书法在宋时即屡有名人称其为"本朝第一"，认为此蔡是襄。有的人认为依苏、黄、米、蔡排序，则蔡襄年长甚多，辈份排列不对。且《水浒》中有苏、黄、米、蔡，蔡是蔡京的叙述，则此蔡是京。有的人认为该蔡先是指蔡京，后来因蔡京奸臣被人摈弃，换作蔡襄云云。较多的人倾向于苏、黄、米、蔡中的蔡是蔡京。

启功《论书绝句百首》之十二称：

笔姿京卞尽清妍，蹑晋踪唐傲宋贤。一念云泥判德艺，遂教坡谷以人传。

这首诗译成白话，是说蔡京、蔡卞的书法，其清秀美妍达到极致，不但追蹑了晋、唐书家们的脚步，就在宋朝大书法家中也是首屈一指。无奈后人以德判艺，在此一种观念的影响下，京、卞的书法从天上的云，贬为地上的泥，相差太大了。遂让苏东波与黄庭坚两人的书法，因为人品好而得以流传为上品。

启功先生认为蔡京、蔡卞书法超过苏、黄。他自己对此诗注释说：

北宋书风，蔡襄、欧阳修、刘敞诸家为一宗，有继承而无发展。苏、黄为一宗，不肯接受旧格牢宠，大出新意而不违古法。二蔡（蔡京和蔡卞）、米芾为一宗，体势在开张中有聚散，用笔在遒劲中见姿媚。以法备态足言，此一宗在宋人中实称巨擘。

此说最为公允。

启功先生认为"苏黄米蔡"的说法本身就庸俗，他说：

昔人评艺，好标榜"四家"，诗则王杨卢骆，文则韩柳欧曾，画则黄王倪吴，书则苏黄米蔡。此拼凑之宋四书家，不知作俑何人，其说本自俗不可医。顾就事论事，所谓宋四家中之蔡，其为京卞无可疑，而世人以京卞人奸，遂以蔡襄代之，此人之俗，殆尤甚于始拼四家者。

47

曾韩鹬蚌相争，蔡京渔翁得利

建中靖国元年（1101）下半年，徽宗开始逐步将朝中的元祐党人外放。七月，安焘罢知枢密院事，新党人物蒋之奇知枢密院事，章楶同知枢密院事。七月初三，徽宗说："把元祐中诋毁先朝政事的人的姓名都开列出来我看看。"

罢黜陈瓘后，九月，徽宗对蒋之奇、章楶说："陈瓘是李清臣指使他去攻击曾布的，元祐人已经逐出朝廷大半，尚敢如此。曾布以一身当众人挤排，诚不易。卿等且以朕意，再三慰劳曾布。"

是日，曾布入对，留身面谢，徽宗慰劳加勤，且对曾布说："先朝法度，多未修举。"又说："元祐小人，不可不逐。"清楚地表明已放弃了调和路线。曾布对曰：

陛下初下诏，以为用人不分熙丰或元祐，无彼时此时之异；若全体臣下便能将顺奉行，则必不至今日如此分别。然偏见之人，终不可轻易更换，当缓治之。

皇帝说："卿还怕他们什么？亏你过去还多随顺元祐人呢。"曾布说：

臣非畏人者，处众人汹汹中，独赖眷属，有以自立，偏见异论之人诚不少，彼不肯革面，固当去之。然上体陛下仁厚之德，每事不敢过当，故我想从容中节而已。若说我随顺及畏怕元祐人，不知圣意也这样看吧？

徽宗笑着说："岂有此，但人言如此，故提一下。"

朝廷风向将有大变，中书舍人福建仙游人傅楫明显地感受到了。傅楫是徽宗当亲王时的老师，曾布荐举他，冀其助己。傅楫不买他的账，曾布慢慢就不喜欢他。傅楫主张遵祖宗法度、安静自然。刚好李清臣劝皇帝清心省事，皇帝说："近臣中唯傅楫也说这话。"傅楫在朝才岁余，见朝事变坏很快，听说皇帝已对李清臣有了意见，背后窃叹说："灾祸就要开始了！"听到的人以为傅楫把形势估得太悲观，傅楫笑着说："后当信吾言。"遂上疏求去，以龙图阁待制知亳州。

九月，徽宗要曾布推举人材，曾布荐举使用刘焘、王防、周焘、白时中四人，李清臣私下对徽宗说，这几个人是曾布门下的"四察八侦"。徽宗不答，李清臣却在公开声合说："四察八侦不可为言事官。"徽宗很生气，对曾布说："清臣所为，妇人女子之事。"十月，右光禄大夫、门下侍郎李清臣罢为资政殿大学士、知大名府，随后更加谪贬。

李清臣走后，左相韩忠彦和右相曾布勾心斗角，对权力的争夺愈演愈烈。曾布一改调和两党的态度，开始跟着徽宗倡言尽复绍圣、元符之政，史书上说"韩忠彦懦而无智"，既怨布，心里想：既然曾布可以一改调和路线。打出绍述的旗帜来自保，我为何不能也推举一个更绍述的人来胜过曾布呢？于是，向徽宗推举蔡京入朝，正中徽宗下怀。史书上说："蔡京之大用，自韩忠彦始。"

十一月的一天，三省奏事讫，右仆射曾布独留，缴进起居郎邓洵武所进《爱莫助之图》，其图如史书年表，按能否助绍述将朝臣分为左右，左为绍述派，右为元祐，派自宰相、执政、侍从、台谏、郎官、馆阁、学校分为七隔。宰执中只有温益一人，其他则有赵挺之、范致虚、王能甫、钱遹等人，才是邓认为靠得住的助绍述者。意为在朝大臣中能帮徽宗继承父兄之志的寥寥无几。左栏中另立一项用小贴盖着。曾布把图上交后，对徽宗说名字盖住的人应该是蔡京。皇帝揭开小贴看后对曾布说："洵武言非相蔡京不可！因怕你意见不同所以遮盖了。"曾布说："洵武所陈，既与臣所见不同，自不当与议。乞纳下。"次日，遂付右丞温益，欣然奉行，温益要求籍记元祐异论之人。

十二月戊戌，中大夫、提举洞霄宫蔡京复龙图阁直学士、知定州。戊申，中大夫、少府少监，分司南京，池州居住蔡卞复左正议大夫、提举崇禧观。乙卯，诏执政官左正议大夫、提举崇禧观蔡卞知大名府。通议大夫林希追复资政殿学士、银青光禄大夫，恩例如前。张商英权吏部侍郎。

又一日，徽宗忽问首相韩忠彦："北方帅藩有缺人处否？"韩忠彦对以知大名府未定下人选。一会儿，皇帝批出蔡京除端明殿学士，知大名府，路过京城来见皇帝。曾布在朝堂，一览愕然，明日上奏，以为不可。皇帝干笑说：

朕尝梦见蔡京作宰相，卿焉能阻挡得了呀！

蔡京来意甚锐，才入国门，就除尚书右丞。《朱子语类》记载说："后韩忠彦欲挤子宣（曾布），遂引蔡京入朝来。子宣知之，反欲通慇勤于京。……先时子宣攻京甚力，至是遂不复谁何。凡京有所论奏，不曰京之言是，则曰京之言善，又不自知其疏脱，载之日录。……蔡京回朝时，曾布派儿子出都门十里远迎，而韩忠彦派其弟出都门二十里远迎。"

建中靖国元年过去了，徽宗不再"建中"，改元"崇宁"，宣告要发扬神宗熙宁新政。

先前，邓洵武对徽宗说：

陛下乃先帝之子，韩忠彦乃韩琦之子。神宗先帝行新法以利民，韩琦尝论其非。今韩忠彦为相，也将哲宗先帝之法更张了，是韩忠彦为能继父志，而陛下不能继神宗父志也。

徽宗受到刺激，屡次对人说："忠彦尚能主张韩琦，朕岂不能主张神宗！"。

曾布利用谏官吴材、王能甫排挤韩忠彦，吴材与王能甫说："元符之末，变神宗之美政，逐神宗之人材者，韩忠彦实为之首。"于是，韩忠彦不安于位，屡求去。崇宁元年五月，韩忠彦以观文殿大学士出知大名府。韩忠彦罢相的同月，虽然曾布独相，但徽宗除许将门下侍郎，温益中书侍郎、蔡京尚书左丞，赵挺之尚书右丞。朝廷执政圈子已对曾布很不利了。

逾月，曾布拟任陈祐甫为户部侍郎，蔡京在徽宗面前与曾布争论："爵禄者，陛下之爵禄，奈何使宰相私其亲。"原来，陈祐甫之子陈迪是曾布女婿。曾布忿然争辩，久之，声色稍厉。温益叱之："曾布，上前安得失礼！"徽宗不悦退朝。次日，曾布入都堂，方下马，则有一平常接挂官帽的小卒，于庭下唱喏，说："钱殿院有状呈送！"曾布开视，是殿中侍御史钱遹弹劾曾布的奏疏副本。钱遹数其罪："呼吸立成祸福，喜怒遽变炎凉。导致某些人有齐人之疑，欲破绍圣之信史。"曾布即上马，径出城外观音院待罪，是晚锁院，宣翰林学士郭知章草罢相制词，郭知章问："未审词意褒贬如何？"皇帝说："当用美词，以全体貌。"第二天一早，朝廷宣布：曾布以观文殿学士知润州。陛辞之际，徽宗慰藉甚渥，说等秋晚可相见。然曾布抵润未久，蔡京命相，兴诏狱根治曾布赃状。贬曾布白州司户参军，廉州安置。曾布之诸子及门下士皆重责。至于韩忠彦，则安置于河北近郡，寻听自便，是蔡京阴报其荐引之功。

这次蔡京回朝大用，似为众望所归。但《宋史》则说蔡京主要是靠居杭州时与徽宗内臣童贯拉关系得到相位的，《宋史》记载：

童贯以供奉官诣吴杭，访书画奇巧，留杭累月，京与游，不舍昼夜，凡所画屏障扇带之属，童贯当天就起运送入禁中，且附蔡京语言论奏至帝所，由是帝意属京。

又说，太学博士范致虚，一向与著名道士徐知常要好，知常以符水出入元符皇后刘氏的宫殿，致虚让徐知常平时对刘后灌输"非相京不足以有为"，因此"宫妾宦官合为一词誉京，遂擢致虚右正言，起京知定州"。

这些材料连南宋中期所编《皇朝编年纲目备要》和《宋编年通鉴》在

蔡京入相的记载中都不见书写，《续资治通鉴长编拾补》考证说："童贯抵杭州"监造御前生活"在崇宁元年三月，而蔡京已于上年十二月知定州矣。"既然童贯到杭州前数月蔡京即已离开，人在定州，则蔡京通过童贯去讨好徽宗事子虚乌有！显为后人撰造。《宋史》收入此说，人们数百年来常加引用，鲜有学者提出纠正，笔者权充好事之徒，在此着意指出，以博诸君一笑。

48

邹浩狂言，刘后辩冤

　　既然徽宗改元崇宁，宣告崇尚神宗熙宁新政，这年的开春伊始，就忙于绍述。第一件事是以观文殿大学士、赠太师蔡确配享哲宗庙庭。元祐人士曾一力主张以司马光配享哲宗庙庭，新党人士则一得势就抬出蔡确来配享。笔者心里想，若哲宗皇帝地下有知，当然是主张把恩主蔡确放在自己的神牌旁边的。可是到了南宋，随着新党失势，旧党的后代们还真得实现了把司马光配享哲宗庙廷的主张。不知哲宗阴间面对此事，有否感到生气和无奈。

　　元祐人士纷纷出朝，新党人士纷纷入朝。崇宁元年（1102）五月十一，臣僚上言："神宗在位凡十有九年，所作法度，皆本古代先王。元祐党臣秉政，紊乱殆尽，朋奸罔上，更唱迭和，气焰薰炙，不可一世，皆神考之罪人也。绍圣追复，虽以窜逐，陛下即位，仁德涵养，为之牵复，想让他们自新。可是他们党类繁多，互相勾结，罪废者一旦牵复，内外相应，为害弥甚。今皆坐享荣名显职，厚禄大郡，以至分居要职，就像往昔未尝有罪一样。今奸党姓名具在，文案甚明，罪有轻重，情有浅深，让有司条析，区别行遣，使各当其罪。"

　　诏下，观文殿学士、知河南府安焘降充端明殿学士，龙图阁学士、知润州王觌降充龙图阁直学士，枢密直学士、知越州丰稷降充宝文阁待制，显谟阁待制、知颖昌府陈次升降充集贤殿修撰，左朝议大夫、集贤殿修撰、知应天府吕仲甫落职，故资政殿大学士、赠金紫光禄大夫李清臣夺职，追所赠官，并例外所得恩例指挥一律作废。

不久，新党臣僚又矛头指向已故的元祐大臣们，说："先朝贬斥司马光等异意害政，天下共知。方陛下即位之初，未及专揽万机之际，当国的宰臣，不能公心平意，让司马光等以次牵复，以致今日再招人言。伏望陛下明谕执政大臣，详酌事体，原轻重之情，定大小之罪，再上禀皇帝圣裁，特赐行遣。如显有欺君负国之实迹的人，自宜不足收恤。其间亦有干连牵挂，一时偏执愚见，情非奸诬的人，乞还保留近年普博之恩，使他们有自新之路，则天下之气平，而纷纷之论息矣。"

诏下，司马光从原追复太子太保降为右正议大夫，吕公著从原追复太子太保降为左光禄大夫，文彦博从原追复太师降为太保，吕大防从原追复光禄大夫降为太中大夫，刘挚从原追复太中大夫降为右朝议大夫，梁焘从原追复右中散大夫降朝请大夫，王岩叟从原追复朝奉郎降定远军节度行军司马，苏轼从原追复朝奉郎降复崇信军节度行军司马，以上原追复的官诰一并上缴。

那时，还在朝当宰相的曾布起草了一道诏书，说：

从前元祐时，权臣擅国，倡率朋邪，诋诬先烈，善政良法，肆为纷更。后来哲宗皇帝绍圣亲政，灼见群奸，斥逐流窜，具正典刑。到了我缵承大位，与之洗涤牵复，放到朝廷使用。而他们缔交合谋，结成死党，专门沮坏国政，报复仇怨，一心把熙宁、元丰之法度变为元祐之政才甘愿。凡所论列，深骇朕听，我对他们先只是想稍加屏远，姑务含容。而现在他们引起共愤，言路交攻，义不可遏，我现在择其表现最恶劣的，加于处分裁削，除这些人外已施行外，其他人自今以往，一切释而不问，宜令御史台出榜朝堂。

在这些受到处罚的元祐人士中，邹浩的遭遇比较特殊。绍圣二年

（1095）九月，发生哲宗废孟后事件，邹浩反对设狱审理"祷祠"案，反对废后。元符二年（1099）九月，贤妃刘氏为哲宗生了皇子，哲宗大喜，给小孩封越王（后改邓王），诏立刘氏为皇后，又在朝廷激起轩然大波。右正言邹浩又上疏说："今陛下为天下择母，而所立是贤妃刘氏，一时公议，莫不疑惑！"又说："贤妃那天跟着你去景灵宫祭拜，雷声大作，很异常，前几天立后制书宣读之后，又下起暴雨，又下起冰雹，自从奏告天地以来，一律都是阴雨天气。天意昭然，是很反对立刘氏为后的啊！"哲宗说："刘氏生了皇子立后，也是有祖宗先例的呢，又不是我一个！"邹浩居然反驳："祖宗可以效法的好事是有很多，你又不去效法，而效法了祖宗有小错的地方。"还说："我看陛下的作为，都要超过了桀、纣，而甚至比周幽王还坏呢！"以致朝廷认为邹浩大逆不道，除名发送最边远的新州羁管。

哲宗崩，徽宗立，向太后和徽宗需要炮筒子来攻逐章惇，于是，邹浩不久召还旧职入京，果然在弹劾章惇等人的事情上是起了很大作用的。可是，他不愿意接受调和两党的路线，一味地"是元祐而非熙丰"，不听劝诱，以致徽宗和曾布也恨起他来。向太后和徽宗给孟氏复皇后位，他又反对元祐皇后与元符皇后两后并存，继续散布刘氏杀卓氏夺人儿子的谣言，为废弃元符皇后大造舆论。

元符三年五月，元符皇后刘氏给向太后上表，为自己辩护，说："臣妾因为臣僚们有几道章疏，妄言我生育故越王不是事实，流言中外，谤莫能止。我寝处难安，不如当时就随哲宗死去，不至现在活着上拖累哲宗皇帝。我生越王降旨之日，亲承向太后你和朱太妃两宫贺庆玉音。一旦被人当作虚诞之文，认为宫掖中尚行欺罔，则何以取信天下！其时大臣及掌事之人即今都还活着，诚望太后把臣僚章疏降下，付与有司，明行鞫问。倘有实状，岂不知过！若系虚妄，亦乞严行惩戒，以绝反覆兴谤之端。我如默而不言，顾虑会玷污哲宗皇帝。妾曾经在绍圣之间亲眼看到，元祐皇后奉哲宗睿旨，放逐一尼（指法端）出宫。后来便传出许多事端，差官审勘，有雷公式祷祠图画。御史录验，备载案牍，孟后被迁徙道宫，此事众所共知，岂是由我引起？最近新进的官员有些不究其理，对我遭遇哲宗皇帝善待有意见，欲快私意，岂存内外轻重之理？只是为了报复他们在先朝的未申之怨！众口铄金，可不惧哉！欲乞太后特降睿旨，检取元祐皇后制院一案及当时推勘官吏，付有司再行讯治，以示中外。如我稍有干涉用情，则不敢拱手而居后位之列。我若不沥诚详具奏闻，安能得到辩雪？望皇太后陛下悯怜哲宗至孝至仁，照鉴妾之负冤无告，出自宸断，特赐矜察。"

这封奏表写得很有才情，且理直气壮。这刘后决非等闲女子，卷入政治旋涡，也是不得已吧？她似比哲宗小三岁，哲宗即位之日，应是她进宫之时。以七八岁的小女孩，专门服侍十来岁的小皇帝，对哲宗感情很深。《宋史》写道："昭怀刘皇后，初为御侍，明艳冠后庭，且多才艺。由美人、婕妤进贤妃。生一子二女。有盛宠，能顺意奉两宫。"可见与哲宗和向太后、朱太妃的关系都很好。

徽宗既然痛恨邹浩总是搅局，虽然前已把他出知杭州，又决定以他诬陷刘后的事进一步加以谪贬。崇宁元年（1102）闰六月十八，诏曰："哲宗皇帝克勤至德，敬畏上天，元符之末，是生越王，奸人造言，谓非刘后所出。我现在披阅臣僚旧疏，适见刘后当时诉章，详加考详，说的都有显证。其时两宫亲临抚视，嫔御执事在旁，如何会有外人得入宫禁，杀母取子，实为不根谣言。我为哲宗之弟，继体承祧，岂使沽名钓誉之贼，重害我兄弟友恭之义，诋诬欺罔，罪莫大焉！其邹浩可重行黜责，以戒为臣之不忠者，才能昭显前人之意。如谁更有传谣，仍依此令。令进奏院检会邹浩原奏劄子，并元符皇后诉章，一起宣示中外。"

先贬邹浩知越州，不久再贬衡州别驾，永州安置。

元符皇后刘氏上表称谢，言："已读诏书，布告中外，责邹浩诬妄故邓王非妾所生等事，以正朝廷之风化，以伸张哲宗之圣德。我衔冤上诉于元符三年，现颁诏施行，示公道于四海。下以称在廷之公议，上以慰哲庙之神灵，仰荷睿明，惟知感泣。妾本京都良家之女，因先朝入宫侍御，雨露既及于凡材，草木焉知其非帝力。属邓王载诞之后，适后宫虚位之时，被太后、太妃两宫之玉音，及群臣之金议，旋加册命，进掌后宫。非上天安排，以谁之力？妾何故而自致奸邪横逆？指爱子作他人，中外动摇，视诏词为诳语。于妾身而敢恨，顾先帝以何如？当陛下承祧之始，当钦圣垂帘之间，我泣血书辞，呼天雪愤。才使中外备见终始。岂料元祐之朋邪，竞蓄前朝之怨憾，喜闻人过，岂验是非，增饰烦言，更加伤害。妾所痛者，虑伤先帝之明恩；妾所重者，恐乱后世之信史。果赖皇上之洞察，邪正剖分，黑白昭著。奸言伪说，难逃圣览之明；巧诋深冤，灼见沽名之贼。上追兄弟友恭之义，下怜母子孤露之情，辨百年疑似之非，正万世昭明之典。妾殒身何报，没齿知荣，生当竭节以答圣恩，死亦无憾而见哲庙。"

徽宗诏将刘氏谢表并送史官保存。南宋史官范冲认为，以上邹浩劄子及刘后上向太后表、刘后谢徽宗表三文皆是当时蔡京伪作，以诬邹浩。笔者想：事过三四十年后，以史官之力断其伪作，何于事发之时，邹浩本人却无否认劄子为自己之作，岂不奇怪。刘后两表文字不亚须眉，因此笔者乐于引述，供诸看官一赏。

49

蔡京拜相

曾布罢相以后，七月初五，中大夫、尚书左丞蔡京拜通议大夫、尚书右仆射兼中书侍郎，即右相。当时左相缺，实际就是蔡京掌权。制词由翰林学士张商英所草，这篇制词见于《宋大诏令集》，对蔡京极尽美言，这是徽宗本人的意思。其中主要处，意译成白话是：

……中大夫、尚书左丞蔡京，才高而识远，气粹而行方。早年遭逢神宗和哲宗两位圣人的大有为时代，遍历了朝廷各种清高而荣耀的儒职。徊翔滋久，趣操益醇，出殿地方大府藩帅，入居朝廷翰苑首长。不久前，他起草了元符末哲宗的遗命，参历了皇室多艰之际的运作。进退去就，明明白白，忠心嘉谋，有目共睹。

世上做人，有时会遭遇艰难，蔡京也几回因浮言被摇动。现在是上天给了机会，送给朕贤良的辅弼。我就用他延登右相，总领西台吧。我怀念神宗熙宁之盛世，当时以王安石为相，弛役休农，尊经造士，明亲疏之制，定郊庙之仪，修义利之和，联比闾之政。国家的养马，繁殖于渭水之滨；洛阳的舟船，首尾相接到达江淮。那时就像周公率领百官造福人民，就像大禹开河把洪水引入大海。四时六气，运行得经纶有序，皇朝威德，无边无际。

然而，那班曲士陋儒，罔知新政本末；强宗巨党，勾结起来破坏变更。凡情拘泥于旧习，美意从而被蠹坏。现在趁着遗俗故家的良好风气相距未远，我的孝思和官员们的公议尚存，让我们谨慎地争取好的结果，就从今天就开始去做啊！周武王继承父志，把周文王的开国之功发扬光大，西汉曹参守规，公平持正如步萧何之迹。望蔡京辅佐国政，与国家共命运。可特授之通议大夫、守尚书右仆射。

对于蔡京的骤然升迁，很多人吃惊不小。自曾布罢免，左右仆射的相位缺了月余，时知枢密院蒋之奇、门下侍郎许将本来都可补上去。但徽宗绍述父兄的决心已下，于是，蔡京自尚书左丞超拜右相。制下，赐蔡京坐延和殿，皇上说："昔神宗创法立制，中途未能完成，哲宗先帝继承下去，而两次垂帘时遭到变更，国是未定。朕欲上述父兄之志，历观在廷，没有可以帮我治理国政的人。今我拜你为相，你将以什么政策来教我呢？"

京顿首谢恩，表示愿尽死以努力。这个时候，不论是蔡京还是徽宗，都是雄心勃勃，想要大干一场。

徽宗这回绍述父兄，首先做的是分清官员队伍，不想让元祐党人在朝中搅局了，这就是设立元祐党籍。这件事，起初是左相曾布积极帮着徽宗去做的。还在蔡京命相前二月，崇宁元年五月二十一日，三省同奉圣旨："所有元祐末至元符末以来被责降的元祐人士，令三省籍记姓名，不得给他们在京工作的职务。"第一批被登记入元祐党籍有曾任宰臣韩忠彦，前执政官安焘，现任侍从官王觌、丰稷，自苏辙至裴彦臣共计五十七名。

在蔡京命相的前三天，七月初二，三省又同奉圣旨："之前被行遣、裁削、责降的元祐人士内有轻重失当，或漏落之人，仍令御史谏职弹劾以闻，余依诏旨施行。"要求"元祐末送吏部罢职，或监当者，今或为监司，或为要郡，其逐一考验。令所属检寻原犯，一例详酌施行，庶无漏落"。可见登记元祐党籍，是徽宗与曾布在蔡京入相前就作为一项施政大事来进行的。蔡京入相后接手此事，按徽宗要求，也是进行得非常卖力的。

七月二十四，诏：

司马光、吕公著、王岩叟、朱光庭、孔平仲、孔文仲、吕大防、刘安世、刘挚、苏轼、梁焘、李周、范纯仁、范祖禹、汪衍、汤戭、李清臣、丰稷、邹浩、张舜民子弟，并不得与在京差遣。

九月十三，诏命中书省查阅元符末应诏上书言事人的章疏，蔡京付给其子蔡攸与其客强浚明、叶梦得看详，按言事人对新法的态度，分出正上、正中、正下三等计四十一人，是拥护新法的；邪上尤甚、邪上、邪中、邪下四等计五百四十二人，是反对新法的，分别给予奖赏重用或处罚降职。

蔡京此番拜相，要如何响应徽宗的绍述号召，显然是胸有成竹。早在绍圣初，章惇拜相去首都到任路上，蔡京去见他。从袖子中取出一份建议书献给章惇，就建议实行教育科举改革如"学校法"，实行社会救助如"安养院"等等。可是，章惇没有好好和蔡京讨论这份建议书，只把工作计划的重点放在报复打击元祐党人方面，婉转地推辞说："留给你自己以后当宰相了再去做吧！"这回峰回路转，蔡京果然当了宰相，可以大展拳脚，朱熹说："后来蔡京当宰相，就把这些都实行了，社会舆论当时对他很有好评呢！"

可见，章惇和蔡京两人虽然同是王安石的后继者，但前者更多地着眼于短期政治目标，蔡京则看到王安石长远社会理想的实现，以此作为自己的目标。

七月十一日，拜相后才六天，经蔡京提议，徽宗下诏成立讲议司，这是仿效熙宁时神宗和王安石的做法。蔡京也曾在绍圣时向哲宗和章惇建议成立这一机构，没有被采纳，如今则终于实现。诏书中说："朕闻治天下者，以确立为政之道和教诲开导人民为首先，尽心孝思的人当以继承父辈理想和事业为最急。制而用之在于立法，推而行之在于用人。如今虽夷夏乂安，黎民乐业，而法难一定，事贵变通，损益之间，理宜稽考。眼看宗室蕃衍多，而无官者尚众；官员冗滥，而加于使用甚为艰难；财富蓄积在里闾人民那里还不够厚实，商旅贸易在道路上还不够畅通；廉洁奉公的风气比较少见，跑官买官的奔竞习气其实频繁。风俗浇漓，荐举私弊，盐泽未复，赋调未平，浮费犹多，贤鄙难辨，岁稍饥馑，民辄流离。然制法必须有根据，行法必须有顺序，施设必须有方略，举措必须讲策术。是故才俊有德之士不可以不旁求，法度不可以不修讲。朕认为应按熙宁时设置条例司的体例，于都省设置讲议司，差宰臣蔡京提举（负责），挑选臣僚，共议因革，以广贻谋，共创清明至治。"

八月初五，提举讲议司、尚书右仆射蔡京奏："我奉皇帝手诏提举讲议司，尊旨挑选臣僚，共议因革。经过考核，认为户部尚书吴居厚、翰林学士张商英、刑部侍郎刘赓三人，高才机敏，谋划周全，练达世务，欲乞差充讲议司详定官。起居舍人范致虚、太常少卿王汉之、仓部郎中黎珣、吏部员外郎叶棣，乞差充讲议司参详官。臣伏读手诏，如宗室、冗官、国用、商旅、盐泽、赋调及尹牧这些事情，皆政之大者，我想每事委官三员加于讨论，并乞挑选一些人差充讲议司检讨文字，有在朝现任者，令他兼领这项工作，不可兼任或在朝外为官的，则让其暂罢现任外职，赴讲议司供职。"据南宋《九朝编年备要》，参加讲议司工作的人员达二十七人。

笔者所读到的《续资治通鉴长编拾补》中，在蔡京拜相和提举讲议司的叙述后，引《宋编年通鉴》说：是时四方承平，朝廷金库里的钱币盈溢。蔡京倡为"丰亨豫大"之说，视官爵财物如粪土，累朝所储存的钱物，大抵扫地而光了。徽宗尝出示玉盏（小玉杯）、玉卮（大玉杯）以示辅臣说："朕此器久已造就，深惧被人说，故未敢拿出来使用呢。"蔡京说："事苟合于理，人家话多不足畏，陛下当享太平之奉，区区玉器，何足道哉！"

《宋史·蔡京传》说得更详：帝尝大宴，出玉盏、玉卮示辅臣曰："欲用此，恐人以为太华。"蔡京说："臣从前出使契丹（辽国），见玉盘玉盏，皆五代时石晋物，辽主还拿来向我夸耀，说南朝无此。今用玉盏、玉卮为皇上庆寿，于礼无嫌。"皇帝说："哲宗先帝作一小台才数尺，臣下就有许多上封来批评的，朕甚畏其言。此玉器造成已很久了，如果人们的批评又来了，久当莫辩。"蔡京说："事苟当于理，多言不足畏也。陛下当享天下之奉，区区玉器，何足计哉！"

古今史家们常批蔡京推行"丰亨豫大"之说，常使用上述两段话，但笔者翻阅史料，似未发现蔡京论说过这一"丰亨豫大"政策。如果"丰亨豫大"作富足兴盛的太平气象解，则这是一种追求的目标，也是王安石所追求的主要目标。如果作铺张浪费解，蔡京再傻也不必作为政策来推行。清人毕沅《续资治通鉴》有一处提到蔡京的"丰亨豫大"，是在宣和六年（1124）十一月王黼罢相后，述及财用，说：

> 自蔡京以丰亨豫大之说劝帝，穷极侈靡，久而帑藏空竭，言利之臣，殆析秋毫。宣和以来，王黼专主应奉，括剥横赋，以羡为功，所入虽多，国用日匮。至是，宇文粹中上言："祖宗之时，国计所仰，皆有实数，量入为出，沛然有余。近年诸局务、应奉司，妄耗百出，若非痛行裁减，虑智者无以善后。"帝然其言。丙戌，诏蔡攸就尚书省置讲议财利司，除茶法已有定制，余并讲究条上。攸请内侍职掌，事干宫禁，应裁省者，委童贯取旨。由是不急之物，无名之费，颇议裁省。

说的是蔡京退休后三年，宰相王黼铺张浪费，国用日匮。蔡京的儿子蔡攸提出置讲议财利司，要节省开支。文中虽空泛言及蔡京首倡"丰亨豫大"，却无半句证据。

蔡京刚当上宰相时，并非"四方承平，帑庾盈溢"，朝廷财政是很紧张的，仓库中并无太多的钱物可以让蔡京去"累朝所储，大抵扫地"，反之，正是蔡京的努力理财，导致了徽宗时期的大部分时间里财政状况很好。这也是史家们的一致看法。一边说财政本来不好，蔡京把财政搞好了，一边又说财政本来就好，蔡京把它花光了，笔者对此哭笑不得，其中原因读者诸君心里明白。

50

理财小试手段

蔡京的理财本事为较多史家所认可，国用匮乏，难于支付连年国防用兵、官员薪俸、河防及各项费用——历史学家称之为"积贫积弱，三冗三费"，是真宗以来困扰朝廷的最棘手问题，但蔡京为相时做到国用充足，官员薪俸及戍边士兵津贴比以往大有增加，应是不争事实。有个生动的事例，表现他在理财方面很有办法，《皇朝编年纲目备要》中载有一个故事：

蔡京初拜相，有巨商六七辈，负官钞至廷下，投牒索债，且曰："此章相公开边时，此曾相公罢边时所用。"合三百七十万缗不能偿者。至会（致于）罢边弃地之费，乃过于开边也。京奏之，上蹙頞（额）曰："辱国！且奈何？"京进曰："臣请偿之！"上喜曰："卿果能为朕偿之耶？"时国用常匮，视三百七十万缗为未易偿。故京因创行"打套折钞之法"，命官划刷（盘点）诸司库务故弊之物，若幕帟、漆器、牙劄、锦缎之属，及粗细色香药，皆入套为钱，其值若干等，立字号而支焉。套始出，客犹不愿请，有出而试者，其间惟乳香一物，足偿其本，而他物利又自倍。于是欣然，不半年尽偿所费。然打套有三，或谓之折钞套者，此也；或谓之乳香套者，皆乳香也；或谓之香药套者，粗细色香药也。

这段话译成白话是：蔡京初拜相没几天，就有巨商六七人，带着一捆捆哲宗朝开给他们的"官钞"（类似现在白条），来朝廷投诉索债。说："这些是章丞相章惇发兵开边打西夏时向我们借的。"又说："那些是曾丞相曾布从西夏撤兵时向我们借的。"总共三百七十万缗，至今还不能还。蔡京上殿奏帝，当时国用常缺乏，三百七十万缗是一个很不容易偿还的大数。徽宗紧皱眉头说："辱国！怎么办呢？"蔡京却说："臣请偿还他们！"徽宗喜曰，"卿果能为朕偿还他们吗？"蔡京就命官盘点皇城诸司库务（各种仓库）中的故弊之物（剩余物资），象"幕帟、漆器、牙剜、锦缎之属，及粗细各色香药"等。打包作价，标明其值若干。让巨商自愿认购以抵偿欠钞，称"打套折钞之法"。让索债客商来承包去市面出售，起初客商不太愿意承担，后来有人买去试试，一卖还真的有利可图。单是货单上的乳香一项，就能偿还本钱，其他各项也是获利翻倍。于是，高兴地接受了这一偿债办法，不到半年全部偿还了朝廷所欠巨债。

故事中，章相公（宰相）开边和曾相公罢边，说的是哲宗时的两件边事。

宋神宗时期，北宋对西夏的战争取得了一些胜利。神宗去世后，旧党司马光和高太皇太后废弃战果，把大片被宋军取得的领土又重新还给西夏，米脂、浮图、葭芦、安疆等重要军事要塞被废弃掉，却并没有使边境紧张局势最终得到缓和。宋哲宗在高太皇太后去世后亲政，在宰相章惇主持下，大胆使用吕惠卿等强硬派新党大臣主持西北防务，重建西北的防御体系，对西夏展开了连续反击，经过两次平夏城的交锋，收复部分领土，迫使西夏主动求和。边将王赡、王厚因吐蕃内部出现分裂，利用宋廷"绍述"的有利时机，"同献议复故地"，并得到宰相章惇的全力支持，在河湟地区从事"开边"，这都是很烧钱的事。以致至元符三年（1100年）二月哲宗去世后，宋廷政局再变。宰相曾布、韩忠彦又放弃鄯州、湟州"以界（让给）吐蕃"，因撤兵再使用巨款军费。这些花费，当时国库无法付出，大多向巨商征用物资，而以"官钞"（类似现在白条）借欠。

香料贸易在宋代特别兴盛。烧香是宋代都城流行的四般闲事之一，

"烧香"即"焚香",香成为大众常用之物。而香料作为焚香最重要的原材料,香料贸易的收入在国家财政中成为大宗。《宋史·食货志》记载:

> 宋之经费,茶、盐、矾之外,惟香之为利博,故以官为市焉。

北宋时,在广州、泉州、杭州设立市舶司,管理进口货物税收事宜,为后世海关之起源。香料贸易大都通过这些地方进口。北宋海外诸国朝贡香料的有安南、交趾,占城、三佛齐、三麻兰、大食等十三国。到南渡后仅剩占城、三佛齐、交趾、大食等五国。至于香料朝贡的种类,东南亚地区以沉香、檀香为主,大食则多乳香、龙涎香、蔷薇水,西域诸国以乳香为主,滇黔山区以麝香为大宗。南宋时,与宋通商的国家和地区达到一百四十三个。北宋初年香料收入为全国岁入的3.1%,到南宋建炎四年(1130)达到6.8%,绍兴初达到13%,绍兴二十九年(1159)仅乳香一项就达到24%,几乎占到全国岁入的四分之一。据《建炎以来朝野杂记》载:仅南宋绍兴三十二年(1162),泉州和广州两地市舶司的税收就达两百万缗(一千文为一缗)。南宋孝宗之后,全国的财政收入逐渐增加,香料收入在全国岁入中的比例才开始下降。有关这一领域,已故的香港史学家林天蔚著作《宋代香药贸易史》(台北华岗的中国文化大学出版部1986年版)有很好的研究。

蔡京用"打套折钞"的方式,处理宫中所藏各类香料等剩余物资,出人意料地偿还了国家积欠的巨量军费,充分地表现了他在理财方面的优秀能力。《铁围山丛谈》说蔡京:"自小官时,缙绅间一辞,谓之有手段。在扬州太守任上,一日,举行凉饼会招待八位客人。一会儿,报告又陆续有客人来了,蔡京也叫留下,没想到访客纷纷来个不已,竟多至40来人,坐间的客人们私语,这蔡京素号有手段,今急迫间留客如此之多,若是他食,勉强尚可做得出来,而如凉饼这种工艺挺复杂的食品,奈何便办得出来吗?到开始上菜时,冷淘(凉饼)就端上来了,仍是一丝不苟的精腆,一时成了人们的热门谈资。"

文中所说凉饼或冷淘,即始于唐代的宫廷食品"槐叶冷淘",采青槐嫩叶捣汁，和入面粉，或以甘菊汁和面，做成细面条。煮熟后放入冰水中浸漂，其色鲜碧，然后捞起，以熟油浇拌，食用时再加佐料调味。宋朝人做冷面，没有机器，那可是纯手工，手工揉面，手工扯面。为了让面条有筋道，至少要提前半天把面和上，饧到十分透，揉到十分光，然后才能扯成拉面，一扯好就得煮，一煮好就得过水，或放入井中或冰窖中冷藏。才能成为令人爽心适口的消暑佳食。事实证明，蔡京确实有办法，别人不可能完成的麻烦事儿，到他那里轻轻松松就解决了。

51

蔡京与崇宁兴学

宋朝建立后，吸取晚唐和五代近两个世纪藩镇割据、权臣悍将篡位的教训。赵匡胤杯酒释兵权，采取与士大夫"共治天下"的社会管理政策，由原来的重视"武功"，转为强调"文治"。如宋太宗所言：

> 王者虽以武功克定，终须用文德致治。

北宋朝廷为了作育人材和选拔人材，曾发起三次兴学运动，这就是仁宗时范仲淹的"庆历兴学"、神宗时王安石的"熙宁兴学"和徽宗时蔡京的"崇宁兴学"。其中以蔡京的"崇宁兴学"规模最大、时间最长、影响最深。这次兴学活动在改革学校教育体系的同时，又对科举取士制度作了重大改革。国内外史家对此多有正面评价。

庆历四年（1044），范仲淹等革新派人士发动"庆历新政"，兴学是其中最重要一环。恢复了久废的太学，也诏令地方州县兴学，并广泛向州、县学赐田，以资助地方教育。规定应试科举的士人须在学校习业 300 日，方许应举。改革科举考试内容，罢帖经和墨义，着重策论和经学。

帖经就是将书本上的某行文字贴（覆盖）上几字，要求应试者将所贴的字填写出来，类似现在的填空题。默义相当于现在的简答题，是一种简单的对经义的回答，如果考生笔答，则称墨义；若是口答，则称口义。帖经和墨义这两种纯死记硬背的方式在科举中被废除了。策论、经学可以考出应试者对书本和现实的理解和见解，能促进学以致用，成为考试的重点。

"庆历兴学"又规定在太学教学中推行胡瑗创立的"苏湖教学法"。胡瑗是北宋著名教育家。他早年在苏州、湖州两地州学讲学二十余年。一反当时盛行的重视诗赋声律的学风，提倡经世致用的实学，主张"明体达用"。其内容是在学校内设立经义斋和治事斋，创行"分斋教学"制度。经义斋主要学习《六经》经义，属于"明体"之学，以培养高级统治人才为目标；治事斋分为治兵、治民、水利、历算等科，属于"达用"之学，旨在培养具有专长的技术和管理人才。在胡瑗的苏湖教法中，学生可以主治一科，兼学其他科，创立分科教学和学科的必修、选修制度，这在世界教育史上也是最早的。

经世致用是新宋学兴起的标志。范仲淹、欧阳修、蔡襄等人是宋代新宋学的发起人，尤以蔡襄一生实行学以致用，其为人和政绩，是宋代士人的模范。

庆历新政实行一年不到，就因遭到保守大佬们的强烈反对而夭折了，庆历兴学中的一些措施也被取消，但有些仍被保留。

宋神宗熙宁二年（1089 年），王安石在神宗的支持下主持改革，推行一系列新法，"熙宁兴学"是新法的重要内容。他改革太学，创立"三舍法"，将太学生员分为外舍、内舍、上舍三个等级。生员依学业程度，通过考核，依次升舍。初入学为外舍生，相当于预科生或旁听生。外舍升内舍，内舍升上舍。平时有品行（"行"）和学业（"艺"）的考察记录，每月由任课教师举行"私试"；每年由学校举行"公试"。外舍生考试和平时行艺合格者可依次升入内舍。内舍生，每两年由政府派员与学校会同举行上舍试，考试和平时行艺合格者可依次升入上舍。上舍生中的学行卓异者，可由太学主判直接推荐做官，等于科举及第。其他人根据学业成绩，可分别得到免发解、免省试的待遇；等于减少了部分科举考试的程序。王安石的长远目标是逐渐让"三舍法"取代科举考试。这是中国古代大学管理制度上的一项创新，它不仅对宋朝的学校教育产生了积极作用，而且对后来元、明、清的教育也有深远的影响。

"熙宁兴学"扩建和整顿地方官学。设置学官全权负责管理当地教育，地方当局不得随意干预学校事务。朝廷还为地方学校拨充学田，从而在物质条件上为州县学校的维持提供了保障，又恢复与创立武学、律学、医学等专门学校，以培养具有一技之长的人才。

"熙宁兴学"一项很重要的内容是编撰《三经新义》，作为统一教材。为了统一经学，熙宁六年设经义局，王安石亲自修撰《诗》《书》《周礼》三经义，即《诗义》《书义》《周礼义》之合称。其儿子王雱和吕惠卿、陆佃、蔡卞等人参与撰修。元祐初高太后与司马光等旧党否定神宗、王安石变法，也将矛头对准新党制定出来的兴学条例，"熙宁兴学"由此告一段落。

蔡京在神宗时参与过太学学制的修订，元丰二至三年，蔡京以中书门下的礼房检正公事官，与李定、张璪、范镗等人制定太学教养法和编修诸路学制。因此对王安石"熙宁兴学"的各项措施非常熟悉。元祐年间，蔡京辗转各地任职时，关注学校教育，屡对当地学校予以扩建。《畿辅通志》卷二十八载：

> 正定府府学，在府治东金粟冈，宋以前建置不可考。熙宁三年，龙图阁学士知府事吴中复创修。元祐三年，蔡京守成德军，始迁而大之。

绍圣初，章惇入京任相路上，蔡京去见他，拿出一份建议书给章，要求实施学校法、安养院之类，但是，章惇婉拒了蔡京的建议，说："留给你自己以后做吧！"100年后，朱熹还对他的弟子们讲了这一故事，接着说："后京为相，率皆建明，时论往往归之。……又说蔡京亲自到学校中去察看学生食堂里的伙食，尝尝学生吃的馒头，学生们高兴得以手加额，曰：太师留意学校如此！"

可见章惇和蔡京同为王安石新法的得力干将，而章惇更留意于新法具体法令的恢复和对旧党元祐间排挤迫害的报复，对神宗王安石根本社会理想的实现则不甚关心；蔡京则一直耿耿于怀扩大教育和社会救济，对神宗王安石的社会理想的体会和思考较为到位。

崇宁元年八月二十二日，右仆射蔡京奏请：

> 以学校为今日先务，乞天下并置学养士。

在这封奏疏中，蔡京提出"崇宁兴学"的总思路和规划："减少开封府每科参加礼部省试的解额，除留五十人充开封府本地人应考外，其余改充天下各路派送太学的贡士之数；各路诸州、军的解额各取出三分之一，添充派送太学的贡士名额。

令天下州郡都须置学养士，郡小或应举人太少的地方，则令三、二州的从学者聚学于一州；置州学并差派教授，先置一员，在学生达百人以上就可以申请添置，不拘资序，并许选差。办学经费从本路官府的常平收入和因绝户收归公有的田土物业中支出，查明本州养士须使用的数目拨出充支，如不足，以诸色官府所属田宅、物业补足。

地方州学也分三舍，参考朝廷太学的三舍校试法实行升补，其升为上舍生者，听每二年贡入朝廷太学，参加太学上舍试，来决定他应进入太学的那一舍别。若试中上等，补充太学上舍中等；试中中等者，补充下等；试中下等者，补内舍，其他充入外舍生。如不入等，就不能进太学，但可和参加科举没有得中的遗逸们一样，只要其学行为乡里所服，就委托各知州、通判、监司依贡士法贡入，再委托太学里的祭酒、司业、博士询考得实，当议量材录用。每路自朝廷选监司二人为学官，负责提举此项工作。

各地知州、通判、令佐须每十日到州学一次，监司每一年要巡遍所部州学。凡贡士，先由教授考选，再申报州的知州或通判审察，监司覆按，监司、知州、通判连署闻奏，随奏遣赴太学。若所贡非人，或应举而不贡，一样依律科罪。若贡士到太学试中上等，及考选升舍的人数多，即依所升人数和等第，立法奖赏申报人。

天下所有各县皆置学，由县令、县佐（主簿、县尉）掌之，县学置学长、教谕各一人，并支俸禄，其他职事人可相度随宜量置，除州所在地的倚郭县不置外，有不置教授的州，其州学也应依县学法设置，仍以知州、通判负责。各县学办学经费，由县令、县佐筹画地利及不是上缴朝廷的杂收钱内拨充。诸学生在县学一年，学长、学谕考选其德行和学艺，报县令佐审查得实，再申报给州，由知州、通判验实，由州教授试其文艺合格，收入州学，不置教授州也依此。

所有州县学生，若外舍在学实际时间及二年，其间五犯规矩，两犯第三等以上惩罚，并且五试第三等也考不中，而文艺无可取之实，行能无可教之资，就要依出学之法开除。……若犯杖以上罪，终身不齿，永不得入州县学历。

不在家乡的外地官员子弟亲戚，于法不合在本处应选取解者，许随居官处入学，但不得升补与贡，在学通及一年，不犯第二等以上罚，给予官方证明，允许赴太学去应国子监解名。

知州、通判、教授选补职事不当，一律依贡士法降二等坐罪。教学使用现行颁布的书、史外，所有邪说异书悉不许教授。"

同一天，蔡京还建议，"在州县学中并置小学，小孩十岁以上悉听入学，小学的教谕也适当给予薪俸"。这一提议获得了批准。

徽宗在《兴学校诏》中说：

学校崇则德义著，德义著则风俗醇。故教养人材，为治世之急务。除京师置外学，待其岁考升之太学，已尝面谕外，余并依所陈（蔡京起请）。仍讲议司立法，颁付礼部施行。

到了十二月，蔡京等呈上《诸路州县学敕令格式》正式文本，镂板向全国颁行。

据杨小敏《蔡京、蔡卞与北宋晚期政治》研究：蔡京的兴学思路主要包括以下内容：一是确立了以学校为主的培养、选拔人才的机制；二是确立了全国办学的思路；三是明确了办学经费的来源；四是确定了地方县学升州学、州学升太学的升学模式，地方州学亦实行三舍法；五是规定了监司、知州、通判、县令佐在学校发展、人才选拔、输送中的义务和责任，以及奖惩措施；六是完善在校学生的管理，以及对违纪学生的处罚办法；七是对学校的管理者、教授的俸禄、待遇做出规定；八是规定了州县建立小学，十岁以上儿童都应当入学接受教育；九是规定了外任官子弟入学、升学办法；十是规定了教学内容。由此可以看出，蔡京的学校制度是比较全面、系统的。

崇宁兴学在北宋晚期持续多年，在宋朝教育事业发展所起的作用大大超过了前两次。崇宁三年（1104 年）还设置书学、画学、算学等专业学校，也采用太学三舍法考选取士。崇宁时期的画学是中国古代惟一举办过的专门美术学校。

京城原有太学称内学，在南郊另设太学的"外学"，称"辟雍"，有屋宇 1872 楹，"诸路贡士初至，皆入外学"。考试合格后，方可补入内舍，上舍。定额上舍 200 人，内舍 600 人，外舍 3000 人。逐渐以学校培养取代了旧的科举。

崇宁二年，蔡京谈到了太学的规模和今后的发展。

今具外学条件，外学官属：司业一人，丞一人，博士十人，学正五人，学录五人；职事人系学生充学录五人，学谕十人，直学二人，斋长、斋谕，每斋各一人。外舍生三千人，太学上舍一百人，内舍三百人。欲候将来贡试到合格人，即增上舍作二百人，内舍作六百人，处上舍、内舍于太学，处外舍于外学，外学置斋一百，讲堂四。每斋五间，三十人。太学自讼斋合移于外学别置。诸路定到并入外学，候依法考选校试合格，升之太学，为上舍，内舍生。

与元丰时期相比，太学学生人数规模几增加三分之一。

崇宁年间，地方普遍建立了州、县学校，每路设置提举学事官二员。并要求知州、通判、县令佐对学校负责。包括对学校的建立，经费、钱粮的筹措、教授的选差、学生的考核、教学内容的监督等。扩大了县学规模。崇宁三年正月，诏：诸路增养县学弟子员，大县五十人，中县四十人，小县三十人。强化了知州、通判对学校发展的责任。对于教导有方的教授、重视学校发展的地方官吏予以奖励。

为了鼓励学生入学，政府予以多方优待。崇宁四年（1105）闰二月辛未，诏：应诸路州学，据学粮余数，额外增养学生，并依额内人条例施行。

四月壬午，诏："诸州县生徒试补入学，经试终场，及自外舍升内舍者免身丁，内舍仍免，借升上舍，即依官户法。"九月己亥，又发布制书，要求提举学事司、州县长吏多方劝导儿童入学，并免费支付一定的饮食所需。制曰："……今天下承平，休养日久，垂髫幼稚，在所乐育。仰学事司、州县长吏多方劝谕，令入小学，依大学例量合支数，破与饮食。"……

崇宁五年（1106）二月以后到七月以前，随着蔡京的罢政，学校制度有所反复。但七月以后，又逐步恢复到蔡京政策的轨道上。

毫无疑问，蔡京的崇宁兴学及其以后对学校科举制度的改革，是宋代历史上官方学校发展的最高峰。蔡京在兴学过程中，将神宗时期的太学三舍法推广到地方州县学。建立了从县学到州学、从州学到辟雍、从辟雍到太学的逐级考核升学办法，这对于提高教学质量，无疑是进步的。这种逐级升学、最后到最高级太学参加考试授官的办法也是符合教育教学原则的。蔡京废除科举，用学校取代科举取士的做法，是对传统科举制度以一次考试定去留的颠覆，具有极其强烈的震撼感，所以曾遭到激烈的反对，最终不免随着蔡京政治上的失败而被颠覆。

靖康中钦宗全力清算消灭徽宗的原有人马，让朝臣与太学生们不断加大火力，论列蔡京、蔡攸罪状，几无虚日，长达四、五个月，蔡京创立的"兴学法"中，有贡士退归（因犯错或学业不及格退学回原籍）的条例，弹劾蔡京的奏疏上说：蔡京故意把"退归"命名为"退送"。而"送"与"宋"同音，欲为"退宋"之谶。蔡京当时若是读到这篇"大批判"文章，恐不免啼笑皆非。

52

蔡京与北宋社会救助政策

许多史家认为，人类的社会救济制度产生于 17 世纪初英国颁布的《伊丽莎白济贫法》，却不知道，比《伊丽莎白济贫法》更完备、更富人道主义精神的国家社会救济制度，早在 12 世纪初的北宋中国就已经出现，比英国早了五百年。其推行者就是后人所谓"北宋六贼"之首的蔡京。蔡京当政期间，社会救济制度的推行力度之大，规模之广，在世界古代历史上是仅见的，其主要标志就是居养院、安济坊、漏泽园的普遍建立和发展。那时候，有无数穷苦百姓确实都受惠于他推行的一系列社会救济制度。许多看官常以爱国自我标榜，能否也为我国一千年前独有的这一人类文明感到自豪呢？

正如著名宋史专家李华瑞所指出：

神宗、王安石新法贯穿着富国强兵和建构理想社会两条主线，不能不说是被徽宗朝的君臣所效法。

笔者认为，蔡京作为王安石忠实继承者，对建构理想社会的愿望，是很强烈的。这才有朱熹所说绍圣初蔡京路见章惇呈上开办社会救济的建议，才有蔡京崇宁初任首相即以国家之力普遍推行居养院、安济坊、漏泽园。

杨小敏《蔡京、蔡卞与北宋晚期政治研究》一书第七章《蔡京的社会救助政策》对此研究甚为深入，本书参阅其书作如下叙述。

居养院：类似于现在的养老院、福利院，同时还收养弃婴、孤儿、在外流浪的残疾人等。被收养的孤儿还将获得免费的基础教育。当时对有老人需要赡养的家庭，国家减免赋税和劳役，这项制度叫侍丁；对家里有老人需要抚养的罪犯，可以先养老，后服刑，这项制度叫权留养亲；除重罪外，普通刑事犯可以先服侍年老的父母，待安排妥当或者伺候老人归天之后，再接受惩罚。

而无子无女的鳏寡孤独怎么办？是不是只能饿死街头了？并不是。在蔡京推行的国家养老制度里，这样的特殊人群更是得到优待。如果你是孤独鳏寡之人，你不用害怕，当地会收你进居养院养老，你将得到看护。在蔡京任相的第二月，京师的居养院就已建立，全国各地的居养院也接着普遍建立。崇宁四年十月六日，徽宗曾下诏要求增加京师的居养院和安济坊：

> 京师根本之地，王化所先，鳏寡孤独与贫而无告者，每患居养之法施于四海而未及京师，殆失自近及远之意。今京师虽有福田院，所养之数未广，祈寒盛暑穷而无告及疾病者，或失其所，朕甚悯焉，可令开封府，依外州法，居养鳏寡孤独及置安济坊，以称朕意。

政和八年（1118 重和元年）七月十二日，徽宗诏："诸州县镇寨及乡村道路，遇寒月，过往军民有寒冻僵仆之人地分，合干人（吏人）即时扶舁送近便居养院，量给钱米救济，不愿入院者浑遣出界，遣而不送者，委令佐及本地方当职官觉察，监司巡历所至点检。"

安济坊：由国家出钱，为穷人免费治病。假如你外出在远处，所有的盘缠全花光，又身得重病，躺在路上，你将面临的不是死神的光临。只要你被人发现，当地的官员就有责任紧急行动起来，把你送进"安济坊"，看管安济坊的是当地德高望重的僧人，他必须去请来当地医生给你治疗，等你痊愈了才送你出境，所有住食医疗费用都由当地政府开支。他们这样做不只是慈善，而且是政府最重要的责任之一。你的姓名、籍贯、从何地来要到何地去，得什么病，开什么药方，看护人，医疗者按照制度规定，都要写入档案，留待当地官员考核时候作为参考，做不到的别想提拔了。那个看管安济坊的僧人所收留的病人达到一定的数目，朝廷就会奖励他一张度牒，也就是收度僧人的资格证书，这在当时是很值钱又很有荣誉的。你说一千年前，全球还有何处存在这种社会文明呢？崇宁元年八月辛未，诏："置安济坊，养民之贫病者，仍令诸郡县并置。""十一月辛卯，置河北安济坊"。

各地方志多有安济坊记载，如"定海县安济坊与居养院相邻，崇宁元年建。久而皆圮，嘉定十四年，令赵珌夫重建安济院。""昌国县安济院，县东北一百八十步。皇朝崇宁二年八月建。政和二年七月移建县北二百九十步。""慈溪县安济坊，县东南二里。崇宁二年建。""奉化县安济坊，县东北五里，崇宁二年九月建。""象山县安济坊，县东一百五十步。皇朝崇宁三年六月建。"

漏泽园：为穷人提供最后的栖息之地，如果穷人家死了家人埋葬不起，将被政府收葬在一块官方购买的"漏泽园"里，不必暴骨荒野。入土为安在当时可是个头等大事。崇宁三年二月三日，中书言：

> 州县有贫无以葬或客死暴露者，甚可伤恻，昨元丰中神宗皇帝常诏府界以官地收葬枯骨。今欲推广先志，择高旷不毛之地置漏泽园。凡寺观寄留辒椟（棺木）之无主者，若暴露遗骸悉瘗其中，县置籍，监司巡历检察。

各地方志都记载了崇宁时建立的漏泽园，如《宝庆四明志》载："漏泽园，崇宁三年，以人物繁庶，贫无以葬，寄留僧舍或委弃道旁，令州责之，县选有常住僧管干择地，以常平钱置。……本府以崇宁三年置于城南栯亭院，僧主之。"《咸淳临安志》载："漏泽园，钱塘、仁和两县管下共一十二所。先是，崇宁三年二月，诏诸州择高旷不毛之地置漏泽园，凡寺观寄留椁椟之无主者，若暴露遗骸，悉瘗其中，各置图籍，立笔记识，仍置屋以为祭奠之所，听亲属祭飨，著为令。""慈溪县漏泽园，县西南三里。崇宁三年建。""定海县漏泽园，县西一里一百八十步。崇宁三年建。""昌国县漏泽园，县北一里。皇朝崇宁三年四月建。""象山县漏泽园，县东北三里。皇朝崇宁三年六月置。""奉化县漏泽园，县西北十里。崇宁四年二月建。"

到崇宁四年（1105）的时候，各地居养院、安济坊、漏泽园基本上均已建立起来。北宋政府也一再强调各级政府部门要认真推行。如五月乙丑，徽宗诏曰：

民为邦本，本固邦宁，天下承平日久，民既庶矣，而养生送死尚未能无憾，朕甚悯焉。今鳏寡孤独既有居养之法，若疾而无医则为之置安济坊，贫而不葬则为之置漏泽园。朕之志于民深矣，监司守令奉行毋忽。

崇宁五年（1106）九月二日，徽宗又下诏，曰：

居养院、安济坊、漏泽园以惠天下穷民。比尝申饬，闻稍就绪，尚虑州县怠于奉行，失于检察，仁泽未究。仰提举常平司倍加提按，毋致文具灭裂，城寨镇市户及千以上，有知监者，许依诸县条例增置，务使惠及无告，以称朕意。

大观年间，居养院、安济坊、漏泽园制度得到很大发展。政和元年（1111）十一月十九日，尚书省言：居养院、安济坊、漏泽园，比来提举常平司官全不复省察，民之无告，坐视不救，甚失朝廷惠养之意。诏："自今居养安济漏泽园事，转运、提刑盐香司并许按举。在京委御史台弹奏。"十二月二十四日，诏："居养、安济，仁政之大者，方冬初寒宜务收恤。诸州郡或弛废，当职官停替，开具供申，并令开封府依此检察。"政和六年（1116）十月十八日开封府尹王革上疏要求增加对从事社会救济人员的奖励：

本府令每岁冬月，吏部差小使臣于都城里外，救寒冻倒卧，并拘收无衣赤露乞丐人，送居养院收养。会到吏部所差当短使人即无酬奖，惟已经短使再差或借差及三月以上，减一年半，两月以上减一年，一月以上减半年磨者，止是短使专法。本府别无立定酬赏。欲今后应救济无遗阙，除省部依短使酬赏外，管勾四月以上特减二年磨勘，不及四月者，以管勾过月日比附省部短使，依减年酬赏。从之。

蔡京对这几项社会救济制度是很用心的，在他的宦途之中，只要一掌权，就孜孜不倦地大力推行这一套社会救济制度，将北宋社会救济制度的发展推向一个新的高峰，在中国历史上是空前的，远在元明清三代之上。正是蔡京将社会救济活动规模化、制度化，成为蔡京一生很了不起的一项德政。

这些社会救济是在先前政府和民间很不普遍的善行的基础上。由蔡京详细制定为制度，宋徽宗诏令在全国范围内全面地大规模地实施起来的。历史学家不忌讳蔡京是个"大奸臣"，他们的论文详述了一千年前中国社会的这一当时全世界都还根本没有过的大规模的社会文明。看官，我们是如实地告诉欧洲人、日本人和世界各地人，说中国古代曾经有过这等好事？还是因为蔡京是"奸臣"，就不"自豪"了，就向世界各地的人们说："我们不屑提这事！"

即使是将蔡京入其奸臣传的《宋史》，其《食货上》也清清楚楚地记载这项德政：

崇宁初，蔡京当国，置居养院、安济坊。给常平米，厚至数倍。差官卒充使令，置火头，具饮膳，给以衲衣絮被。州县奉行过当，或具帏帐，雇乳母、女使，糜费无艺，不免率敛，贫者乐而富者扰矣。三年，又置漏泽园。初，神宗诏："开封府界僧寺旅寄棺柩，贫不能葬，令畿县各度官不毛地三五顷，听人安厝，命僧主之。葬及三千人以上，度僧一人。三年与紫衣；……"至是，蔡京推广为园，置籍，瘗人并深三尺，毋令暴露，监司巡历检察。安济坊亦募僧主之，三年医愈千人，赐紫衣、祠部牒各一道。医者人给手历，以书所治瘥失，岁终考其数为殿最。诸城、砦、镇、市户及千以上有知监者，依各县增置居养院、安济坊、漏泽园。道路遇寒僵仆之人及无衣丐者，许送近便居养院，给钱米救济。孤贫小儿可教者，令入小学听读，其衣襕于常平头子钱内给造，仍免入斋之用。遗弃小儿雇人乳养，仍听宫观、寺院养为童行。宣和二年，诏："居养、安济、漏泽可参考元丰旧法，裁立中制。应居养人日给秔米或粟米一升，钱十文省，十一月至正月加柴炭，五文省，小儿减半。安济坊钱米依居养法，医药如旧制。漏泽园除葬埋依见行条法外，应资给若斋醮等事悉罢。"

这段记载，几乎概述了蔡京当政以来居养院、安济坊、漏泽园的创制、发展过程。

南宋陆游《老学庵笔记》卷二载：

崇宁间初兴学校，州郡建学，聚学粮，日不暇给。士人入辟雍，皆给券，一日不可缓，缓则谓之害学政，议罚不少贷。已而置居养院、安济坊、漏泽园，所费尤大。朝廷课以为殿最，往往竭州郡之力，仅能枝梧。谚曰："不养健儿。却养乞儿。不管活人，只管死尸。"盖军粮乏，民力穷，皆不问，若安济等有不及，则被罪也。其后少缓，……。

这条资料反映出，虽然在制度的推行中有这样那样的弊端，但其意义不可抹杀，正是蔡京强有力的推动才有了其制度的快速向前发展。而且，就其存在的弊端而言，也绝非蔡京一人所为和所能为。

政和六年（1116）正月五日，知福州赵靖言："鳏寡孤独居养、安济之法，自崇宁以来，每岁全活者无虑亿万，乞诏有司岁终总诸路全活之数，宣付史馆，从之。"撇开赵靖夸大其词和阿谀奉承之嫌，则可看出当时制度推行的成效，无论是在中国历史上还是在世界史上，这都堪称一项重大制度创新、一大壮举。

还是让我说一下朱大圣人朱熹对此的评价吧！朱子大家都认识，大家到孔庙拜孔子，顺便就得拜朱熹，朱子所过之地都成为圣迹，叫做"朱子过化"。朱子是南宋人，死时离蔡京死的时候已经近百年了，在他死前三年，也就是南宋理宗庆元二年，朱熹为兴化府的公益设施仁寿庐作《书廖德明仁寿庐条约后》一文，文中说：

> 国朝受命，覆冒区宇，涵育黎元，百有余年。至于崇宁、大观之间，功成治定，惠泽洋溢，隆盛极矣。而上圣之心犹轸一夫之不获，始诏州县立安济坊、居养院以收茕疾病癃老之人，德至渥（滋润）矣。中以多虞，不无废缺。

可见朱熹对宋徽宗时代的这一仁政举措大为赞赏，而对南宋时此一制度的废缺，不无惋惜。朱熹本人居官时创"平籴仓"，时人公认类似于王安石的常平青苗之法。这篇文章，不但在《兴化府志》中查得到，《朱子全集》中也有，只字不差。

53

王安石配享孔子庙

　　太庙是皇帝家族祭拜本朝历代皇帝的庙庭，每位皇帝的神像前往往都有一两位对他最为忠心和做出最大贡献的已故大臣配享，在祭拜时与该皇帝共同享受香火，因此配享太庙是人臣的巨大荣誉。

　　王安石得遇宋神宗，是中国历史上极其难得的一次"君臣相遇"，连反对新法的理学宗师朱熹都为王安石"得君行道"深感羡慕。元祐中，高太皇太后、司马光等旧党上台后否定新法，王安石郁郁而死，后新法得力干将蔡确也受迫害而死。元祐元年（1086）六月，以旧党人士富弼配享神宗庙庭。但七年后哲宗亲政，改元绍圣，元年（1094）四月增王安石配享神宗庙庭，与富弼并配享。绍圣三年（1096）二月，则罢去富弼，独以王安石配享神宗庙庭。崇宁元年（1102）二月，以蔡确配享哲宗庙庭。

　　但在神宗、哲宗、徽宗三代皇帝和一众新党人士心目中，王安石并非只是一代贤相，创行新法，足于配享太庙而已。更为重要的是，认为他乃士人的万世思想导师，可以配享孔庙（文庙）。

　　王安石认为，要实现善治，首先就要掌握真正的儒家要义，也就是经学，并要融会贯通其精髓。所以，早在他还只是一个籍籍无名的地方小官时，就已经深入研究儒学，终生不懈，学术著述颇丰。有《易传》《淮南杂说》《洪范传》《老子注》《论语解》《孟子解》《字说》《性说》等，还有像《楞严经疏解》这样研究佛学的著作。其最重大的儒学著作当是《三经新义》，包括《周官义》二十二卷、《诗义》二十卷、《书义》十三卷。为了统一经学，熙宁六年（1073）设经义局，王安石亲自修撰，其儿子王雱和吕惠卿、陆佃、蔡卞等人参与撰修。其中以王安石本人亲笔修成的《周官义》最为重要，也被他自己视为变法的理论依据和指南。《三经新义》修成后，在北宋时作为经学的统一教材，在南宋很长一段时间内也作为主流教材。著名史学家、中国宋史研究会的第二任会长漆侠教授出版著作《宋学的发展和演变》（河北人民出版社 2002 年版），其中有专章研讨这些问题。

早在嘉祐元年（1056），素以热心提携后辈的伯乐著称的文坛领袖欧阳修曾诗赠王安石曰：

翰林风月三千首，吏部文章二百年。

老去自怜心尚在，后来谁与子争先？

诗中说王安石诗文自可与李白（翰林）和韩愈（吏部）相比，对王安石在儒学的未来地位寄予厚望。而王安石酬答诗云：

欲传道义心虽壮，强学文章力已穷。

他日若能窥孟子，终身何敢望韩公？

他以"窥孟子"，表白自己的鸿鹄之志，不在于文章和诗词，而在于思想学术，即所谓"为圣人继绝学"。

王安石"新学"本身实际上是"唐宋变革"之际，传统儒学嬗变的一部分。后来人称之为"新儒学"或者"新宋学"，以区别于"传统儒学"，即孔孟时代的原始儒学和董仲舒以后的官方儒学（汉学）。新宋学开始于范仲淹、欧阳修、蔡襄等，王安石为之发扬光大，它以"经世致用"为口号。南宋中后期，王安石的新学渐被程朱理学所取代，在"经世致用"方面，是无可救药地大大地后退了。

崇宁间，蔡京和蔡卞同朝为左右相，他们和宋徽宗一道，高举王安石大旗。崇宁三年（1104）六月戊申，诏王安石配享孔子，位于邹国公（孟子）之次，使王安石在政统和道统两套祭祀系统中都享极尊荣。这篇诏书中说：

荆国公王安石，由先觉之智，博圣人之经，阐性命之幽，合道德之散。训释奥义，开明士心，总其万殊，会于一理。于是学者廓然如睹日月，咸知六经之为尊，有功于孔子至矣。其施于有政，则相我神考，力追唐、虞、三代之隆，因时制宜，创法垂后。小大精粗，靡有遗余；内圣外王，无乎不备。

唐代文庙中，孔子之下只有颜回一人配享，其他十哲和贤儒都在庑下，处于从祀地位。北宋元丰七年（1084）诏孟子配享，开创了后代贤儒超越孔子弟子而配享的先例；而崇宁三年（1104）诏王安石配享，更是开创了当世已故儒者配享附祭的先例，享有超越十哲和其他从祀先贤的地位，这在整个历史上都是绝无仅有的。

王安石在世时，于元丰元年即已封舒国公，元丰三年改封荆国公，其爵位为"公"。唐开元二十七年（739），追谥孔子为文宣王，并赠颜回为兖国公、十哲为侯爵、其余弟子为伯爵。北宋大中祥符二年（1009），又"追封十哲为公，七十二弟子为侯，先儒为伯或赠官"。王安石若以"公"的赠爵与颜回、孟轲两个公爵同列，位于赠爵为"王"的孔子之下，并无不妥。但政和三年，朝廷更加封王安石为舒王，颜与孟两位只是公爵，王安石既是王爵，与公爵并列配享孔子便特别刺眼，许翰当时便建议：

文公（王安石）既王，则于学宫理不可复居颜、孟之下，谓宜自为一代之宗师，专居别室。

但朝廷的处理方法只是令王安石居孟子之上。政和三年（1113），且以王安石之子王雱从祀文庙，开创了当世儒者进入从祀行列的先例。

宋钦宗靖康元年（1126），旧党得势，杨时上书罢王安石从祀。结果只是削王安石"舒王"封号，毁配享偶像，移出大成殿，送两庑列于从祀，这又开创了贬谪附祭贤儒的先例。南宋孝宗淳熙三年（1176）赵粹中上书罢王安石从祀，不果；淳熙四年（1177），李焘上书罢王安石从祀。结果只是去掉其儿子王雱的画像，罢去王雱的从祀资格。可见其时王氏新学仍在社会上据有较高的地位。

宋理宗淳祐中，程朱理学终于战胜王氏新学和苏东坡的"苏学"，成为国家独尊的"国学"。淳祐四年（公元 1244 年），宋理宗下旨：

> 王安石谓天命不足畏，祖宗不足法，人言不足恤。为万世罪人，岂宜从祀孔子于庙庭？黜之！

从而取消了王安石从祀资格。"王安石"在孔庙中共度过了 137 年时光，可谓一天也没安生过。

南宋中期，从王明清、洪迈、岳珂等人的文集中，可以看到一则"优伶箴戏"的故事，不妨从洪迈《夷坚支乙·优伶箴戏》抄录如下：

> 蔡京作相，弟卞为枢密，卞乃王安石婿，尊崇妇翁。当孔庙释奠时，跻配享而封舒王。优人设孔子正坐，颜、孟与安石侍侧，孔子命之坐。安石揖孟子居上，孟辞曰："天下达尊，爵居其一，轲（孟子）仅蒙公爵，相公贵为真王，何必谦乎如此？"遂揖颜子，颜曰："回也陋巷匹夫，平生无分毫事业，公为明世真儒，位地有间，辞之过矣。"安石遂处其上，夫子不能安席，亦避位起，安石惶惧，拱手云不敢。往复未决，子路在外，愤愤不能堪，径趋从祀堂，挽公冶长臂而出。公冶为窘迫之状，谢曰："长何罪！"乃责数之曰："汝全不救护丈人，看取别人家女婿。"其意以讥卞也。时方议欲升安石于孟子之右，为此而止。

这则故事说，崇宁时皇宫中演了一出"参军戏"，优人（戏剧演员）所演的剧情是：文庙祭祀时，颜回、孟子、王安石侍于一侧。孔子命他们都坐下。王安石礼让孟子居上，孟子推辞说："天下的尊卑，以爵位为主。孟轲仅蒙恩封为公爵，相公您却贵为真王，何必如此谦恭呢？"王安石于是又礼让颜子，颜子说："颜回不过是陋巷的一介匹夫，平生没有丝毫建树。您却是人世间的名相大儒。你我之间的品位何止天壤之别？您这样推让太过分了。"于是，王安石坐到了上位。这时，同为王爵的孔子也坐不住了，连忙站起来让位。王安石很惶恐，连连拱手称"不敢！"你推我让，翻来覆去，确定不下座次。子路在大殿外面看见了这一场景，愤愤不平，从祀堂里抓住孔子弟子，也是孔子女婿的公冶长冲进大殿。公冶长神情窘迫，面红耳赤地对子路辩解道："我做错了什么，你要这样对待我？"子路数落他说："你一点也不会救护自己的老丈人，你看看人家的女婿（蔡卞）是怎么当的。"皇帝看了这出讥讽蔡卞的戏，就取消了原来要把王安石的排位提到孟子之上的打算。

蔡卞是崇宁元年十月知枢密院事，崇宁四年正月罢。皇帝诏王安石配享虽在崇宁三年，蔡卞是起了作用的。但王安石封舒王却是在政和三年（1113），可见洪迈所记未必有其事，只是反映了南宋中期新学逐渐失势中被人编排挪谕的处境。

洪迈明确强调的是，王安石未能跻位孟子之上，但后来岳珂却否认了这一说法，他在《桯史·尊尧集表》末抄录了上引《夷坚支乙》的这段记载，接着说：

> 是时荆公位实居孟子上，与颜子为对，未尝为止，《夷坚》误矣。

徽宗本人是把蔡京与王安石相提并论的，他在《宣和书谱》中说："当年我老爹起用王安石，一起实现天下大治，其对王安石的眷遇之隆，前无拟伦。我继承皇位以来，也是靠蔡京来继述父兄的遗志的，故对蔡京的眷倚，不敢比我老爹当初对于安石的差！"

靖康北宋亡于金，南宋人谈论亡国原因，有些人如赵鼎等归罪于蔡京误国和王安石变法。建炎三年六月，时任司勋员外郎的赵鼎上奏说：

> 凡今日之患，始于安石，成于蔡京，其余童贯、王黼辈曾何足道？今贯、黼已诛，而安石未贬，犹得配享庙廷；蔡京未族，儿孙饱食安坐，乃谓时政阙失，无大于此者！

54

蔡京的理财思想

蔡京在徽宗朝为相的时间最长，几乎与徽宗统治时期相始终。中间虽几度被罢，然很快即又复位，直至宣和七年四月才最后被罢。故宋徽宗朝的财经政策，实为蔡京主持。王安石与宋神宗发动的变法，到此在北宋历史上前后延续六十年左右，中经元祐八年间的大反复，向太后时短期的小曲折，基本上得到实施和完善，使宋朝在经济上取得了中国封建社会前无古人，后无来者的大进步。

近代、现代的很多学者都否定了过去一味认为宋朝"积贫积弱"的片面看法。不仅是梁启超高度评价王安石及其变法，民国时期杰出的国学家陈寅恪称：

华夏民族之文化，历数千载之演进，造极于赵宋之世。后渐衰微，终必复振。……由是言之，宋代之史事，乃今日所极应致力者。

现代中国最著名的宋学权威邓广铭说："宋代是我国封建社会发展的最高阶段。"他指出：

两宋时期内的物质文明和精神文明所达到的高度，在中国整个封建社会历史时期内，可以说是空前绝后的。

我们应该看到：《清明上河图》所描绘的东京街市景象与《东京梦华录》中所叙述宋都的各种繁荣，都是具体发生在徽宗与蔡京时代的社会生活的缩影，所以曾任中国宋史研究会副会长张邦炜教授 2008 年 1 月在接受访谈时说：

研究北宋晚期历史，难点在"蔡京变法"，蔡京变法涉及政治、经济、军事、社会生活等各个方面，其牵面之广、影响之大恐怕不亚于王安石变法。

今人经历过近几十年的经济改革后，对于历史上的革新运动也较为容易看得清楚。

宋太祖、太宗统治时期，财政上呈现上升趋势。政府机构较为简单，社会较为安定，又刚把南方富庶之区收入版图，因此朝廷储积较为充裕。从宋太宗至道（995－997）至真宗天禧（1017－1021）中，榷酒税钱从一百二十万贯，后增至七百七十九万贯，盐课钱从七十二万贯增至一百六十三万贯，财政总岁入从一千六百余万贯增为二千六百五十余万贯。宋仁宗、英宗统治时期，北宋朝廷的财政状况不断恶化，入不敷出的危机日益严重。一方面，由于真宗后期东封西祀，大肆挥霍、营造无度，使财政状况开始走下坡路。仁宗即位后，朝廷即采取措施削减营造支费，又于明道、景祐之间，遇到连年自然灾害，灾害影响了财政状况，收支状况又趋紧张。据宝元元年初监京店宅务苏舜钦上疏讲，当时的情况是：

府库匮竭，民鲜盖藏，诛敛科率，殆无虚日，三司计度经费，二十倍于祖宗时，此用度不足也。

随后，与西夏发生战争，更是雪上加霜。由于增兵、增岁币及冗官等诸方面的原因，不但三司财计困难，而且地方积存也基本告罄，内藏储存也所余无几，财政收支上的危机局面出现了。在一些有识之士看来，已经到了非改革不足以使国家摆脱困境的地步了。

皇祐年中，宋廷曾两次编制《皇祐会计录》，对财政收支作了两次统计，结果是一次当岁之入，"所出无余"，另一次是"财赋所入，多于景德，而岁之所出，又多于所入"嘉祐年间，司马光说："当天下无事之时，遑遑焉专救经费而不足"，"公私财用率皆穷窘，专奉目前经费犹汲汲不足"。支出增加的速度大大超出了收入增加的速度，甚至超过了社会经济发展的速度，从而造成了国与民上下俱困的局面。

宋神宗即位以后，对"积贫积弱"的局面十分不满，他做了皇帝后，想在事业上有一番作为，但是，仁宗、英宗给他留下的一帮老臣，如富弼、韩琦之流，由于社会地位地上升，如今都变成了些因循守旧之徒。不但不愿意再进行改革，而且从以前改革的支持者，转化为改革的阻碍者。

在满朝因循保守的气氛下，神宗便起用了锐意改革的王安石。王安石执政后，辅佐神宗厉行变法，提出了"因天下之力以生天下之财"的理财方针，颁布了一系列旨在富国强兵的新法令。在王安石看来，解决财政问题的根本办法不是削减支出，而是通过促进生产和消费的发展以求增加财富。为此，在他主持下，采取了一系列的措施，很快做到了"民不加赋而国用足"。据毕仲游于元祐元年（1086）《上门下侍郎司马温公书》所说：

今诸路常平、免役、坊场河渡、户绝庄产之钱粟，积于州县者，无虑数十百巨万、如一归地宫（指户部）以为经费，可以支二十年之用，则三司岁入常平为赢。以天下之大，而三司岁入，半为赢余，则数年之间府库之财，仓廪之粟，已将十倍于今日。

据建中靖国元年（1101）知枢密院事安焘所追述的是：

熙宁、元丰之间，中外府库，无不充衍，小邑所积钱米，亦不减二十万。

这一切都表明，经过王安石变法，当时的中央政府和地方政府已经蓄积了巨额的钱币和谷物，此前长期存在的积贫之局到此就完全改观了。

但是，好景不长，神宗皇帝病死之后，旧党上台执政，一贯反对变法的英宗高后垂帘听政。保守派的司马光等人提出"以母改子"方针，废除新法。朝廷封桩财赋的来源大为缩小，但支出却减少寥寥，不可避免地随即出现财政危机的局面。元祐二年，朝廷命苏辙等人编定《元祐会计录叙》，结果就发现：

> 大抵一岁天下所收钱谷、金银、币帛等物，未足以支一岁之出。今左藏库见钱费用已尽，去年借朝廷封桩末盐钱一百万贯以助月给，举此一事则其余可以类推矣。

到元祐六年七月，侍御史贾易上疏论"天下大势可畏者有五"，其三即是"经费不充，而生财不得其道"，"一切用度皆匮乏，而敛散屈伸，无及时预备之计，人情易摇，则根本有微弱之虞也"。元祐七年，大臣苏轼也说当时是"帑廪日益困，农民日益贫，商贾不行，水旱相继"。曾布在建中靖国元年更明确地说：

> 神宗理财，虽累岁用兵，而所至库府充积，元祐中非理耗散，又有出无入，故仓库为之空。

旧党在理财上软弱无力的表现，产生了日益严重的财政危机，直接导致了旧党执政集团的彻底跨台。

元祐八年，宋哲宗亲政后，新党得势，旧党下台，理财方针也随之发生了根本变化。但章惇的理财能力有限，财政上新增加的收入不大，再加上西北（党项族建立的西夏国）战争的军费巨大，到哲宗去世时，财政状况不但未能好转，反而陷入了新的更大的危机。借用老臣安焘的话，就是"军无现粮，吏无月俸，公私虚耗"。到徽宗继位第三年，下决心起用蔡京，整顿财政。

蔡京的财经思想源于王安石，其思想与王安石一脉相承。中国古代的财经思想有两种：开源和节流。王安石的思想偏重于开源，开源和节流并举。不赞成普遍流行的将财政危机简单归之于冗官、冗兵的看法。主张——

> 因天下之力以生天下之财，取天下之财以供天下之费。

他认为财政困难的根本原因是"理财未得其道":

有司不能度世之宜而通其变耳！诚能理财以其道而通其变，臣虽愚，固知增吏禄不足以伤经费也。

主张只要理财有方，则适当增加官员工资并不会损害财政状况。

"不患无财，患不能理财"也是蔡京的治国思想之一，源自王安石。蔡京曾说："天下之财，但如一州公使尔。善用之者，无不足而常有余。"他曾讲：

永惟理财之源，当不取于民，国用自富。

这一思想与王安石"民不加赋而国用足""欲富天下则资之天地"思想也是相吻合的。在增加吏禄方面，王安石认为"……经久天下吏禄恐须当尽增，令优足"。蔡京执政后也的确提高了官吏的俸禄，"增侍立食钱，皇城巡铺增月给钱"。

蔡京借用《易经》中的"丰亨豫大"之说，来说明他对消费的认识。"丰""豫"都是卦名。卦辞说："丰、亨，王假之"；象辞说："丰，大也，明以动，故丰，王假之，尚大也。"豫卦之象为上震下坤，卦名义为安和悦乐。"豫"字本系逸豫之义。象辞说："豫以顺动。……天地以顺动，故日月不过，而四时不忒；圣人以顺动，则刑罚轻而民服，豫之时义大矣哉。"通常对二卦的解释是，王者在最盛之时，应当一切都崇尚盛大，不必忧此虑彼，应当顺天理而动，如日行中天般地普照天下。从本书作者所翻阅的史料看，蔡京并无将"丰亨豫大"作为理政口号，只是以此说明其对于消费的一种认识，而颇有人说，这个"丰亨豫大"之说，正合纵俗无度的宋徽宗的心意，于是，宋徽宗就更加肆无忌惮地恣行骄淫了。对此种说法，许多学者觉得有失公允。美国汉学名家伊沛霞教授《宋徽宗》一书（韩华译本，广西师范大学出版社2018年版），也是这样认为的。

为国理财以富国强兵，是王安石变法的核心内容，对此徽宗与蔡京是忠实地贯彻了，是王安石变法的坚决拥护者和支持者，是王安石的后继者。虽然有人提出了"蔡京也算改革派?"的疑问,认为"蔡京是打着王安石的旗帜反对王安石"。但这些说法都难免与史料大相径庭,显乎在某种意识形态支配下,离开了研究历史的正道。

蔡京的理财举措

　　宋仁宗朝以后，朝政的最大难题都在于如何增加国家财政收入。新党的指导思想是开源重于节流，实现"民不加赋而国用足"。王安石采取青苗（常平）的方法，向农民贷款，既抑制了豪强兼并，又实现了由常平带来的利息收入，曾经在增加国家收入方面发挥很大作用。

　　但当时以农立国，农业生产增收幅度不大，因此把增收国入完全建立在田赋收入的增加上，是很不现实的。蔡京理财方面取得较大成功的是在茶、盐、酒等专卖商品的生产和消费流通管理上，制定出严密的管理制度，既使足够的财源流入国库，又疏通消费流通渠道，发展了这些商品的生产经济。

　　蔡京茶法主要是针对东南茶。北宋前期，东南茶主要实行官购商销的交引法，产茶户与茶商直接放开的通商法只在局部地方实行。但自仁宗嘉祐年中改茶法，实行了40余年的通商法。蔡京认为：

　　对于政府而言，嘉祐法最大的弊端是大大影响和减少了政府的茶利收入，他说："祖宗立禁榷法，岁收净利凡三百二十余万贯，而诸州商税七十五万贯有奇，食茶之算不在焉"，"至祥符中岁收息五百余万缗，庆历以来法制寝坏，嘉祐初遂罢禁榷，行便商之法，客人园户私相贸易，公私不给，利源寝销，岁入不过八十余万。"

相比于北宋初期，政府所获茶利大幅下降。因而在崇宁元年，蔡京废除了通商法，重新实行禁榷法。对于荆湖、江淮、两浙、福建七路所产茶，随所置场，由官场向产茶户统购，官府纲运并向茶商行销，申商人园户私易之禁。除了在京城开封设榷货务，作为专门管理茶事的官府机构之外，又设立了都大提举七路茶事二员，荆湖、江淮、两浙、福建七路则设立了措置茶事官司，朝廷给300万贯，令逐路充作买茶本钱。

崇宁元年，茶法虽然仍属于垄断收购的榷茶制，但是它和北宋以往的榷货务山场制相比，有了如下两个较为显著的改进：一是就场卖茶，减少了集中发卖时的官府纲运环节。二是将茶引分为长、短两种，更适合当时茶叶流通和贸易的特点。尤其是短引，价位较低，一定程度上改变了"引钱太重，贫不能输"的问题，特别有利于小商贩的经营和贸易。

崇宁四年，蔡京在崇宁元年茶法的基础上，又进行了一次较重大的茶法改革，废除了官府置场、直接垄断收购的制度，允许商人与种茶园户直接进行自由交易，官府对茶叶的专卖，改为主要通过垄断茶引印卖权的手段来实现。其茶法的基本内容是：商人买茶之前，必须向官府购买茶引和笼箬（包装物）。茶引继续分为长引和短引两种，"长引许往他路，限一年；短引止于本路，限一季"，笼箬由官府统一制定，"定大小斤重"，崇宁四年茶法的引息按斤重计算。各地提举茶事官须"保验一路所产茶色高下，价值低昂"。这次改革是取消官府设场的环节，产茶户与茶商直接交易，可以省下政府大笔经费，又避免官营过程中极易产生的各种腐败。便于产茶户和茶商各自照看自己利益，既能保证政府得利，又符合经济发展规律。

政和二年，蔡京再次改革茶法。这次改革仍是政府通过茶引管理榷茶，但茶引的发卖和勘验，与崇宁四年茶法相比都更为严密。政府印造和发卖茶引时皆备有合同底簿，京师茶务及各州县合同场依据合同底簿勘验和回收茶引，所以，一般又将政和二年茶法称为合同场法。

合同场法的茶引仍然分为长、短引两种。茶引的印造和发卖权统归中央由太府寺专门印造，都茶务发卖："长短引令太府寺以厚纸立式，印造书押，当职官置合同簿，注籍讫，每三百道并籍送都茶务（发卖）。"合同簿就是为了合同场勘验及商人售茶完毕后"对簿销落"茶引之用。都茶务是唯一的卖引机构，"专管供进末茶及应干茶事"。

商人从园户处买到茶后，还必须用在官府购买的专门规格的笼箬盛装，"茶笼并皆官制，定大小式，严封印之法"，然后才能赴"所在州县市易税务点检封记"。商人到达指定的贩茶地点后，当地官员再次验证数量、等第等，然后才能启封贩卖。贩卖时，还要请买茶人在茶引上批写所买数量。商人卖茶还有时间限制，商人必须在限期之内售完茶货，缴回茶引、笼箬。茶引和笼箬，像一根无形的绳索，成为政府束缚和控制商人的有力手段，也是政府获取专卖利益的主要工具。

蔡京三次变革茶法，使茶法由官府垄断收购的专卖制向以引榷茶制度转变，不仅大大降低了管理费用，而且使得官府茶利的收入显著增加，南宋叶适的说法是："比熙宁又再倍矣。"据《宋史·食货志》的总结：大观三年，茶利已有大幅度增加，"计七路一岁之息一百二十五万一千九百余缗，榷货务再岁一百十有八万五千余缗"。政和茶法推行之后，仅从政和二年至六年的四年多时间里，北宋茶利更高达"收息一千万缗，茶增一千二百八十一万五千六百余斤"。也就是说，蔡京所行茶法，官府获利是宋真宗时的130多倍，宋仁宗时的10多倍。客观地说，这无论如何都是一个不小的成绩。

蔡京茶法，虽然存在着苛严、多变等多种问题，但正如著名史学家、中国宋史研究会第二任会长漆侠先生《宋代经济史》书中所评价的：

政和茶法继承了通商法，既不干预茶的生产过程，又不切断商人同生产者和茶叶所有者之间的交换、贸易，这是对官榷法的否定。但是，政和茶法同时继承了而且更进一步地发挥了征榷法，一方面加紧了对园户的控制，从固定的专业化的户籍的管理，到每家园户茶产量和质量的登录，以及允许园户到外地贸易，这样便把园户纳诸封建国家专榷的轨道上，从而有利于封建国家在分配茶叶生产过程中的剩余劳动方面获利更多的好处。另一方面，政和茶法又制订了一套严密的制度，加强了对商人的管理和约束，从合同场到茶引，即使是盛茶的笼籯也都有相应的规定，以便把茶商纳诸封建国家专榷的轨道上，借以保证封建国家在茶利的分配上获利最大的份额。

由于它客观上符合商品经济发展的规律，利用了商人在经济发展中的作用，所以成为茶法改革的方向。南宋时的东南茶法和四川茶法，都采纳了蔡京政和合同场法以引榷茶的模式。南宋有臣僚谈到南宋茶法与政和茶法之间的联系时曾说：

茶法自政和以来，官不置场收卖亦不定价，止许茶商赴官买引，就园户从便交易，依引内合贩之数，赴合同场秤发，至今不易，公私便之。

蔡京财经政策中影响较大的另一项措施是盐法。

北宋初，实行食盐官商并卖，即分为"官鬻"和通商"两种形式。一类是官府直接运输买卖的地区，叫禁榷区；另一类则是允许商人贩卖的地区，叫通商区。销售区域划分后，不允许逾越，否则就"量罪科决"。在所有产盐区中，解池和淮浙两大盐区居于最重要的地位。解池位于山西解州，为池水煎盐。解盐榷利约为北宋榷盐收入的十分之一，特别是，其课入又可直接用于边境储备，大大节省了宋政府向西部沿边地区运送财赋的耗费。因此更受到宋政府的特别重视。元符元年至崇宁四年，约有长达八年的时间，解池都因被雨水冲坏而不能产盐，这对宋朝财政确实造成了相当大的压力。

蔡京当政必须弥补解盐损失。他对盐法的变更主要包括两方面的内容：一是推行换钞法，将解盐钞换成东南盐钞，使海盐西销。海盐生产成本远低于解盐，客运至京及京西，袋输官钱六千，而盐本不及一千，施行未久，收息及二百万缗。再通至陕西，其利又倍。因此通过免收沿途商船税等手段，招诱商人将京东、河北路海盐，运入解盐销售区域贩卖。崇宁元年（1102）九月，"东北盐法"一颁布，海盐商人便纷纷到来，用每袋低于一贯（千或缗）的本钱，就可以卖出将近十倍的高价。

由于解盐停产，持解盐钞的商人便无处请盐，蔡京于崇宁二年（1103）十二月，仿效熙宁元年的成例，在榷货务设立了钞价平准机构买钞所，印刷新盐钞，收换旧盐钞。买钞所的主要任务是用东南末盐钞、乳香、茶钞、官告、度牒等来"换易客人之钞"，实行贴纳、对带、循环等具体办法，强迫持钞者再贴纳现钱，才能换取面值相等的末盐新钞。就把解盐钞换成了东南末盐钞，把商人的盐利转让于朝廷。仅崇宁二年十二月四日至第二年四月十九日四个半月的时间里，"商人铺户投下到陕西、河北文钞，换易过东南末盐等，共计钱五百一万"余贯。而到崇宁三年年底，一年的盐钱收入，"在京已及一千二百余万贯"，到"政和六年，盐课通及四千万缗"。这是有宋以来岁课收入的最高数字。蔡京利用变更盐法的办法来增加中央的财赋收入，起到了立竿见影的效果。

政和五年冬，蔡京盐法的具体推行者魏伯刍即上言：

自政和立法，顿绝弊源，公私兼利。异时一日所收不过二万缗，则已诧其太多，今日之纳乃常及四五万贯以岁计之，有一郡而客钞钱及五十余万者，处州是也；有一州仓而客人请盐及四十万袋者，泰州是也。新法于今才二年，而所收已及四千万贯，虽传记所载贯朽钱流者，实未足为今日道也。伏乞以通收四千万贯之数，宣付史馆，以示富国裕民之政。

盐法初实施时，有一天管理盐业的务官报告：盐商已缴纳盐钞三百万缗，徽宗大吃一惊说："直有尔许耶（真有如此多吗）？"副相张商英不以为然，说这是个虚报的数字罢！蔡京争辩："我是据有关部门报告有这么多的，现在商英认为是虚数，那就让我与他各指定一个郎官去核实吧！"核实结果，双方都承认这些钱已入库。商英只好自我检讨说："我是被人误导了。"新盐法之前，每天收盐钞不到二万缗，立法后每日已有四、五万缗。新法实施才二年而已收四千万贯，徽宗曾经把印制好茶盐购销的凭证拿来夸示左右，说"此太师蔡京所与我俸料也"。

宋代的酒课收入在茶盐酒三项收入中居第二，低于盐课而高于茶课。蔡京于榷酒的产销管理方法上并未作出重大的变动，只是在增加酒课、酒利收入的前提下，增加中央在酒课、酒利中的占有比重。王安石变法之前，对酒的管理主要实行官榷和买扑制。酒利一般用来充作军费、籴本、公使钱、赡学钱等开支。由各路转运司管理，藏之州县，主要作为地方的使用经费。熙丰年间，酒利归属权有了变化。王安石设置制置三司条例司，分割了三司的部分酒利。后随制置三司条例司废罢，职权归入司农寺，元丰五年（1082）行新官制以后，原三司所管归户部左曹，司农寺所管归户部右曹。

政和年间，蔡京几次增添酒价，而且幅度很大。崇宁二年（1103）十月八日，令官监酒务上色每升添二文，中、下一文，以其钱赡学。崇宁四年（1105）十月，量添二色酒价钱，上色升五文，次三文，以其钱赡学，则崇宁赡学添酒钱也（五年二月四日，罢赡学添酒钱）。政和五年（1115）十二月十一日，令诸路依山东酒价升添二文六分，入无额上供起发，则政和添酒钱也。将大部分作为地方经费的酒利划归中央，导致地方财政的拮据。

蔡京在钱法改革上也花费很多心力，但效果并不显著，很是磕磕碰碰。钱的主要职能是在市场交易中作为等价物使用。宋代大量使用的是一文的"小平钱"，《宋史·食货下二》载官府坑冶"凡铸（小平）钱用铜三斤十两，铅一斤八两，锡八两，得钱千，重五斤"。所以铸一小平钱，物料火工加上赡官吏、运铜铁之费，"费一钱之用始能成一钱"，既然作一文使用的"小平钱"，制造成本也近一文，那么，民间私铸则无利可图，所以较少有人去冒私铸犯罪之险。

但作为国家，不免希望铸作大钱如"当十钱"，一片可当十文用，而其铸造时"当十钱每贯重一十四斤七两，用铜九斤七两二钱，铅四斤一十二两六钱，锡一斤九两二钱"。所费成本只是小平钱的三倍而法定价值是十文，可以"十得息四"。这在蔡京改革之前西事紧急曾在陕西实行过，以应付军费开支。

精于财计的蔡京，"崇宁二年二月庚午初令陕西铸折十铜钱并夹锡钱"。十一月，又令"江、池、饶、建州、舒、睦、衡、鄂州八钱监依陕西样铸当十钱"，并令将熙宁以来的当二钱改铸为当十钱。发行当十钱给政府带来可观利益，但同时也给私铸者带来了巨大的利润。沈畸说："游手之民一朝鼓铸，无故有数倍之息，何惮而不为，虽曰斩之，其势不可遏也"，导致了"未期岁（未满一年）而东南之小钱尽矣，钱轻而物重"的情况。徽宗也知道其弊端，故崇宁四年蔡京一度罢相后，稍更其法，但红利所在，不免让人难舍，大观元年"京再得政复行之"。大观三年，蔡京再罢政，当十钱在河北沿边和京东沿海地区被禁止。政和元年，又正式下诏废当十钱，此后当十钱改为当三钱，逐步完全罢行，而仍如改法前以小平钱与当二钱并行。可见法定价值大大超过制造成本的"大钱"要想稳定发行流通，需要政府的抑制假币的能力的民间对政府的信用，蔡京时代看来缺少推行大币的条件。

蔡京铸造夹锡钱的目的据称是"二虏（辽和西夏）以中国钱铁为兵器，过杂以铅锡则脆不可用"。《宋史·食货下二》载夹锡钱始末道："其法以夹锡钱一折铜钱二，每缗用铜八斤，黑锡半之，白锡又半之"，初行于陕西。大观元年，京复相后令"衡州熙宁、鄂州宝泉、舒州同安监暨广南皆铸焉"，大观三年"京复罢政，诏以两浙铸夹锡钱扰民，凡东南所铸皆罢。明年，并河北、河东、京东等路罢之，所在监、院皆废"。政和元年最终"罢行夹锡钱"。

蔡京还曾改"交子"为"钱引"，企图扩大使用范围至国家大部分地区，并"不蓄本钱而增造（钱引）无艺至引一缗当钱十数"，也不能持久。

蔡京奉旨书写铜钱上"崇宁重宝"四字，为了节省笔画便于铸造，将崇字中间以一笔上下相联，这本是古时常用方法，在写繁体字宁（寧）时，又将中间部分的"心"去掉，本也是一个惯例，靖康年中开展对蔡京的大批判，有人就弹劾蔡京，说他这样写是"有意破宗，无心宁国"。但本书作者至今未见过实物或图片。

有的学者指出：蔡京经济改革是北宋仅次于王安石变法的大规模改革。从某些方面来说，其影响也不稍逊于王安石变法。因其名列《宋史·奸臣传》，许多研究者强调其改革的苛严特点。但是，蔡京不倒翁似的政治生命，以及他所创制的若干制度在南宋以至元、明的继续沿袭和发展，显然不是"苛政"二字界定得了的。

新法的其他方面如方田，免役，均输、青苗（常平）等大法，在蔡京为相时都作了相应的肯定和推行。总而言之，王安石新法经过三代君王神宗、哲宗、徽宗以及三代宰相王安石、章惇、蔡京们的努力，历时近六十年，中经元祐八年间的大反复，向太后时短期的小曲折，基本上得到实施和完善，使宋朝在政治上、经济上、文化上都取得了中国封建社会前无古人，后无来者的大进步。近代、现代的很多学者都否定了过去一味认为宋朝"积贫积弱"的片面看法。

56

蔡京与崇宁党锢

蔡京作相期间最为人垢病的当是"崇宁党锢"。北宋后期新旧党争愈演愈烈，近人有学者沈松勤著《北宋文人与党争》一书述之甚详。王安石变法之初，北人本来轻视南人，新法中对"强宗巨党"又有许多不便之处，不同社会处境或眼光不同之人对事物有异见和争议是必然和正常的，也是必要的。但新法屡遭到许多过分的，很不近情理的攻击。南宋理学家吕本中《杂说》一文论及新旧党争起源说：

> 正叔（程颐）尝说新法之行，正缘吾党之士攻击太力，遂至各成党与，牢不可破。

意思是说旧党在党争中太过份、不肯调和是导致新党对其反击太激烈的原因。

其实熙、丰中，神宗与王安石处置变法反对派甚宽容，司马光强烈而固执地反对变法，也只按本人要求，令去洛阳专心写作《资治通鉴》，朝廷还不时提供工作条件和人手，事成神宗大喜，还为之作序。苏轼反对变法降职外放为官，又写成了许多反对新法的诗文，史家认为"乌台诗案"治有确证，而非深文周纳，但处理还是很宽大的。神宗仍然很喜欢苏轼的文才，有意复用，苏轼还曾与王安石在金陵紫金山会见甚欢。

而元祐年中司马光对新法是不分皂白一概废弃，高太皇太后处理蔡确的"车盖亭诗案"一事，则无中生有，一意孤行，置之死地。且把新法人士以"蔡确亲党"四十七人，"王安石亲党"三十人榜示朝堂，自此新旧两党水火不容。许多学者认为元祐时处置新党太过分，后来惨遭新党报复，是咎由自取。

绍圣年中，哲宗、章惇以其人之道，反治其人之身。不但对生存的旧党大臣一律严加处分，还把死去的旧党大臣追贬官阶，追夺恩赠。绍圣年中，处理篡改"神宗实录"一案，有的学者也认为是治有确证，蔡京治"同文馆狱"也还能留有余地，没把刘挚、梁焘往死里整，只是结论他们可能有废帝企图，但没有行动的证据。

徽宗初立，向后垂帘，本来提供了一个让两党之人调和关系的大好机会。元祐党人的重要人物苏纯仁与王安石变法时的得力助手陆佃等人，提出实行"清除朋党，结束党争"的看法，很得新的统治核心向太后、徽宗、韩忠彦、曾布赞同。自元符三年（1100）三月起，陈瓘、邹浩、龚夬、江公望、常安民、任伯雨、陈次升等元祐党人陆续进入台谏。四月二十一日，又有旧党25人恢复职位，或调回内地。五月二十二日，给予已故的元祐党人文彦博、王珪、吕大防、刘挚、韩维、梁焘、司马光、吕公著等33人追复官职。五月二十五日，又下令归还司马光等致仕遗表恩泽。新的统治核心认为调和新旧两党可以消除分裂，形成团结的局面，但这种没有明确历史是非的一厢情愿很快落空。

元符三年七月，向太后撤帘，徽宗亲政，曾布对宋徽宗说：

一边不能重用苏轼、苏辙，一边不能重用蔡京、蔡卞。

宋徽宗接受了他的建议，于十一月初八下诏明年（1101）改年号为"建中靖国"，意为不偏不倚可以使朝廷稳定平静。新任元祐派言官们却毫不妥协的死缠烂打，使得建中靖国的良好愿景化为泡沫，终于激怒了徽宗和曾布，带来了新一轮新党对旧党的更为惨烈的打击，史称"崇宁党锢"。这一事件开始于蔡京崇宁元年（1102）七月下旬入相前二个月，而不是入相以后，崇宁元年五月，在徽宗、曾布的主持下，设立元祐党籍，起初入籍者50多人，"各夺官有差，并令三省籍记，不得与在京差遣（不得在京城任实职）"，不久又禁"司马光等二十一人子孙仕京"。

七月，蔡京入相为右仆射，打压旧党的态势继续进行。阅读《续资治通鉴长编拾补》，蔡京入相后所作打压旧党事，主要有三件。因为元符末年主张恢复元祐皇后孟氏，谋废元符皇后刘氏而处分的一批官员20人左右；九月，徽宗将元符末年应诏参加讨论时局是非的官员们的上书尽数交给蔡京，由蔡京交给其子蔡攸、门客强浚明、叶梦得阅读分类，其中拥护新法的钟世美等几十人入正等，得表扬恩赏，反对新法的分邪上尤甚、邪上、邪中、邪下计五百四十二人，受到不同处罚；还有一件事是，前不久已得处分的旧党和朝臣，因新的弹劾又加重处分。

九月十七日，徽宗亲笔御书一份一百一十九人名单，刻石立于端礼门，崇宁二年（1103）九月，又以元祐党籍人九十八人的名单令京城以外各路、州、军刻石昭示。崇宁三年（1104）六月，重新修定党籍名单，共三百零九人，包括原元祐人，元符末年上书邪等人，以及为臣不忠的章惇，王珪。仙游籍人士名列其中有陈次升、朱绂、王回等。徽宗亲书立碑于文德殿门，蔡京也奉诏书碑颁布于全国各州、县。

一年多后，崇宁五年（1107）春，诏天下尽毁元祐党籍碑，现存桂林龙隐岩与融县真仙岩两处，都是元祐党人后世子孙南宋时依拓本重刻，以标榜其先人曾列名党籍，当作一种荣耀。龙隐岩处为摩崖石刻，真仙岩处为石碑。游人在欣赏蔡京的精妙书法同时，大多对蔡京迫害政治异己大加鞭挞。按史料所记，当时对元祐党籍人士的处罚大体先是夺官毁谥（收回死后所赐谥号），本人不许在京为官，编管边远州郡，后来加上"党人子孙有官无官，并不许到京城"和"不许与宗室通婚"两项规定，再以后是规定党人子弟参加选拔时必须在家状（家庭关系表格）中填明父亲兄弟是否在元祐党籍等等。除上述外，似未见其他措施。

这些措施为时人和后世责骂为"惨刻"，但若真的与后世相比，则又另当别论。抛开元朝皇帝、大臣间的相互残杀不说，明朝朱元璋一案诛杀臣子成千成万人，且一案接一案地杀，有时导致大臣上朝先与家人诀别，不知能否平安回家。明朝后来的皇帝也是动不动把大臣押到宫门外大打屁股，致伤致残，诛杀抄家也不为少见。清朝几多文字狱，几多杀大臣，为官的将顺皇帝旨意，是大屁不敢放一个的。哪似有宋一朝，御史敢与皇帝、宰相大唱对台戏，祖宗立誓不诛大臣和言官。

当然，元祐党籍人所遭打击虐待，蔡京（先有曾布）与徽宗应负主要责任。一方面出于新党对旧党的报复，另一方面也是为了压制旧党以推行新法。另外，也要看到蔡京书党人碑后才一年多，崇宁四年五月，就解除了对元祐党人父兄子弟的禁令，因元符上书得罪的放回乡里，编管偏远的许向内地调动。崇宁五年正月，因星变，销毁立在朝堂与各地的党人碑，开始叙复进用已死的和活着的元祐党籍人，例如仙游籍元祐党人陈次升、朱绂脱去元祐党籍后即分别任漳州和福州知府。元祐党籍人在大观、政和间全部脱籍叙复处理完毕。

《宋史·蔡京传》中将元祐、元符的党人籍问题归罪于蔡京一人，掩盖了历史的真实情况，且只字不提事后不久对党籍人叙复之事，是不客观不公道的。在宋人笔记中，有时会读到蔡京善待元祐党籍人苏辙和刘安世的材料，苏辙在元祐初曾极力攻击蔡京，上疏《乞罢蔡京开封府状》《乞再降蔡京状》，以后一直是个较为死硬的旧党。但蔡京认为苏辙"长厚（忠实厚道）"，《曲洧旧闻》载：

至崇宁末，京罢相，党人并放还。寻有旨，党人不得居四辅。京再作相，子由（苏辙）独免外徙。政和间，子由讣闻，赠宣奉大夫，仍与三子恩泽。王辅道为予言："京以子由长厚，必不肯发其变役法事，而疑其诸郎故恤典独厚也。"

蔡京设法援复刘安世，蔡京子蔡絛与范祖禹子最相契，蔡絛因推崇苏轼、黄庭坚诗词遭到朝廷处罚，还有蔡京宣和年中大力援引了元祐学术宗主程颐的主要门人杨时入朝为官，这些都是公认的事实。

元祐党籍碑全文如下：

皇帝嗣位之五年，旌别淑慝，明信赏刑，黜元祐害政之臣，靡有佚罚。乃命有司，夷考罪状，第其首恶与其附丽者以闻，得三百九人，皇帝书而刑之石，置于文德殿门之东壁，永为万世卧子之戒。又诏臣节之，将以颁之天下。臣窃惟陛下仁圣英武，遵制扬功，彰善瘅恶，以绍先烈，臣敢不对扬休命，仰承陛下孝悌继述之志。司空尚书左仆射兼门下侍郎臣蔡京谨书。

元祐奸党　文臣　曾任执政官

司马光	文彦博	吕大防	吕公著	刘　挚	范纯仁	韩忠彦	梁　焘
曾　布	王岩叟	苏　辙	王　存	郑　雍	傅尧俞	赵　瞻	韩　维
孙　固	范百禄	胡宗愈	安　焘	李清臣	刘奉世	范纯礼	陆　佃
并元祐	黄　履	张商英	蒋之奇				

曾任待制官以上

苏　轼	刘安世	范祖禹	朱光庭	姚　勔	赵君锡	孔武仲	孔文仲
吴安持	马　默	钱　勰	李之纯	鲜于侁	赵彦若	孙　觉	赵　高
王钦臣	孙　升	李　周	王　汾	韩　川	顾　临	贾　易	吕希纯
曾　肇	王　觌	范纯粹	吕　陶	王　古	丰　稷	张舜民	张　问
杨　畏	邹　浩	陈次升	谢文瓘	并元祐	岑象求	周　鼎	路昌衡
徐　绩	董敦逸	上官均	郭知章	杨康国	叶　涛	龚　原	朱　绂
叶祖洽	朱师服						

余官

秦　观	黄庭坚	晁补之	吴安诗	张　耒	欧阳棐	刘唐老	王　巩
吕希哲	杜　纯	张保源	孔平仲	司马康	宋保国	汤　馘	黄　隐
毕仲游	常安民	汪　衍	余　爽	郑　侠	常　立	程　颐	唐义问
余　卞	李格非	陈　瓘	任伯雨	张庭坚	马　涓	孙　谔	陈　郛
朱光裔	苏　嘉	龚　央	王　回	吕希绩	吴　俦	欧阳中立	
并元祐	尹　材	叶　伸	李茂直	吴处厚	商　倚	李绩中	陈　祐
虞　防	李　祉	李　深	李之仪	范正平	曹　盖	杨　㮛	苏　晌
葛茂宗	刘　渭	柴　衮	洪　羽	李　新	赵天佐	衡　钧	衮公适

冯伯药	周　谊	孙　琮	范柔中	邓考甫	王　察	赵　峋	封觉民
胡端修	李　杰	李　贲	石　芳	赵令畤	郭执中	金　极	高公应
张　集	安信之	黄　策	吴安逊	周永徽	高　渐	张　凤	鲜于绰
吕谅卿	王　贯	朱　纮	吴　朋	梁安国	王　古	苏　迥	檀　固
何大受	王　箴	鹿敏求	江公望	曾　纡	高士育	邓忠臣	种师极
韩　治	都　贶	秦希甫	钱景祥	周　绛	何大正	梁　宽	吕彦祖
沈　千	曹兴宗	罗鼎臣	刘　勃	王　拯	黄安期	陈师锡	于　肇
黄　迁	莫俦正	许尧甫	杨　朏	梅君俞	胡　良	寇宗颜	张　居
李　修	逄纯熙	黄　才	高遵恪	曹　盥	侯顾道	周遵道	林　肤
葛　辉	宋寿岳	王公彦	王　交	张　溥	许安修	刘吉甫	胡　潜
杨瑰宝	董　祥	倪直孺	蒋　津	王　守	邓允中	王　阳	梁俊民
张　裕	陆表民	叶世英	谢　潜	陈　唐	刘经国	扈　充	张　恕
陈　并	洪　刍	周　谔	萧　刊	赵　越	滕　友	江　询	方　适
许端卿	李昭玘	向　绹	陈　察	钟正甫	高茂华	杨彦璋	彭　醇
廖正一	李夷行	梁士能	并元符				

武臣

张　巽	李　备	王献可	胡　田	马　谂	王　履	赵希夷	郭子旂
任　濬	钱　盛	赵希德	王长民	李　永	李　愚	王庭臣	吉师雄
吴休复	崔昌符	潘　滋	高士权	李嘉亮	李　琬	刘延肇	姚　雄
李　基							

内臣

梁惟简	陈　衍	张士良	梁知新	李　绰	谭　宸	窦　钺	赵　约
黄卿从	冯　说	曾　焘	苏舜民	杨　偁	梁　弼	陈　恂	张茂则
张　琳	裴彦臣	李　偁	王　绂	阎守懃	李　穆	蔡克明	王化基
王　道	邓世昌	郑居简	张　祐	王化臣	并元祐		

为臣不忠

王　珪	章　惇

57

徽宗时代的宋夏战争

在宋仁宗时期，虽然在西北曾有狄青、范仲淹、韩琦等带兵良将，但仍遭遇了三川口、好水川（莆田武状元薛奕即战没于此）、定川寨的三场失败，正当北宋讨伐西夏失败之际，北线的辽国也向宋朝索要关南十县土地。宋朝只好以增加岁币为条件，和辽国重订盟书。

仁宗庆历四年（1044），辽国准备进攻西夏。李元昊为了避免两面受敌，于是和北宋达成了和平协议：北宋册封李元昊为夏国主，并每年输送西夏绢 10 万匹、银五万两、茶两万斤。西夏则表示称臣。就这样，宋夏战争的第二阶段结束。

随后，北宋为了富国强兵，举行了仁宗、范仲淹的"庆历新政"和神宗、王安石的"熙宁变法"。经过王安石变法，北宋王朝的财政收入得到了增加，社会矛盾得以缓解，军队战斗力得以提高。宋神宗采取了王韶的《平戎策》，认为应先控制夏国西南部的河湟地区，使夏人腹背受敌。因此王韶被派遣到河西，负责开发河湟。王韶到达河湟后推行"市易法"，筹集到了军费（本书前文曾说到蔡确为王韶理冤）；又对青海的青唐俞龙珂部进行了劝降，俞龙珂率部众十二万人归附。王韶又不断进攻其他吐蕃部落，扩大了北宋的控制范围。在稳定了局势后，王韶对西夏发动了进攻，收复了河州、宕州、岷州、叠州、洮州等地，史称"军行一千八百里，收复五州，拓地二千里"。宋朝也在增加的土地上设置了熙河路。

1081年，西夏发生了政变，梁太后专政。于是，宋神宗趁机对西夏发动更大规模的进攻，西夏则采取了"坚壁清野"的政策。此战，最终因为宋军缺乏统一的指挥而遭失败。1085年，宋神宗再次发动进攻，但是依然遭到了失败。宋神宗两次征伐西夏，都以失败而告终，于是含恨去世。

宋哲宗继位，高太后掌握实权，保守派旧党纷纷复辟。司马光不顾众人反对，强行将安疆、葭芦、浮图、米脂四寨还给了西夏，并废除了熙河路。宋神宗、王安石和王韶一生的奋斗，被司马光败光。到1093年，高太后病死，宋哲宗得以亲政。宋哲宗恢复新法，重用改革派。在西北方面又取得了成果。在北宋的强硬进攻下，西夏屡次失败，被司马光割让的土地收复了，熙河路得以重新设置。1098年，西夏梁太后调遣30万大军进攻北宋建立的平夏城。此战，西夏遭遇了建国以来前所未有的失败，死伤惨重。梁太后去世，西夏局势岌岌可危。辽朝使者抵达开封调停，促请即时停战。朝廷以蔡京作馆伴接待，故意久拖不复，前文中说到蔡京和辽使关于杏花和桃花的有趣对话。直到1099年秋，西夏遣使谢罪，其谢表用辞谦卑。年底，双方终于重归和平，宋夏新疆界得到确立。

宋哲宗去世后，端王赵佶在向太后的鼎力支持下得以入继大统，是为宋徽宗。故徽宗继位之初，由向太后垂帘，处理朝政大事。向太后在政治上倾向于调和新旧两派，在韩忠彦、曾布、范纯礼等人提议下，效仿当年高太皇太后垂帘的做法，将哲宗绍圣、元符年间收复河湟地区有功的王赡、王厚等人罢官，还把收复的鄯州、湟州等地归还给西夏，希望与西夏达成和解。但西夏将宋朝的善意当做软弱可欺，不仅没有罢兵言和，而且变本加厉，肆无忌惮兴兵入寇。

徽宗亲政之后，决意效仿父兄，以武力征服西夏，崇宁元年，徽宗贬黜提议放弃鄯湟的韩忠彦、曾布、范纯礼等人，召回王赡、王厚。崇宁二年初，与左相蔡京、右相知枢密院蔡卞等商议进军河湟。

徽宗问："鄯湟可复否?"蔡卞曰："可!"问："谁可将?"蔡卞曰："王厚可为大将,高永年可统兵。"

当年春天,即以王厚为洮西安抚使知河州,令措置招纳,不久又令权熙河兰会路经略高永年为统制官。与此同时,蔡京推荐宦官童贯为监军,说:"童贯近年十次出使陕西沿边诸郡,熟悉五路利害和诸将的能力,出过大力。"

徽宗遂以神宗时以宦官李宪为例,命童贯为监军,专任边境军队与朝廷间往来联系。

王厚是名将王韶的儿子,从小就跟随父亲转战陇右,对当地形势了如指掌。几年前又与王赡领兵攻克湟、鄯二州,曾任湟州知州。现在让他统率大军,轻车熟路。高永年虽是番将,却是文武全才,现任岷州知州,曾向朝廷呈献《元符陇右录》,议论当地敌我形势和应采取的对策,透辟而又切实。他作战智勇双全,进攻时充当先锋,撤退时常为殿后,勇冠三军,西人闻之丧胆。

监军负责监视武将,控制军队,按时单独地向皇上禀报战况。童贯体貌魁梧,腮下生有胡须,皮骨坚硬如铁,不像宦官。童贯入宫时,拜在同乡、前辈宦官李宪门下。李宪颇多战功,神宗时曾在西北边境上担任监军多年。童贯跟随李宪出入前线,曾十次深入西北,有度量,能疏财。徽宗确认童贯忠心耿耿,最能体察圣意,让他当监军最能放心。

崇宁二年六月,王厚、童贯合诸道兵十余万,认为准备就绪,请求进兵。朝廷起初还不批准,屡再奏批,就准了。然而,兵发前夕,皇宫发生火禁,徽宗认为兆头不好,急以手劄去阻止童贯。童贯认为宫中火禁不足为罢兵理由,依仗皇上历来信任,看完后竟将徽宗手劄纳入靴中,秘不宣示。王厚问他皇上说什么,只答道:"皇上说祝我们进兵成功!"以上是史书《皇朝编年纲目备要》所记,该书接下又记:"遂遣统制官高永年与蕃兵将新知熙州李忠、权兰州州姚师闵及熙河诸将辛叔献等九人,提兵分道并进。"

刚开始还发生小小的进攻受阻情况，但王厚稍加休整后继续鼓兵前进，连日大捷。敌军首领溪巴温遁逃，漆令等二十一族来降，大军于湟州城下毕集，三天拔城奏捷，并复所辖城寨十所。十月，赵怀德率各处大酋领出降，宋军取得决定性胜利，沿边拓地五千里，二十万户。以抚定鄯廓论功行赏，蔡京加官守司空，封嘉国公。年底措置边事司，以王厚及童贯领之。

崇宁三年八月，西夏军从另一方向进攻，先犯鄜延，又犯泾原，再犯镇戎，趋渭州，但只能掠数万人而去。还派了一个渭州番落兵士名叫翟胜的持檄书至镇戎军城下，自称夏国国书，指责宋朝廷"蔡京、蔡卞弄权"。明年，辽国要居中调停宋夏关系时，宋廷派林摅出使辽国，列举西夏国之罪，把这件事也当作罪由。

崇宁四年春正月，经蔡京呈报，徽宗要任命童贯为熙河等路经略安抚使兼节制秦凤，与诸执政大臣商议时，蔡卞上前作色曰：

内臣为帅，非盛世事。贯闻臣此言，必不喜，然朝廷事体可惜。

蔡卞认为过去用李宪作监军并不值得赞美，蔡卞鄙视宦官，固然是受王安石的影响。徽宗从不拘泥于老规章，要表现泱泱大国之风。想到自己进军河湟的决策，还是在蔡京和童贯的鼓动下形成的。认为蔡卞主张不让内侍参与军政，那是一种偏见。作为对蔡卞主张的让步，只是减少了童贯节制秦凤路的兼职，而帅熙河等路不变。蔡卞曰："若此甚善。"

退朝后，蔡京、吴居厚、张康国、邓洵武等执政大臣群起对蔡卞冷嘲热讽，蔡卞觉得受不了，就以兄弟同朝为执政不宜，提出辞职外放，徽宗命知河南府。据宋人笔记，出京时，百官相送络绎于途，徽宗一路不断赐物，也不算有些学者所认为的那么倒霉了。宋人笔记《道山清话》载：

元度引兄嫌，以资政知河南府，送车塞道，凡三日始见绝宾宾客，然后得行。禁中给赐之人络绎于路，观者荣之。

政和四年（1114 年），宋军在童贯、种师道的率领下，在古骨龙大败西夏军，宣和元年（1119年），攻克西夏横山之地，西夏失去屏障，面临亡国之危，西夏崇宗最终向宋朝表示臣服。但靖康二年（1127年），北宋被金朝所灭，西夏重获生机，得以蚕食宋朝西北领土，那是后话了。

58

米芾与蔡京

　　米芾与蔡京同是北宋中后期著名的书法家，列在"苏黄米蔡"四大家，米芾小蔡京四岁，二人之间有着不寻常的交谊，常为后人乐道。

　　米芾，原名"黻"，四十一岁时改为"芾"，字元章。据说五世祖为米信（自己未曾提起），是北宋初年的开国将领，但到其父辈，家道中落。父光辅，只官左武卫将军，赠中散大夫，喜爱书法。母亲阎氏，曾与宋英宗高皇后在濮王宫有旧，为高氏接生和哺乳。英宗赵曙，原名赵宗实，是濮王赵允让之子，过继给宋仁宗为嗣。庄绰《鸡肋编》说：

　　阎氏生米芾之年，英宗和高氏皆十九岁，成婚当在庆历七年（1047），次年生神宗于濮王邸，也许是阎氏为之接生和哺乳，出入禁中，以劳补其子米芾为殿侍。并以此"藩邸旧恩"，米芾在神宗登基时的熙宁元年（1068），入仕为秘书省校书郎。

　　据米芾《太师行寄王太史彦舟》诗：

　　我识翰长（翰林大学士蔡京）自布衣，论文写字不相非。[558]

　　其与蔡京交往开始时，蔡京还是"布衣"未入仕，很可能是在京、卞兄弟熙宁三年及第前太学读书时。其时，米芾为蔡京看相，认为蔡京骨格不凡，将来必当为宰相，后来果真如此。在蔡京当上宰相后，成为米芾经常挂在嘴上的得意谈资。宋人吴迥《五总志》云：

> 米元章尝谓蔡元长后当为相，慎勿忘微时交！

他年轻时即与蔡京相约，将来蔡京发达了，不能忘记了提携这位微贱时就交上的朋友。

米芾出仕非由科考，其父为武职，后来才改出一个"中散大夫"的文职，其母阎氏当过"产媪"。在以正式科考为荣的士大夫群体中，这种家庭出身被认为是"出身冗浊"，不受待见。只是以其杰出的书画才能和鉴识玩好的本领，才能出入于权要、宗室、文豪之间，声名颇盛。但仕途方面，或因其过于醉心书画和玩好而疏于政务，或因其某些畸行诡迹和奇谈怪论不被看好，在受到蔡京提拔前，是很不顺利的。

他18岁补浛光县尉，20岁改临桂县尉，28岁官长沙掾（通判），元祐七年42岁，才混到一个县令（蔡京39岁就已经知开封府了），知雍丘县（今河南杞县），还激动得不得了，写信给好朋友黎錞告知升迁喜讯，还写了个《到任榜》（到任宣言）和《座右铭》（官箴），公开表示要好好干，不负百姓和自己的仕品。任上蝗虫成灾，米芾发动灭蝗，蝗虫飞向邻县，邻县的县官移书来责备雍丘县把蝗虫赶到邻县，米芾回诗一首：

> 蝗虫元是空飞物，天遣来为百姓灾；
> 本县若还驱得去，贵司却请打回来！

此事记于宋人笔记《春渚纪闻》。

但米芾在雍丘任上只做了二年就干不下去，请辞改监中岳祠（嵩山），临行有《催租》诗一首：

> 白头县令受薄禄，不敢鞭笞怒上帝（鞭打百姓催赋而惹怒上天）。
> 救民无术告朝廷，监庙东归早相乞。

可见是完不成收赋责任自请监祠而去。

绍圣四年（1097），47岁的米芾知涟水军，宋人笔记《宋稗类钞》说了一个故事：

米元章守涟水，地近灵璧，蓄石甚富。凡有奇石，米芾都一一品第，加以美名。入室把玩，终日不出。上司杨杰为按察使（路转运使，有按察州、军各县官员的职责），因往涟水，正色言曰："朝廷以千里郡邑付公，那得终日弄石，不去忙碌郡事？"米芾于袖中取一石，嵌空玲珑，峰峦洞穴皆具，色极青润，宛转反复、以示杨曰："如此石，安得不爱？"杨殊不顾，米芾乃纳之袖中。又出一石，叠峰层峦，奇巧更胜，见杨杰不理，又纳之袖中。最后出一石，"尽天划神镂之巧"。看着杨杰说："如此石，安能不爱吗？"杨惊见之下，忽然趋前曰："此石非独公爱，我亦爱也！"即就米手抢了过来，登车迳去。米以杨夺其所最，惘然自失累月，屡以书请他归还，竟不复得。

他曾在无为州衙署内见到一立石，十分奇特，高兴得大叫起来："此足以当吾拜。"于是，命左右为他换了官衣官帽，手握笏板跪倒便拜，并尊称此石为"石丈"。引得历代名家画出许多《米芾拜石图》，其中一张现在拍卖价高达人民币上千万元。

宋人笔记《清波杂志》记：

一日，米回人书，亲旧有密于窗隙，窥其写至"芾再拜"，即放笔于案，整襟端下两拜。

无人在场尚如此作真，可能是一种真性情的流露。他的奇行还有戴高帽，着深衣，把高帽故意露出轿顶之类，不胜赘述。其好友张大亨誉为"衣冠唐制度，人物晋风流"，但很多人不免视为做作。

他与丞相范纯仁、章惇、曾布有过交往，与旧党苏轼、黄庭坚、秦观、晁氏兄弟等，新党吕惠卿、林希、沈括、蒋之奇等都有不同程度的交游。曾与苏轼非常亲密，与黄庭坚关系也不错，但并不妨碍他与蔡京交往。他似乎不在意新旧两党的政治岐见，只是以字会友，逢场作戏，捞些好处而已。后人赞扬他与苏轼的友谊，而将他与蔡京的来往称作"堕落"，笔者是大不以为然的。他有诗：

> 疱丁解牛刀，无厚入有间；
>
> 以此交世故，了不见后患。

从此诗看，他游移于新旧党人间，都做朋友，评价一个不问政治的书家，处理世故完滑一些，无可挑剔。

绍圣、元符间，苏轼、黄庭坚失势，但米芾与他们仍关系密切。这时与蔡京的交往更为频繁。《宝晋英光集》中有其《跋快雪时晴帖》，跋云：

> 绍圣丙申，以示翰林学士蔡公，仍以翰林印印之，即太简作翰林时所用……绍圣丁酉，海岱楼题，米芾审定。

又《跋晋贤十三帖》云：

> 绍圣中重装，翰林蔡元长既跋，印以今翰林印，副车王晋卿借去，剪下元长所跋，着他书轴，乃见还。其上故印存焉。元符之元，涟漪瑞墨堂题。

元符三年底，蔡京因受旧党攻讦，"落职，提举洞霄宫，居杭州"，第二年（建中靖国元年）初东下，蔡絛《铁围山丛谈》说蔡京以香祠谪杭州，想找老朋友米芾，在仪真（今仪征）找房居住，米芾、贺铸两位书法界的老朋友来见，还带着一位"恶客"，怀疑蔡京写大字是用烛光作"针孔放大"，而不是用大笔功夫真写的，于是，蔡京当场表演。这在本书第48节已经写过。这里要说一件在本次会见中更为重要的公案，就是蔡京竟把极奇宝贵的东晋谢安65字《谢安帖》，送给了求之十五年而不得的老朋友米芾。这事世人多不了解，待本书作者根据曹宝麟先生的《抱瓮集》，细细为读者诸君说来。

米芾本人有《太师行寄王太史彦舟》诗，作于建中靖国元年（1201）他从蔡京处得到此帖以后。全诗如下：

> 太师天源环赐第，自榜回鸾鸦雀避。

好宾嗜古富图书，玉轴牙签捧珠翠。

歌舞陈前慰俗人，不倾玉沥发银滕。

王郎十八魁天下，招客同延贵客星。

末出东晋十三帖，此第十一石蕴琼。

绢标间是褚公写，误以右军标作谢。

我时指出一座惊，精神焕起光相射。

磨墨要余定等差，谢公郁勃冠烟华。

当时倾箧换不得，归来呕血目生花。

十五年间两到国，朱门如旧无高牙。

帖归翰长以姻媾，忽然陈前兴健嗟。

开元玺封寻复出，永存珍秘相王涯。

翰林印著建中岁，王谢炎灵传更贵。

副车侍中王贻永，出征不货收文艺。

太常借模真却还，都惜入版余皆弃。

芳林鸳第书有行，次入太师重姓李。

我识翰长自布衣，论文写字不相非。

知己酷好辄已好，惠然发箧手见归。

谢安谈笑康江左，物外人标没两大。

子敬合书只后批，天才物望都无那。

治乱悠悠八百年，人隆偶聚散亦遄。

兵火水土不随劫，端使米老铺案间。

我生辛卯两丙运，今岁步辛月亦然。

丙申时宜辛丑日，此帖忽至庸非天。

临风浩思王仲宝，江南宰相只谢安。

此谢安帖即《宝晋斋法帖》所摹刻的《八月五日帖》，太宗驸马、侍中王贻永出征时收括之物。即诗中所说"副车侍中王贻永，出征不货收文艺"。王死，帖归李氏。米芾由太史王彦舟引见，在太师李玮家得见，想以古玩与之交换，谈了十多年谈不成。即诗中所说："当时倾箧换不得，归来呕血目生花。十五年间两到国，朱门如旧无高牙。"

后来，酷爱书法的李玮去世了，酷爱书法的蔡京以与李家有姻亲关系，于是得到此宝。这就是《太师行寄王太史彦舟》诗所说的"帖归翰长以姻媾"。建中靖国元年，蔡京与米芾相会于仪真，遂以谢安帖给米芾欣赏，使米芾感叹不已。即诗中说的"忽然陈前兴健嗟"。诗中说到二人交情之厚："我识翰长自布衣，论文写字不相非。"又说："知己酷好辍己好，惠然发箧手见归。"蔡京见米芾实在是太爱此帖了，竟然"辍己好"，毅然打开箱子，刘爱把如此珍贵的"谢安帖"送给米芾。

米芾又在此帖上写了很长的跋记：

> 右晋太傅南郡公谢安字安石，书六十五字，四角"开元"小玺，御府书也。"永存珍秘"印，入唐相王涯家；"翰林之印"，建中御府所用。更兵火水土之劫者八百年，历代得以保之，必有神护。元祐中，见晋十三帖于太师李玮第，云购于侍中王贻永家，太宗皇帝借其藏书模《阁帖》，但取郗愔两行，余王戎、陆云、晋武帝、王衍及此谢帖、谢万帖共十二帖，皆不取模版。余特爱此帖，欲博以奇玩，议十年不成。元符中，归翰长蔡公。建中元年二月十日，以余笃好见归。余年辛卯，今太岁辛巳，大小运丙申、丙辰，于辛卯月辛丑日余生，辛丑日丙申时获之，此非天耶！米芾记。

跋记中指出，蔡京是在元符中获得该帖，于建中靖国元年二月十日送于米芾。但宋人笔记中颇有一些记述与此不符，如叶梦得《石林燕语》中有米芾在舟中，以投江相挟，从蔡攸手中强要右军《王略帖》；曾敏行《独醒杂志》中有米芾在舟中，以死相挟，从蔡攸处夺得王衍帖；周辉《清波杂志》中有米芾在仪真舟中，也是以死相挟，从中贵人手中要去王右军帖。这三记传说的源头，可能都与上述米芾从蔡京处取得谢安帖相关，当时是否以死相挟，是否与蔡攸有关，蔡京与李家因何有姻亲关系，笔者并无进一步考据。

此事发生时，米芾为"江淮制置发运司勾当直达纲运"，置司真州。与他的上司转运使张励不和。张励看不惯其滑稽玩世，经常加于指责，使得米芾处境难堪。不久，蔡京回朝大拜，当上宰相，米芾认为这是"大贤回朝，以开太平，喜乃在己"。遂去信直接找上刚刚掌权的挚友蔡京，请蔡京帮忙去掉自己职名中的"勾当直达纲运"几个字，实际上是将米芾的官位提升至"江淮制置发运司"与张励的转运使同级。蔡京顺应其意，还派了专人送去敕书。米芾接到敕书后连夜制作了新名刺，第二天一早，带着新名刺直奔张励的办公室，杀了张励一个措手不及，傲气十足地和张励行了职位平等的相见礼。张励惊慌失措，颇是狼狈，米芾走后，张励当着来访宾客的面感叹："米元章一直被我看成无足轻重，今日可被他狠狠将了一军！"

不久，蔡京又把米芾调回京城任用。米芾入京，一路喜气洋洋，吴迥《五总志》说：蔡既大拜，（米芾）乃引舟入都。时吴安中守宿（宿州），欲留数日，米谢以诗曰：

> 肉眼通神四十年，侯门拖袖气如烟。
>
> 符离经过无行李，西入皇都索相钱。

米芾认为自己慧眼通神，四十年前（实为三十多年）就看出蔡京要做宰相，现在回京一点盘缠也不必带，只等着向蔡京讨取当初给他看命相应得的相命钱。吴迥接着写道：

> 至国门，乃用外方状抵蔡，其略云："右芾，辄将老眼，来看太平！"蔡喜之，寻除书学博士，擢南宫外郎。

《五总志》所记的最后一句，曹宝麟先生考据后，认为蔡京先是打算把米芾升为"南宫外郎"（礼部员外郎），但遭到言官们的强烈反对没有成功。吴曾《能改斋漫录》云：

> 米元章为礼部员外郎，言章（御史上劾疏）云："倾邪险怪，诡诈不情，敢为奇言异行以欺惑愚众，怪诞之事，天下传以为笑，人皆目之以

颠。仪曹、春官之属，士人观望则效之地（是让官员们效法榜样的职位），今芾出身冗浊，冒玷兹选，无以训示四方。"有旨罢。

对此，米芾上章自辩其"颠"，《独醒杂志》云：

言者谓其倾邪险怪，诡诈不近人情，人谓之颠，不可以登朝籍，命遂罢。元章大不平，即上章政府（指政事堂）诉其事，以为"在官十五任，荐者四五十人，此岂颠者之所能？"竟不报（朝廷不作回答）。

蔡絛《铁围山丛谈》说得更为真切：

时弹文（奏劾疏章）正谓其颠，而芾又历告鲁公（蔡京）洎（及）诸执政，以为"在官十五任，荐者四五十人，此岂颠者之所能？"竟不报。

米芾此辩章即称《辩颠帖》，著于世。

崇宁三年（1104），宋徽宗和蔡京筹备成立书画院，终于为蔡京找到名正言顺地提拔老朋友米芾的好机会，先由自己的亲家和亲信宋乔年担任书学博士，过渡一阵子，就正式任命米芾担任这一职务。米芾显然对此极为高兴，做了一首《除书学博士呈时宰》的七律诗：

半生湖海看青山，惯佩笭箵揽辔艰。

晓起初驰朱雀路，霜华惭缀紫宸班。

百寮卑处瞻丹陛，五色光中望玉颜。

浪说书名落人世，非公那解彻天关。

感激之情溢于言表。多才多艺的徽宗显然对将书画名家米芾收入宫廷画院很是满意。从此徽宗、蔡京、米芾，可能还有另一个多才多艺的女人崇恩太后，即哲宗的元符皇后刘氏，时常一起探讨书画，培养艺术后进，日子过得颇为丰富多彩，为中国的艺坛历史留下许多佳话。

何薳《春渚纪闻》载；

又一日，上（徽宗）与蔡京论书艮岳，复召芾至，令书一大屏。顾左右宣取笔砚，而上指御案间端砚，使就用之。芾书成，即捧砚跪请曰：

"此研经赐臣芾濡染,不堪复以进御。取进止(听候旨意)!"上大笑,因以赐之。芾蹈舞以谢,即抱负趋出,余墨沾渍袍袖,而喜见颜色。上顾蔡京曰:"颠名不虚得也!"京奏曰:"芾人品诚高,所谓'不可无一,不可有二'者也!"

蔡絛《铁围山丛谈》载:

鲁公(蔡京)一日问芾:"今能书者有几?"芾对曰:"自晚唐柳,近时公家兄弟是也。"盖指鲁公与叔父文正公尔。公更询其次,则曰:"芾也。"

记录米芾平时论书之语的《海岳名言》中有一段话:

海岳以书学博士召对。上(徽宗)问本朝以书名世者,凡数人。海岳各以其人对曰:"蔡京不得笔,蔡卞得笔而乏逸韵。蔡襄勒字,沈辽排字,黄庭坚描字,苏轼画字。"上复问:"卿书如何?"对曰:"臣书刷字。"

米芾在书画院时的重大贡献是,与蔡京等合作完成大观帖和参与《宣和书谱》《宣和画谱》的编写。能有如此贡献,说明蔡京提拔米芾,于公于私实无可指责。

约在崇宁五年(1106),米芾终于得到礼部员外郎的正式任命。王明清《挥麈后录》说:"国朝以任子(不通过科考,而以荫得官)为南宫舍人者,唯庞懋贤无英与元章二人。"可见蔡京对这位朋友可谓尽心尽力了。米芾崇宁二年入主书画院一年多后,曾外放知州军,后来又回书画院,最后终于知无为军任上去世,去世之年有争论,较有可能的是大观三年五十七岁。

59

第一次罢相和复用

蔡京第一回当宰相，从崇宁元年（1102）七月开始，以尚书右仆射兼中书侍郎入相，第二年正月即升尚书左仆射，后加司空，封嘉国公。直至崇宁四年（1105）底，所有政务，一直是非常努力也非常顺利的，其在经济、教育、尤其在社会救助方面的政绩，都足于使现代史家们刮目而视。然而，天有不测之风云，一个与人的主观努力毫无关系的天空星变，骤然改变了蔡京的仕途。

据《续资治通鉴长编拾补》所记：

崇宁五年（1106）正月戊戌，是夕，彗星出西方，其长竟天。由奎贯胃、昴、毕，至戊午没。

彗星为怪异之星，有首有尾，运动的时候后面好像有个尾巴，形状象扫把，故得名为扫帚星。古代占星术视为灾星。彗星出现为兵丧凶兆，如国家发生战争，谋反作乱，将军阵亡，国君死亡等等。如果彗星长且见久，预示灾祸深，如天子死，都城亡，小人昌；如彗星短小见速，预示灾祸浅。崇宁五年正月的这次慧星"其长竟天"，且经过奎、胃、昴、毕四个星宿，从戊戌到戊午共出现长达20天之久，给徽宗和朝野带来的震惊可想而知。

我国很早就有彗星记事，并给彗星以孛星、长星、蓬星等名称。彗星记录始见于《春秋》记载："鲁文公十四年（613）秋七月，有星孛入于北斗。"这是世界上最早的一次关于哈雷彗星的记录。古代对于彗星的形态已很有研究，在长沙马王堆西汉古墓出土的帛书上就画有 29 幅彗星图。在晋书"天文志"上清楚地说明彗星不会发光，系因反射太阳光而为我们所见，且彗尾的方向背向太阳。

可惜由于根深蒂固的"天人感应"思想，这些正确的观察只是被用来与慧星出现时人世间发生的灾难生硬地相结合，作为上天示警给于事前预兆。例如《史记》中《秦始皇本纪》中提到了彗星屡次出现的情形，与接着秦国失去了大将蒙骜和夏太后相对应。外国也有类似记载，例如公元 1066 年，诺曼人入侵英国前夕，正逢哈雷彗星回归，被认为是上帝给予的一种战争警告和预示。后来，诺曼人征服了英国，诺曼统帅的妻子把当时哈雷彗星回归的景象绣在一块挂毯上以示纪念。

如今自然科学昌明，人类早已弄清楚各种彗星的形体结构和物质组成，对于具备椭圆形运动轨迹从而有着 76 年重复出现周期的哈雷慧星，也不再被认为能预示吉凶。

但长久浸泡在古代"彗星文化"氛围中的宋徽宗，当时是吓得六神无主。参考历史上国君在发生上天示警时的应对举动，他先是宣布改明年为"大观元年"，然后为表示接受上天警诫，诏：

> 以星文变见，避正殿，损常膳。中外臣僚等并许直言朝廷阙失。

即是避在偏殿接见臣僚，减少膳食，又下诏求直言，要朝廷内外臣僚批评国政缺失。接着宣布大赦，在中书侍郎刘逵建议下，徽宗夜半催黄门到朝堂毁掉自己亲笔写下的元祐党籍碑。翌日，蔡京上朝见之，厉声曰："石可毁，名不可灭（名单还在）。"徽宗下诏：

> 应（所有）元祐及元符末系籍人等，迁谪累年，已定惩戒，可复仕籍，许其自新。朝堂石刻，已令除毁，如外处（外地）有奸党石刻，亦令

除毁，今后更不许以前事弹纠，常令御史台觉察，违者劾奏。

前二年刚被刻名在碑的元祐党籍人，此时托彗星之福，纷纷脱籍，得到不同程度的叙复。

皇帝所做，大多只是表面文章，以息天怒。最倒霉的算宰相蔡京，照历史惯例，此时应把天变的主要责任揽到宰相自己身上，代君受过，只能主动辞职。二月，六十岁的蔡京罢相，授守司空、开府仪同三司、安远军节度使、中太一宫使，进封魏国公。徽宗以赵挺之为右仆射。在蔡京罢相前后，其所推行的许多政策相继被废。

类似蔡京遇天变遭解职的例子，在仙游还有南宋时的宰相叶颙，南宋乾道三年（1167）冬至日，孝宗于南郊举行祭天之礼，天雷偶作，冬至照理不应打雷，打了就认为是上天不满，示警。叶颙作为宰相，援引汉代先例，缴印辞官，除左正奉大夫、提举江州（今江西九江）太平兴国宫，即日出阙返乡。

星变发生前，徽宗因蔡京独相，谋置右相来予制约，蔡京即力荐赵挺之。但挺之来后屡陈蔡京的许多施政有错误，奏曰：

今内外皆大臣之党，若以忠告于陛下者，乃指为怀异，议沮法度，此大臣恐人议己之私欲，以杜天下之言尔。又以私恩阴结卫士，增侍立食钱，皇城巡铺增月给钱。……此皆京用私恩以牢笼士卒尔，愿陛下深察之。

挺之所奏蔡京增加卫士、巡铺月钱之类并没有说动徽宗去怀疑蔡京，因此屡屡要求补外，而徽宗不允。他认为留赵挺之在蔡京身边相互制约，是祖宗之法。但赵挺之"雅不欲与京同政府，引疾乞去。累上章至八九"。诏弗许。崇宁四年三月，赵挺之拜右银青光禄大夫，守尚书右仆射兼中书侍郎。力辞不肯上任，居数月，恳请补外。除观文殿大学士、金紫光禄大夫、中太一宫使。明年春，数乞归青州私第，徽宗终于批准。既办舟装，正要离京，发生星变，徽宗遂留下挺之，拜为特进、尚书右仆射兼中书侍郎，代替蔡京为相。

星变后旬日之间，凡京之所为者，一切罢之。毁朝堂元祐党籍碑，大晟府、明堂、诸置局、议科举、茶盐、钱钞等法，都诏吏部、户部议改。连书、画、算、医四学并罢，更不修。

蔡京在位时所施各种政策大多确有成效，而且朝野上下大多数人由于薪水待遇增加，应对蔡京有好感。仅因彗星出现就罢去宰相和前段颇有气势的改革，于情于理不太说得过去。许多人开始向徽宗进言，为蔡京和前段政策说好话。史书中作"京令其党进言于上"，这些人认为：

京改法度者，皆禀上旨，非私为之。若学校、太乐等数事，皆是绍述神考（神宗）美意，今一切皆罢，恐非绍述之意。

郑居中言：

"陛下建学校兴礼乐以藻饰太平，居养院、安济坊以周拯穷困，何所逆天而致威谴（惹上天威怒谴责）乎？"帝悦。居中退，语礼部侍郎刘正夫，正夫因请对，语与居中合，帝遂疑逑（刘逑，主张废除蔡京所为）擅政。

三月中，徽宗认为星变已消，罢求言，宣布不再专柜接收臣僚批评国政缺失的信件。本月"诏以蔡卞深得王安石渊源之学，加醴泉观使兼侍读"。蔡卞在崇宁三年正月因争童贯置帅事，引兄弟同相为嫌出知河南，此时加醴泉观使兼侍读。明年初，再加观文殿学士知寿春府；明年五月，又因张怀素案被降职资政殿学士，提举亳州明道宫；再明年，知镇江府，拜昭庆军节度使。

四月，徽宗又赐哲宗配享功臣蔡确的墓道碑额曰"元丰受遗定策宰臣蔡确之墓"。《东都事略蔡确传》中说：

蔡京擅政，自谓与确同功，遂以确配享哲宗庙廷，御书"元丰受遗定策殊勋宰臣蔡确之墓"赐其家。其后，"京收用其子渭，论其父定策之功，未几，渭更名懋。宣和中，拜同知枢密院，赠确清源（本书编者注：实为汝南）郡王，赐御制《确传》，立碑石墓前。"

可见这段时间内，徽宗仍然志在绍述父兄之志未有变化。

六月，徽宗已有复相蔡京之意。随着徽宗对蔡京态度的转变，一些政策又得到恢复。于是，御史余深、石公弼等劾奏刘逵：

> 怀奸徇私，愚视一切，乘闲抵巇，取熙宁以来良法美意而尽废之。陛下息邪说以正人心，而逵为元祐学术者；陛下斥朋党以示好恶，而逵进党人之子孙；陛下罪诋诬以尊宗庙，而逵上书邪等者；陛下勤继述以绍先烈，而逵用更张熙、丰法令者。惟欲权出于己，引致朋邪，呼吸群小，如毛滂、翟汝文之徒，朝夕造请，岂容尚执政柄？

十二月，遂罢刘逵，以中书侍郎出知亳州。蔡絛《铁围山丛谈》卷三说了一个故事，刘逵离开时对送行的人说："诸君走着瞧，逵年才五十，而太师是六十岁的人啊！"俄而，逵物故（死去），鲁公复相，每叹息，常训吾曰："逵白骨已久，而我犹享荣禄。"

大观元年（1107）正月，诏安远军节度使、司空、开府仪同三司、中太一宫使、魏国公蔡京为尚书左仆射兼门下侍郎。二月乙亥，诏复置医学。闰十月，蔡京举荐下，资政殿学士郑居中同知枢密院，一贯支持蔡京的林摅升为尚书左丞。十二月庚子，司空、左仆射兼门下侍郎蔡京加太尉。大观二年（1108），又加太尉，不久又加太师。

60

方轸弹劾蔡京

《蔡京别传》可能在莆田市将有较多读者，所以写到蔡京第二次为相时，作者考虑写进莆田人方轸对蔡京的一封弹劾书。方家是古代莆田县入仕最早最多的大家族之一，方轸之父方通，字叔时，莆田城关方巷人。宋神宗熙宁元年（1068），以明经登第，历崇德县主簿及建州教授、出知睦州。其诗文曾为王安石称道，与蔡京交好。方轸以父荫补太庙斋郎，这是一个没有品级的参与朝廷祭祀仪式的小官，一般作为五、六品官员子孙荫补入仕的开始。

王明清《挥麈后录》卷三：

> 方通，兴化人，与蔡元长乡曲姻娅之旧，元长荐之以登要路。其子轸，宏放有文采，元长复欲用之。轸闻之，即上书讼元长之过。

南宋陈均《皇朝编年纲目备要》一书中，大观元年九月记：

> "论上书观望罪，窜责李景直等四人。"旁注说："中书省言，崇宁五年上书观望者五百余人，禁中悉以焚毁，内二十人情重，令择其犹甚者李景直、曾纵、黄宰、方轸四人。诏景直除名编管新州，纵依前断（九月，曾纵因犯盗铸钱币窜海岛），轸、宰（方轸和黄宰）以他罪鞫治未竟（因

有其他问题正在审理未结案)。"

崇宁五年春，彗星出现时，徽宗惊慌失措，求直言。当时罢蔡京相，又废蔡京法。许多士子认为这是徽宗本意，遂群起而上书攻蔡，以求引起皇帝注意，可以在仕途中弯道超车。朝廷后来给这些人一个"观望之罪"，即看风使舵，说这些人没有操守主见。但只处罚包括方轸在内四人。方轸不顾其父与蔡京交好，以他道听途说得来的些许材料，写下煌煌超二千字的上书。这封奏议文采奕奕，义愤填膺，实在也是很有些幼稚。后世《兴化府志》《莆田县志》《皇朝编年纲目备要》有摘录登载，但皆不如《续资治通鉴长编拾补》中引王明清《挥麈后录》卷三所载为详，现抄录自蔡京自辩书，其中有方轸全文。如下：

既达乙览（方轸之疏既经皇帝亲览），元长（蔡京）取其疏自辩云："大观元年九月十九日，敕中书省送到司空左仆射兼门下侍郎魏国公蔡京劄子，奏：伏蒙宣示方轸章疏一项，论列臣（以下是上书文字）。

"睥睨社稷，内怀不道。效王莽自立为司空，效曹操自立为魏国公。视祖宗神灵为无物，玩陛下不啻若婴儿。专以绍述熙、丰之说，为自媒之计。上以不孝劫持人主，下以谤讪诋诬恐赫天下。威震人主，祸贻苍生，风声气焰，中外畏之。大臣保家族不敢议，小臣保寸禄不敢言。颠倒纪纲，肆意妄作。自古为臣之奸，未有如京今日为甚。爰自崇宁已来，交通阉寺，通谒宫禁。蠹国用则若粪土，轻名器以市私恩。内自执政侍从，外至帅臣监司，无非京之亲戚门人。

政事上不合于天心，下悉结于民怨。若设九鼎，铸大钱，置三卫，兴三舍，祭天地于西郊，如此之类，非独无益，又且无补。其意安在？京凡妄作，必持说劫持上下曰，"此先帝之法也"，"此三代之法也"，或曰："熙、丰遗意，未及施行。"仰惟神考十九年间，典章文物，粲然大备，岂蔡京不得驰骋于当年，必欲妄施于今日，以罔在天之神灵？凡欲奏请，尽乞作御笔指挥行出，语士大夫曰："此上意也。"明日或降指挥更不施行，则又语人曰："京实启之也。"善则称己，过则称君，必欲陛下敛天下怨而后已。是岂宗社之福乎？天下之事无常是，亦无常非，可则因之，否则革之。惟其当之为贵，何必三代之为哉！李唐三百年间，所传者二十一君，所可称者太宗一人而已，当时如房、杜、王、魏，智虑才识，必不在蔡京之下。窃观贞观间，未尝一言以及三代。后世论太宗之治者，则曰除隋之乱，比迹汤、武；致治之美，庶几成、康。自古功德兼隆，由汉以来，未之有也。京不学无术，妄以三代之说欺陛下，岂不为有识者之所笑也！

元丰三年，废殿前廊宇二千四百六十间，造尚书省，分六曹，设二十四司，以总天下机务。落成之日，车驾亲幸，命有司立法：诸门墙窗壁，辄增修改易者，徒二年。京恶白虎地不利宰相，尽命毁坼，收置禁中，是欲利陛下乎？是谓之绍述乎？括地数千里，屯兵数十万，建置四辅郡，遣亲信门人为四辅州总管，又以宋乔年为京畿转运使。密讽兖州父老诣阙下，请车驾登封，意在为东京留守，是欲乘舆一动，投闲窃发，呼吸群助。不知宗庙社稷何所依倚？陛下将措圣躬于何地？臣尝中夜思之，不觉涕泗横流也。

臣闻京建议立方田法，欲扰安业百姓。借使行之，岂不召乱乎？又况数年间行盐钞法，朝行夕改，昔是今非，以此脱赚客旅财物。道途行旅谓朝廷法令，信如寒暑，未行旬浃，又报盐法变矣。钞为故纸，为弃物，家财荡尽，赴水自缢，客死异乡，孤儿寡妇，号泣吁天者，不知其几千万人。闻者为之伤心，见者为之流涕。生灵怨叹，皆归咎于陛下。然京自谓暴虐无伤，奈皇天后土之有灵乎？所幸者祖宗不驰一骑以得天下，仁厚之德，涵养生灵几二百年矣，四方之民，不忍生事。万一有垄上之耕夫，沛泗之亭长，啸聚亡命于一方，天下响应，不约而从，陛下何以枝梧其祸乎？

内外臣僚，皆京亲戚门人，将谁为陛下使乎？京乘此时，谈笑可得陛下之天下也。元符末年，陛下嗣服之初，忠臣义士，明目张胆，思见太平，投匦以陈己见者，无日无之。京钳天下之口，欲塞陛下耳目，分为邪等，贼虐忠良。天下之士，皆以忠义为羞，方且全身远害之不暇，何暇救陛下之失乎？奈何陛下以京为忠贯星日，以忠臣义士为谤讪诋诬，或流配远方，或除名编置，或不许齿仕籍。以言得罪者，无虑万人矣，谁肯为陛下言哉？

蔡攸者，垂髫一顽童耳，京遣攸日与陛下游从嬉戏，必无文、武、尧、舜之道启沃陛下，惟以花栽怪石、笼禽槛兽，舟车相衔，不绝道路。今日所献者，则曰臣攸上进，明日所献者，则又曰臣攸上进。故欲愚陛下，使之不知天下治乱也。久虚谏院不差人，自除门人为御史。京有反状，陛下何从而知？臣与京皆壶山人也。案谶云：水绕壶公山，此时方好看。京讽部使者凿渠以绕山，臣是以知京必反也。

日者星文谪见西方，日蚀正阳之月，天意所以启陛下聪明者，可谓极也。奈何陛下略不省悔。默悟帝意，止于肆恩赦，开寺观，避正殿，减常膳，举常仪，以答天戒而已。然国贼尚全首领，未闻枭首以谢天下百姓，此则神明共愤，祖宗含怒在天之日久矣。陛下勿谓雉鸣乎鼎，谷生于朝，不害高宗、太戊之德；九年之水，七年之旱，不害尧、汤之圣。古人之事，出于适然。今日之事，祸发不测，天象人情，危悚如是。伏惟陛下留神听览，念艺祖创业之难，思履霜坚冰之戒。今日冰已坚矣，非独履霜之渐。愿陛下早图之。后悔之何及！臣披肝为纸，沥血书辞，忘万死，叩天阍。区区为陛下力言者，非慕陛下爵禄而言也。所可重者，祖宗之庙社，所可惜者，天下之生灵，而自忘其言之迫切。陛下杀之可也，赦之可也，窜之可也，臣一死生，不系于重轻。陛下上体天戒，下顾人言，安可爱一国贼而忘庙社生灵之重乎？冒渎天威，无任战悚之至。"

谨备录如右。（以下蔡京自辩）臣读之，骇汗若无所容。臣以愚陋，备位宰司，不能镇伏纪纲，讫无毫黡报称，徒致奸言，干浼圣听。且人臣无将，有必诛之刑；告言不实，有反坐之法。臣若有是事，死不敢辞。臣若无是事，方轸之言不可不辩。伏望圣慈，付之有司，推究事实，不可不问。取进止。

徽宗诏命御史台鞫治，十月狱具，方轸削籍流岭外。其父诸王府翊善方通坐子轸罪，责监当差遣。但蔡京还继续提拔方轸其兄方会，后官至侍制。十九年后，靖康年中蔡京倒台，方轸至登闻鼓院上状，得叙复改鄞县令。因宋金交战，其贫不能归，遂居于浙江慈溪之鸣鹤山。王明清说："家偶存此疏，录以呈太史李公仁甫（焘），载之《长编》（即李焘《续资治通鉴长编》）。"

对于方轸上书中"臣与京皆壶山人也。谶云：水绕壶公山，此时方好看。京讽部使者（福建路转运使）凿渠以绕山，臣是以知京必反也"一段，民国时，莆田大儒张琴很不以为然，这位晚清翰林和民国国会议员在《莆田县志》中说："蔡京凿新塘，为轸所劾，然凿渠美事也，即无古谶，渠亦当开。"又说："然（蔡京）留意水利，（在福建）不行当十钱，固未然得罪于乡里也。"很是为蔡京辩解了几句，因为蔡京倡修木兰陂，终归在历代莆田人心目中，留下一些好感。

61

第二次罢而复用

蔡京第二回居相位，从大观元年正月至大观三年六月。其间主要是恢复上次下台后被取消的许多政策。但一年后，又遭言官攻击。中国古代中央监察机构原有御史台和谏院。御史纠察百官而谏官负责批评君主。北宋台谏固然也有纠察百官责任，但其职责重在监督宰辅，往往宰相方议一事，台谏即议论纷纷。台谏也可批评皇帝，且可"风闻言事"。就是说听到什么，就可以说出来揭发批评，不必承当所说材料不实的责任。言事之臣或得责，大不过落一官，其次居散地而已。后世统治者们，固然有时也称赞北宋监察制度之进步，但对台谏可以尽情批评君主和宰执这点终是不喜，认为其干扰政事。

大观二年（1108）冬十月，徽宗亲点石公弼为御史中丞，负责台谏。这位石公弼与蔡京不太对付，蔡京专国日久，徽宗难免按祖宗之法，采取"异论相搅"的政策，选一个与之不太对付的人当御史中丞，加以监督。《皇朝编年纲目备要》载：

是时有旨斥卖元丰库物帛，有司以朽坏贱估，许百官分买。公弼得分券，论罢之（提出取消这次拍卖）。宰相已取万疋，即日缴纳。故京于公弼除命，非所欲也。

当时朝廷元丰库所储许多物资已经到期，要发卖更新。有关部门把看起来完好的物资当成"已朽坏"，便宜处理，发优惠券让百官购买，皆大喜欢。偏偏这个石公弼得了优惠券却不领情，上疏驳论，把这件好事给搅黄了。害得几家宰辅已买运回家的万足布帛，只好即日缴回仓库。所以，蔡京对这个御史中丞很不喜欢，说："石公弼现为起居郎，国朝至今没有过以起居郎转御史中丞的先例。"徽宗不听，说："但石公弼先前做过御史官。"

还有一个殿中侍御史毛注，是前任御史中丞吴执中推荐的，他在徽宗召对时，论"抑奔竞、励名节、去奸慝、求规谏"数事，徽宗满意，认为他不会跟蔡京走在一起。

徽宗为何最近怀疑蔡京？起于太史局（主管天文观察）郭天信一直汇报"太阳中出现黑子"。《皇朝编年纲目备要》载：

初，上为端王时，有郭天信者，隶太史局。元符末，尝以事出入禁中，上（徽宗）退朝，天信必遮白日："王当有天下。"盖数数言之。上即位，恩泽皆俾视随龙人（和端王府时的亲近相等），天信气直敢言，深以京（蔡京）为非。每奏天文，必指陈以撼京，密白"日中有黑子"。上为之恐。至三四，上始疑京。

于是，侍御史毛注言：

孟翊（一位学官）妖奸，以天文惑众。尝献京诗，言涉不顺，京辄喜而受之，因以献《易书》而赐官，卒致诖误以冒重辟，而京不复愧况。张怀素（一道士）恶逆，以地理惑众，京熟与之游从。京妻葬地卜日，怀素主之。尝同游淮，题字刻石，后虽阴令人追毁以掩其迹，而众所共知。以至尚书省事多不取旨，直行批下，以作陛下之威；重禄厚赏，下结人心，以作陛下之福。林摅跋扈之党，而置之政本之地；宋乔年奸雄之亲，而置之尹京之任。考之以心，揆之以事，其志有不可量者。今并盘旋辇毂，久而不去，其情状已可见矣。

正当石公弼、毛注等交论其蔡京奸佞，太学生陈朝老也上书曰：

蔡京奸雄悍戾，诡诈不情，徒以高才大器自处，务以镇压天下。以为自古人臣惟一切因循苟简以为治，无敢横身为国建议立制者。于是出而锐意更张，以为天下后世无以复加。陛下倾心俯纳，所用之人惟京为听，所行之事惟京为从，故蔡京得以恣其奸佞玩弄，无所畏忌，直欲败坏而后已。

还追疏京恶十四事，曰：

渎上帝，罔君父，结奥援，轻爵禄，广费用，变法度，妄制作，喜导谀，箝台谏，炽亲党，长奔竞，崇释老，穷土木，矜远略。乞投异远方，以爽魑魅。

北宋丞相很少长久担任，一般才二三年即更换，既然蔡京被人交论，"上亦厌京"，体面下台是必须的。大观三年（1109）六月丁丑，诏"太师、尚书左仆射兼门下侍郎、魏国公蔡京为太师、中太一宫使，请给恩并依现任宰相例"。罢相的制诰说：

明哲保身，虽弗居于宠利；忠嘉告后，当无废于燕闲。尚懋远图，以膺多福。

十一月，又诏"太师、中太一宫使、魏国公蔡京守太师致仕，仍提举编修《哲宗皇帝实录》，进封楚国公，其请俸并杂给人从等，并依旧朝朔望；大朝会许立宰臣班，余依故事"。又诏："蔡京合得致仕恩泽外，长子显谟阁直学士、承议郎、提举醴泉观攸，除枢密直学士，次子宣义郎儵除直秘阁，余依故事。"

这次代替蔡京担任宰相的是何执中，《宋史·本纪》："辛巳，以何执中为特进、尚书左仆射兼门下侍郎。"太学生陈朝老又上书攻何执中，言：

陛下即位以来，五命相矣：有若韩忠彦之庸懦，曾布之污赃，赵挺之之蠢愚，蔡京之跋扈。今复相执中，何为者耶？是犹以蚊负山也。

说何执中能力很差，叫他当宰相是"以蚊负山"。《通鉴续编》云："执中一意谨事蔡京，遂代为首相。"徽宗后又调入有能力的张商英为右仆射。

蔡京六月罢相后仍居住在京城，仍负责编修《哲宗实录》，每月初一、十五大朝会时，仍上朝立宰臣班，待遇不谓不高。那些反对蔡京的人很不放心，遂又掀起一波驱逐蔡京出京的浪潮。

大观四年（1110）四月癸未，蔡京编修《哲宗实录》完成。毛注再次弹劾蔡京：

> 留居赐第，不自循省，增饰台池，外示闲暇，执政大臣多出其门，谋谟日闻，牵制不改。乞降前后章疏，著京之罪，俾速去国。

说蔡京在京还与执政大臣来往，牵制朝政。

恰逢五月——

> 又有星孛（慧星）于中宫，长数丈，始出王良、造父（两星宿）间，遂历阁道逆行，入紫宫，几遍扫垣内外座；已退，俄又进扫帝座者再，前后二十余日乃灭。

于是，徽宗又大吃惊，求直言，大赦、避殿、减膳，令侍从官直言指陈阙失。毛注上疏："臣累论蔡京罪积恶大，天人交谴，虽罢相致仕，犹怙恩恃宠，偃居赐第，以致上天威怒。推原其咎，实在于京。宜早令去国（离开京城），消弭灾咎。"给事中何昌言又奏：

> 大臣被罪，须有章疏，合过门下省，关报四方（大臣被罪居家，如有章疏上呈，须经门下省上送）。按京顷（前）居相位，擅作威福，滥赐予以蠹国用，轻爵禄以示私恩，谓财美皆诞漫，务兴工为骚扰。古人有一于此，必加严刑，而京兼有之。自京再罢相，士民以为京去可必。既而又以《哲庙实录》未竟而留。今既成书，去计杳然（却不知何时离京）；若非天变屡见有以警陛下，人力其如之何？

御史台石公弼、张克公论奏：

蔡京顷居相位，擅作威福，权震中外。轻锡予以蠹国用，托爵禄以布私恩。谓财利为有余积，皆出诞慢；务湛大以兴事功，肆为搔扰。援引小人，以为朋党；假借姻娅，布满要途。以至交通豪民，兴置产业，役天子之将作，营葺居第；用县官之人夫，漕运花石，曾无尊主庇民之心，惟事丰己营私之计。若是之类，其事非一，已有臣僚论列，臣更不敢具陈。及至名为祝圣寿而修塔，以壮临平之山势；托言灌民田而决水，以符兴化之谶辞……皆足以鼓惑天下，为害之大者也。

事已至此，徽宗也不好留蔡京在京城了，于是。朝廷下诏："蔡京权重位高，人屡告变，全不引避，公议不容。言章屡上，难以屈法，特降授太子少保，依旧致仕，在外任便居住。"制词略曰：

太师致仕、楚国公蔡京顷以时才，久膺柄任，两冠台衡之峻，三登公衮之崇。庶图尔庸，以弼予治，而总秉机务，出入八年。事寖紊于将来，谋悉违于初议。擅作威福，妄兴事功……宜褫师臣之秩，俾参宫保之官。聊慰群情，尚为宽典。

也有人为蔡京说话，如前任御史中丞吴执中上疏，谓进退大臣当全礼貌。故徽宗下诏："尚虑仇怨，捃摭旧事。下石倾挤，弹用不已。"不准臣僚继续弹劾蔡京。蔡京出居杭州，仍得预闻朝中大事，不少人预测蔡京仍会得到重用。

此次蔡京东迁，徽宗还把苏州著名的南园，赐给蔡京居住，叶梦得《石林诗话》记：

姑苏南园，钱氏广陵王旧圃也，老木皆合抱，流水奇石，参错其间，最力工。翰林王元之为长洲县宰时，无日不携客醉饮，尝有诗曰："他年我若功成后，乞取南园作醉乡。"今园中大堂遂以"醉乡"名之。大观末，蔡鲁公罢相，欲东还，诏以园赐公，公即戏以诗示亲党云："八年帷幄竟何为？更赐南园宠退师。堪笑当时王学士，功名未有便吟诗。"

苏州南园是五代吴越王钱镠儿子钱元僚所建著名园林，北宋王禹偁

（字元之）在此为官时有诗："他年我若功成后，乞取南园作醉乡。"蔡京写诗对他平时的好友们说："我这八年来（自崇宁元年至大观四年）于国于民，做了些什么事呢？竟使得皇帝赐了苏州南园给退休的太师。当年王禹偁县令还没功成名就，就想以南园做他成功后的醉乡。而我如今南园在手，算不算功成？皇帝以后还会给我机会，做些功业吗？"

接任尚书左仆射何执中，年长蔡京三岁，处州龙泉人（今浙江省龙泉县），是一位较为廉洁而小心谨慎的人，是徽宗做端王时候的老师，进入朝廷后一直对蔡京很是佩服。大观二年（1107年）正月，迁为中书侍郎，三月，改门下侍郎。凡事听蔡京的，没有主心骨。这回拜为左相。蔡京走了，主心骨总算有了，但能力不够，被说成"以蚊负山"。徽宗又迅速召来颇负人望的张商英入朝，大观四年十月，先为中书侍郎，再迁右仆射，与何执中分居左右相。

张商英不仅不能与何执中和睦共处，还与郑居中不和。他行事独专，不知平心用人。这导致了言官急起攻之，政和元年（1111）四月罢去。八月，何执中为独相，徽宗眼看没有合格的宰相人选，朝廷施政和财政成了大问题。急了，终在政和二年春二月，再召蔡京回朝复相职，何执中退为副相。从此，何执中又没了主心骨，心甘情愿给蔡京打下手。至政和六年（1116）退休，为左右相计八年。越年卒，享年七十四岁，谥正献，追封清源郡王。

62

三入相位 来到人生鼎盛时期

政和二年（1112）三月，蔡京第三次入相，来到他人生的鼎盛时期。三月八日，徽宗开后苑太清楼，宴请蔡京。蔡京事后感慨不已，作《太清楼侍宴记》两千多字，叙述这次复相前后所受的恩遇甚详，抄录如下：

政和二年三月，皇帝制诏，臣京宥过肆眚（幸得宽恕减罪），复官就第。命四方馆使、荣州防御使臣童师敏赍诏，召赴阙。臣京顿首辞，继被御割手诏，责以大义，惶怖上道。

于是，饮至于郊（赐酒于京城之郊），曲燕（宴）于垂拱殿，祓禊（洗濯去垢，消除不祥的仪式）于西池，宠大恩隆，念无以称。上曰："朕考周宣王之诗，'吉甫燕喜，既多受祉。来归自镐，我行永久。饮御诸友，炰鳖脍鲤（周宣王犒劳出征归来的尹吉甫诗中句）。'其可不如古者？"诏以是月八日开后苑太清楼，命内客省使、保大军节度观察留后、带御器械臣谭稹，同知入内内侍省事臣杨戬，内客省使保康军节度观察留后带御器械臣贾祥，引进使晋州管内观察使勾当内东门司臣梁师成等伍人，总领其事。西上阁门使忠州刺史尚药局典御臣邓忠仁等一十三人，掌典内谒者职。

有司请办具上，帝弗用。前三日，幸太清，相视其所，曰："于此设次"，"于此陈器皿"，"于此置尊罍"，"于此膳羞"，"于此乐舞"。出内府酒尊、宝器、琉璃、玛瑙、水精、玻璃、翡翠、玉，曰："以此加爵，致四方美味。"螺蛤虾鳜、南海琼枝、东陵玉蕊、与海物惟错，曰："以此加笾（用于装水果、干肉的竹编器具）。"颁御府宝带，宰相、亲王以玉（玉带），执政以通犀（白犀角片带），余花犀（杂色犀带），曰："以此实篚（长方形带盖容器）。"教坊请具乐奏，上弗用，曰："后庭女乐，肇自先帝。隶业大臣未之享。（不用常规教坊乐队，而用后庭女乐）"其陈于庭，上曰："不可以燕乐废政。"

是日，视事垂拱殿。退，召臣何执中、臣蔡京、臣郑绅、臣吴居厚、臣刘正夫、臣侯蒙、臣邓洵仁、臣郑居中、臣邓洵武、臣高俅、臣童贯，崇政殿阅弓马所子弟武伎，引强如格，各命以官。遂赐坐，命宫人击鞠，臣何执中等辞，请立侍，上曰："坐。"乃坐。于是，驰马举仗，翻手覆手，丸素如缀。又引满驰射，妙绝一时，赐赉有差。乃由景福殿西序入苑门，就次以憩。

诏臣蔡京曰："此跬步至宣和，即昔言者（御史们）所谓'金柱玉户'者也，厚诬宫禁！其令子攸掖入观焉。"东入小花径，南度碧芦丛，又东入便门，至宣和殿，止三楹，左右挟，中置图书、笔砚、古鼎、彝、罍、洗。陈几案台榻，漆以黑。下宇纯朱，上栋饰绿，无文采。东西庑侧各有殿，亦三楹，东曰"琼兰"。积石为山，峦间出。有泉出石窦，注于沼北。有御劄"静"字。榜梁间以"洗心涤虑"。西曰"凝方"，后曰"积翠"，南曰"瑶林"，北洞曰"玉宇"。石自壁隐出，嶄岩峻立，幽花异木，扶疏茂密。后有沼曰"环碧"，两旁有亭曰"临漪""华渚"。沼次有山，殿曰"云华"，阁曰"太宁"。左蹑道以登，中道有亭，曰"琳霄""垂云""骞凤""层峦"，不大高峻，俯视峭壁攒，如深山大壑。次曰会春阁，下有殿曰"玉华"。玉华之侧有御书榜，曰"三洞琼文之殿"，以奉高真。旁有"种玉""缘云轩"相峙。

臣奏曰："宣和殿阁亭沼，纵横不满百步，而修真观妙，发号施令，仁民爱物，好古博雅，玩芳缀华咸在焉。楹无金填，壁无珠珰，阶无玉砌，而沼池岩谷，谿涧原隰（湿地），太湖之石，泗滨之磬，澄竹山茶，崇兰香茝，葩华而纷郁。无犬马射猎畋游之奉，而有鸥、兔、雁、鹜、鸳鸯、鹈鹕、龟鱼驯驯，雀飞而上下。无管、弦、丝、竹、鱼龙、曼衍之戏，而有松风竹韵，鹤唳鹦啼，天地之籁，适耳而自鸣。其洁齐清灵雅素若此，则言者不根，盖不足恤。"

日午，谒者引执中以下，入女童乐四百，靴袍玉带，列排场，肃然无敢謦咳者。宫人珠笼巾玉，束带秉扇，拂壶巾剑钺，持香球，拥御床以次立，亦无敢离行失次。皇子嘉王楷起居，升殿侧侍，进趋庄重，俨若成人。臣执中等前贺曰："皇子侍燕，宗社之庆。"乐作，节奏如仪，声和而绎。上顾谓群臣曰："承平无事，君臣同乐，宜略去苛礼，饮食起坐，当自便无间。"执事者以宝器进，上量满酌以赐，命皇子宣劝，臣惶恐饮釂。又以惠山泉、建溪毫盏烹新贡太平嘉瑞茶饮之。

上曰："日未晡，可命乐。"殿上笙箫、琵琶、箜篌、方响、筝箫登陛合奏，宫娥妙舞，进御酒。上执爵命掌樽者注臣酒，曰："可共饮此杯。"臣俯伏谢。上又曰："可观。"臣陛以观，又顿首谢。又命宫娥抚琴擘阮。已而臣尽醉。

臣窃考《鹿鸣之什》，冠于《小雅》（诗经《小雅》中，《鹿鸣之什》置于首），而忠臣嘉宾，得尽其心。既醉太平之时，醉酒饱德，人有士君子之行。在昔君臣施报之道，在于饮食燕乐之间。太清自真祖开宴，以迄于今，饮食之设，供张之盛，乐奏之和，前此未有。勤侑之恩，礼意之厚，相与无间之情，亦今昔所无。实君臣千载之遇，而臣德薄智弹，曾不足仰报万分。昔仲甫（仲山甫即召穆公）徂齐（赴齐筑城），式遄其归（心中有些顾虑，希望快快归回）；而吉甫（尹吉甫）作诵，穆如清风（召穆公听了如沐清风）；召虎（即召穆公）受命，锡以圭瓒（赐于玉器），虎（召穆公）拜稽首，对扬王休（赞扬王德），作召公考，天子万寿。然则上之施光，下之报宜厚。而臣老矣，论报无所。切不自量，慕古人之□，谨稽首再拜，诵曰：

> 皇帝在御，政若稽首。昔周宣王，燕嘉吉甫。
>
> 曰来汝京，实始予辅。厥初有为，唱予和汝（劳歌）。
>
> 式遄其归，远于吴楚。劳还于庭，饮至于露。
>
> 既又享之，其开禁御。有来帝车，相视其所。
>
> 于此膳羞，于此乐舞。海物惟错，于以加俎。
>
> 何锡予之，实筐及筥。箫鼓锵锵，后庭委女。
>
> 帝曰宣和，不远跬步。人昔有言，金柱玉户。
>
> 帝命子攸，尔掖尔父。乃瞻庭除，乃历殿庑。
>
> 绿饰上栋，漆朱下宇。梁无则雕，槛不采组。
>
> 有石岩岩，有泉滑滑。体道清心，于此燕处。
>
> 彼言厚诬，何恤何虑！帝执帝爵，劝酬交举。
>
> 毋相其仪，毋间笑语。有喜惟王，饮之俾饫。
>
> 臣拜稽首，千载之遇。君施臣报，式燕且誉。
>
> 臣拜稽首，明命是赋。天子万年，受天之祜！

蔡京在这篇侍宴记中，一洗上次罢相以来的心中委屈郁抑，浓墨畅写皇帝的恩遇。徽宗选定谭稹等重要内臣5人、宫中各部门管事13人组成高规格的接待团队，且亲至太清楼视察安排场所器物、入场官员的腰带装饰等事项，连只在内廷使用的女乐也准备在这次官员宴会上使用。宴会中还请蔡京参观了社会上以讹传讹有着"金柱玉户"的宣和殿亭阁，皇帝的目的是以最高的礼遇表明自已对"师相"蔡京的尊重和信任。以致蔡京引用《诗经》中周朝周宣王对待尹吉甫、召穆公的故事，表达自己的感恩和忠心。礼遇之高，远超前二次命相时。

与蔡京这篇《太清楼侍宴记》相应，二年后的政和四年（1114）六月初一，徽宗亲作一篇《太清楼特宴记》，令人刻石立碑。明代叶盛《水东日记》卷二十五记：

> 偶阅旧碑，得徽宗亲书《太清楼特宴记》不完本三幅，此石多在今开

封府学墙壁间遭，当时草草打得此，不知尚存他石可完否？按《宋史》：特宴在政和壬辰（1112），去京之死才十五年，亦万世之大戒也，噫！

徽宗这篇文字的刻石今是否还在开封府学墙上，笔者不知道。叶盛所记三幅残石拓片，前二幅文字相接，第三幅当为结尾幅。抄录如下：

为君难，为臣不易，尚矣。历选前世，有其君无其臣，或有其臣而其君不足以有为，故君臣难偶，常以千载而一遇。盖自尧、舜、皋、夔、禹、契、都、俞，赓载莫得而伦。至成汤之于伊尹，高宗之于傅说，文王之于散宜生，后无继者。若管仲之于齐，萧曹之于汉，苏绰之于周，房、杜之于唐，其事功或足以霸，或足以善一时，或起刀笔之吏，寥寥数十世然后有一焉。其功烈之卑无足取法，道之不行，人之不足与明，久矣。

朕嗣承先构，永惟烈考，追述三代，相王安石，创业垂统，方大有为，大勋逾远。道之难明，世莫能知，莫能行。朕欲取信流俗，故三黜三已之法度亦再更之。乃用害京者继其位，使别其贤否。而中外纷然，民怨士怼，财匮力屈，朕亦焦心劳思矣。

京复位未几，巧发奇中，未泯也。故日遣介使往谕旨意，赐予问劳相属。至如治第建阁，以资燕适，供帐帘幕，以饰其居。若禁药果蓏芳范，遐方（远地）厎（刚刚）贡新奇，莫不首以颁赉，络绎于道。偶闻小恙，必亲遣国医面授治状，往颁良剂。或因美膳，手自调羹分饷。如是之类，月无虚日，日无虚时。

又许其子偁尚朕女，孙行衍，联姻后家，使情义相通，契分结密，不可得而疎。……奋于百世之下，断而行之，运用有成。凡厥万事，其视于兹，因笔以诏天下后世。

政和甲午（即政和四年，1112）六月朔日（初一）记。

翰林书艺局镌字艺学臣严奇、睿思殿御前文字外库镌字艺学臣徐珣、臣张士亨、待诏臣朱章、臣邢肃、臣张仲文书，待诏臣王公琬、待诏赐绯臣倪士宣、臣封士宁、从义郎臣张士永模刊，睿思殿御前文字外库祗应武翼郎臣俞迈题写，通侍大夫臣梁师成、通侍大夫保康军节度观察留后臣贾管勾上石。

　　读过宋徽宗这篇文章的人较少。徽宗讲述了他前两次罢免蔡京相位的原因，是为了"取信流俗"，使用"三黜三已（反复罢免起用）之法度"，来"别其贤否"，甚至故意用"害京者继其位"。每次蔡京不在相位时，即发生"中外纷然，民怨士怼，财匮力屈，朕亦焦心劳思"的困境，只要蔡京"复位未几"（不长时间），就"巧发奇中"（取得优异政绩），"未泯也"（一直如此，磨灭不了）。所以，给予各种礼遇，招蔡京儿子蔡鞗为驸马，让蔡京孙蔡行、蔡衍与皇后家联姻。

　　宋徽宗这段话对于研究北宋晚期政治有一定参考意义。

63

蔡氏兄弟与道教人士（1）

　　本书前文已有几处提及蔡京、蔡卞兄弟与道教人士的来往。例如南宋洪迈在《夷坚志》中说到蔡京"喜接方士"，在钱塘作县尉时，与道士车四同床共卧的故事。方天若《木兰水利记》讲到，蔡京写信动员闽侯道士李宏来莆田修筑木兰陂的事；张邦基《墨庄漫录》载元祐元年（1086）王安石病危时，王安石妻吴夫人令婿蔡卞去茅山向道士刘混康询问病情预后的事。

　　茅山在今江苏省句容县，道教名山，传至北宋刘混康已是第25代，以道业闻于东南，宋神宗时已名著于世。王安石自熙宁九年（1076）退隐钟山后，与刘混康和第26代宗师笪净之都有来往。

　　张邦基《墨庄漫录》载：

　　荆公病革甚，吴夫人令蔡元度（蔡卞）诣茅山谒刘混康问状。刘曰："公之病不可为已！适见道士数十人往迎公。前二人执幡，幡面有字，若金书然，左曰'中函法性'，右曰'外习尘氛'。"元度自言如此。

　　刘说他的病已不会好了，又说刚才蒙眬中已看见道士数十人前往迎接荆公荣登仙录，走在最前面二人各执一面旗幡，写着金字，左边是"中函法性"，右边是"外习尘氛"。《墨庄漫录》作者张邦基还注明这一记载来自蔡卞口述。

蔡卞曾为笪净之写作墓志铭，文中有：

> 王安石闲居金陵，闻净之高行。遗书致礼邀之，先生奉杖履以从。试与之语，率皆造理，屡称善焉。元祐中，臣守宣城，静一遣先生持书过之，馆之后园西室。前有华果林木、迭嶂楼台之胜，近俯城市，远望百里间。而先生终日静坐，未尝出门。心窃奇之，乃出缗钱度为道士。

可见蔡卞与茅山刘混康和笪净之的来往，起于宋神宗元丰时。蔡卞元祐年中知宣州府，刘混康派遣徒弟笪净之送信来宣城。蔡卞让他住在府中后园西室，门外就是繁华世界。蔡卞见他终日静坐，是个修道的人材，就出了度牒的钱，让他成为正式道士。

元代刘大彬所修《茅山志》卷十一《二十五代宗师刘混康传》说：

> 元祐元年，哲宗后孟氏误吞针喉中，医莫能出，有司以高道闻，召见。师进服符，呕出针，刺符上。宫中神其事，赐号洞元通妙法师，住持上清储祥宫（主持京城中一皇家道宫）。绍圣四年，敕江宁府，即所居潜神庵为元符观，别敕江宁府句容县三茅山经箓宗坛，与信州龙虎山、临江军合皂山，三山鼎峙，辅化皇图。

本书《蔡京别传》作者郑痴不揣浅陋，谨对文中刘混康医治孟氏误吞针事情发生在"元祐元年（1086）"表示质疑。哲宗与孟氏大婚于元祐七年（1089）四月。各种史料载明，婚前一年多，高氏太皇太后"历选世家女百余入宫"，要从中挑选哲宗皇后。经过一年多的考察，先选中十名，孟氏即此十人中最能迎合高氏太皇太后的女子。可见刘混康传中所说元祐元年，宫中并无孟氏。刘混康医治孟氏误吞针如实有其事，可能发生在绍圣元年（1094）哲宗亲政之后较为合理，这才能使绍圣四年（1097）哲宗为其赐额"元符观"显得合乎情理，因为第二年即改元元符。今学者文章涉及刘混康此事，都沿用《茅山志》写作"元祐元年"，为此写了这些话与之商榷。

刘混康不但精于道教，看来也熟于驱吐等治病医术，所以，孟氏吞下一张符纸，即行呕吐，不但针被呕出，而且插在符上。宫中上下以为神奇，哲宗赐号"洞元通妙法师"，令住持东京上清储祥宫。绍圣四年（1097），哲宗敕江宁府，于刘混康在茅山的所居潜神庵，大兴土木建造新的道观，定名为"元符观"，且将刘的句容县三茅山经箓宗坛与信州龙虎山、临江军阁皂山三者并列为国家三大道教名山。但为茅山建造新观的事，直到哲宗去世仍未实施。

哲宗无子，在向太后支持下，徽宗在与哲宗诸弟的竞争中胜出，幸运地继承了哥哥的皇位。也许是认为自己的皇位来自天意和神仙，也许是被道教"无为"和"自然"的思想所吸引，也许是认为星相、祥瑞、雷术雨法等有利治理社会，擅长文学和艺术的徽宗成了宋真宗以后第二个最为信重道教的宋朝皇帝。他即位后，即邀请年已六十六岁的刘混康入京讲道，加封茅山的开山始祖茅氏三兄弟为"三茅真君"。又表示要继承哲宗遗志，实现其兄为茅山修造宫观的诺言，定名为"元符万宁宫"。元符是其兄哲宗允诺修观时年定名，而刘混康建议在观名中加入徽宗本命星神"天宁"（徽宗生日为天宁节），因此最终定名元符万宁宫。

崇宁元年（1102），刘混康离京回山，徽宗赐"九老仙都君玉印"，又亲笔所书道教经文和其他礼物。此后，徽宗与之书信来往频繁，据《茅山志》所载，崇宁间凡四十一通，大观间凡三十一通。崇宁五年（1106）七月，刘混康加号为"葆真观妙冲和先生"。八月十五日，元符万宁宫竣工，包括正中供奉三茅真君的天宁万寿观、东侧供奉徽宗本命星神的景福万亭殿、西侧安置徽宗亲笔誊写的道经和其他御笔书法的飞天法轮殿、邻近崇宁亭安放石碑和牌匾等。蔡卞奉旨撰写并书丹《茅山元符万宁宫记》，全文如下：

资政殿大学士、金紫光禄大夫、醴泉观使、兼侍读上柱国、南阳郡开国公、食邑四千户、食实封一千户臣蔡卞奉敕撰。

崇宁五年秋，有司言茅山元符万宁宫成，有诏臣卞为之记。臣卞拜手稽首而献文曰：德莫崇于尊道，业莫大于昭功，臣伏睹皇帝自践祚以来，苑囿之观无所增饰，外物之玩无足以累其心者。而探观化原，探索道妙，澹然无为以御旱，有心既得此矣。且日道之所在，圣人尊之，是故山林之士，寂寞之滨，盘尝有闻于是者，必有以宠嘉之，况其上者乎。夙兴夜寐，因任原省以昭前人之光。凡己事之未就，虽其小者，必缉熙之。盖所以尊道而昭功，可谓至矣。而斯宫之成，二美并焉，将以诏后世而垂无穷，臣是以受命而不敢辞也。

谨按金陵句曲山，在西汉时有真人居焉。抱神以静，超然遗物，仙圣降而与之言，以登云天，推其绪余，以化二季。而二季亦以仙去，是为三茅君，而世因号其山曰茅山。自时厥后，光景之异、云鹤之祥、笙箫之响震，见于山椒者，岁尝有之。而方外之士，慕道闻风而来者，亦莫可胜数。熙宁初，常州道士刘混康者，始诛茅结庵于山之积金峰。其始至也，拾橡栗以为食，焚松实以为香。久而甘之不厌，于是人稍信异，往往负薪裹粮以给之。先生躬有妙行，而济之以常善救物之心，每以上清符水疗治众病，服之辄愈，于是远近辐辏，而先生之名益着矣。哲宗召至京师，燕见便殿，赐号洞元通妙大师，且命即其故居，易而新之。会改元元符，因号其处曰元符观。先生屡辞归，许之。然终哲宗世，元符观犹未讫功。皇帝二年秋，遣中贵趣召先生来朝，且诏守臣监司，委曲敦谕，勿听其有所辞。

先生至自茅山，入对久之，语有以当上心者。他日，访以三茅君事，具奏所闻，乃诏加锡茅君号，而即山构殿以礼祠焉。先生又请建皇帝本命殿于东南隅之长生地，从之。于是钟有楼，经有合，岁度人有数，日给众有田，而宫之众事毕具矣。仍降诰以为葆真观妙冲和先生，而度其弟子为道士者十余人，其上皆锡紫衣、师名以宠之，所以尊礼之甚至。

先生再谒还故山，皇帝又为书道藏经数卷，及亲画老子像赐之，以荣其归。宫将成，御题其榜曰：元符万宁宫。云汉之章下贲岩谷，是将有神物守护，垂之亿年，与道无极也。且以谓是宫经始于元符，而落成于今，故因其旧名而增之，以彰继志述事之意。睿圣相承，绍隆真风，所谓一宫之成而二美并焉者，此也。臣既序其事，使后世得以览观，而又系之以诗。其词曰：

> 琦嗟三茅，得自初成。气合于无，与形俱升。
>
> 孰希其风，必静必清。寥寥久哉，乃发先生。
>
> 帝用尊之，载召来廷。乃亲其人，燕见妙语。
>
> 乃锡命书，迨其俦侣。因其故庐，启此新宇。
>
> 像图仙真，上肖帝所。神笔榜之，龙凤轩翥。
>
> 天锡皇帝，聪明孝友。抱一用中，以绥九有。
>
> 遐迩率从，尊道熙功。有欲求之，与在斯宫。
>
> 作为好歌，以诏无穷。

大观二年（1108），在徽宗一再催促下，刘混康与徒弟笪净之又应诏入京。据传说行前，所畜之鹤尽去，启程时群鹿遮道，一鹿触车而毙。刘乃叹道："鹤去鹿毙，吾无还期。"四月至京，馆于上清储祥宫新造元符别观。太后一病不起，徽宗亲至储祥宫慰问，乃以平日所存之《大洞真经》赐之。十天后，刘倏然而卒，年七十二岁。徽宗敕封"葆真观妙冲和先生太中大夫"，谥号"静一"，敕遣使护柩还山，葬叠玉峰，诏建藏真观于葬所。其徒笪净之袭其教。蔡卞此时已不在朝廷，提举亳州太清宫，奉旨作《茅山华阳先生解化之碑》，全文如下：

观文殿学士、金紫光禄大夫、提举亳州太清宫、上柱国南阳郡开国公、食邑四千三百户、食实封一千一百户、臣蔡卞奉敕撰并书。

大观二年春，诏华阳先生来朝京师。夏四月丁亥，先生至自茅山，上命道士二百人具威仪导迎，馆于上清储祥宫新作元符之别观。先生病，不能朝，劳问之使不绝于途。是月十日，车驾幸储祥宫，因召见先生，与语久之。前两夕，先生梦侍天帝所，相论说《大洞真经》，觉而一异之。及见上，乃以平日所宝《大洞经》以献。上览之动色曰：朕洁斋书此经甫毕，及亲绘三茅真君像，适欲以授先生。是日，遂并赐之。先生既授经，与上意合，则释然以喜。车驾将还宫，复召见先生，所以抚存之甚厚。后七日丁酉，有司以先生解化闻，上震悼，命中贵人赐金营丧，特赠太中大夫，使护其枢以还。葬有日，诏臣下作为墓碑，以诏无穷。臣既受命，窃惟古之全德之人，本在于道，以资物而不匮，贵在于己，以顺人而不失，是故俯仰酬酢，无适而非真也。及至后世，一曲之士知为己而已，而其弊至于绝物，抱虚守寂，老死于岩穴之中，自以为得矣，而功不加诸人，道不行于世，始以自为，而所以自为者实少，此昔之隐者所以有往而不反之论也□。

若华阳先生则不然，方其栖真深峦，人迹罕至，则以上清符水愈人之疾，至不可胜数，其功利博矣。及遭圣上，以天纵大智，作新斯民，本原道真，宗尚有德，则频年之间，数承命造朝，召入宫廷，燕见终日，造膝所谈，多所谓天下妙理。向也云泉之为娱，而今也名显于朝廷，向也樵牧之与俱，而今也道信于官壶，天下方士闻其风者，翕然化之，岂可与彼枯槁一曲之士同日而语哉！

先生姓刘氏，讳混康，常州晋陵人也。其上世皆不仕，崇宁中，以先生故，始诏赠其父守真宣德郎、母朱氏蓬莱县太君。先生少则虚澹不群，仁宗时试经为道士，脱略世故，日阅道书，而于洞经妙旨，独心得之。患世无明师，乃散发登坛，以天为宗。已而闻三茅道士毛奉柔者有道行，名闻一时，遂往依焉。毛一见而奇之，悉授以大洞经录。其后乃结庵于山之积金峰，居一日，有三羽人者，莫知其所从来，同造其庐，亟出指庵之东隅谓之曰：汝即此以居，抱神守中，德惠及人，当无愧于前人矣。又顾先生额间曰：此无作之地，道之所尚，非可以有疵。以手扪之。明日，瘢灭不复见。而求所谓三羽人者，终莫能得也。先生于是刻意勤行，而于接物利人，日益不懈，远近宗仰之。哲宗时召至京师，赐号洞元通妙大师，而以所居庵为元符观。未几，谒还故山。上之元年，复召赴阙，其明年又告归，许之。赐以九老仙都君玉印，又诏增广殿宇，而命近侍总其事，于中都得专达焉。寻降诰，赐号葆真观妙先生。先生虽居山，而手敕询劳无虚月。观将成，请朝天廷以谢上恩，有诏敦勉其来，召对宣和殿，赐御书画，于是增改观名曰元符万宁宫，而宫之正门及景命万年、天宁万福两殿，太平飞天法轮之榜，皆上自书。昭回之章，焜曜万古。三茅崇奉之严，未有盛于斯时也。明年夏四月，先生又告归，诏赐所居庵以港神为名，而加先生以冲和二字。居数月，又作庆成颂，及赐归山诗以宠之。大观改元，诏屡趣召，先生固辞，许之。于是有旨，命其传录大弟子守静凝和法师笪一诤之入见，喻德意焉。其明年，先生乃来朝，将行之前一日，庵中平时所养鹤辄飞去，先生闻而叹曰：鹤去，吾殆不还乎。已而果卒京师。即其年七月壬申，葬山南迭玉峰，诏特谥静一，而以其墓之祠宇为藏真观。先生专气致柔，不与物性，渊淳云行，动静两得，眷待终始，身名尊荣，可铭也已。铭曰：

芒乎道初，未始有物。自气求之，则已芒苗。

昔之得者，造乎其先。逮后沉冥，乃始无传。

泯泯胶胶，转徙之涂。貌象樊然，心与之俱。

何以更之，俟静俟虚。奇矣先生，与古为徒，

纯气是守，靡所营趋。帝命造廷，翩然来思，

敢告所闻，妙入无为。糜之高名，乐此岩栖，

乘化而尽，形则如斯。才石道周，后人之请。

朝廷敕赐刘混康葬所为"藏真观"，尚书省颁牒，曰：

尚书省牒，江宁府藏真观故刘混康葬所，见修道院牒，奉敕宜特赐藏真观为额。牒至，准敕故牒。大观二年十一月　日牒。

中大夫守左丞余，

太师左仆射。

当时余深为左丞，太师左仆射即蔡京。此后，茅山元符万宁宫由第二十六代宗师笪净之掌管，仍与宋徽宗保持密切的关系。政和三年（1113）七月三日，笪净之去世，还是蔡卞为其撰定并书丹墓志铭。全文如下：

冲隐先生墓志铭

检校少保、镇东军节度使、开府仪同三司中、太一官使兼侍读修国史臣蔡卞奉敕撰并书。

先生氏笪，名净之，字清远，金陵人。父得一，少不事事，晚好道术，乡里号笪一翁。余杭有杜道士者，自匿其名，常从翁游。先生方在娠，一□日，翁夙兴，见杜道士入其门，俄失所在，心异之，有顷先生诞焉。先生生而淳澹，识度深远，幼不茹荤。六七岁，日诵书数百言。从草儿嬉，辄画地为道家像。父携之游茅山，时静一先生刘混康结茅积金峰，一见称之曰：是子他日人天师也。示之以轻举之法，先生跃而大喜，愿留师事，誓不复归，父亦欣然许之。服勤左右累年。王安石闲居金陵，闻静一高行，遣书致礼邀之。先生奉杖屡以从，试与之语，率皆造理，屡称善焉。元祐中，臣守宣城，静一遣先生持书过之，馆之后园西室。前有华果林木、迭障楼台之胜，近俯城市，远望百里间，而先生终日静坐，未尝出门，心窃奇之，乃出缗钱度为道士。先生志益精笃，静一悉以三洞经界之。书符咒水以弥疾除邪，率多验。盖累年之间，尽得静一之道，深居山林之幽，而声名暴著一时。

哲宗皇帝在宥天下，搜求道卫之士，首召静一来朝京师。从师入见，顾其貌，异焉，锡师名以宠之。元符初，赐所庐为观，号元符。今天子躬体妙道，以临万邦，命守臣敦遣静一造朝，勿听其有所辞。先生与之俱来，礼遇尤至，劾有司大新厥宇，亲书宫名以赐，更号守静法师，领住持事。又明年，复召入朝，暨进见，弟子从行者皆有恩数及之。久之，得请还山，又加号凝和，赐御书画以宠其行。大观四年，复至自茅山，天子命即所馆建坛席，俾倡其教以示学者，遣中使责之，缙绅士大夫多从听受，复固辞还山。上更以御书及画静一遗像付之。

先是，九幽黄录久废，世罕道者，先生发明之，二科仪式方大显于时。凡深山绝娇，学者栖处其问，时或淫雨积雪，径路阻绝，先生必亟往饷之。岁稍不登，辄令臧田租之入，以糜粥食饥者，不幸殍殚，衣衾座之。居数年，一日召其徒，谓之曰：吾今年四十有六，昔吾先师记吾之数不逾于此，吾将化矣。荷国重恩，不得面见天子，乃索笔自草遗表以闻。翌日，具汤沐，易衣冠而逝，时政和三年七月三日也。表闻，天子嗟悼，诏赠冲隐先生，责之缗钱。以其年十一月封穸于大茅峰之阳华盖峰下。

受业弟子数十人，其上首曰傅希列、徐希和。希和为养素法师，继踵住持，而希列被召为右街都□监。后三年，又诏赠先生之父为承事郎，母周氏为孺人。盖自先生少时，臣已识之，及其将终，亦令人喻意于臣，云写遗表毕，属期已至，不得书数言以别。既葬数年，有诏，使为之铭。铭曰：

识道之真，则遗其形。初成得之，上入太清，静一慕焉。少也无营，结庐峰颠，以逮于成。谁其嗣之，允矣先生。天子嘉之，荐锡休名，召语于前，理畅而明。形虽有逝，神则常升，绪余之传，粤在斯铭。

上述《茅山元符万宁宫记》《茅山华阳先生解化之碑》《冲隐先生墓志铭》的蔡卞书迹都没有留存下来，殊为可惜。本书作者之所以将《茅山志》中这三篇按原文抄入本书，而不是将其大意译成白话文，是因为蔡卞的诗文除《毛诗名物志》外，留传很少，不免稍存爱惜之心，抄来让有兴趣者欣赏。另外，蔡卞还有《赠华阳法师》一首：

师到华阳洞，山华几度开。

祗应常救物，却遣世人来。

蔡氏兄弟与道教人士（2）

　　除了刘混康，还有一些道士与蔡氏兄弟来往较多，其中有一个名叫张怀素，也是颇具法术，曾在京城很受人注目。此人后来还差点给蔡氏兄弟惹出大麻烦来，那就是"张怀素、吴侔、吴储谋反案"。

　　要写张怀素谋反案，就不能不提到一位半生书剑飘零、亦儒亦侠，然后终修得正果的成都书生范寥（字信中）。上世纪五十年代，钱钟书先生综合了曾敏行《独醒杂志》、费衮《梁溪漫志》、陆游《老学庵笔记》、王明清《挥麈后录》、李心传《建炎以来朝野杂记》等宋人笔记中有关材料，在他的《容安馆札记》中，讨论了范寥的一生。本书《蔡京别传》作者郑痴，参考钱先生大著，加上史书《皇朝编年纲目备要》《续资治通鉴长编拾补》《续资治通鉴》中所载，遂对张怀素案及其对蔡氏兄弟的影响作如下叙述。

　　《梁溪漫志》卷十，有《范信中》一文，说：

　　范寥字信中，蜀人，其名字见《山谷（黄庭坚）集》，负才豪纵不羁，家始饶给，从其叔分财，一月辄尽之，落寞无聊赖，欲应科举，人曰："若（你）素不习此，奈何？"范曰："我第往。"即以成都第二名荐送。益纵酒，遂殴杀人，因亡命改姓名曰"花但石"，盖增损其姓字为语。遂匿傍郡为园丁，久之技痒不能忍，书一诗于亭壁，主人见之愕然曰："若非园丁也。"赠以白金半筣遣去。乃往称进士，谒一钜公忘其人（不便直书姓名），钜公与语，奇之，延致书室教其子。范暮出，归辄大醉，复殴其子，其家不得已遣之。遂椎髻野服（扮作道士）诣某州，持状投太守翟公（思），求为书吏，翟公视其所书绝精妙，即留之。时公巽参政立屏后，翟公视事退，公巽前问曰："适道人何为者？"翟公告以故，公巽曰："某观其眸子非常人，宜诘之。"乃召问所以来，范悉对以实。问："习何经？"曰："治《易》书。"翟公出五题试之，不移时而毕，文理高妙，翟公父子大惊，敬待之。已而归南徐，置之郡庠，以钱百千畀州教授，俾时畀其急缺，且嘱之曰：无尽予之，彼一日费之矣（以钱百千给那教授，吩咐等他急需时给一些，不要一次性全给，不然只够他一天花）。顷之翟公得教授者书云：自范之留，一学之士为之不宁，已付百千与之去，不知所之矣。未几翟公捐馆（在任上去世）于南徐，忽有人以袖掩面大哭，排闼（门）径诣穗帷（灵堂），阍（守门）者不能禁，翟之人皆惊，公巽默念此必范寥，哭而出，果范也。相劳苦留之宿，天明则翟公几筵所陈白金器皿荡无孑遗，访范亦不见。时灵帷婢仆门内外人亦甚多，皆莫测其何以能携去而人不之见也。遂径往广西见山谷（黄庭坚），相从，久之山谷下世（崇宁四年，1105），范乃出所携翟氏器皿尽货之，为山谷办后事。已而往依一尊宿，忘其名（不便直书姓名），师素知其人，问曰："汝来何为？"曰："欲出家耳。""能断功名之念乎？"曰："能。""能断色欲之念乎？"曰："能。"如是问答者十余反，遂名之曰"恪能"。尊宿死，又往茅山投落拓道人，即张怀素也。

可见读书人范信中（范廖）年少时曾创下一个月挥霍完家财的记录。他负才不羁，以成都解试第二名荐送。后因流落江湖，纵酒杀人，不得已改名换姓，当过园丁，也当过私塾先生，但都不长久，后来得太守翟思父子的欣赏而礼聘为书吏，但信中拿了钱又流落江湖。不久，翟思身故，信中奔丧，翟家留其住宿，信中乘机偷走宴席上摆设的白金器皿。到宜州跟随黄庭坚，黄庭坚去世后，信中为其办理丧事，其所用资金即变卖翟思府上的白金器皿所得。崇宁四年（1105），范廖为穷困潦倒中的黄庭坚办理后事，范后来南宋绍兴中身显，还帮助黄家镂板刻印了黄庭坚谪居宜州时写的日记《宜州家乘》，并写了序。而当时办理完黄庭坚丧事后，走投无路的范廖投靠了道士张怀素。

至于道人张怀素早期生平，以南宋人王明清的《挥麈后录》言之较详：

> 张怀素，本舒州僧也。元丰末，客畿邑之陈留。常插花满头，佯狂县内，自称"戴花和尚"。言人休咎颇验，群小从之如市。知县事毕仲游怒其惑众，从杖一百，断治还俗。自是长发（蓄发为道）从衣冠游，号"落拓野（道）人"。初以占风水为生，又以淫巧之术走士夫门，因遂猖獗。

周煇《清波杂志》说他："道术通神，能呼遣飞禽走兽。好大言，自言孔子诛少正卯，彼尝谏以为太早，汉楚成皋相持，彼曾登高观战。"《梁溪漫志》说他：

> 以幻术游公卿间。有妖术，吕吉甫（惠卿）、蔡元长皆与往来。怀素每约见，吉甫则于香盒或茗具中，见一圆药跳踯久之，旋转于桌上，渐成小人。已而跳跃于地，骎骎长大与人等，视之则怀素也。相与笑语而去，率以为常。

可见善于预言休咎、诳言骗人，优长于杂技魔术之类，曾被县令毕仲游杖打一百。久经锻炼，在徽宗崇尚道教的大环境下，渐在士大夫中知名。

张怀素野心很大，南宋李壁《王荆公诗注》说张怀素：

> 元祐六年，说朝散郎吴储云："公福似姚兴，可为关内一国主。"储云："储福弱，岂能及姚兴。"怀素云："但说有志不说福。"

姚兴是五胡十六国时期后秦的第二位皇帝，佛学家。张怀素谋反始于元祐六年（1091），煽动朝散郎知和州吴储，说他命相不凡，福似姚兴，只要有志，将来可为关中（陕西中部）之主。

《王荆公诗注》又说"绍圣四年（1097），怀素入京，又与储结约，储以语伓"。六年后，张怀素以与吴储在京城相会，且把吴储堂弟吴伓拉入密谋。这吴伓是王安石的外孙，王安石有三女，大女早夭，二女嫁于福建浦城吴安持，吴伓是其儿子，三女嫁给蔡卞。绍圣元符间，蔡氏兄弟颇为得志，又是吴家姻亲，自然也与张怀素有来往。那个既"儒"又"侠"的范廖，此时正拜在张怀素门下，后来出面去京城揭发了这一谋反案。

关于范廖上京告变的过程，有不同版本，《梁溪漫志》说：

> 时怀素方与吴储、吴伓谋不轨，储、伓见范愕然，私谓怀素曰："此怪人，胡不杀之？"范已密知矣。一夕，储、伓又与怀素谋，怀素出观星象曰："未可。"范微闻之。明日乃告之曰："某有秘藏遁甲文字在金陵，此去无多地，愿往取之。"怀素许诺。范既脱，欲诣阙而无裹粮，汤侍郎东野时为诸生，范走谒之，值汤不在。其母与之万钱，范得钱径走京师上变。

若依此文，则范廖是因为吴储、吴伓怀疑范廖不可靠，劝张怀素杀了他，被范察觉，便以计脱身。在得到好友汤东野母亲资助的万钱后，到京城告发了张怀素。史书《皇朝编年纲目备要》记此事在大观元年（1107）夏五月，说是汤东野本人劝说并给于盘缠让范廖赴京上告的。

宋人笔记说："既败，捕获于真州城西仪真观。室内有美妇人十余，供出本末。""狱成，怀素、吴储、吴伓、邵章并凌迟处斩，杨公辅、魏当、郭秉德并特处死。""吴伓之父吴安持送潭州编管。吴伓母王氏，系王安石之女，特免远窜，送太平州羁管。伓弟僎送□州羁管。吕惠卿子渊，坐曾闻妖言不以告，削籍窜沙门岛。惠卿散官安置宣州。蔡卞降职奉外祠。邓洵妻吴伓之兄，出知随州。安惇追贬散官。"

蔡卞在本案中因牵连较多，"言者（御史）论其尊礼妖人张怀素"，坐此降职资政殿学士，奉外祠，提举亳州明道宫。但不久又被加官为观文殿学士，任昭庆军节度使，入朝为侍读，进升为检校少保、开府仪同三司。

据说范廖因蔡家和吴家的姻亲关系，本拟连蔡京也一并告发，蔡京与怀素也多有书信来往。但蔡京稳坐丞相之位，办理此案的余深、林摅也都是蔡京的亲信。《宋史·林摅传》说：遂请除主犯外，其余与张怀素来往的一般信件都焚毁，"以安反侧"。当时大家都称其"长者"，实替蔡京留了退路。看来这也是徽宗本意，也许徽宗自知张怀素受宠用起于过分崇尚道教的皇帝本人，因此对林摅不扩大处理此案很是认可，林摅在案结的翌年即以试吏部尚书晋同知枢密院，第三年进中书侍郎。

案结，大赏告发之人。润州州学内舍生汤东野由白身骤除宣义郎、寺监主簿，赐袍带，并现钱一千贯，盘缠钱一百贯（当初给范廖十贯，现十倍赏）。范寁特除供备库副使（武职），赐现钱一千贯，金二十两，银腰带并公服靴笏，与在京监。后来，范廖做到"福州兵钤"即福州兵马钤辖，六品军职，领福州兵马之事。

那个早年打了张怀素一百下屁股的毕仲游，案结时已死，但朝廷也没忘了表扬他的警惕性，特赠太中大夫。

给蔡京带来不愉快感觉的道教人士，除张怀素外，还有一个虞仙姑。

虞仙姑（生年不详－1126），善"嘘、呵、四、吹、嘻"的养生法，年八十余，状貌如少艾，习辟谷术，行大洞法。大观元年（1107），授"清真冲妙先生"。四月一日诏：

> 已差李瑰齐，御封香，往凤翔府（秦岭以北今宝鸡以东、周至以西地域）太平宫等处道场，因就宣召虞仙姑赴阙。

事因一日徽宗诵大洞经，举首，隐约见有仙官侍立者，遂召虞仙姑。蔡京尝具饭招待虞仙姑，见大猫蹲踞榻上，抚猫背而问京曰："识之否？此章惇也。"社会上有"章惇将死，化为猫"的说法，虞仙姑意以这话讽刺蔡京，蔡京大不乐。徽宗尝问仙姑致太平之期，答曰："当用贤人。"上曰："贤人谓谁？"答曰："范纯粹也。"范纯粹是元祐党人，徽宗把这话告诉蔡京，京曰："这定是元祐臣僚指使她这样说。"不久就让虞仙姑离开京城。于是士大夫纷纷开玩笑说："虞仙姑也被划入元祐党籍了！"周辉《清波杂志》卷下云：

> 徽宗诏虞仙姑诣蔡京，京饭之，虞拊其背语京曰："此章惇也。"京即怪诞而无理。翌日，京对，上（徽宗）曰："已见虞姑耶？猫儿事极可骇。"

政和三年（1113），太仆卿王亶将另一位道士王老志的道行上奏朝廷，于是，徽宗召至京师，封号"洞微先生"，住在蔡京家里。

王老志（？－1122），濮州临濮（今山东鄄城西南部）人。事亲以孝闻，为转运小吏，不受贿赂。一天，他在一群乞丐中遇见了一位奇人，自言"吾乃神仙钟离！"授给他一颗仙丹，吃下去后，人顿时灵魂开窍、癫痴发狂。遂弃妻子，结草庐田间，时为人预言吉凶灾祸，名声大噪。《续资治通鉴长编拾补》引宋人笔记，言王老志入京后第一年，徽宗尝梦：

> 被召往天庭，如在藩邸时见老君坐殿上，仪卫如王者，谕上曰："汝以宿命，当兴吾教。"上受命而出，梦觉，记其事。是年十一月冬祀，老志亦从上在太庙。小次（朝廷祭祀时用的小帐蓬）中，老志曰："陛下昔梦尚记之乎？时臣在帝旁也。"黎明，车辂出南薰门，天神降于空中，议者谓老志所为也。道教之盛，则自此始。

这位王老志，不知从何处打听到徽宗曾做梦太上老君吩咐他要在人间大兴道教，竟能利用机会问徽宗是否记得此梦，说当时老志也在一旁。徽宗听了如何能不激动。

《宋史》卷四六二和《历世真仙体道通鉴》卷五二两书中都有《王老志传》，说他：

> 尝缄书一封至帝所，徽宗启读，乃昔岁秋中与乔、刘二妃燕好之语也。

还说当时的朝廷群臣，纷纷要求其为自己测算运命，老志都一一作了解说，应验的达到十之八九之多，因而门庭若市。蔡京一看闹得太过分了，就屡屡加于警告，老志也感到害怕，上奏皇帝禁止朝臣找他。可见这位道士做人还是有分寸的。

老志为徽宗讲道时，常以微言讽谏天子，劝其修德。徽宗车驾游幸，由老志穿着羽衣在前导驾，徽宗曾作《天真降临示见记》，并于京师建迎真馆，老志不久后再加号"观妙明真洞微先生"。王老志尝向徽宗献上一个制造"乾坤鉴"（大镜子）之法，帝命铸之，既成，谓帝与皇后他日皆有难，请时坐鉴（镜）下思过，所以儆惧消变。也算是劝告皇上居安思危之意。《王老志传》说：

明年，见其师，责以擅处富贵，乃丐归，未得请，病甚，始许其去，步行出，就居，病已失矣。归濮而死，诏赐金以葬，赠正仪大夫。

北宋后期有两个姓王的著名道士，王老志被人们称"老王"，还有一个王仔昔，人们称"小王"，也是蔡京举荐入京见徽宗。《宋史》卷四六二有《王仔昔传》，说王仔昔，洪州人，最初学习儒学，自称遇到神仙许逊，得到《大洞隐书·豁落七元之法》，遂出家为道，初隐于嵩山，能够测人未来之事。宋徽宗政和年间（1111—1117），因蔡京举荐而得到徽宗召见，赐号"冲隐处士"，也像王老志住在蔡京家。

王仔昔善符箓咒术，每遇天下大旱，徽宗即遣小黄门持纸让他画符祷雨，因而深得宠信。因其为宫妃治疗目疾有效验，进封"通妙先生"。政和中期，徽宗召见他，赐他号为"冲隐处士"。徽宗因天旱祈雨，每每派小黄门拿着纸去求王仔昔的画，看他的意见。一天，小黄门又来求画符，王仔昔知道徽宗有一妃子正在病"红眼晴"，就很快画好篆符，并认真地写上"焚此篆符做成汤，用它浇和洗"。起初，小黄门感到畏难不肯接受，他硬让接受带走。回宫才知道皇上正为妃子"赤目"（眼病"红眼晴"）发愁，而在默祝。用王仔昔的篆符一浇一洗，眼病立即好了。于是，皇帝进封王仔昔为"通妙先生"，让他居住在上清宝宫。他又献言说九鼎神器不能藏在外庭，于是，就在宫中建圆象徽调阁存放它们。

王仔昔凭功倨傲，又不惇厚。仗着皇上待之如宾，对大宦官也像对童仆一样轻慢，又以天下道士的领袖自居，不可一世。到了到道士林灵素得宠时，为林灵素所忌恨，又被宦官冯浩所陷害，结果被囚到东太一宫。不久，因言语不恭敬再获罪，下开封府狱被处死。王仔昔锐意于邀宠、争名、夺利，实与道家清静无为、自守求真旨相悖，终于落得修行尽废，命丧牢狱。他所言事皆十分灵验，但可惜没有能控制本身。王仔昔获罪，最恨宦官冯浩，没死时，写下"上蔡遇冤人"几个字，给他的弟子看。后来，冯浩被流放到南方，到上蔡被诛杀。人们说也是料得准。

王仔昔之后又出了林灵素，字通叟，温州永嘉人。家境世代清贫，少从浮屠学佛，苦其师笞骂，出家为道士。他曾到四川跟道人自称赵升者修炼，得《五雷玉书》秘籍，日夜研读，于是善雷法。《宋史·林灵素传》谓其"往来淮、泗（宿县、毫县、淮河、泗水）间，丐食僧寺，僧寺苦之"。政和三年，林灵素到了京城汴梁，住在东太乙宫，在墙上题了一首《神霄》诗。恰逢王老志、王仔昔既衰，徽宗访方士于左道录徐知常，徐知常即向皇帝推荐了道士林灵素，从此林灵素开始在北宋道坛直至政坛上呼风唤雨，大显神通。

林灵素既见徽宗，徽宗问他有什么法术。林灵素回答说："臣上知天宫，中知人间，下知地府。"接着大言曰：

天有九霄，而神霄为最高，其治曰天府。神霄玉清王者，上帝之长子，主南方，号长生大帝君，陛下（指徽宗）是也，既下降于世，其弟号青华帝君者，主东方，摄领之。已乃府仙卿曰褚慧，亦下降佐帝君之治。又谓蔡京为左元仙伯，王黼为文华吏，盛章、王革为园苑宝华吏，郑居中、童贯及诸巨阉皆为之名。贵妃刘氏方有宠，曰九华玉真安妃。

这位人生经历复杂，善于揣测逢迎的道士，直截了当地把徽宗说成上帝之长子长生大帝君下凡，自己只是天上仙府中一般仙卿褚慧下凡以佐徽宗，其他朝廷各位大人如蔡京、王黼、郑居中、童贯乃至贵妃，都是神仙下凡，与天府各种各级神仙职名一一对应无差。帝心独喜其言，赐名"灵素"，赐号"通真达灵玄妙先生"，加号元妙先生、金门羽客。又赐他一枚金牌，随时可以出入皇宫。政和五年，又专门修建了一座通真宫让他居住。

从此，徽宗以林灵素所倡导的神霄教为国教，以皇帝宋徽宗成为"教主道君"。在全国建立了庞大的神霄派组织，编造了大量道书，确定了该派的宗教意识和斋仪科范。下令各州县广建道教宫观"神霄宫"，甚至将宫观道士与各级地方官置于同等地位。宣和元年（1119年），神霄派教名已成为定称。

林灵素因为早年当和尚时，经常受到师父的惩罚，后来改行当道士，去寺庙混吃混喝，又常受到僧人的嘲笑。当其发迹后，发泄私恨，怂恿徽宗排斥佛教。纵言：

释教害道，今虽不可灭，合与改正，将佛刹改为宫观，释迦改为天尊，菩萨改为大士，罗汉改尊者，和尚为德士，皆留发顶冠执简。

徽宗依奏，于宣和元年（1119）正月下诏，改佛为大觉金仙，易服饰，称姓氏；左右街道录院改作道德院，僧录司改作德士司，隶属道德院。不久，又改女冠为女道，尼为女德。

蔡京对林灵素的作为很是恶感，对徽宗听信林灵素很是忧虑，想找个机会打击林灵素。通真宫里有一间房屋，是林灵素静坐练功的地方，门常锁着，就连徽宗也没有进去过。蔡京派人秘密调查，得知里面有黄罗大帐、金龙朱红桌椅、金龙香炉等僭越摆设。蔡京于是禀报了徽宗，并请求徽宗亲自前去看视。林灵素作了应急处理，徽宗到后开门一看，里面什么也没有，惊奇感叹不已。蔡京只好惶恐请求处罚。

南宋高僧释志磐《佛祖统纪》第四十八卷，讲述蔡京反对徽宗废佛的态度甚详：

宣和元年（1119）正月。诏曰："自先王之泽竭，而胡教始行于中国。虽其言不同，要其归与道为一教。虽不可废，而犹为中国礼义害，故不可不革。其以佛为大觉金仙，服天尊服；菩萨为大士，僧为德士，尼为女德士，服巾冠执木笏。寺为宫，院为观，住持为知宫观事。禁毋得留铜钹塔像。"

初释氏之废，外廷莫有承向者。开封尹盛章为奸人，激以利害，始为之从。乃以上旨谕蔡京，京曰："国家安平日久，英雄无所用，多隐于此。一旦毁其居而夺之衣食，是将安所归乎？必大起怨咨，聚而为变，诸君他日盍使谁任其咎？"上闻之，怒曰："是辈欲惧我耳？"京家人劝之（京）曰："上怒矣！"京曰："吾以身当之，以报佛！"会僧徒将投牒于京求辨论。盛章廉（探听）得之。捕其首高僧曰华严、朋觉二律师，凡七人杖杀之。

左街宝觉大师永道上书曰："自古佛法未尝不与国运同为盛衰。魏太武崔浩灭佛法，未三四年浩竟赤族，文成大兴之；周武卫元嵩灭佛法，不五六年元嵩贬死，隋文帝大兴之；唐武宗赵归真李德裕灭佛法，不一年归真诛，德裕窜死，宣宗大兴之；我国家太祖太宗列圣相承，译经试僧，大兴佛法，成宪具在，虽万世可守也。陛下何忍，一旦用奸人之言，为惊世之举。陛下不思太武见弑于阉人之手乎？周武为铁狱之囚乎？唐武受夺寿去位之报乎？此皆前监可观者，陛下何为蹈恶君之祸，而违祖宗之法乎？"

书奏，上大怒，敕流道州。上以京（蔡京）执不肯行，遂罢辅相之议，专决于左右。盛章逼僧录（管理僧人之负责人）洪炳，上表奉旨。于是尽改僧为德士，悉从冠服，否则毁之。蔡京数恳列于皇上前曰："天下佛像非诸僧自为之，皆子为其父，臣为其君，以祈福报恩耳！今大毁之，适足以动人心念，非社稷之利也。"上意为之少回。

释志磐《佛祖统纪》中这段相当长的记载，说蔡京从开封府尹盛章那里看到徽宗废佛的诏书后，向徽宗指出此举大大不利于国家安定团结。虽然徽宗因为蔡京的言论发怒，绕过宰辅会商，竟以手诏执行，蔡京还表示要"以身当之以报佛"。并力劝徽宗正视佛教的正面社会作用。佛教名著《佛祖统纪》是南宋著名佛教史学家、天台宗僧人志磐所撰的一部纪传体佛教通史，成书在蔡京死后名声不太好的咸淳五年（1269），距北宋宣和元年（1119）中蔡京力劝徽宗停止排佛已有150年。中国佛教巨著仍将此事详载入佛教史，殊不等闲。中国佛教典籍在成书后往往少受世俗政治的变化影响，能忠实保持原著内容。

其实林灵素没有什么真才实学，讲经内容皆很平常，只是时常夹杂笑话以资媒笑。京城大旱，徽宗令林灵素祈雨，雨还是没下。这时蔡京等人上奏指责林灵素谬妄，徽宗催他说："朕一向相信你的法术，你最好能祈求三天大雨，这样才能阻止大臣们对你的非议。"林灵素请求赶快把建昌军道士王文卿也召来，跟他一起祈求天帝。王文卿来到之后，果然祈来了三天大雨。徽宗高兴极了，赐王文卿为神霄凝神殿侍宸。其实只要适当拖延时间，那有等不到雨呢！

又有一次京城发大水，徽宗令有法术的林灵素登城退水，水势不退，他也是使用拖延时间的办法，回奏要太子来了才能退水，徽宗令太子设四拜。是夜水退尽，京城之民皆仰太子圣德。后来，他因与皇太子争道不避，触怒徽宗，林灵素看到蔡京和太子都被他得罪了，事后感到害怕，上表乞归。

宣和元年（1119）十一月，林灵素斥还故里，徽宗诏命江端本通判温州，暗中监视。端本查得林灵素所居处僭越过制，诏徙置楚州，而已死。约死于宣和二年至七年间。遗奏至，皇帝犹以侍从礼葬焉。

北宋徽宗失国的原因，其中之一即溺信虚无，怠弃国政，困竭民力。其中促其达到"溺信"程度的魁首是林灵素。有相当数量的一批道行不等、品行不一的道教人士因徽宗溺信，进入统治者阶层。而皇帝认为因教设道不失为治国之招数，误事多多，是后世统治者的教训。

65

崇恩太后之死与《千里江山图》

在北宋后妃中，出有两位姓刘的皇后，一位是宋真宗赵恒第三任皇后，史称章献明肃刘皇后，名刘娥。真宗崩，遗诏尊为仁宗皇帝的皇太后，垂帘决事达 11 年。后世称其"有吕、武（吕雉、武则天）之才，无吕武之恶"。还有一位则是哲宗皇帝的第二任皇后，也姓刘。

哲宗的第一任皇后姓孟，不得哲宗宠爱，元符二年（1100）废，立刘后。明年哲宗崩，徽宗继位。依向太后意，复孟氏为哲宗皇后名份，称元祐皇后，则刘氏称元符皇后，两后并存。不二年（1103），朝廷又复废孟后，且加封元符皇后为崇恩太后。

政和三年（1113）二月辛卯（初九），崇恩太后刘氏死于非命。人们可以在南宋《皇宋编年纲目备要》和《续资治通鉴长编拾补》中，读到这一令人惊讶的记载。两书所载略相同，不妨引述如下：

二月，崇恩太后刘氏暴崩。后负其才，每曰："章宪明肃大误矣，何不裹起幞头，出临百官。"上尝谓蔡京曰："朕前日大病，那个便有垂帘意。"那个者，谓后也。又曰："朕不得不关防，使人当殿门，与之剑，若非宣召，勿问何人，入门者便斩之。"至是，后以不谨，无疾而崩。死之日，天为黄霾异常。

始事觉，上谕辅臣，以后不谨。且重曰："不幸。"京曰："宫禁比修造多，凡事失防护，宜有此等，且古今自有故事，不足烦圣心忧闷。"何执中忽挽进曰："太后左右，愿陛下多置人侍奉。以妇人女子，加之恐惧，万一不虞，则陛下不可负杀嫂名也。"上愕然，因曰："不欲即此决之，晚当召卿来议。"晚，果促召辅臣，既入殿，议将废之，而太后已崩。盖为左右所逼，自即帘钩而缢焉。上曰："孟后已废，今崇恩又废，则泰宁无配矣。"会其已崩，故掩其事云。

《续资治通鉴长编拾补》在以上记述后，又加上《拾补》搜辑者清人黄以周的一段考证：

案，《本纪》：三年二月辛卯，崇恩太后暴崩。蔡絛《铁围山丛谈》卷一云：政和三年春二月，上出西郊，幸普安寺奠昭怀刘太后，百官陪位。

这位哲宗先皇的元符皇后刘氏，是徽宗的嫂皇后，崇宁年中，被徽宗晋封为崇恩太后，在中国古代后妃中，可算是最不寻常的一位。她的冤家对头是哲宗的元祐皇后孟氏，应该说孟氏才情平平，一生所凭仅是运气。刘氏依靠的则是自己的才情和容貌，有时还要加上见识。可惜今人对她缺少研究和挖掘，要不以此刘、孟二人的故事，非做成了一部缠绵凄切的超长篇言情剧不可啦！

据刘氏本人崇宁中《上徽宗谢表》所言："妾本京都良家之女，因先朝入宫侍御。"则其出生于京都平民之家，自幼以宫女身份侍候哲宗。有人研究说，她似比哲宗小三岁，哲宗即位之日，应是她进宫之时，以七八岁的小女孩，专门服侍十来岁的小皇帝。当哲宗在祖母太皇太后高氏百般控制，向太后、朱太妃二位母亲万种小心加于呵护的九年中，这个刘姓女孩的忠心至关重要。如果这个女孩搬弄口舌，传到高氏太皇太后那里，则哲宗、向太后、朱太妃就会有大麻烦。《宋史·哲宗昭怀刘皇后传》中说她"有盛宠（哲宗），能顺意奉两宫（向与朱）"，可见在她的三位主人与高氏的周旋中，得到了异乎寻常的信任。

两个孩子在一起长大，虽然身份地位悬殊，但青梅竹马加上相互依赖，建立爱情势成必然，所以，哲宗与孟氏大婚之后，刘氏也顺其自然地成了妃子。孟氏是高氏百中挑一出来的女子，长相可能一般，出身也只中级官员之家，还比哲宗倒大三岁，唯对高氏太皇太后马首是瞻，是高氏选中她的主要原因。难怪哲宗对她有所提防，爱不起来。高氏死后，哲宗亲政，无所顾忌了，无怪乎疏远孟后，盛宠刘氏。孟以皇后之尊，刘以哲宗之宠，在双方争风吃醋中本各有所恃，势均力敌。但孟后因缺少见识，违反宫规，陷入符水和祷祠厌胜二事，遂被哲宗废去，在邹浩等旧党人士的一片反对声中，刘以生皇子得立为皇后。但皇子只活了几个月就死了，过一年，哲宗也驾崩了。刘氏幸运之后又遭遇大不幸。

徽宗立，向太后和徽宗起初推行调和新旧两党的政策。可能是考虑旧党当时强烈反对废孟立刘的态度，为安抚旧党，着意恢复了孟氏的皇后名份。一时已死的哲宗皇帝却有元祐皇后孟氏和元符皇后刘氏两位在生皇后并存，加上徽宗自己的皇后王氏，宫中有三人可称为皇后，史上罕见。之后，旧党邹浩等人又无端地揭露说哲宗先前夭折的皇子不是刘氏生的，是刘氏杀死宫中分娩生子的卓氏，夺来孩子自称刘氏所生，制造舆论以求废刘。刘氏上书给向太后自辩，邹浩受斥责。崇宁时，徽宗为了严厉打击旧党，又重提此事，重贬邹浩，刘氏上表谢恩，此后大臣们纷说两后并存不宜，又说孟后旧党所崇，孟后重新被废，而刘氏则被尊为崇恩太后。两人都是身不由己地被卷入了新旧两党的斗争。

《宋史》卷243《后妃传下·哲宗昭怀刘皇后传》说：

昭怀刘皇后，初为御侍，明艳冠后庭，且多才艺。由美人、婕好进贤妃。生一子二女。有盛宠，能顺意奉两宫。时孟后位中宫，后（刘后）不循列妾礼，且阴造奇语以售谤，内侍郝随、刘友端为之用。孟后既废，后竟代焉。右正言邹浩上疏极谏，坐窜。徽宗立，册为元符皇后。明年，尊为太后，名宫"崇恩"。帝缘哲宗故，曲加恩礼，后以是颇干预外事，且以不谨闻。帝与辅臣议，将废之，而后已为左右所逼，即帝钩自缢而崩，年三十五。

既然对刘氏有很大恶意的《宋史》都称赞她"明艳冠后庭，且多才艺"，则其美艳和歌舞、乐器、诗画各方面的造诣当为一流无疑。传中说她"阴造奇语"以陷害孟氏，从史料和刘氏自辩书来看，似乎孟氏符水和祷祠二事的发生和处理，刘氏皆无参与。两人争风斗醋则是有的，处分孟氏应是哲宗的意思。传中又说"颇干预外事"，即干预朝廷政事，我所看到有三处。一是《元符皇后进号太后赐名崇恩宫诏》中说：

朕入继大统，获承至尊，永惟哲宗皇帝不克与子，而元符皇后实与定策。推之恩义，夙夜靡忘。

一是《元符皇后刘氏进号太后制》中说："载惟付托之大恩。实有咨谋之初议。"

这两处都说刘氏参与拥立徽宗的定策，意在褒扬，不涉后宫干政非议。

还有一处是《宋史·蔡京传》中说到：太学博士范致虚，一向与著名道士徐知常要好，知常以符水出入元符皇后刘氏的宫殿，范致虚让徐知常平时对刘后灌输"非相京不足以有为"的看法，因此"宫妾宦官合为一词誉京，遂擢致虚右正言，起京知定州"。这一处说刘氏在宫中散布"朝廷只有任命蔡京为相才能有作为"的言论，来影响徽宗的决策。这一条刘氏"干预外事"的材料是和另一条材料写在一起的，说蔡京居杭州时，日夜勾结来杭收集书画的内臣童贯，以书画奇巧和蔡京的语言论奏影响徽宗，以致徽宗命蔡京为相。但"杭州"这条已被《续资治通鉴长编拾补》的搜辑者清人黄以周考证为不实，因为童贯于崇宁元年（1102）三月抵达杭州，而蔡京已于上年十二月知定州不在杭州了。"刘氏扬言"这条便也值得质疑。徽宗命蔡京为相，是当时大势所趋，刘氏有无以上言论，都不是蔡京命相的主要原因。

从崇宁元年（1102）晋封太后，至政和三年（1113）自杀，前后有十一年。多才多艺的刘氏与同样多才多艺的徽宗，多有一起参与诗、画等风雅之事，关系密切。那位更加多才多艺的宰相蔡京也经常掺和其中，目前见到徽宗朝的多幅宫廷画作上，都留下蔡京题跋。

话头说回刘氏自杀事件。当日白天，徽宗召开御前会议，向蔡京、何执中等执政大臣们通报刘氏"不慎"，也就是通奸怀孕之事，讨论处理办法。但是，会上徽宗却不只提到刘氏生活作风问题，还着重说了刘氏"干政"。说崇恩太后负其才，常以仁宗朝的章献明肃太后自比，这位章献明肃太后也姓刘，仁宗继位时年幼，章献明肃太后垂帘摄政多年，直至去世，仁宗才得亲政。徽宗提出，崇恩每说："章献明肃大误矣，何不裹起男人的幞头，出临百官当皇帝呀。"又对蔡京说："朕前日大病，那个便有垂帘意。"那个者，崇恩太后刘氏也。又说："朕不得不关防，命内侍把守崇恩宫殿门，与之剑，若非宣召，勿问何人，入门者便斩之。"

读史至此，令人深为疑惑。徽宗其时年富力强，乾纲独断。即便生病，其儿子众多，长子也已成年，还轮得到他哥哥的皇后刘氏垂帘吗？徽宗加封兄嫂刘氏为太后，已是看在哲宗面上，对刘氏格外施恩。这太后充其量只是荣誉而已，有才，偶然对政事说点看法也许不怪，若说有野心，难道半点自知之明都无吗？所谓"何不裹起幞头，出临百官"的话，若有之，大概也不过与徽宗嬉笑之言，那能当真呀？我看徽宗殿上提出崇恩太后野心干政，怕只是一种"曲线救嫂"的努力罢了。

崇恩太后三十五岁不耐寂寞，与宫外男子私通怀孕，当然是件特大丑闻。以此罪名，轻则废后，重则赐死，必遭天下耻笑。徽宗提出刘氏"干政"之说，可能最后落实的罪名是"有篡政之心，无篡政之行"，处理的办法无非是废处道宫，把丑闻掩盖过去。对刘氏是保住生命和以较低名誉生活的无奈下策，对徽宗而言也算是给刘氏尽心尽力了。

徽宗在殿上不断叹息，重复说："真是不幸，太不幸了！"等待大臣们说出各自的看法。见多识广的蔡京却不接徽宗关于刘氏"干政"的话题，就事论事地说："皇宫最近修造工程较多，以致保卫工作没做好，凡事失防护，让外人混了进去，这才导致崇恩太后这种事情的发生。但古今这种事自可举出一些例子，不足烦圣心忧闷。"

言下之意是，太后私通的事古已有之，不必过分在意，还可想办法掩盖。右相何执中大概有些同情刘氏，忽然插话："太后左右，愿陛下多置人侍奉，以妇人女子见识短，加之犯罪恐惧，万一不虞寻了短见，则陛下可不能负杀嫂之名啊。"徽宗愕然，说："我想不要现在就做决定，今晚当召卿等再议。"晚上，果派出内侍催促各家辅臣来宫中开会。既入殿，商议还是将崇恩太后废去太后称号算了，而忽报太后已崩。是被崇恩宫中左右所逼，自即帘钩而上吊自杀了。徽宗说："孟后已废，今崇恩又废，则泰陵（哲宗）无配，这不好吧。"大家会商，认为既然刘氏已崩，人死事情好办些，不如就把这件丑事掩盖了。朝廷遂以刘氏正常死亡发布消息，赐谥昭怀。

据蔡絛《铁围山丛谈》卷一所记：二月某日，徽宗出西郊，幸普安寺祭奠昭怀刘太后，百官陪位。据《续资治通鉴长编拾补》记：三月初九（辛酉），上崇恩太后谥曰昭怀。又据《皇宋编年纲目备要》和《续资治通鉴长编拾补》记：五月，葬昭怀刘太后于哲宗泰陵。再据《宋史·黄伯思传》，徽宗命书画名家黄伯思为监护崇恩太后园陵使。可以说，徽宗为崇恩太后安排了隆重的后事。这样做，不但对得起刘氏本人，更对得起他哥哥哲宗了。致于崇恩宫中左右如何逼刘氏去自杀的细节，更无进一步的史料。任命一位画家为园陵使监护修陵，可见崇恩太后生前善画，且其自杀可能与画有关。

刘氏身处深宫，禁卫重重，与人私通不易。那位导致她怀孕的男人是谁？不禁费人思考。人们难免想到风流天子徽宗身上来，徽宗是皇宫中极少数的（如太医）可以经常接触刘氏而具备性能力的男子，倜傥好色，与刘氏在才艺上有共同爱好。以其后来敢私出皇宫临幸名妓李师师的胆量相比，不能排除与刘氏发生暧昧关系的可能。有些戏说小说中就绘声绘色地安排了徽宗与刘氏私通的情节，具有一定的合理性和可读性。但如果认为刘氏怀孕是徽宗造成，则似乎不太合理。徽宗在刘氏自杀后既能够隆重处理后事，并与辅臣们共同作出掩盖这一丑事的决定，显然，如果刘氏怀孕是徽宗自己造成，以他帝王的权势，也应可以掩盖并对刘氏加于保护，不致如此绝情。所以，我们猜测另有其人导致刘氏这次怀孕。

有一幅千年遗传下来的北宋宫廷画作，现收藏在北京故宫博物院，就是著名的《千里江山图》，也许可以提供找到刘氏这位情人的线索。刘氏是二月初九自杀，三月初九上谥号，五月下葬。而在闰四月初一，宋徽宗把《千里江山图》赐给蔡京。此事没有写在史书上，但蔡京在此图上写下一段跋语，明确地记载了此事：

> 政和三年闰四月一日赐，希孟年十八岁，昔在画学为生徒，召入禁中文书库，数以画献，未甚工。上知其性可教，遂诲谕之，亲授其法。不逾半岁，乃以此图进。上嘉之，因以赐臣京，谓天下士在作之而已。

此段跋语清楚地交待了徽宗将《千里江山图》赐于蔡京的准确时间是在崇恩太后治丧期间。图的作者称"希孟"，是名是字不清楚，姓什么也不清楚。但如今所见文章中，都称此图作者为"王希孟"。笔者询问过故宫博物院研究室主任余辉先生："蔡京跋语中只言作者称希孟，为何现今多说他姓王？"余辉先生答道："希孟姓王我也一直没有找到史料出处，可能从明朝某时候开始就这样称呼了。"据说某美术史教材和河南原阳县新闻网站认为王希孟是"北宋河北（路）武原（今河南原阳县）人"，此说可能缺少足够证据。

北宋太宗和真宗朝有个王子舆，字希孟，密州莒人。倒可叫成"王希孟"，此人精于盐铁茶盐的管理，不是画家，比《千里江山图》的作者要早近百年。是否后人把这两个"希孟"弄混了？给画家希孟加了"王姓"？

徽宗办起画学是在崇宁三年（1104），如希孟在此时入学为生徒，按蔡京跋语此时十八岁，所以，推定政和三年（1113）应在二十七岁以下，其间调到禁中文书库上班。仍然几次献画，亲得徽宗指教，竟成高手，画出了千古流芳的《千里江山图》。不妨猜测蔡京和崇恩太后这两位才艺不凡者也参与了画院教学，甚至参与了徽宗"诲谕亲授"希孟作画的活动。

现存清代善本《北宋名画臻录》中有段关于《千里江山图》的话，原文是：

> 王希孟，北宋徽宗人，少时有异相，生时有瑞鹤东来，众人皆言有大贵。聪颖博学，善诗文，通音律，工书画，犹善剑术。十岁被召至宫中待驾，徽宗亲授画技，曰"其性可教"。艺精进，画遂超越矩度。工山水，作品罕见。徽宗政和三年，呈《千里江山图》，上大悦，此时年仅十八。后（后来）恶时风，多谏言，无果。奋而成画，曰《千里饿殍图》。上怒，遂赐死。死时年不足二十。又说："时（当时）下谕赐死王希孟，希孟恳求见《千里江山图》，上允。当夜，不见所踪。上甚惊疑之，遂锁此图与铁牢，不得见人，而封天下悠悠之口，此成千古迷踪，可叹世人不得而知也。"

写在《北宋名画臻录》中的这段话，应是历代民间尤其是画界传闻，其中希孟被徽宗"赐死"可能是真实的，但死于《千里饿殍图》激怒龙颜则不可信。《千里饿殍图》类似于熙宁六年（1073）反对新党变法的旧党郑侠所画所献的《流民图》，郑侠并未被赐死。希孟一介宫廷微吏，如何忽而关心政事起来，在社会较为稳定的政和年间，为何去画《千里饿殍图》，公然反对恩师，这一说法，很不可信。若有之，也罪不致死。画张图就得死，在北宋较为文明的社会环境下不可理解。若有之，也如郑侠《流民图》那样，早被痛恨新法的某些元代理学之士写进史书去了，成为郑侠那样的反新法英雄，不待只是偶而流传在明清时代口头。宋代之后，因言（或作品）治罪才较为严酷，难怪后人可以编出这一死因。

那么，希孟先生因何事被赐死呢？笔者斗胆猜测，可能死于与刘氏私通，导致刘氏怀孕。从时间看，徽宗赐图给蔡京恰在崇恩太后治丧期间，涉事四人徽宗、希孟、蔡京、刘氏都是才艺不凡者。御前会议上蔡京说：这事因宫中工程建设，保卫松懈，被人混入，与太后私通。这通奸之人绝不可能是泥工石匠之类，当是与刘氏有过交往，双方才能得到培养感情的机会。也许这人就是希孟。徽宗任命一位画家去监护修造崇恩陵墓，也说明其死或与画有关。笔者构思如下的故事情节来，可供编小说或编戏的人参考。

希孟十八岁入画学，徽宗、蔡京、崇恩太后有时也去画院参预教学，后来希孟虽在禁中文库工作，但受徽宗、蔡京、刘氏等人指导，终于创作了《千里江山图》。在平日不多得的与崇恩太后的接触中，产生了年轻人的爱慕和冲动。也许出自太后本人的暗示，也许是希孟情难自禁，终于利用宫卫较为松懈的机会和自己有时受命入宫，凭借曾与门卫认识的条件，竟得入宫求爱私通，终使刘氏怀孕，酿下大祸。徽宗也许先有发觉，"朕不得不关防，使人当殿门，与之剑，若非宣召，勿问何人，入门者便斩之"。阻断了两人的私通之路。但恶果已经种下，刘氏怀孕终于暴露。也许徽宗力劝刘氏打胎遮丑，但刘氏任性，宁愿废后也要孩子。徽宗不得不在御前会议上编造刘氏干预朝政的理由，以议废后。最终，刘氏却在左右劝告逼迫下，明白事无转圜余地，遂自尽了事。

于是，希孟被暗中赐死，死前要求一见《千里江山图》，徽宗答应了。希孟既死，此图宫廷不宜保留，又是徽宗所爱，只有以赐蔡京。蔡京收下，感慨万千，写下了一段关于希孟的跋语。其中最后一句是"谓天下士在作之而已"，字体比前文小了许多，可能是考虑题字时先没有想到，前文写好后才想补充进去。原意应是"谓天下事在作之而已"（天下事只要努力去做，就能做成）。却把"事"写成同音字"士"。可见当时心情复杂，下笔走神。清代收藏家宋荦在《论画绝句》中写道：

宣和供奉王希孟，天子亲传笔法精。

进得一图身便死，空教肠断太师京。

可见宋荦也看出蔡京写作此跋时心情极其沉重复杂。

据史料，靖康乱前，蔡京家族把财产运抵杭州钱塘家中，南宋时曾下旨查抄蔡家财产，而蔡家事前得预消息，据说已将部分家财移至海盐某人家，也许此图从此流入社会。南宋理宗在卷前留下"缉熙殿宝"印，说明此时又回到南宋宫中。元代溥光和尚在画上题跋说：他自年轻至老年多次仔细读识此图。明末清初此画被著名藏书家、文学家梁清标（1620 - 1691）收藏，清代又入内府，现在保存在北京故宫博物院。

《千里江山图》画用整绢一匹，画山峰起伏、江河浩淼之景，渔村野市间于其中，并描绘了众多的人物活动。用传统青绿之法，用笔极为精细，在兰绿色调中寻求变化，为中国十大传世名画之一。卷后有宋代蔡京、元代溥光和尚二跋，钤"缉熙殿宝""乾隆御览之宝"等印二十八方。

金人入侵，北宋皇室几乎全被金人掳去北国，刘氏的死对头孟氏在崇宁中废处道宫，宣和年末道宫烧毁，寄居民家。却因祸得福，在金人查捕皇室成员时侥幸漏网。得以参与南宋高宗建国，博回皇太后名号，后福不小。而刘氏私通怀孕的事却最终没有掩盖住，公然以"不谨"和被"左右所逼"自杀的字眼写入史书。孟、刘两人足供有才情的文人编成一部生动的电视剧。

66

张商英与蔡京

张商英（1043－1121），字天觉，号无尽居士，蜀州新津县（今四川省成都市新津区）人。宋英宗治平二年（1065），考中进士，比蔡京早生4年，中进士也比蔡京早5年。熙宁四年（1070）十二月，因章惇推荐，知南川县张商英入朝，权检正中书礼房公事，不久任太子中允、权监察御史里行。从以下几条《续资治通鉴长编》中记载的材料看，这时的张商英敢言好言，似乎有点吹毛求疵。

熙宁五年（1071）四月，张商英上疏劾奏三司使薛向。薛向是王安石变法的得力干将，所劾罪名当与"衙前押纲"（看管和押送纲运）有关。《续资治通鉴长编》据王安石《日录》载：

先是，御史张商英言薛向罪，王安石白上曰："臣于衙前押纲事，每事询闻，极感向（薛向）照管无稍留滞，及因商英论奏，向（薛向）赍文字说辨，乃知所闻非谬。向为三司使，所任已重，又于此事尽力，反见侵辱如此，何由得其心？陛下见商英宜略戒敕。"上曰："商英意亦无他。"安石曰："商英虽无他，然如何令薛向堪？臣以为陛下若见薛向，亦宜稍慰藉，令知陛下知其尽力无过。"上以为然。此段据日录。殊未了了，当考。

当年八月，同知谏院唐坰坚请上殿读疏，面批王安石用人变法非是。直指"台官张商英乃安石鹰犬，非陛下耳目也！"可见张商英其实是拥护王安石变法的。

当年十一月，张商英又惹出一件差点让新党领袖、丞相王安石和旧党头子知枢密院文彦博闹翻脸的大事。因为一军贼案"失入死罪（判死太重）"，他弹劾枢密院检详（审核）官刘奉世包庇亲戚和枢密院吏任远"恣行徇私"凡十二事，还说枢密院党庇两人不案治。枢密院三位主官文彦博、吴充、蔡挺认为这是王安石指使台谏，企图把对军人的犯罪审核权改并中书，故三人集体辞职，"不入院，遣吏送印于中书，中书不受"。王安石于神宗面前申明此事与他无关，可能与御史台、枢密院此前的矛盾有关，于是，神宗权衡再三，只得以把张商英降职为光禄寺丞，外放监荆南税了事。这次降职对张商英的早期仕途打击很大，看来只在地方沉浮，直到"元丰八年（1085），以太常丞召，但甫入国门，而神宗升遐（去世）。元祐元年（1086），除开封府推官"。

然而元祐二年，张商英反对更改王安石新法，表现出莫大的勇气和远见，据《续资治通鉴长编》载，他上书说：

"三年无改于父之道，今先帝陵土未干，奈何轻议变更！"奏书还说："先帝末年，参用韩琦、富弼之语，釐改新法之不便于民者以十七八计（已经修改多次）。为其子者，正当遵用父道，以守其成，故论语曰：'三年无改于父之道，可谓孝矣。'今先帝陵土未乾，即议更变，以理言之，得为孝乎？今群臣诋斥者实繁有徒，使先帝政事傥有不善，当先帝时何不尽言指陈，上疏极谏，而今乃迎合时好，妄肆莠言也？臣乃先帝识擢之人，难以改节立朝，乞除臣外任差遣。"

当时吕公著为左仆射，他从另一渠道得到一封张商英写给苏轼的信，信中说他欲作言事官（御史）。"老僧欲住乌寺，呵佛骂祖一巡，如何？"汉代御史府门外树上多乌鸦，人们戏称御史乌鸦嘴，故御史台又称乌台、乌府、乌寺等。这封信被吕公著的儿子看到，告诉了他父亲。吕公著很不喜欢这个坚持王安石变法观点，而又想当御史的"乌鸦"，就让他外放提点河东路刑狱。后续任河北、江西、淮南使者。

绍圣年中，章惇拜相，荐蔡卞为右丞，林希为中书舍人，张商英为谏官。先后任右正言、左司谏。商英积憾元祐大臣不用己，极力攻之。在蔡京审理"同文馆狱"时，张商英论内侍陈衍扣留朝臣呈请哲宗亲政的上书，以此来暗示宣仁太皇太后高氏有废帝之心，奏疏中甚至把高氏比之西汉吕雉、唐朝武则天；在清算元祐旧党时，建议追夺司马光、吕公著的赠谥，捣毁他们的墓碑和坟墓；又攻击文彦博背负国恩，诸如苏轼、范祖禹、孙升、韩川诸人，皆相继受到张商英的弹劾。

元符元年（1098），为江淮荆浙等路发运使，召为工部侍郎，迁中书舍人。在绍圣、元符年间，张商英与蔡氏兄弟关系良好，这可能与三人共同喜爱书法有关。张商英酷爱草书，挥毫泼墨甚是豪爽。宋释惠洪《冷斋夜话》说：

张丞相好草书而不工，当时流辈讥笑之，丞相自若也。一日得句索笔疾书，满纸龙蛇飞动，使侄录之。侄当波险处（笔迹奇险处）罔然而止，执所书问曰："此何字也？"丞相熟视久之，亦不自识，诟其侄曰早问："胡不早问，致予忘之。"

向太后垂帘时，叙复回朝的旧党在韩忠彦、曾布操控下，张商英也和蔡卞、蔡京一起，被攻逐出朝，出任河北路都转运使，降知随州。徽宗亲政后不久，又都回朝复职。

崇宁元年七月五日，蔡京拜相，《宋史·张商英传》说"蔡京拜相，商英雅与之善，适当制，过为褒美"。张商英这篇为好朋友而写的制诰，完全体现了徽宗对蔡京的赏识和期望之情，在《宋大诏令集》中可以找到全文：

门下。文昌万物之源，源清而流洁；仆射百僚之表，表正而景端。若昔保邦，敢求俊德，肆予共政，厥有旧人，咸造于廷，明听朕训。中大夫、尚书左丞蔡京，才高而识远，气粹而行方。蚤逢圣旦之有为，遍历儒林之妙选。徊翔滋久，趣操益醇。出殿侯藩，入居翰苑。适草元符之末命，预闻翼室之多艰。去就甚明，忠嘉具在。人之艰矣，动以浮言。天实临之，赉予良弼。是用延登右揆，总领西台。超进文阶，增陪井赋。慨念熙宁之盛际，辟开端揆之宏基。弛役休农，尊经造士。明亲疏之制，定郊庙之仪。修义利之和，联比闾之政。国马蕃乎汧渭，洛舟尾乎江淮。周卿率属以阜民，禹迹播河而入海。经纶有序，威德无边。而曲士陋儒，固知本末。强宗巨党，相与变更。凡情狃于寻常，美意从而蠹坏。赖遗俗故家之未远，有孝思公议之尚存。慎图厥终，正在今日。于戏，武王继志，昭哉文考之功。曹参守规，斠若萧何之迹。其辅台德，永孚于休。可特授通议大夫、守尚书右仆射。

张商英的这篇诰文甚得蔡京之意，不久即升任尚书右丞，再升尚书左丞，进入执政圈子。起初，蔡京与之合作愉快，例如本年十月，尚书右仆射蔡京、门下侍郎许将、中书侍郎尚书左丞赵挺之、尚书右丞张商英四人根据台官石豫、左肤的意见，联合上奏徽宗，建议重新废弃孟氏皇后位号。言：

元祐皇后再复位号，考之典礼，将来宗庙不可从享，陵寝不可配祔。揆诸礼制，皆所未安，请如绍圣三年九月诏书旨。

但张商英与蔡京的蜜月未能长久，随之与京议政不合。张商英坚信王安石变法的正确，认为照办就行。蔡京则善于在王安石的基础上屡有发挥。对于蔡京许多大张旗鼓的措施，张商英指责蔡京"身为辅相，志在逢君"。随在一场关于盐法的争论中双方剑拔弩张。

盐法初实施时，有一天管理盐业的务官报告：盐商已缴纳盐钞三百万缗，徽宗大吃一惊说："真有尔许耶（真有如此多吗）？"副相张商英不以为然，说这是个虚报的数字罢！蔡京争辩："我是据有关部门报告有这么多的，现在张商英认为是虚数，那就让我与他各指定一个郎官去核实吧！"

核实结果，双方都承认这些钱已入库。张商英只好自我检讨说："我是被人误导了。"由是不自安。

不久，以"阴通宫禁"事，被言官们劾奏。言官们又揭发他于元祐二年曾为定襄守臣李昭叔写作《嘉禾篇》，文中把回朝为相的司马光比作"在昔成王幼冲，周公居摄"，还在司马光去世时，为开封府尹代作祭文，对司马光和高氏极尽赞颂。这与他绍圣元符中奏疏中，把高氏比之西汉吕雉、唐朝武则天；在清算元祐旧党时，建议对司马光夺谥毁碑，实难自圆其说，于是被谪知亳州，八月改知蕲州，九月提举灵仙观，直至三年十月被入元祐党籍。

《续资治通鉴长编拾补》载：大观二年（1108）十二月，"责授安化军节度使、峡州居住张商英任便居住"。可见当时还有公职，居住在峡州（今宜昌），可能之前已经脱去党籍和就近量移处理。据《通鉴纪事本末》卷一百三十一说：

"商英责峡州，恳蔡京乞归宜都县，商英故有别业在宜都也。京从都省批状，依所申。商英又以书谢京。"书中说："商英累年老病，无望生全，荷太师恩德，自齐骸骨，获归敝庐。"又以状谢京，其略曰："远投荒徼，殆从鱼腹之游；内徙便州，获遂狐邱之志。恩私所激，涕泪兼流。伏念商英遭遇累朝，夤缘近辅。蚊负山而力竭，蠡测海而器盈。自蹈悔尤，稍知循省。杜门补过，初无伯氏之怨言；下石趋时，安得山中之谤箧？赖公明之洞照，究心迹之靡他，夺于众口之唾涎，假以一枝而安翼，阖门感荷，百口欢欣。"

可见张商英得到老朋友蔡京的照顾。

再过一年，蔡京第二回罢相，大观四年（1110）正月，张商英起知杭州，赴阙入对。徽宗问起他对蔡京的看法，他却不顾老朋友的情份，以为徽宗已厌恶蔡京，正是他的机会，就大说起蔡京的坏话来。《皇朝编年纲目备要》载：

商英曰："蔡京自来专恣任意，不知都省批状便是条贯，入状请宝便是圣旨。若前后失序，安得不乱？……京旧居两浙，既贵，浙人之高赀巧宦者，苞苴结括，今皆为其腹心耳目。"

徽宗认为蔡京久掌国柄，中外怨疾，看到张商英敢于提出异议，许多人称赞他为贤臣，有声望，不久即拜右仆射。与左仆射何执中分居左右相。当时，长期干旱，一日，彗星出现在天空，这天晚上，彗星没有出现，第二天，就下雨。徽宗高兴，大字书写了"商霖"二字赐给张商英。

张商英志得意满，谢表有云：

十年去国，门前之雀可罗；一日归朝，屋上之乌亦好。

但是，这回右仆射却当得磕磕碰碰，不能与何执中和睦共处，还与枢密院郑居中不和，行事独专，不知平心用人。言官急起攻之，政和元年（1111）八月即罢去。除观文殿大学士、知河南府。不久，落职知邓州。到冬天，御史张克公又论与张商英与宫中郭天信交通，漏泄中书省机密，这可是大罪，下开封府审理，狱具。冬十月，张商英贬崇信军节度副使，衡州安置。

政和二年（1112），蔡京复太师，召还，赐第京师。令人意外的是，蔡京再一次为张商英求情，《东都事略》载：

京奏："已蒙恩召还，而前宰相张商英尚谴远方，臣与商英神宗朝同时遭遇，旧人无几，乞放还自便。"

另一份较详的一些的蔡京奏言是：

太师致仕、楚国公蔡京言："臣自去朝班（罢相后），言多可畏，伏闻前宰相张商英诋毁尤甚，盖缘臣罪大德辄，所以致此。今日特蒙恩贷，召还阙庭，庇同天地。而商英谴责远方；虽其所犯訑恶（多言的错），而臣与之同遇先帝，出入三朝，薄有情契，拳拳之私，敢以此请。"

朝廷诏"责授崇信军节度副使、衡州安置张商英放令任便居住"。宣和三年卒，年七十九。赠少保。宋钦宗靖康元年二月，特赠太保。绍兴十四年（1144 年）五月，追谥文忠。

蔡京乐于和不同政见的人释怨解结，时有长者之风，不止是与张商英一事。吕本中《杂记》曰：

崇宁间，蔡京每谓人；"如刘安世，更雄捣碓磨（放碓里捣，放磨里去磨，是阴司中二种刑，意为死活坚持），亦只说元祐是也（说元祐才正确，新法是错的）。"京执政久，亦时有长者之言。尝有乞将元祐臣僚编置远恶州郡者，京曰："元祐人本无大罪，只是不合改先帝法度耳。"其后蔡京得保首领以没（靖康中没被处死），未必不缘其有长者之语也。

《墨庄漫录》卷二载：

范致虚谦叔与蔡元长相忤（互相不和），久处闲散。宣和初，自唐州方城召还，提举宝箓宫。未几，执政。时元长以五日一造朝，居西第，乃与谦叔释憾。一日，觞于西园，主礼勤渥。元长作诗见意云：

一日趋朝四日闲，荒园薄酒愿交欢。

三峰崛起无平地，二派争流有激湍。

极目榛蕨惟野蔓，忘忧鱼鸟自波澜。

满船载得青嶂重，更搊珠玑洗眼看。

三峰二派虽皆园中语景，盖有激而云。时罢政未久，王黼、灵素、师臣辈方盛也。

蔡京以三峰丛立，两水相激比喻各派别间的争端，虽政见不同，愿团结共存。宋代，尤其是北宋，政治派别间似不是"你死我活"，而是"你活我活"。似乎比后世的几个朝代文明许多。

67

大晟乐

在《宣和书谱》蔡京传中，徽宗赞扬蔡京"缉既坠之典，复甚盛之举，奠九鼎，建明堂，制礼作乐，兴贤举能，其以辅予一人而国事大定者，其有力焉"。其中"制礼作乐"，的确化费了蔡京数年心力。以君臣两人世间罕见的多才多艺和蔡京独有的干练精明，颇为中国文化史留下几件杰作，其中最能引起史家注意的是"大晟乐"。此外，诸如奠九鼎、建明堂、五礼新仪之列，不足美言。

晚唐及五代近一世纪的动乱中，礼乐崩坏。所以，从宋太祖始，即力图恢复雅乐，用于宫廷大型祭祀及其他重大典礼。但直至徽宗朝，这一努力都未取得好的效果。元人脱脱等修纂的《宋史·乐志》说：

有宋之乐，自建隆讫崇宁，凡六改作。

宋太祖、太宗、真宗、仁宗、神宗、哲宗诸位皇帝计进行了五次雅乐改革，分别制成了和岘乐、李照乐、杨杰乐、刘几乐、范镇乐，都未能成为"一代之乐"，一直陷在争论不决之中，史称"北宋乐议"。参与争论的不仅有主持礼仪事务的官员，如李照、阮逸、胡瑗、杨杰、范镇、刘几等，有时连韩琦、王安石、司马光这类重臣和大儒都参加进来。但直至宋徽宗和蔡京时，才制成了"大晟乐"，遂为朝廷重大仪典和民间教坊长久使用。

古代音乐用的是十二律，《周礼·春官·典同》载："凡为乐器，以十有二律为之数度。"十二律和现代乐理的的七声音阶相对应。七声音阶在简谱中记为"1、2、3、4、5、6、7"，用唱名则说成是"do、re、mi、fa、sol、la、si"，与古代宫、商、角、徵、羽五声和变徵、变宫二声相对应。在七声音阶中增加五个半音，就成了 12 声音阶。而中国传统的民族音乐中，使用更多的是五声音阶。

十二律传统上用律管来定，十二支长度不同的竹管（或玉管或铜管）标定八度音域内的十二个半音，吹奏律管就得标准音高。古代律管的长度，古书中说是采用"累黍尺"，即用黍（小黄米）百粒排列起来，取其长度作为一尺的标准，叫做"黍尺"。最基础的标准音为"黄钟"，规定是"黄钟长九寸，空围九分，积八十一分，实一千二百黍"。黍尺九寸长的律管吹出的为标准音高。黍尺所用秬黍，来自上党（今山西长子县）羊头山之黑黍，因此地系炎帝亲耕的神农之山，为五谷诞生之地。古代不同地域、不同时代长度的单位不甚稳定，所以定音器后来代之以钟、磬，古代编钟中的黄钟被认为是标准音高。

而且古人还发现了计算定音律的"三分损益法"，意思是取长度为 81 单位的管，定为"宫音"的音高。然后，我们将其长度去掉三分之一，也就是将 81 乘上 2/3，就得到 54 单位的音高，定为"徵音"的管。将徵音的竹管长度增加原来的三分之一，即将 54 乘上 4/3，得到 72 单位的音高，定为"商音"的高。再去掉三分之一（三分损），72 乘 2/3，得 48 单位的音高，为"羽音"的管。再增加三分之一（三分益），48 乘 4/3，得 64 单位的音高，为"角音"的高。而这宫、商、角、征、羽五种音高，就称为中国的五音。与古希腊"毕氏学派"中的"五度相生律"的方法相同。

宋代诸儒各据不同史书中的古法，分别以太府布帛尺、累黍尺来作音律标准，但是历代度量衡标准不一，"寸""分"这些单位到底多长是有变化的，用的黍粒大小、管的材料、壁厚等等都不尽相同，以及管口校正问题，都导致黄钟的确切音高一直在变。五次乐改中无休止的争议焦点往往是制乐的方法是否"遵循三代古制"。

与蔡京关系密切的北宋音乐家刘昺著有《大晟乐论》，其第三篇概述了北宋的五次乐议：

五季灭裂之余，乐音散亡，周世宗（后周柴荣）观乐，悬问（询问）工人不能答，乃命王朴审定制度。其规模鄙陋，声韵焦急，非惟朴（王朴）之学识不能造微（达到精妙）。盖焦急之音，适与时应（与当时较为动乱的时代背景相应）。艺祖（宋太祖）以其声高，近于哀思，乃诏和岘减下一律。仁祖（宋仁宗）朝，诏李照与诸儒（当朝儒学大师们）典治，取京县（今河南荥阳市东南十公里）黍，累尺成律，审其声，犹高。更用太府布帛尺（宋代布帛官尺）为法，乃取世俗之尺，以为下太常四律。然太府尺乃隋尺也。照（李照）知乐声之高而无法以下之，乃取世俗之尺以为据。是时，乐工病其歌声太浊，乃私赂铸工，使减铜齐（减少用铜剂量），实下旧制三律，然照卒莫之辨（李照仓促间不能辨别）。于是，议者纷然，遂废不用。皇祐中（宋仁宗皇祐年间，1049-1054），命阮逸、胡瑗参定，诏天下知乐者，亟（立即）以名闻。逸、瑗减下一律，三年而乐成。言者以其制不合于古（三代古制），钟声舂郁（低沉）震掉，不和滋甚，遂独用之常祀朝会焉（只在常祀朝会中使用）。神考（宋神宗）肇新宪度，将作礼乐，以文（文饰）治功。元丰中，采杨杰之论，驿召范镇、刘几与杰参议，下王朴乐二律，用仁祖所制编钟，稽考古制，是正（纠正）阙失，焕然详明，复出前世（远比前世好）焉。然诸儒之议，虽互有异同，而其论不出于西汉，虽粗能减定，而其律皆本于王朴，未有能超然自得以圣王为师者也。

到了蔡京为相的崇宁初，制乐之事落到宋徽宗和蔡京手上，认为太常雅乐，"讹谬残阙甚矣"，乐器弊坏，琴瑟制度参差不同，"每大合乐，声韵淆杂，失之太高"。"舞不象成，曲不协谱"，加上参加重大典礼演奏的很多乐工不是专业人员，平日只是农夫市贾，"遇祭祀朝会，则临时追呼于阡陌闾阎之中，教习无素，懵不知音"。"议乐之臣，以乐经散亡，无所据依。秦、汉之后，诸儒自相非议，不足取法"。于是，皇帝诏求"知音之士"，开始了又一次雅乐改革。可见由于复古主义和神秘主义的乐学思想作怪，历次乐议始终不得在方法上达成统一。

蔡京这时向朝廷推荐了已经90岁的方士魏汉津，西蜀人，自称师事唐代仙人李良，授"鼎乐之法"，主张不用"累黍为尺"来定音高，而是根据另一本古书《尚书》中的"以身为度"之义，以黄帝、后夔、夏禹等圣人的"指尺"（手指的尺寸）来定音高。魏汉津在宋仁宗皇祐时，就曾与另一音乐家房庶被推荐参加阮逸所主持的雅乐制作，但那时以黍尺来定音高的"黍律"已成定局，汉津不得伸其所学。阮逸先是否定他的主张，但阮逸制乐失败后，曾与汉津议论过指尺，作书二篇，叙述指法，其书行于世。汉津常向主管典礼的太常寺讲述他的主张，但官方以乐工惮于改作，皆不主其说。魏汉津也参与宋神宗时范镇制作编钟的工作，实际上是一个实践经验和理论知识都很丰富的音乐家。

崇宁三年（1104）正月，魏汉津提出以徽宗皇帝的中指三节的长度为三寸，来定黄钟律管的长度。他的指尺理论说：

人君代天管理万物，他的禀赋，必与众异。人君年轻，手指的尺寸偏小，年纪太大，尺寸又偏大，"惟三八之数"，即24岁时，手指的长度正好可做黄钟律管的尺寸标准，而宋徽宗当年正好是24岁。

这一理论，从南宋朱熹到宋史作者，直至现代一些学者，都认为近乎荒唐，而蔡京为何为之背书？

聪明而有手段的蔡京，深知以往争而不能决，都因为拘泥于古说，各有所据，争执不休，从而背离了音乐的本身所应有的理论和实践。魏汉津破先儒累黍之说，用夏禹身为度之说，如《宋史·乐志上》说

以时君指节为尺，使众人不敢轻议，其尺虽为诡说，其制乃与古同，而清浊下皆适中，非出于法数之外，私意妄为者也。

　　既然以皇上指节为度，众人碍于皇帝威权，就不好再争，只好听任蔡京、刘昺等人去搞。

　　蔡京表面上采纳魏汉津之说，实际上以刘昺之说为实，一切以乐工们长期实践总结出的经验为转移。《宋史·乐志上》说：

　　刘昺之兄炜以晓乐律进，未几而卒。昺始主乐事，乃建白谓：太、少不合儒书。以太史公《书》黄钟八寸七分琯为中声，奏之于初气；班固《书》黄钟九寸琯为正声，奏之于中气。因请帝指时止用中指，又不得径围为容盛，故后凡制器，不能成剂量，工人但随律调之，大率有非汉津之本说者。

　　徽宗本人，其实对新的音乐是否准确以他的指节尺寸抱无所谓态度。可能已与蔡京取得默契，知道这只是一种权宜之计。大晟乐成功后一年，徽宗著文说到当时乐府之人上殿采集自己指节尺寸时，殿上太监不让靠近，喝曰："圣上身体，岂容靠近？"然后，徽宗只是伸出手来比划比划做个样子，让来人在近处量个样子就走了，显然是给乐工留够机动余地。

　　君臣如此配合，难怪大晟乐一经制成，群臣齐声赞美：

　　昨日所按《大晟乐》，非特八音克谐，尽善尽美，至于乐器，莫不皆应古制。窃闻初按时已有翔鹤之瑞，箫韶九成，凤凰来仪，亦何以异。臣无知识，闻此和声，但同鸟兽跄舞而已。

　　有现代音乐家论说：

　　《大晟乐》之所以制作成功并被定为"一代之乐"，其原因可从三个层面来看。表面上看，大晟乐的成功是因为它完满地解决了长期以来乐议所关注的两大问题：一是运用了既可称为古制，又能令众人信服的制乐方法；二是制成了和谐的乐律制度。深一层看，则是宫廷权谋成功运用的结果。执掌朝政的权臣借助君权神圣的幌子，最终确立了大晟乐至尊地位。而在更深层次上，大晟乐的成功制作是与乐工们长期以来的音乐实践分不开的。北宋历朝乐工在长期的音乐实践中积累了大量有关音律方面的知识，这才是大晟乐得以制作成功的根本原因。

　　值得指出，蔡京长子蔡攸对大晟乐的制作和改进也有很大的贡献。大观元年（1107）正月蔡京第二次入相后，蔡攸加龙图阁学士，兼侍读。详定《九域图志》，修《六典》，提举上清宝箓宫、秘书省两街道录院、礼制局。政和五年（1115）四月初置宣和殿，以蔡攸首任宣和殿学士。政和七年（1117），又以蔡攸为宣和殿大学士，宣和元年（1119）提举大晟府。

　　蔡攸对先前的音乐理论有所修正，在实践上先后对镈钟、匏笙、编钟等多种乐器的制造和配置作了改进，完成了大晟乐制作，使之留传下来。据《宋史·艺文志》，蔡攸著有《燕（宴）乐》三十四册，可惜失传。

　　蔡攸历任开府仪同三司，镇海节度少保，可以随时进见徽宗。宋人笔记和《宋史·蔡攸传》都说，蔡攸曾与大臣王黼一起，参与宫中秘戏。遇到曲宴陪侍时，竟穿着短衫窄裤戏服，涂抹青黄油彩，杂在娼优、侏儒演员之间参加演出，演唱市井淫谑浮浪之语，以蛊惑帝心。有的人据此认为深谙音乐的蔡攸可能也对宋元戏曲有过影响，蔡攸家乡著名全国的莆仙十音和莆仙戏，也许与他和他的家庭戏班有关。仙游民间传说蔡攸每次返乡枫亭赤岭时，总要带一队宫乐，吹吹打打进出。莆仙戏中的《锦庭芳》《叨叨令》等曲谱，就是出自宋廷的宫乐。

68

太清楼帖和宣和书谱

　　古人铭功或纪事，往往刻于金石。南朝时出现碑拓，是将碑版上的文字或图像，用宣纸紧覆在碑版上，用墨打拓其文字或图形，然后将纸揭下，纸上就留下碑版上的文字或图形。乌黑墨色有光泽的谓"乌金拓"，墨色淡而匀净的谓"蝉翼拓"（或作蝉衣），用朱色打拓的叫"朱拓"，现一般习惯均称为拓本。碑拓技术使原刻化为纸本，得到更多人的欣赏和保存。如今能看到的最早的墨拓本，是唐高宗永徽年间（650－655）的太宗《温泉铭》。

　　起初可能只是单一的拓帖，甚至特意把写好的字刻在石头或木板上，再拓印成多份传播。后来出现了把收集到的许多拓本编为一书，即丛帖。南唐时有唐中主的《保大帖》和唐后主的《升元帖》，均已失传。

　　淳化三年（992年），宋太宗赵炅令翰林侍书学士将历代书法墨迹，编次为十卷，摹刻于枣木板上。曹宝麟说："这些作品有的是秘阁所藏，也有少数是向驸马王贻永家借摹，也许还有一些是用南唐《保大帖》翻刻的。"《淳化阁帖》是中国最早的一部汇集各家书法墨迹的法帖。

　　《淳化阁帖》共10卷，收录了中国先秦至隋唐一千多年的书法墨迹，包括帝王、臣子和著名书法家等103人的420篇作品，被后世誉为"丛帖始祖"。它主宰了中国书法的发展方向。《淳化阁帖》的刊刻最终确立了王羲之的"书圣"地位。《淳化阁帖》开启了官刻丛帖之端,从而掀起了官私刻帖之风。

《淳化阁帖》刻成后,拓本赐于近臣中官登二府(政事堂与枢密院)者人各一部,随着椎拓益多,枣木产生裂痕,以银扣加固,因此稍晚的拓本上显示"银铤痕"。仁宗庆历中,禁中失火,原板焚毁。后有私板拓本,因此《淳化阁帖》拓本有原板拓本,也有私板拓本。传世的《淳化阁帖》宋拓善本有:上海图书馆藏宋拓《淳化阁帖》(泉州本)十卷本,为明代袁枢、袁赋诚家族藏本,也称睢阳(尚书)袁氏藏本。中国历史博物馆藏《淳化阁帖》(泉州本)十卷本。香港中文大学藏《宋拓淳化阁·王右军书》(泉州本)残本(卷六、卷七、卷八之残本合并本)等。

这部《淳化阁帖》,有许多未尽人意之处。固然它成为高门巨族的收藏和士人学书的必需之物,但不久它头上的光环即逐渐暗淡,许多有识之士指出它的各种硬伤。一是所收法帖真伪相杂。苏轼在《辨法帖》中提出:

> 今官本十卷《法帖》中,真伪相杂至多。逸少部中有《出宿饯行》一帖,乃张说文。又有"不具,释智永白"者,亦在逸少部中,此最疏谬。余尝于秘阁观墨迹,皆唐人硬黄上临本,惟《鹅群》一帖,似是献之真笔。

米芾所作的《跋秘阁法帖》,也对《阁帖》提出了批评:

> 我太宗购古今书,而使王著辨精确,定为《法帖》,此十卷是也。其间一手伪帖太半,甚者以《千字文》为汉章帝,张旭为王子敬,以俗人学智永为逸少。

黄伯思在《法帖刊误》中指出:《阁帖》收录的王献之《鹅群帖》中提到的"崇虚馆",是宋明帝泰始四年建,这个时候王献之早已不在人世。

二是刻工不精。王著为了不使书帖原迹污损,采取先临仿后刻木,造成失真走样，黄庭坚和董迪干脆批评王著本人的书法和见识都很差。曹宝麟说：

由此看来，《淳化阁帖》似乎只能在"法帖之祖"的地位上得到首肯。尽管它保存了半数魏晋真迹，使后代尤其是明人受惠无穷，但它编纂失误、摹刻失真等缺陷毕竟留下太多的遗憾，这就为以后公私丛帖的涌现埋下了伏笔。

到徽宗时，《淳化秘阁法帖》年久板已龟裂，不能复拓。而崇宁间，内府所藏书画"充牣填溢，百倍先朝"。徽宗在翰林院成立了掌供奉皇帝以书籍、笔墨、琴奕的翰林书艺局。蔡京、蔡卞、米芾、徽宗等一代书法家会聚一堂，对皇家收藏开始系统的整理、鉴定，品第分类，对《淳化阁帖》中的谬误和得失已弄得清清楚楚。遂有意重新编刻《淳化阁帖》。

蔡京是徽宗朝整理御府书画的主要参与者。宋高宗《思陵翰墨志》中记：

本朝自建隆以后，平定僭伪，其间法书名迹皆归秘府。先帝时又加采访，赏以官职金帛，至遣使询访，颇尽探讨。命蔡京、梁师成、黄冕辈编类真赝，编类整理，纸书缣素，备成卷帙，皆用皂鸾鹊木锦褾褫、白玉珊瑚为轴，秘在内府。用大观、政和、宣和印章，其间一印以秦玺书法为宝。后有内府印标题品次，皆宸翰也。舍此褾轴，悉非珍藏，其次储于外秘。余自渡江，无复锺、王真迹，间有一二，以重赏得之，褾轴字法亦显然可验。

蔡絛《铁围山丛谈》说

自崇宁始命宋乔年掌御前书画所，乔年后罢去，而继以米芾辈，迨至末年，上方所藏，率至千计，实熙朝之盛事也。吾以宣和癸卯岁常得见其目。

到了大观三年，徽宗下诏让蔡京主办，龙大渊更定编次，重新摹勒镌刻。仍为十卷，刻本较《淳化阁帖》高寸余，每行多刻一、二，三字不等。各帖标题皆蔡京题写，每帖之末皆有蔡京所题"大观三年正月一日奉圣旨摹勒上石"。因石刻置太清楼下，又称为《太清楼帖》，或《大观太清楼帖》。

此帖摹刻精良，笔势飞动，神采射人，曹宝麟说：

> 其间数帖，或疑用真迹摹刻……我想，好大喜功的宋徽宗和倡导"丰亨豫大"的蔡京，连本来没有的东西都不惜财力去做，更何况是本来已有而做得不好的事情……故要出一部压倒众帖的扛鼎之作，动用真迹重新上石可谓是顺理成章。

宋人曾宏父比较了《淳化阁帖》与《大观太清楼帖》，慨然断言：

> 此正国朝盛时，典章文物，灿然备具，百工技艺，咸精其能，视淳化草创之始自然不同。……京虽骄吝，字学恐出王著右，是大观之本愈于淳化，明矣！

蔡京主持了《大观太清楼帖》后，又参与了（或是主持）《宣和书谱》和《宣和画谱》的编订。

《宣和书谱》和《宣和画谱》，成书于北宋宣和年间，一般认为是宋徽宗及其内臣（或臣子）所编。《宣和书谱》系统地著录皇家秘藏历代书法名帖，总计书家197人，作品共1344帖，是一部系统记录宫廷藏帖的巨著，以其著录完备、保存了大量史料而在中国书学史上占有重要地位。该书分为历代帝王书、篆书、隶书、正书、行书、草书、八分书等类，每类前系以短叙一篇，叙述该书体的起源、发展、代表人物及不著录某些画家的缘故，其下按时代顺序收录书家小传、品评及其作品目录。每位书家以其最主要或成就最高的书体归类，其他书体也在传后予以著录。其体例对书画著录类著作产生了重大影响，其评论历来为学者所称赏。

《宣和画谱》记宋徽宗朝内府所藏诸画，作为北宋由官方主持编撰的宫廷所藏书画作品的著作，不但是宋代宫廷所藏绘画品目的记录，也是一部传记体的书画通史。对研究北宋及其以前的书画发展和作品流传，有重要的参考价值。

关于《宣和书谱》及《宣和画谱》的编撰人问题，历来多有争议。《四库提要》说：

> 宋徽宗时内府所藏诸帖，盖与画谱同时作也……宋人之书终于蔡京、蔡卞、米芾，殆即三人所定欤？芾、京、卞书法皆工，芾尤善于辨别，均为用其所长，故宣和之政无一可观，而赏鉴则为独绝。

四库编者认为《宣和书谱》《宣和画谱》是由米芾、蔡京、蔡卞所定。

米芾应是《宣和书谱》《宣和画谱》重要编者之一。他曾两次担任书画博士，与两书不无密切联系。但他在大观二年（1108）就被罢去，当年或一二年后卒。但是，米芾在书画博士任时的确将御府所藏进行整理编目，书画二谱中所涉及的书法作品的审订工作，应该也是米芾在书画博士任上所做的。由于他的编目，后才有书画二谱的成书。古时编成一书往往要多年方能完成，并集多人之力，许多编撰者虽故去，也要录入姓名，正是这个道理。我们可以推论：宋徽宗在崇宁年间，组织蔡京、米芾等人对御府书画进行整理时，有可能就已准备日后编纂一套记录宫廷所藏书画的目录并兼及评论的书籍，至宣和年间，皇帝下令依当时米芾所审订的目录和其所著评论进行编纂，遂将此事完成。此时米芾已逝，却因有他做了前期工作而录其名。

宋徽宗也可能是作者之一。文中共有八个人的传记中出现"我神考""艺祖""我祖宗"这样的表达，可见这八个人的传记皆是由徽宗所作。当然，宋朝官僚士大夫也可能这样称呼本朝已逝皇帝，此外，内臣梁师成与若干画院待诏也可能都参与了二谱的写作。

《宣和书谱》不录苏轼、黄庭坚书法是此书的一大缺憾，因两人属元祐党人被学术禁锢。但是，在书中却以评论者的身份引用了苏黄的书论思想。如评唐代书家张旭时说："尝考昔人之论字，以谓大字难于结密而无间，小字难于宽绰而有余。"这正是黄庭坚书论中引苏东坡评书的名句。有人说这可能是内臣梁师成所为，因为他自称苏轼家人，曾在皇帝面前为苏轼的说话。本书作者认为米芾与苏轼、黄庭坚曾经关系很不错，所以敢于引用苏黄书论。而蔡京也可能给予容忍。因为所引苏黄书论确为至论。

《宣和书谱》中，枫亭蔡襄、蔡京、蔡卞三人赫然在列；作品1344帖，我枫亭三蔡书帖占近百帖。《宣和书谱》中对蔡襄、蔡京、蔡卞三人的书法评语如下：

蔡襄　文臣蔡襄字君谟，兴化军人也。官至端明殿学上。博古尚气节，居谏垣乐言事。初范仲淹被逐，余靖、尹洙、欧阳修以极论援救，坐是皆罪贬。襄于是作《四贤士》诗，以高其风，天下咸诵之。守福州日，南方风俗，病者不食药而敦信巫觋，至垂死而恬然尚鬼；其利人之财者以蛊毒之，积年以为患，襄至，去巫觋而杀其害人者，故一方安堵而宿弊涤。工字学，力将求配古人。大字巨数尺，小字如毫发，笔力位置，大者不失结密，小者不失宽绰。至于科斗、篆籀、正隶、飞白、行草、章草、颠草，靡不臻妙，而尤长于行，在前辈中自有一种风味。笔甚劲而姿媚有余，仁祖深爱其书，尝御制元舅陇西王李用和墓铭，诏襄书之。已而学士撰温仁皇后铭文，又诏襄书，而襄辞曰："此待诏职也。儒者之工书，所以自游息而已。"仁祖亦不强之。人谓古今能自重其书者，惟王献之与襄耳。襄游戏茗事间，有前后《茶录》，复有《荔枝谱》，世人摹之石。自珍其书，以为有翔龙舞凤之势，识者不以为过，而复推为本朝第一也。论者以谓真、行、简劄今为第一，正书为第二，大字为第三，草书为第四，其确论欤！

蔡京　太师蔡京字元长，莆田人也。早有时誉，擢进士甲科。博通经史，挥洒篇翰，手不停缀。美风姿，器量宏远。为郎日，谒大丞相王珪，珪指其坐云："公异日当居此，宜自爱重。"继膺显用，入处要近，出典大藩。自擢翰林承旨，前后三入相位，寅亮燮理，秉国之钧，实维阿衡，民所瞻仰。至于决大事，建大议，人所不能措意者，笑谈之间，恢恢乎其有余矣。乃时丕承祗载，绍述先烈，于志无不继，于事无不述。缉既坠之典，复甚盛之举，奠九鼎，建明堂，制礼作乐，兴贤举能，其以辅于一人而国事大定者，其有力焉。眷惟神考励精求治之初，起王安石，相与图回至治，焕乎成一王法，休功盛烈，布在天下。其眷遇之隆，前无拟伦。属嗣初载以还，赖予良弼，祗循先志，以克用人，故于眷倚，比隆神考之于安石，罔敢后焉。于是二十年间天下无事，无一夫一物不被其泽，虽儿童走卒皆知其所以为太平宰相。顷解机务，自朝廷至于遐陬异域，微而闾巷田亩间，莫不惜其去。故盛德至善，民至于今怀之。喜为文词，作诗敏妙，得杜甫句律；制诰表章，用事详明，器体高妙。于应制之际，挥翰勤敏，文不加点，若夙构者，未尝起稿。然性尤嗜书，有临池之风。初类沈传师，久之深得羲之笔意，自名一家。其字严而不拘，逸而不外规矩。正书如冠剑大臣立于庙堂之上，行书如贵胄公子，意气赫奕，光彩射人。大字冠绝古今，鲜有俦匹。本朝题榜不可胜计。作"龟山"二字，盘结壮重，笔力遒劲，巍巍若巨鳌之戴昆仑，翩翩如大鹏之翻溟海，识与不识，见者莫不耸动，斯一时之壮观也。大抵学者用笔有法，自占秘之，必口口亲授，非人不传。由唐以来学者相宗，方造其妙，至五季，失其所传，遂有衰陋之气。京从兄襄深悟厥旨，其书为本朝第一。而京独神会心契，得之于心，应之于手，可与方驾。议者谓飘逸过之，至于断纸余墨，人争宝焉。喜写纨扇，得者不减王羲之之六角葵扇也。其为世之所重如此。所得惟行书为多。今御府所藏七十有七。

蔡卞　文臣蔡卞字元度，莆田人也。少与其兄京游太学，驰声一时。同年及进士第，王安石见而奇之，妻以女，使从己学。得安石学术议论为多，自以王氏学，擅一时，时流归之。自少喜学书，初为颜行，笔势飘逸，但圆熟未至，故圭角稍逊，其后自成一家。亦长于大字，厚重结密，如其为人。初安石镇金陵，作《精义堂记》，令卞书以进，由是神考知其名。自尔进用，多文字职。至晚年高位，犹不倦书写。稍亲厚者必自书简牍，笔墨亦稍变，殊不类往时也。然多喜作行书字。今御府所藏行书六。

69

君臣酬唱 其乐融融

从政和二年蔡京三入相位至宣和二年退休，是蔡京人生的鼎盛时期，期间徽宗对蔡京极其信任，称"师相"，经常宴请蔡京及其家人。蔡京写下侍晏记且得于流传后世的，除政和二年（1112）三月八日外，单在宣和元年（1119），就有九月十二日、九月二十日、十一月十三日三次，宣和二年（1120）十二月癸巳日（二十七日）又有一次。政和二年三月那次的侍宴记全文已见于前文，后四次则抄录如下。

1. 保和殿曲燕记

宣和元年九月十二日，皇帝召臣蔡京、臣王黼、臣越王俣、臣燕王似、臣嘉王楷、臣童贯、臣嗣濮王仲忽、臣冯熙载、臣蔡攸、臣蔡儵、臣蔡翛、臣蔡倏燕保和殿东曲水，朝于玉华殿。上步西曲水，循酴醾架，至太宁阁，登层峦、琳霄、骞凤、垂云亭，景物如前，林木蔽荫如胜。始至保和殿，三楹，楹七十架，两挟阁，无彩绘饰侈，落成于八月，而高竹崇桧，已森然蓊郁。中楹置御榻，东西二间列宝玩与古鼎彝器。

左挟曰妙有，设古今儒书、史子楮墨；右曰曰宣，道家金柜玉笈之书，与神霄诸天隐文。上步前行，稽古阁有宣王石鼓，历邃古、尚古、鉴古、作古、传古、博古、秘古诸阁，藏祖宗训谟，与夏、商、周尊、彝、鼎、鬲、爵、罟、卣、敦、盘、盂（各古盛器），汉、晋、隋、唐书画，多不知识骇见，上亲指示，为言其概。

因指阁内："此藏卿表章字记无遗者。"命开柜，柜有朱隔，隔内置小匣，匣内覆以缯绮，得臣所书撰《淑妃刘氏制》。臣进曰："刬恶文鄙，不谓袭藏如此，念无以称报。"顿首谢。

抵玉林轩，过宣和殿、列岫轩、天真阁。凝德殿之东，崇石峭壁，高百丈，林壑茂密，倍于昔见。过翠翘、燕阁诸处。赐茶全真殿，上亲御击注汤，出乳花盈面，臣等惶恐，前曰："陛下略君臣夷等，为臣下烹调，震悸惶怖，岂敢啜？"顿首拜。上曰："可少休。"乃出瑶林殿。

中使冯皓传旨，留题殿壁，喻臣笔墨已具。乃题曰："琼瑶错落密成林，桧竹交加午有阴。恩许尘凡时纵步，不知身在五云深。"顷之就坐，女童乐作。坐间赐荔子、黄橙、金柑，相间布列前后，命师文浩剖橙分赐。酒五行，再休。

许至玉真轩，轩在保和西南庑，即安妃妆阁。命使传旨曰："雅燕酒酣添逸兴，玉真轩内看安妃。"诏臣赓补成篇，臣即题曰："保和新殿丽秋辉，诏许尘凡到绮闱。"方是时，人自谓得见妃矣。既而但画像挂西垣，臣即以谢，奏曰："玉真轩槛暖如春，只见丹青未有人。月里嫦娥终有恨，鉴中姑射（美貌仙女）未应真。"须臾，中使召臣至玉华阁，上手持诗曰："因卿有诗，况姻家，自当见。"臣曰："顷缘葭莩（因方才吟诗的薄缘），已得拜望（安妃画像），故敢以诗请（见真人）。"上大笑。妃素妆，无珠玉饰，绰约若仙子。臣前进，再拜叙谢，妃答拜。臣又拜，妃命左右掖起。

上手持大觥酌酒，命妃曰："可劝太师。"臣奏曰："礼无不报，不审酬酢可否？"于是，持瓶注酒，授使以进。再坐，撤女童，去羯鼓。御侍奏细乐，作《兰陵王》《扬州散》古调，酬劝交错。

上顾群臣曰："桂子三秋七里香。"七里香，桂子名也。臣楷顷许对曰："麦云九夏两岐秀。"臣攸曰："鸡舌五年千岁枣。"臣曰："菊英九日万龄黄。"乃赓载歌曰："君臣燕衎（赐宴）昇平际，属句论文乐未央。"臣奏曰："陛下乐与人同，不间高卑。日且暮，久勤圣躬，不敢安。"上曰："不醉无归。"更劝，迭进酒行无算。

上忽忆绍圣《春宴口号》二句，问曰："卿所作否？余句云何？"臣曰："臣所进诗，岁久不记。"上曰："是时以疾告假，哲宗召至宣和西阁，问所告假者，对曰：'臣有负薪之疾（近因劳累体力欠佳），不果预需云之燕。（不宜参与这种顶级宴饮）'哲宗曰：'蔡承旨（即蔡京，时任翰林学士承旨）有佳句曰：红腊青烟寒食后，翠华黄屋太微间。不可不赴。'"上曰："臣敢不力疾道奉（奉命）。是日，待漏东华，哲宗已遣使询来否。"语罢，命郝随持盃以劝，凡三酬，大醉，免谢扶出。因沉吟曰："记上下句有曰'集英班者'。"继而曰："牙牌晓奏集英班，日照云龙下九关。红腊青烟寒食后，翠华黄屋太微间。"继又曰："三春乐奏三春曲，万岁声连万岁山。欲识君臣同乐意，天威咫尺不违颜。"臣顿首谢曰："臣操笔注思，于今二十年。陛下语及，方省彷彿，然不记一字。陛下藩邸已知臣，盖非今日，岂胜荣幸！"再拜谢。上轮指曰："二十四年矣。"左右皆大惊。非圣人孰与夫此！

臣又谢曰："臣被知藩邸，受眷绍圣，两朝遭遇。臣驽下衰老，无毫发称报！"上曰："屡见哲宗道卿但为章惇辈沮忌，不及用。朕时年八岁，垂髫侍侧。一日，哲宗疑虑，默若有思，问曰：'大臣以谓不当绍述，朕深疑之。'奏曰：'臣闻子绍父业，不当问人，何疑之有？'哲宗骇曰：'是儿有大志如此。'由是刘挚、吕大防相继斥逐，绍述自此始。"臣奏曰："陛下曲燕御酒，乐欣交通。而追时惟哲宗付托与绍述之始，孝友笃于诚心，非臣之幸，社稷天下之幸！"因再拜贺，麟已下皆再拜。

上又曰："尝记合（盒）食与卿否？"臣谢曰："是时大礼禁严，厨饔不得入，贸食端邸，蒙陛下赐之。臣被遇，自兹终身不敢忘！"又曰："崇政殿试，卿在西幕详定时，因入持扇求书，得二诗，皆杜甫所作，诗曰：

'户外昭容紫袖垂，双瞻御座引朝仪。香飘合殿春风转，花覆千官淑景移。'又：'五夜漏声催晓箭，九重春色醉仙桃。旌旗日暖龙蛇动，宫殿风微燕雀高。'"臣曰："崇宁初蒙宣谕，扇犹在？"上曰："今尚在也。"臣曰："自古人臣遭遇，或以一能一技见知当时，名显后世。臣章句片言，二十年前已蒙收录。崇宁以来，被遇若此。群臣千载，盖非一日。君之施厚，臣之报丰。臣无尺寸，孤负恩纪，但知感涕。"上曰："卿可以安矣。"

臣又奏曰："乐奏缤纷，酒觞交错。方事燕饮，上及继述，下及故老，若朋友相与衔盃酒、接殷勤之欢，道旧谕新。愿臣何足以当？臣请序其事，以示后世，知今日燕乐，非酒食而已！"

夜漏已二鼓五筹，众前奏丏罢，始退。十三日臣京序。

这次聚会，徽宗主要是宴请蔡京和他的四个儿子蔡攸、蔡絛、蔡翛、蔡鞗，其他人只有少宰王黼、中书侍郎冯熙载、知枢密院事童贯及几个宗室。在保和殿，徽宗领着蔡京逐阁欣赏自己的收藏品，特地让蔡京看到徽宗收藏蔡京以前所上的"表章字劄，无遗者"，如《淑妃刘氏制》，可见徽宗对蔡京书法的重视与喜爱。接着赐茶全真殿，"上亲御击注，汤出乳花盈面"。"……酒五行，再休。许至玉真轩，轩在保和西南庑，即安妃（徽宗最美妃子）妆阁。赐诗两句：雅燕酒酣添逸兴，玉真轩内看安妃。"透露了要让诸臣一睹安妃美貌之意。命蔡京赓补成篇，文思敏捷的蔡京即续了二句："保和新殿丽秋辉，诏许尘凡到绮闱。"既而只见安妃画像挂在西垣，诸臣意犹未足，老成的蔡京深知这位风流皇帝不会让大家失望的，于是写了一首诗："玉真轩槛暖如春，只见丹青未有人。月里嫦娥终有恨，鉴中姑射未应真。"代表群臣提出要见安妃真人的申请，果然，徽宗顺势命安妃"素妆，无珠玉饰，绰约若仙子"，出来行礼陪酒。徽宗又回忆起其兄哲宗对蔡京和对徽宗自己的评价，以及哲宗时自己和蔡京曾发生过的交往。君臣吟唱同乐、杯酒交酬。蔡京在文章结尾时以"知今日燕乐，非酒食而已！"发出感叹。

2. 为皇帝幸鸣銮堂记

宣和元年九月，金芝生道德院。二十日，皇帝自景龙江泛舟由天波谿至鸣銮堂，淑妃从。臣京朝堂下，移班拜妃，内侍连呼曰"妃答拜"。臣欲谢，内侍掖起，膝不得下。上曰"今岁四幸鸣銮矣"。

臣顿首曰："昔人三顾（指三顾茅庐事），堂成已六幸，千载荣遇。鸣銮固卑陋，且家素无具，愿留少顷，使得伸尊奉意。"上曰："为卿从容。"臣退西庑视庖膳。上为举箸屡醊，欢笑如家人，六遣使持碼磠大杯赐酒。

遂御西阁，亲手调茶，分赐左右。妃亦酌。遣使道由臣堂视卧内，嗟其弊恶。步至芝所，上立门屏侧，语臣曰："不御袍带，不可相见，可去冠服。"臣惶怖曰："人臣安敢？罪当万死！"上曰："既为姻家，置君臣礼，当叙亲。"上亲以手持橄榄以赐。

时屏内御坐有嫔在侧，咫尺不敢望。众曰："妃也。"妃兴顾，遽起立。臣附童贯致礼，乃奏乞遣贯为妃寿。上乃酌酒授贯，妃饮竟。上又酌为妃酬酒。上调羹，妃剖橙榴折芭蕉分余甘，遣臣婢竟遗赐，曰："主上每得四方美味新奇，必赐师相，无顷刻废忘，谕师相，知无忘。"臣怀感叹谢。

上又赐酒，命贯酌，曰："可与贯语。"贯为臣言："君臣相与，古今无若者。"臣呜咽，因语："身危，非主上几不保，如今日大理魏彦纯事是也。"贯遽以闻，上骇曰："御卿若此，小人犹敢尔？昨日聂山对，请穷治彦纯，已觉其离间，故罢山尹事，朕岂以一语罪卿？小人以细故罗织耳！"亟索纸，即屏上艸诏释彦纯，山出知安州。上又命酒，使贯陪，遂醉，诸孙掖出。

上文所述保和殿赐宴方过 8 天，徽宗因道德院生金芝，御驾往观，顺路自宫中景龙江泛舟，由天波谿到访蔡京家的鸣銮堂，对蔡京说："今年以来是第四次来你家了！"蔡京则说："自我这鸣銮堂建成以来，您是来过六次了！"可见今年之前还有二次。

蔡京此时的府第是皇帝所赐，房产所有性质属公房，不是私有。且蔡京说："鸣銮固卑陋，且家素无具"，似非后人所说"穷奢极侈"。因蔡京第五子蔡絛娶了徽宗公主福金，故两家已是亲家，徽宗执意要用家人礼，还带了淑妃来陪酒。淑妃说："主上每得四方美味新奇，必赐师相，无顷刻废忘，谕师相，知无忘（告诉师相您，不要忘了皇上美意）。"可见徽宗对蔡京确实尊重有加。席间竟因蔡京流泪讲了一句："身危，非主上几不保，如今日大理魏彦纯事是也。"竟即席草诏释魏彦纯，把惹事的聂山出知安州。

南宋周葵《行营杂识》载：

宣和元年秋，道院方奏金芝生，车驾幸观。因幸蔡京家鸣銮堂置酒。时京有诗，徽宗即席赐和曰："道德方今喜迭兴，万邦从化本天成，定知金帝来为主，不待春风便发生。"其后金人起海上，灭辽犯中原，以金为国号，金氏之祸，而金帝之来不待春风，盖金以靖康元年冬犯京师，以十二月二十五日城陷。时太史以借春，出土牛以迎新岁，竟无助于事，则徽宗赐和之句，甚符其谶，可深叹哉！

徽宗此诗中"金帝"原指秋天之神，神作主，让原应春天生长的金芝，秋天就长出来了。谁知刚好应了北人金国的兴起强大，把北宋给灭亡了。可深叹哉！

3. 南郊祭天酬唱

南宋王明清《挥麈馀话》卷一中还有一记载：

明清倾岁于蔡微（疑为蔡徽）处得观佑陵（徽宗）《与蔡元长赓歌》一轴，皆真迹也。今录于后：

己亥（宣和元年 1119）十一月十三日，南郊祭天，斋宫即事赐太师："报本精禋（将祭品放在柴上烧，使烟气可上达于天）自国南（京城南），先期清庙宿斋严。层霄初扩同云霁，暖吹俄回海日暹（日光上升）。

十万军容冰作阵，九街鸳瓦玉为檐。肃雍显相（庄严状）同元老，行庆（行赏）均釐四海沾。"

太师臣京恭和（注：四首）："雪晴至日日初南，帝举明禋祀事严。万瓦沟中寒色在，一轮空外晓光暹。云和龙轸开冰辙，风暖鸾旗拂冻檐。共喜天心扶圣德，珠玑更误宠恩沾。"

"展采齐明拱面南，浓云深入夜更严。风和不放琼英落，日暖高随玉漏迟。照地神光临午陛，鸣皋仙羽下重檐。五门回杖如天上，看举鸡竿雨露沾。"

"衮龙朱履午阶南，大辇鸾鸣羽卫严。玉轸乍回黄道稳，金乌初上白云迟。五门晓吹开旗尾，万骑花光入帽檐。已见神光昭感格，鹤书恩下万邦沾。"

"饮福初回八陛南，凝旒衮对百神严。眹消尘入康衢润，神应光随北陛暹。丹槛雉开中扇影，朱绳鹤下五门檐。群生鼓舞明禋毕，却忆花飞舞袖沾。"

清庙斋幄，常有诗赐太师，已曾和进。禋祀礼成，以目击之事，依前韵再进。今亦用元韵复赐太师，非特以此相困，盖清时君臣赓载，亦一时盛事耳。

"灵鼓黄麾道指南，紫坛苍璧示凝严。联翩玉羽层霄下，炬赫神光爱景暹。为喜銮舆回凤阙，故留芝盖出虹檐。礼天要作斯民福，解雨今当万物沾。"

太师以被赐暹字韵诗，前后凡三次进和，盖欲示其韵愈严而愈工耳。复以前韵又赐太师：

"天位迎阳转斗南，千官山立尽恭严。共欣奠玉烟初达，争奉回銮日已暹。归问雪中谁咏絮，冥搜花底自巡檐。礼成却喜歌盈尺，端为来口万寓沾。"

唐杜甫诗："巡檐索共梅花笑。"盖雪事也。太师臣京题神霄宫："下马神霄第一回，晴空宫殿九秋开。月中桂子看时落，云外仙軿特地来。"

"参差碧瓦切昭回，绣户云輧次第开。仙伯九霄曾付托，得随真主下天来。"

神霄玉清万寿宫庆成，卿以使事奉安圣像，闻有二诗书幰，俯同其韵，复赐太师：

"碧落金风爽气回，丛霄乍喜瑞霞开。经营欲致黎元福，敢谓诗人咏子来。"

"瞳曚日驭晓光回，金碧相宜王府开。步武烟霞还旧观，百神应喜左元来。"

昨日，召卿等自卿私第泛舟经景龙江，游撷芳园灵沼，闻卿有小诗，今俯同其韵赐太师：

"景龙江静喜安流，玉色闲看浴翅鸥。已觉西风颇无事，何妨稳泛济川舟。"

"登山想见留云际，赏日还能傍水涯。对此已多重九兴，先输黄发赏黄花。"

"锦绣烟霄碧玉山，萦纡静练照晴川。留连不惜厌厌去，雅兴难忘既醉篇。"

上清宝箓宫立冬日讲经之次，有羽鹤数千飞翔空际，公卿士庶，众目仰瞻。卿时预荣观，作诗纪实来上，因俯同其韵，赐太师以下：

"上清讲席郁萧台，俄有青田万侣来。蔽翳晴空疑雪舞，低徊转影类云开。翻翰清泪遥相续，应瑞移时尚不回。归美一章歌盛事，喜今重见谪仙才。"

又上巳日赐太师：

"金明春色正芳妍，修禊佳辰集众贤。久矣愆阳罹暵旱，沛然膏雨润农田。乘时剩挟花盈帽，胥乐何辞酒满船。所赖燮调功有自，仁期高廪报丰年。"

微，元长之孙，自云："当其父祖宝贵鼎盛时，悉贮于隆儒亨会阁。此百分之一二焉。国祸家艰之后，散落人间，不知其几也。"

此次君臣酬唱，发生于宣和元年十一月十三日，离九月二十徽宗幸鸣銮堂也才不到二个月。《蔡京、蔡卞与北宋晚期政局研究》一书作者杨小敏说："蔡京讨好徽宗的情态，徽宗和蔡京君臣关系之亲密在此有所显露。也可看出此时的徽宗、蔡京君臣已沉溺于自我构建的虚幻太平盛世中难以自拔。"

4. 延福宫曲宴记

宣和二年十二月癸巳（二十七日，此时蔡京已退休），召宰辅、亲王等曲宴于延福宫，特召学士承旨臣李邦彦、学士臣宇文粹中与，示异恩也。是日初御睿谟殿，设席如外廷赐宴之礼，然器用肴品，环奇精致，非常宴比。仙韶执乐和音，合变争节，亦非教坊所能彷佛。上遣殿中监蔡行（蔡京长孙），谕旨曰："此中不同外廷，无弹奏之仪，但饮食自如。食味果实有余者，自可携归。"

酒五行，以碧玉醆宣谕。侍宴诸臣云："前此曲宴早坐，未尝宣功，今出异数。"少憩殿门之东庑。晚，召赴景龙门，观灯玉华阁，飞陛金碧绚耀，疑在云霄间。设衢樽钧乐于下。都人熙熙，且醉且戏，继以歌诵，示天下与民同乐之恩，侈太平之盛事。次诣穆清殿，后入崆峒天，过霓桥，于会宁殿，有八阁东西对列，曰琴、棋、书、画、茶、丹、经、行。臣等熟视之，自崆峒入，至入阁，所陈之物，左右上下皆琉璃也，映徹焜煌，心目俱夺。

阁前再坐，小案玉斝，珍异如海陆羞鼎，又与睿谟不同。酒三行，甚速，起诣殿侧纵观。上谓保和殿学士蔡翛曰："引二翰苑子细看，一一说与。"谆谕再三。次诣成平殿，凤烛龙灯，灿然如画，奇伟万状，不可名言。上命近侍取茶具，亲手注汤击拂，少顷，白乳浮醆面，如疎星澹月，顾诸臣曰："此自布茶。"饮毕皆顿首谢。既而命坐，酒行无算，复出宫人合曲，妙舞蹁跹，态有余妍，凡目创见。上谕臣邦彦、臣粹中曰："此尽是嫔御。自来翰林不曾与此集，自卿等始。"又曰："《翰林志》可以尽载此事。此卿等荣遇。"

臣邦彦谢不敏。琼瑶玉舟，宣劝非一。上每亲临视使酾，复顾臣某曰："李承旨善饮。"仍数被特劝。夜分而罢。

臣仰惟陛下加惠亲贤，共享太平。肆念词臣，许陪鼎席宁波工之末，周于待遇，略云常仪。臣邦彦、粹中首应异数，亲承玉音，俾编载荣遇，以侈北门之盛。盖陛下崇儒右文，表异鸾禁，用示眷瞩之意，诚千载幸会也。窃伏惟念一介微臣，粤自布衣，叨应识擢，凡所蒙被，度越伦辈。曾微毫忽，以助山岳。兹侍燕衎，咫尺威颜，独误睿奖，至官而不名，岂臣縻捐，所能称塞？

臣切观文、武之盛，始于勤，而逸乐继之。鹿鸣之燕群臣，嘉宾得尽其心。故天保之报，永永无极。臣虽么陋，敢美之义？辄扬盛迹，仪载于篇。使视草之臣，知圣主曲宴内务自臣等始。谨录进呈，伏取进止。"

此次延福宫赐宴发生在宣和二年十二月癸巳，杨小敏教授说："徽宗是个矛盾的人物，一方面他摆脱不掉风流才子的浪荡习气，另一方面对乃父神宗的事业心向往之。只有蔡京可以使徽宗在这两方面都得到满足。蔡京通过茶盐钱法等一系列经济改革，让徽宗不再有财政窘境之叹，通过军事上的拓边战争让徽宗有扬威异域的满足感。通过学校礼乐制度建设、社会救助的推广让徽宗感受到文治天下的成功。更主要的是，蔡京时时不忘用他生花妙笔将徽宗塑造成一个高雅的、与众不同的、多才多艺的、仁民爱物的好皇帝形象。"

70

童贯使辽

蔡京处理边事较为谨慎和务实，五代天福三年（938年），石敬瑭按照约定，把燕云十六州（今北京、天津及山西、河北部分）割让契丹，往后中原数个朝代都没有能够收复这块失地。宋朝开国之后，宋太祖赵匡胤不忘收复燕云，设立封桩库，不惜辛劳，长期积累财富和军需，说是要留备将来赎买失地，若对方不肯，就用来应付北伐之需，还曾立下将来谁复失地即予封王的重诺。宋太宗赵光义多次北伐，太平兴国四年（979年）曾试图一举收复燕云地区。与辽军在高梁河（今北京西直门外）展开激战，宋军大败，宋太宗中箭，乘驴车逃走。景德元年（1004年），北宋真宗在几代皇帝与辽国长期战争之后，因双方都感到军力相当，打下去不是办法，于澶州定下和约，史称"澶渊之盟"。之后，宋辽边境长期处于相对稳定的状态。两国到徽宗时已和平相处百余年，北线无战事。双方在重大节日或掌权人继承之时，都互派特使，上门致贺。但收复燕云十六州失地的由祖宗遗下的情结，仍在君臣间不时产生。政和年间辽国国力大降，徽宗认为西夏方面"湟、鄯可得"，则北伐复幽云等州，"又何不可得！"

蔡京在宋神宗元丰六年八月，曾担任"贺辽道宗生辰使"，出使北面辽国。当时神宗认为大宋国力已强，有北伐收复燕云十六州以完成祖宗宿愿之心。蔡京回国廷对时，神宗当面询问蔡京辽国有否衰弱可伐之象，蔡京据实说：

> 臣闻国之将亡，礼必先颠。臣在彼时，见其野外有辆奚车，左右植苇，前面系一小绳，然而经过行人必趋前行礼，骑马者必下马。臣询问他们为什么，则说是"太庙行宫"，观其上下礼法严肃犹如此，况号令必行，故臣以为未可也。

蔡京对伐辽作了否定的汇报，神宗则认为辽国"流行刷水鬓，争着佩带金丝香袋，奢淫若此，安得不亡？你说未可取，为何？"大为不快。可见赴辽特使有时负有窥探辽方虚实的任务。

政和年中，徽宗在西线战胜夏国的骄心鼓舞下，又生北伐之心。其亲信童贯曾率兵打败西夏，战功显赫，加官至检校司空，犹想向北方再立新功。政和元年（1112）秋九月，童贯向徽宗提出愿随大臣郑允中奉使辽国，以副使身份，去辽国一觇虚实。徽宗写信向赋闲在杭州的蔡京征求意见，据《续宋编年资治通鉴》载：

> （蔡京）闻贯出使，亟附奏："贯前日克敌，藉成算耳。贯威名既传，宜深藏之，使莫测可也。奈何遽遣出疆？"

蔡京对童贯要求使辽深不以为然，说童贯以前在西夏方面能取得战绩，实因朝廷早就成算在胸而已，像他这样的人，对外最好是英雄不露相，加于隐藏，让人觉得高深莫测为好。但徽宗回信说辽国君主听说童贯打败西夏，"虏主欲识其面，因遣觇之，不亦可乎？"不听蔡京劝告。

另据蔡絛《北征纪实》记载：

> 其时虏酋（辽主，天祚帝）方肆纵欲（放纵享乐），见贯者，但希中国玉帛奇玩而已，而国中浸侈亦自是而始，故贯所赍奇腆（神奇礼品），至运二浙髹漆之具、火阁、书柜床椅之属，悉往以遗之相夸。

童贯这次去辽国搞情报，最大的收获是回途中在芦沟河畔，交到了一个好朋友燕人马植。徐梦莘《三朝北盟会编》载："植，燕京霍阴（今北京市通州区）人。涉猎书传，有口才，能文辞，长于智数。"薛应旂《宋元通鉴》载：

> 本辽大族，仕至光禄卿，童贯使辽，道卢沟，植夜见其侍史（左右侍奉之人），自言有灭燕之策，因得见贯。贯与语，大奇之。

这位马植，祖上是被并吞入辽的燕云十六州汉人，现在心怀故国，想帮大宋收复故土。其动机也许是爱国和民族情怀，但于辽则可定为"辽奸"。也许是看到辽运日衰，想趁机建功立业一番。

某年，本书作者赴宛平县参观芦沟桥抗战纪念馆，缅想中华民族团结奋起，抗击日寇始于此。顺带在桥头遥想近千年前，马植与童大人彻夜推心置腹，至天明在芦沟晓月下依依惜别的情景。许多后人说北宋亡于马植的联金灭辽之策，事起童贯与马植的这次见面，"国家祸变自是而始"，是也非也？

许多史书上说：马植在这次见面时，即向宋廷提出联金灭辽之策，这与事实不符。女真（后建立金国）族此时尚在辽国朝廷的支持下吞并周围各部，众不满万，尚未与辽廷对抗。有人考证，此次童与马两人所谈，只是人心思归、辽运日衰之类，未涉女真与辽争战。此后数年，马植仅是通过宋边境登州守臣王师中向童贯递送情报，并且改名李良嗣，以便避人耳目。

而在此后数年间，女真暴兴，众达数万。政和四年（1114）七月，女真族首领完颜阿骨打（金太祖）起兵反辽，接连攻陷辽国许多州城。次年（1115）正月，阿骨打在辽国东北部建立了金国政权，继续向辽国进攻，很快大败辽军，接连攻下辽国北方军事要地黄龙府（今吉林农安）以及东京（今辽宁辽阳）、保州（今辽宁北镇）等五十余城。在金辽交战中，又有辽将耶律章奴、高永昌等叛辽，还有辽国的民众多次起义反辽。通过马植，这些消息不断传给宋廷。让徽宗、童贯等人认为北伐有机可乘。

政和五年（1115）春三月，李良嗣秘密派人来宋境雄州，给雄州知府和诜送来封在蜡丸中的密件，正式向宋廷提出归化申请。据《封有功编年》，李写道：

天庆（辽年号）五年三月四日，辽国光禄卿李良嗣，谨对天日斋沐，裁书拜上安抚大帅（和诜）足下：良嗣族本汉人，素居燕京霍阴。自远祖已来悉登仕路，虽披裘食禄不绝如线，然未尝少忘尧风，欲禶左衽（投效中国），而莫遂其志。比者（最近）国君（辽国天祚帝）嗣位以来，排斥忠良，引用群小，女真侵陵，官兵奔北，盗贼峰起，攻陷州县，边报日闻，民罹涂炭，宗社倾危，指日可待迩！又天祚下诏亲征女真，军民闻之无不惶骇。揣其军情，无有斗志。良嗣虽愚戆无知，度其事势，辽国必亡。良嗣日夜筹思，偷生无地，因省《易系》（《易经》中的系辞）有云："见几而作，不俟终日。"《语》（《论语》）不云乎："危邦不入，乱邦不居。"良嗣久服先王（汉族先皇帝）之教，敢佩斯言，欲举家贪生，南归圣域。得复汉家衣裳，以酬素志。伏望察良嗣忱诚不妄，悯恤辙鱼，代奏朝廷，速俾向化。傥蒙睿旨，允其愚恳，预叱会期（告知相会日期），俯伏前去，不胜万幸！

《封有功编年》接着说：

和诜具其事闻奏，上令太师蔡京、太尉童贯共议可否，十日庚辰，京与贯奏云："自古招徕（招揽贤士），国之盛德。又况辽国用兵，军民不附，良嗣归明。故当收留，乞敕和诜，密谕会期。"后诜令良嗣，会期以四月一日夜入境。夏四月庚子朔（即四月初一），良嗣等夜分越界河。初九日戊申，良嗣入雄州庭参（行参拜和诜礼）上谒诜，诜使人掖上厅，各具礼肵。是日，诜奏朝廷，有旨令良嗣赴阙。十八日丁巳，良嗣见于延庆殿，上亲临轩慰劳，礼优异。上问所来之因，即奏曰："臣国主天祚皇帝耽酒嗜音，禽色俱荒，斥逐忠良，任用群小，远近生灵，悉被苛政。比年（近年）以来，有女真阿骨打者，知天祚失德，用兵累年，攻陷州县，加之溃卒，寻为内患，万民罹苦，辽国必亡。愿陛下念旧民遭涂炭之苦，复中国往昔之疆，代天谴责，以顺伐逆。王师一出，必壶浆来迎。愿陛下速行薄伐，或后时恐为女真得志，盖先动则制人，后动则制于人。"

李良嗣（马植）献上联金灭辽之策，并一直藏于童贯家。徽宗非常重视这一联金灭辽战略构想，"遂赐姓赵，授朝请大夫、秘阁待诏"。令蔡京与童贯组织大臣秘密议论这一重大战略的可行性。

此后，辽国方面觉察马植投宋，提出交涉，依双方盟约，不得收留对方人员，需予遣返，宋方面则以"查无此人"应答，不了了之。

联金灭宋的设想在宋廷引起激烈的辩论，时薛嗣昌、和诜、侯益等边关大吏揣知朝廷有意北伐，一起迎合附会。和诜知雄州，以燕山图来上。中山张太守、高阳关吴安抚献议燕云可取，经略薛嗣昌每陛对论及北事，辄请兴师。但太宰郑居中和枢密院邓洵武等人认为这不仅属于背盟之作，且前门拒虎后门纳狼，不一定是好事。

据《三朝北盟会编》，时太宰郑居中奏"乞罢使女真之人"。又于朝堂责蔡京曰：

"朝廷欲遣使，入女真军前议事。夹攻大辽，出自李良嗣，欲快己意。公为首台，国之元老，不守两国盟约，辄造事端，诚非庙算。"京曰："上厌岁币二十万匹两，故有此意。"居中曰："岁币五十万匹，两比之汉世和单于，岁尚给一亿九十万，西域七年四百八十万，则今与之岁币，未为失策。又后汉永平初，诸羌反十四年，当时用兵用财二百四十亿，永和后复经七年，用八十万亿。且前古之王，岂忍以中国之富，填于卢山之壑，委于狼望之北哉！盖圣人重惜生民之本也。载在史策非妄言也。"京曰："上意已决，岂可沮乎！"居中曰："使百万生民肝脑涂地，公实使之，未知公异日如何也？"遂作色而起。

知枢密院事邓洵武上书请朝廷"守誓罢兵，保境息民"。约童贯到枢密院，具以利害晓之。童贯不听，反过来劝洵武说："枢密在皇上面前，且答应好好商量计论就可也。商量得十来年也可以，不要与官家（皇帝）意见相拗。现在上方有意北伐，相公如此说话，恐为他人所乘！"语已而笑。洵武请陛对，力陈宗社大计，要求令蔡京上殿，与京条对，而蔡京迟迟疑疑不愿表态。几天后，徽宗令童贯给宰执们送去一张签名表，要执政大臣如同意联金灭辽、举行北伐的，在表上签名。蔡京和大臣们相视愕然，蔡京令童贯回奏："容当仔细面陈，难于立即书名。"只有王安中一人愿意书名。

有布衣安尧臣上书，极力反对北伐，甚至攻击童贯说：

贯起自卑微，本无智谋，陛下付以兵柄，俾掌典机密。自出师陕右，已弥岁祀，专以欺君罔上为心，虚立城砦，妄奏边捷，以为己功。汲引群小，易置将吏，以植私党。交通馈遗，鬻卖官爵，超躐除授，紊乱典常。

徽宗虽然心里很不高兴，但仍能装出一副宽宏大量的样子，下了一道御批：

比缘（最近因为）大臣建议恢复燕云，安尧臣远方书生，能陈历代兴衰之迹，达于朕听。臣僚咸谓（朝中臣僚都说他）毁薄时政，首沮大事（带头败坏国家大事），乞重行窜殛。朕以承平日久，言路壅蔽，敢谏之士不当置之典刑，议加爵赏。

还让他以遗表恩泽拟补承务郎。

童贯这时上了一本《平燕策》，强烈主张北伐。蔡絛《北征纪实》曰："是岁童贯上平燕策，大抵谓：'云中根本也，燕蓟枝叶也。当分兵挠燕蓟而后以重兵取云中。'其语汗漫无取。"

此时蔡京主政，尚很谨慎。一直迟疑至政和七年（1117），当年辽人高药师等为躲避辽金战祸，欲航海去高丽（今朝鲜半岛）。遇风飘至宋境登州，守臣王师中从高处听到金已屡败辽军，占有辽河以西之地。朝廷听到报告后，作出决议，以买马为名，跨海与金国联络。拟由双方派使，秘密往来磋商。第一次派出去的人马是由登州知府派辽国汉人高药师当翻译，带七名士兵，坐船从宋国的山东半岛跨海，驶向金国的辽东半岛。八月二十二日出发，但这些人大概都未见过大的世面，看到岸上金国兵将巡

防严密，竟不敢登岸，于政和八年（重和元年，1118）正月三日回至真
州。徽宗得知，赫然大怒，严令童贯物色得力人员组成使团再次前往。

政和八年（1118）四月二十七日，又派出武义大夫马政、平海军卒呼
延庆、同高药师等，过海至女真军前议事。这次使团中马政中过武进士，
呼延庆善外国语，同船将校七人，兵级八十人。闰九月九日，马政等下船
抵达北岸。

马政与高药师抵达北岸，被金国巡逻者抓捕。所带物资被剥夺，还屡
欲杀之，经药师再三辩解得免，遂缚以行。经十余州，方至金国国主所在
的阿芝，得见金国国相粘罕，传达了宋廷联金灭辽之意。金国主阿骨打与
粘罕、阿忽兀室等共议数日十二月二日，遂遣使女真人渤海李善庆与宋使
马政等回报宋廷。于重和二年（宣和元年，1119）正月十日，至京师
开封。

宋廷以蔡京、童贯、邓文诰接见议事，此后双方数次使臣来往，终在
宣和二年（1120）八月达成“海上之盟”。约定双方夹攻辽国，宋方负责
攻取收复燕云十六州的前中国地。但此时蔡京已辞相退休。蔡京不主张贸
然北伐，认为师出无名且条件不成熟。而新相王黼欲使自己的功业超过旧
相蔡京，极力迎合徽宗急功好利之心，宣和四年四月遂以童贯主帅，蔡攸
副之，出兵攻辽。这是后话了。

71

光荣退休

还在政和六年（1116）四月，蔡京已满70岁，已达当时一般官员的退休年龄。即三上章要求退休，徽宗尽力挽留，下了一道御笔：

太师蔡京近三上章乞致仕，亲劄诏书（我亲自写诏），不允所请，仍止来章（才停了上章），兼谕再四，意却未回。京位三公，为帝者师，然三省机政，事无巨细，自合总治外，可从其优免之意。自今特许三日一造朝，仍赴都堂及轮往逐省（各省），通治三省事，以正公相之任，事毕，从便归第。

诏令蔡京三日一次赴朝，到都堂议事。其他时间准其在府第处理政务，但遇有奏事，非造朝日也可赴都堂议事。

政和七年（1117）三月，以童贯权领枢密院事。蔡京不愿与宦官共事朝政，退意更深。五月，明堂礼成，因蔡京以师臣为建明堂使，给蔡京加恩，制词说：

太师、鲁国公、食邑一万四千九百户、食实封五千二百户蔡京，高明而方重，博大而宏深。协千载之亨期，维持国是。膺两朝之异眷，敷遗朕躬。讫登三事之崇，迨此十年之久，有如傅说，绍乃辟于先王。端若周公，笃前人之成烈。险夷一致而无累，酬酢万变而不穷。琴瑟载张，振和声于旧律。斧斤罔缺，发游刃于新硎。兴礼乐于百年，布胶庠乎四海。货通物阜，财足政成。爰荐集于岁祥，方灵承于祀事。济济多士，罔不祗师言。穆穆迩衡，惟助成王德。大正缉熙之典，尤殚夙夜之勤。肆申衍于食封，以共承于神惠。于戏！惟圣为能飨帝，莫重精禋。非贤罔与守邦，宜膺休享。往惟不怠，永洽丕平。

七月，进封陈国公，是比鲁国公更高的爵位，蔡京不受。蔡絛《铁围山丛谈》说：

政和间，鲁公进呈面奏曰："臣已位极人臣矣，矧罔功（况且无功），讵（岂）宜赏也。第（至于）群下之劳，日事觊觎（大家都私下盼望恩赏），不可用臣故绝其望。愿降旨，除臣外并次第推恩。"上曰："明堂古盛典，由祖宗来暨神考，究论弗及成（都议论了但没建成），今赖卿力，俾朕获继先志，况为之使而泽不浃，岂朝廷所以待元老者哉？卿其无辞。"而鲁公恳请不已。上不得已，姑可之。乃自召公辅，共议所以待鲁公者，即加陈鲁两国（同时加陈、鲁两国公）。公（蔡京）苦辞，且谓："若祖宗以来有是故事（例子），臣亦拜受；今既创作（首创），苟受之，既他日赏臣，将何以为礼？第独有王爵尔，此决不可。是圣恩之隆异，适所以祸臣（正会给我带来祸害），且臣行年七十（要退的人），愿留以为赠也（以赠他人）。"上察公之诚，嘉叹不已，曰："卿既如此，容朕作礼数尽。"于是，三辞，恩数批答，乃亲笔襄谕，天语甚美而始俞焉。两国（两国公）既许罢封，上因赐鲁公以三接（截）青罗伞、涂金从物、涂金鞍、异锦革荐、马前围子二百人，大约皆亲王仪礼，独无行扇尔（与亲王礼仪相比，只少了行扇），鲁公乃拜（拜受）。

另据《纪事本末》卷百三十一：徽宗又下了一道御笔："太师、陈、鲁国公蔡京力免两国公，已降剳允所请，特与白身（无官平民）亲属恩泽二人，应恩数并依转官例施行。"

十一月，时童贯密遣人使海上约女真，蔡京不能加于遏制，因上章劾贯，且谓："贯本臣荐，他日恐累臣，况与臣同列（以宦官），臣实耻之。"徽宗见其老迈，只是诏罢三省细务，五日一朝赴都堂治事。

本年，蔡京还就徽宗过度向江南征贡花石纲之举，婉转劝告皇帝："陛下无声色犬马之奉，所尚者山林间物，乃人之所弃。但有司奉行之过，民因以致挠。愿节其浮滥。"

本年，蔡卞告假返乡祭祖，逝于途中高邮，享年70岁，赠太傅，谥文正。《冷斋夜话》中《蔡元度生殁高邮》条：

> 蔡元度焚黄余杭，舟次泗州，病亟，僧伽塔吐光射其舟，万人瞻仰。中有棺呈露，士大夫知元度不起矣。至高邮而殁。元度生于高邮而殁于此，亦异耳。世言元度盖僧伽待者木叉之后身，初以为诞，今乃信然。

重和元年（1118）三月，蔡京之子蔡絛尚徽宗福金公主，封驸马都尉。宣和元年（1119），徽宗累幸蔡京家，相见以家人礼，蔡京作《鸣銮记》以献。宣和二年四月，中书省下文："奉御笔，车驾累幸蔡京第，子孙等并合推恩，八子十孙曾孙四人可并于寄禄官上转行一官。"此年，74岁的蔡京终于再一波强烈地上章要求致仕，据《宋会要》：

> 宣和二年六月八日，太师鲁国公蔡京奏："臣以衰病，三上章乞致任，伏蒙圣慈，赐臣御笔，至比迹于周公（西周开国元勋姬旦），顾臣何人，敢当此礼？缘臣自被识拔，承辅轩陛垂二十年，辨释谗谤，脱于祸患，天地父母之施，盖无以过。又使间朝五日，疲老余生，遂得小攸矣。三省职事许不自治，而恩礼频频有加，无替联姻国戚。子尚王妃，赐予宠赉，略无虚日。轻舟小辇，鸣銮七幸，婢妾仆皂，皆被恩荣，眷礼若此，安敢言去？偶缘比来体虚心弱，暑气所伤，七十谢事，礼不可逾。加以四年，以为贪冒，况又病疾寝深，不能自已。臣不敢再上表章，谨令男攸特此劄子，请对投进。（谨令儿子蔡攸持这封劄子投进，请求如见面辞）

蔡京此次致仕，虽因年老，但也与不同意北伐、不愿承担宋元间战争的领导责任有关。蔡絛《铁围山丛谈》说：

> 宣和四年（两年后）夏，兵乃遽起，鲁公（蔡京）时已退休，丞请对，具为上言丐止，不可。未几，伯氏（蔡攸）亦有宣抚命，于是，鲁公垂涕顿首上前（皇上面前），曰："臣不任北伐，宁自甘闲退。今臣子（攸）行，无以晓天下（不好对天下人讲清楚我不任北伐），愿陛下保全老臣。"上不听。

文中"臣不任北伐，宁自甘闲退"。说的就是宣和二年蔡京一再申请退休的重要原因之一。徽宗这时采用童贯、王黼的主张，踌躇满志，急于联金北伐，立不世之功业。对于小心谨慎的蔡京，也是有些不耐烦，因此准了，下御笔：

> 太师、鲁国公蔡京近年以来，章数十上，陈乞致仕。自夏祭礼毕，引疾告老，又复十数，亲笔批谕议复再四遣官宣押，坚卧不起，其词激切，确然不拔。可依所乞，守本官致仕，依旧神霄玉清万寿宫使，在京赐第居住。其恩礼给俸之属及见被官吏人从等，并依旧，仍朝朔望。今晚付翰林降制，只令具熟状（一种简化的制诰形式）进入。

史书上说：六月，蔡京致仕，仍朝朔望。时京子攸、翛、儵，孙行，皆至大学士视执政。而儵尚帝女，他至侍从者达二十余人，尚方赉予无虚日，厮役皆至大官，媵妾至封夫人。

在稍后编成的《宣和书谱》中，宋徽宗撰写了蔡京传，他高度地评价了蔡京，说：

> 自擢翰林承旨，前后三入相位，寅亮燮理，秉国之钧，实维阿衡，民所瞻仰。至于决大事，建大议，人所不能措意者，笑谈之间，恢恢乎其有馀矣。乃时丕承祗载，绍述先烈，于志无不继，于事无不述。缉既坠之典，复甚盛之举，奠九鼎，建明堂，制礼作乐，兴贤举能，其以辅于一人而国事大定者，其有力焉。睠惟神考励精求治之初，起王安石，相与图回至治，焕乎成一王法，休功盛烈，布在天下。其睠遇之隆，前无拟伦。属

嗣初载以还，赖予良弼，祗循先志，以克用人，故于眷倚，比隆神考之于安石，罔敢后焉。于是二十年间天下无事，无一夫一物不被其泽，虽儿童走卒皆知其所以为太平宰相。顷解机务，自朝廷至于遐陬异域，微而闾巷田亩间，莫不惜其去。故盛德至善，民至于今怀之。

尽管有意见相左的时候，但徽宗对于蔡京的忠诚，不曾有过怀疑。

72

《清明上河图》和《东京梦华录》

　　王安石新法经过三代君王神宗、哲宗、徽宗以及三代宰相王安石、章惇、蔡京的努力，历时近60年，基本上得到实施和完善，到北宋政和、宣和年间，已在政治上、经济上、文化上都取得了中国封建社会前无古人、后无来者的大进步。现代史家在叙述这一进步时，往往提出北宋张择端所画《清明上河图》和南宋孟元老所著《东京梦华录》作为辅助证据。

　　《清明上河图》，中国十大传世名画之一，为北宋风俗画，北宋画家张择端仅见的存世精品，属国宝级文物，现藏于北京故宫博物院。生动记录了北宋都城东京（又称汴京，今河南开封）在北宋晚期的城市面貌，和当时社会各阶层人民的生活状况，是汴京在北宋末期十分繁荣的见证。

　　张择端，字正道，密州诸城（今属山东）人。他曾在宋徽宗时供职翰林图画院，图名"清明"，大多人认为指清明时节，也有人认为指汴京城东郊的清明坊；所谓"上河"，就是到河上去的意思。是描绘清明时节人们到汴河上去游玩的风俗人情。至于所绘的东京部位，一般认为以图中虹桥作为中心。

　　长卷为淡墨设色绢本，高20.8厘米，横528.7厘米。打开卷轴，东京郊外的菜园风光，汴河运输的忙碌景象，街头市肆的热闹气氛，扑面而来。观画人恍如身入汴京，置身车水马龙之间，过虹桥，入城楼，街上人烟稠密，店铺作坊，客栈民居，错杂毗邻；骑马、坐轿、拉车、挑担者纷至沓来，车船轿担的细枝末节，牛马驴驼的形神动作，士农工商、男女老幼各色人等的打扮举止，无不勾画的惟妙惟肖，城市生活的众生相跃然纸上。

《清明上河图》采用传统的手卷形式，以不断移动视点的办法，即"散点透视法"来表现有关景象，大到原野、河流、城郭，细到舟车上的部件、摊贩上的商品、市招上的文字，和谐的组成统一的整体，繁而不乱，长而不冗，布局分明，结构严谨。作为一幅富于写实性的作品，该图所绘景物具有典型的代表性，时代气息浓厚，细节刻画真实。人物的衣冠服饰，各业人员的不同活动，都刻画入微，生动丰富。

全画可分为三部分：郊野、汴河、汴梁城。第一部分只是一个引子，作者以洗练的笔法，勾勒出溪水潺潺，杨柳吐青，及踏春而归的轿马，春天的气息便跃然纸上了。第二部分的主题是汴河，只见湍急的河道上，舟楫如林。正中一桥飞架两岸，有如一轮彩虹降落人间，故称"虹桥"。它的结构造型在中国桥梁史上曾被屡屡提及。桥上行人摩肩接踵，热闹非凡。随着汴河的远去，画面接下来的便是第三部分汴梁城内的繁华景色。宽阔的街道两侧店铺林立，各种招牌名称清晰可见。街上行人熙来攘往，荷重挑担，驾车步行，把一个繁华的都市描绘得淋漓尽致。

根据日本人高藤谦的统计，足本《清明上河图》共刻画人 1643 个、动物 208 头、船只 20 多艘、各式房屋 30 多栋。这些人物当中，包括士、农、工、商、吏、卜、僧、道、纤夫等各种身份、各种职业。授者、受者、问者、答者、呼者、应者、负者、载者、抱者、携者等等各种行为，各种神态。虽用笔简练但十分传神，使人有"恍然如入汴京，置身流水游龙间"的感觉。

货摊上摆有刀、剪、杂货。有卖茶水的，有看相算命的。许多游客凭着桥侧的栏杆，或指指点点，或在观看河中往来的船只。大桥中间的人行道上，是一条熙熙攘攘的人流；有坐轿的，有骑马的，有挑担的，有赶毛驴运货的，有推独轮车的……

大桥南面和大街相连。街道两边是茶楼，酒馆，当铺，作坊。街道两旁的空地上还有不少张着大伞的小商贩。街道向东西两边延伸，一直延伸到城外较宁静的郊区，可是街上还是行人不断：有挑担赶路的，有驾牛车送货的，有赶着毛驴拉货车的，有驻足观赏汴河景色的。

汴河上来往船只很多，可谓千帆竞发，百舸争流。有的停泊在码头附近，有的正在河中行驶。有的大船由于负载过重，船主雇了很多纤夫在拉船行进。有只载货的大船已驶进大桥下面，很快就要穿过桥洞了。这时，这只大船上的船夫显得十分忙乱。有的站在船篷顶上，落下风帆；有的站在船舷上使劲撑篙；有的用长篙顶住桥洞的洞顶，使船顺水势安全通过。这一紧张场面，引起了桥上游客和邻近船夫的关注，他们站在一旁呐喊助威。《清明上河图》将汴河上繁忙、紧张的运输场面，描绘得栩栩如生，更增添了画作的生活气息。

《清明上河图》能够侧面反映北宋政治相对宽松的局面。从作品上我们能够直观地看到当时北宋社会的繁荣景象。这一领先于世界文明的太平盛世景象，毫无疑问是北宋60年来改革变法的结果。不必讳言，北宋经济最为发达的时候，当属宋徽宗与蔡京当政时期。因此，现任中国宋史学会会长、浙江大学敦和讲席教授李华瑞说："哲宗、徽宗都继承了神宗的变法意志，而这两朝的执政大臣大都是王安石思想的追随者，这是基本的史实。王安石变法中贯穿的富国强兵和建构理想社会两条主线也不能说不被徽宗朝群臣所效法，譬如以国家的名义摧抑兼并，赈济贫乏和以发展生产而行开源的财政政策都得到忠实的执行和发扬，而且效果明显。"

南宋中，南迁的贵族都纷纷想购上一幅《清明上河图》的摹图，悬于厅堂之上，以慰故土相思之情。可惜这样一幅稀世之作，却在近千年的流传过程中，不知何时失去了它精华的后半段，使今天的人们无法窥其全貌，一睹昔日汴京的繁华了。

大约在张择端创作《清明上河图》的同时，《东京梦华录》的作者孟元老（有人疑为元祐皇后家族人）正纵情享受着东京城内令人羡叹的物质生活。孟元老，原名孟钺，号幽兰居士，具体生卒年待考，曾任开封府仪曹，北宋晚期在东京（今开封）居住二十余年。金灭北宋，经历"靖康之难"后，孟元老南渡。他常忆东京之繁华，于南宋绍兴十七年，即公元1147年撰写成《东京梦华录》。自作序，记载了北宋后期东京的岁时节令、物产时好和民风俗尚。因为是亲历目睹，所记尤为真实，简直可以视为《清明上河图》的文献说明。两者相得益彰，让后人得以形象具体的了解北宋晚期东京城市的繁荣奢华与市民生活的细枝末节。

书中从都城的范围到皇宫建筑，从官署的处所到城内的街坊，从饮食起居到岁时节令，从歌舞曲艺到婚丧习俗，几乎无所不包，不仅可以深刻了解那个历史时代的民风时尚，同时也能感受到宋代发达的经济和繁荣的城市生活。它是研究北宋都市社会生活、经济文化的一部重要的历史文献古籍，可以说是文字版的"清明上河图"。

东京开封府作为当时世界上最大、最繁华的都城，据说常住达百万人口，同时也培养了诸多手工业主，开了诸多店铺。孟元老从第二卷开始，陆陆续续介绍诸如姜行、纱行、牛行、马行、果子行、鱼行、米行、肉行、南猪行、北猪行、大货行、小货行、布行、食店、茶坊、酒店、客店、馒头店、面店、煎饼店、瓦子、妓院、杂物铺、药铺、金银铺、彩帛铺、染店、珠子铺、香药铺、靴店等三十多种行业。另外作者在书中提到的知名酒楼店铺，如"白矾楼""潘家楼""欣乐楼""遇仙正店""中山正店""高阳正店""清风楼""长庆楼""八仙楼""班楼""张八家园宅正店""王家正店""李七家正店""仁和正店""会仙楼正店"等大型高级酒楼"七十二户"，而书中总共提到的店铺竟然高达百余家。孟元老笔下，无论是手工业者还是知名店铺，其实仅仅是东京开封府繁华表面的冰山一角。

如此盛大繁华的都城，让身处其中的东京百姓受益匪浅。游走于各种手工业者编织而成的店铺中，形成"四野如市，往往就芳树之下，或园圃之间，罗列杯盘，相互劝酬，都城之歌儿舞女，遍满园亭，抵暮而归"盛况。同样为了丰富市民夜生活，孟元老介绍，越来越多的商家开始追求更多的商业利益，让原先坊市制下长期实行的"夜禁"，自然而然宣布取消。开封城里逐渐出现了"夜市"、"早市"和"鬼市"。当熙熙攘攘的人流沉浸于商家构造的"夜市""早市""鬼市"后，各种店铺的夜市直至三更方尽，五更又重新开张，而市民的交易更是呈现"屋宇雄壮，门面广阔，望之森然，每一交易，动即千万，骇人闻见"的奇景。

书中孟元老除了向读者介绍繁华的都城、热闹的市场，更向读者展示了宋代那些不为人知的娱乐活动和节庆饮食。作者对著名的戏剧场所"勾栏瓦舍"及宫廷教坊、军籍、男女乐工、骑手、球队等均做了详细描绘，这些描写对日后研究中国戏曲、小说、杂技史均起到了重要的作用。此外，从卷八开始，作者陆续介绍一些节日的日常习俗、饮食，如端午节等，丰富的饮食介绍给读者一种身临其境的感觉。

尽管繁华落尽二十载，然孟元老梦境中依然念念不忘旧时的风华。出于"旧都风华常念远"的动机，孟元老创作了十卷本的《东京梦华录》，详细描述了东京开封府的城市布局、宫廷仪式、市民生活等方方面面，将梦中情境在神奇的文字符号间跳跃呈现，给世人一种"梦回大宋"的感觉。

73

北　伐

　　宣和元年（1119），宋使呼延庆赴金，与金主会谈甚欢。金使来宋"朝觐还礼"，这次蔡京、童贯才"谕以夹攻取燕之意"。但之后宋的回访使团走到宋边关，还未入海时，就因主使赵有开病死，而延误行程。实际上是宋方闻知金与辽举行谈判，宋方遂有迟疑之心。后使团在缺少主使的情形下去了金国，完颜阿骨打对此颇为不满。又因当时金与辽正在进行谈判，副使呼延庆滞留金国6个月才回开封，带回辽金并未达成协议的消息，和完颜阿骨打希望与宋保持友好关系的意愿。

　　宣和二年（1119）三月初六，宋徽宗以李良嗣（赵良嗣，马植）为主使去金国，在四、五月间与阿骨打会谈，阿骨打同意燕京本为中国领土。如果宋参加伐辽夺取燕京，则燕京归给宋朝。但长久以来，宋每年给辽国的30万匹绢和20万两银今后需送给金国。事前徽宗交待赵良嗣的谈判事项只是燕京和燕京与宋境之间的六个州，并非全部燕云十六州。赵良嗣以辽西京（今大同）与平州、滦州本来也是汉人所居，要求灭辽后也归给宋朝，阿骨打同意将西京纳入谈判事项，对平、滦则不作任何表示。

　　本年九月，赵良嗣和金使锡喇萨鲁来到开封，带来宋金间第一份书面协议，协议中未提及西京，但徽宗显然已感到满意。这时蔡京已经退休，宰相王黼与枢密院使童贯主持会谈。徽宗撰写国书，使用双方对等语句。金国阿骨打的国书开头语是："大金皇帝谨致书于大宋皇帝阙下。"徽宗一改过去有些以上待下的语气，使用对等语言曰："大宋皇帝谨致书于大金皇帝阙下。"这就是史称宋金之间的"海上之盟"。徽宗又派赵良嗣与马政使金，继续负责与金国讨论西京和其他未了事宜。与此同时，徽宗令童贯在京城周围集结全国主力部队，众达 15 万人，准备进攻燕京。正当箭在弦上之际，突如其来的方腊起义，打乱了朝廷北伐辽国的部署。

睦州青溪人方腊，原本是漆园主（一说是漆园佣工），相传其性情豪爽，深得人心，能号召很多生活困苦的农民。其家庭具有浓厚的摩尼教（明教）背景。唐高宗时，当地有一个女子陈硕真借摩尼教在睦州起义，自称文佳皇帝。在当地还有天子基和万年档的遗存，此事想必对方腊的心理产生很大影响。方腊也在当地传播摩尼教，并在宣和二年（1120）十月初九率众在歙县七贤村起义，自号圣公，建元"永乐"。不旬日，聚众数万，从者如云，接连攻陷几十座州县，甚至夺取了杭州。宋代文人方勺所著《青溪寇轨》记载了一篇他发动起义时发表的演讲，很是生动，曾经编入中学语文教科书，是否是方腊本人当时所言则不知。演讲中所列举的宋朝廷的"黑暗统治"主要有三条：花石纲，给辽和夏输送岁币，皇帝沉迷于声色犬马。

起义军在十二月初四日攻破睦州州治，十二月二十九日攻破杭州，部众发展到近百万，威震东南。宣和二年十二月二十一日，徽宗命宦官谭稹带领原定用于北伐的军队，前往镇压；宣和三年正月初七，又派童贯带领第二支禁军南下，并命童贯统率全局，可以因时制宜制定作战计划，甚至可以未经批准，即先行以徽宗名义颁布诏书。童贯和他的部队仅用 14 天即到达浙江，宣布废除花石纲，承诺帮助平叛的人都能得重赏。据当时人在浙江的李纲说：出身穷苦而加入起义队伍的人有些是认为"光靠抢劫就能够获得所需的东西，这种生活有吸引力"。

童贯、谭稹分兵两路，由王禀、刘镇等分别率领，向杭州和歙州进发，企图在睦州会合。起义军是乌合之众，经不起正规军打击，屡战屡败。宣和三年（1121）二月十八日，宋军收复杭州，三月二十七日夺回睦州，四月二十四日，宋军包围了起义军的大本营，第二天方腊及其妻邵氏、子方亳（二太子）、丞相方肥等三十多人力竭被俘，解往汴京，八月二十四日被杀。方腊被俘后，义军各部继续转战浙东各地。童贯派郭仲荀、刘光世、姚平仲等领兵分路镇压。至宣和三年（1121）十月，义军余众才完全被宋军镇压下去。

宋军因仓促间南下剿击方腊，没有如约出兵伐辽。而金国则在这段时间中，只用短短二个多月，即攻下辽国平、滦、营三州和西京（大同），对宋方没有执行盟约大为不满。阿骨打派锡喇萨鲁向徽宗递信，重申燕京将归还宋朝的承诺，但声明如宋军自己没有攻下燕京，而金军在没有得到宋军帮助独自拿下燕京的话，那他就不归还燕京，对辽国西京（大同）也是如此。金使于宣和三年（1121）二月抵达山东，但宋方故意让他滞留两个月，才到京城。说明这段时间里宋徽宗专注于剿灭方腊，对联金伐辽缺乏热情，有些冷淡。

朝中除童贯外的老臣们（如蔡京）不甚赞成北伐，王黼等年轻新贵虽有热情也力不从心。实际上，童贯只用3个月，于四月底即已剿灭方腊，这时如果抽回大部宋军执行北伐，只留小部配合地方军用于清剿方腊残部，想必可行，但大军共停留了15个月才班师回朝，错过了宋金联兵攻辽的最好时段。后人评论北宋得失，常把这事当作国运由盛走衰的转折点。

金军对辽国摧枯拉朽般的攻击，造成了辽国统治集团内部的分裂。辽国天祚帝猜疑，处死了几位大臣和亲属，另一些重臣因为担心纷纷逃往金方，辽国失去中京，天祚帝逃跑，一时不知去向。宣和四年（1122）三月，辽国一些大臣与天祚帝失去联系后，在燕京（辽南京）拥立皇室成员耶律淳为帝。

宣和四年春，金军正忙于追赶天祚帝，徽宗看到国内稳定，终于下定决心北伐。大臣宇文虚中此时担任宣抚使司参谋，掌管河北、河东和陕西部队，认为未充分评估双方虚实，不必仓促出战，王黼将其贬去担任集英殿修撰。主战派对北伐前景信心满满，徽宗指示童贯，以燕京当地民众欢迎宋军，和平收复为上策，以耶律淳愿意臣属，请求成为宋属国为中策，以镇压辽军反抗，战斗解决为下策。

四月初十出师，五月初九，朝廷又派蔡京长子蔡攸担任宣抚使，前去作副手。徽宗给蔡攸的手谕中说："童贯年事已高，容易犯错，然后又会故意隐瞒。"因此用蔡攸去监督他。蔡京得知这一安排，亲自上殿面君。据蔡絛《铁围山丛谈》说：

> 宣和四年夏，兵乃遽起，鲁公（蔡京）时已退休，亟请对，具为上言丐止（阻止），不可（徽宗不许）。未几，伯氏（蔡攸）亦有宣抚命，于是，鲁公垂涕顿首上前（皇上面前），曰："臣不任北伐，宁自甘闲退。今臣子（攸）行，无以晓天下（不好对天下人讲清楚我不任北伐），愿陛下保全老臣。"上不听。

这段蔡京对皇帝说的话，大意是："二年前我不肯担任北伐的领导责任，宁可自己从首相位置上闲退。现在我的儿子蔡攸被派去参加北伐，那么我就不好对天下人讲清楚我不任北伐，愿陛下保全老臣！"蔡京甚至说了重话："臣请效括母，吾将哭师也。"

战国时赵孝成王命令赵括代替廉颇为大将上前任总指挥，赵括的母亲上书赵王，说赵括并不像他父亲赵奢，不可派遣赵括为大将领兵出征！赵王坚持要派，括母说："那么如果打了败仗，我这个老妇人能够免罪吗？"赵王说："不会连累你的。"赵括代替廉颇才三十多天，赵军果然大败，赵王因赵括的母亲有言在先，所以没有加罪于她。

蔡攸已行，蔡京寄诗一首：

> 老懒身心不自由，封书寄与泪横流。百年信誓当深念，三伏征途合少休。

> 目送旌旗如昨梦，心存关塞起深愁。缁衣堂下清风满，早早归来醉

一瓯。

对这次燕山之役感到"深愁",对宋方违背与辽国之间的"百年信誓"感到不安。徽宗读到此诗,未对老朋友发怒,只是建议蔡京把诗中"三伏征途"改为"六月王师"。

童贯大军于四月二十三日到达高阳关,以宣抚司名义张贴榜文,呼吁燕京军民投降,榜文中说:

> 幽燕一方本为吾境,一旦陷没,几二百年,比者(近来)汉蕃(汉民和蕃民)离心,内外变乱,旧主(指天祚帝)未灭,新君(指耶律淳)篡攘……

承诺只要归降,官职土地财产如旧,且契丹人和汉人一视同仁。宋军的诱降策略并未收到很显著的成效。五月二十六日和二十九日,耶律淳的部队进攻驻在白沟的宋军种师道部,由于宋军奉童贯令,坐等辽军投降,存在轻敌心理,竟不能抵战而撤退。蔡攸六月份抵达宋军大营,这时宋军指挥部已撤至宋境河间,不断有燕京民众进入宋境避难,他们说耶律淳死了,辽国已无统治者。

王黼极力劝说举棋不定的徽宗下令重新进攻,这次宋军再以20万之众进入辽境,较为顺利。至九月,易州和涿州迎降,原耶律淳派驻涿州的常胜军郭药师向大宋投降效忠,宋军信心大增。十月初九,耶律淳的遗孀派人拜见童贯和蔡攸,表示辽愿作宋朝的属国。童贯扣下使臣,而将这份国书送往开封,徽宗和群臣认为这就是大功告成,准备大举庆祝。而耶律淳的遗孀认为没有达成和平臣属而保留国家的愿望,并不开城迎接宋军。宋军则准备攻城,郭药师让宋兵扮作平民混入燕京城,控制城门后号召城中汉人与辽兵混战,并等待城外大部队支援。结果效率低下的宋军并未入城支援,失去这原本很难得的取胜机会。郭药师的几千部队战到只剩几百人,不得不败退出城。几天后宋军又溃败退却。而十二月初六日,金兵开始进攻并打下燕京。

　　宋廷只好通过谈判来索要燕京旧地，金国没有否定先前答应过的将燕京及周围的涿、易、檀、顺、景、蓟6州归还宋国，但认为燕京并非宋军按盟约自己攻取，而是金军攻下的，所以双方达成新的盟约。宋方除原盟约规定输辽的每年20万两银和30匹绢的岁贡要转纳金国，还要另向金国缴纳燕京的税收100万贯铜钱（宋时一贯相当银一两）。双方相约不得向对方派出密探，或收留叛逃者。这份宣和五年（1123）达成的协议，基本上按照金国的意愿达成，以宋方参与谈判者的马扩的话说："在本朝兵不立威乃至是。"

　　四月十七日，童贯和蔡攸率军进入燕京，在金兵占领燕京的6个月中，已把这座城市抢掠一空。四月二十四日，童贯和蔡攸班师回朝。宋国以王安中任河北、河东、燕山府路宣抚使，知燕山府，以原辽降将郭药师担任副手。

　　宋以厚金赎买燕山等地，总算收复旧地六州，以北伐成功报捷庆功。但已不堪此后兵粮军需之负，又暴露了其兵不能战，外强中干的真面目，金国虎狼之心遂起。《宋史》把伐辽之失归罪蔡京不当，而且南宋时人亦大多持这种看法。

74

危　机

　　虽然宋军在战斗中表现很烂，且燕京与周围六州是靠厚金赎来，但徽宗还是认为这是一个了不起的胜利。因为几百年来收复失地的历史愿望，终于在他手中得到实现。他宣布了一次大赦，在诏书称收复燕京是"绍祖考之先志"。五月二十九日，徽宗亲登开封景龙门，观看童贯与蔡攸率军凯旋。并为王黼加太傅，依蔡京例总领三省事。因功赐宅，徽宗亲为其中七个房间题写了匾额。童贯依前太师进封徐豫国公，后来还被封"广阳郡王"，兑现了祖宗许下的谁能收复燕云失地就予封王的许诺。蔡攸授少师，朱勔加节度。降将郭药师受到极高待遇，被邀请游览皇宫，参观在金明池举行的赛舟活动，一时感激涕连，表示"誓効死陛下"。

　　六月一日，先前对北伐持迟疑和反对态度的蔡京也向皇帝进贺表，《三朝北盟会编》载贺表曰：

　　师由义动，往城于方；国以和来，不战而屈。举全燕之故地，吊介狄之遗民。戴白垂髫，欢呼而解袪；壶浆箪食，充塞而载途。万国来同，一方底定，乾坤动色，庙社用光。惟北有邦，实冀之野，大禹所别，有虞尝巡。粤我造邦之初，遂为与国之敌，始约兄弟，尊至祖孙。金缯缔交，使传洽至，其强弗率，僭伪号者二百年，有志未遑。更圣君之六七作。

惟昔神考，于时元丰，分将隶兵，联民讲武，阅九军之师阵，建北面之黄旗，无衅可乘，有训斯在。皇帝陛下，以重华而绍帝之事，以下武而继文（意为继写《诗经》中《下武》篇）之声。因其天亡之时，成是席卷之势。察之于谈笑杯酌之间，付之以疆场甲兵之事。乘其万举万全之会，授之百发百中之机。是惟秉钺以专征，岂可因人而成事。山川草木悉归舆地之图，士女臣民尽效职方之贡。此盖皇帝陛下懋昭大德，遹骏先猷，人期效能，天实助顺，扬励无前之伟绩，铺张不世之宏休。千载君臣，适遇风云之会，一门父子，得为勋戚之家矣。

《三朝北盟会编》所载贺表，前段皆是歌颂祖宗几代皇帝的努力和庆祝这次胜利的到来。文中特别提到神宗元丰中建北面黄旗之事，说当时准备北伐而因条件不够具备而罢休。徽宗所为，正是续写了神宗皇帝的"下武"篇。笔者认为文中"臣顾惟稚长（只是年高），久误眷知，诗礼之庭屡趋而过，军旅之事盖未尝闻"一段，与前后文叙述徽宗运筹北代文意不连贯，应放置文末"得为勋戚之家矣"之后，这是蔡京本人对他此前的迟疑不决做了检讨。且蔡絛《铁围山丛谈》中提到蔡京贺表中有"臣虑终而不虑始，知守而不知通，有腼初心，徒欣盛烈"几句，正好接在"军旅之事盖未尝闻"后面。这样就成了如下情况。

千载君臣，适遇风云之会，一门父子，得为勋戚之家矣。臣顾惟稚长（只是年高），久误眷知，诗礼之庭屡趋而过，军旅之事盖未尝闻。虑终而不虑始，知守而不知通，有腼初心，徒欣盛烈。

徽宗读表，对蔡京说："太师能自直守如此。"还赐了酒菜，让他在家中办席，庆祝儿子蔡攸凯旋。

北伐耗光了北宋的国家积蓄，到手的燕京和6个州又需要从国内运去给养，成为巨大的包袱。未收复的原燕云十六州中的诸州，有大量原汉民涌入宋境，还需要养活这些难民。

燕地虽号沃壤，而金人席卷一空。时郭药师的常胜军五万与戍兵九千，月给粮已十余万石，还不算其他军队及官吏所需。所以，宋朝廷悉出河北、河东、山东三路之力以供给，才过一年而三路皆困。据说这些粮食运输途中，要费十余石至二十石，才能致一石至燕山。至此，不得不向全国调发，下诏曰：

自燕云之复，两河京东屡经调发，民力已疲，不若假诸路之力，其何以济？可措置调夫，京西八万，淮南四万，两浙六万五千，江南九万七千，福建三万五千，荆湖八万八千，广南八万三千，四川十七万八千，并纳免夫钱，每夫三十贯，委漕臣限两月足，违依军法。

史书说："于是遍率（征税）天下，所得才二千万缗而结怨天下矣！"蔡絛《铁围山丛谈》说：

宣和四年，既开北边，度支异常，于是内外大匮，上心不乐。时王丞相（王黼）既患失，遂用一老胥谋，始倡免夫之制，均之天下。免夫者，谓燕山之役，天下应出夫调，今但令出免夫钱而已。御笔（徽宗不经三省亲笔诏）一行，鲁公（蔡京）为之垂涕，一日为上言曰："今大臣非所以事陛下也（今大臣对陛下做了不应做的事）。陛下圣仁，惠养元元，泽及四海。矧（何况）前日之政，但取地宝，走商贾（只抽取地方特产和商业的利益），未尝及农亩。今大臣于穷百姓口中敛饭碗，以取其钱，乞弗取。"上心亦悔，亟令改作圣旨行下，然无益矣。自是作俑，每动敷田亩（按田亩摊派），习以为常。不但祖宗朝，盖亦崇观、政和之所无也。是时，天下免夫所入，凡六千二百余万缗，朝廷桩（收藏）以备缓急。至宣和七年春已用之，止余六百万缗尔，外二千二百余万缗，有司奏不知下落，此黼密以奉宴私者。盖自启北征，则省中建立一房，号经抚房。及告功，黼遽奏请，凡经抚房文籍尽取焚之，故不得而稽考也。

更严重的危机来自很被动很糊涂的外交事务。宋金之间第一次谈判时，宋徽宗交给谈判代表赵良嗣的任务，只是努力收回燕京及周围6个州，并未提到全部燕云十六州。阿骨打认为燕京原是汉族居住区，历史上就属中国，很爽快就答应了。赵良嗣则乘机提出西京（大同）和平州、滦州也适合同一理由。阿骨打从已经归附金国的前辽官员那里得到建议，认为这会把一些战略要地让给宋国，所以，只答应把大同列入谈判事项，其余不置可否。宋方则由此看到可观的前景，尽管后来战场上一直表现无能，却在谈判场上一直纠缠除燕京府 6 州外，还要收回其他各州，金国拖延不肯，导致一系列的长期谈判没有结果。

宣和五年（1123）底，前辽大将张觉以平州归宋，使宋金间酿成重大的外交争端。宋、金"海上之盟"里面有一个条款："平、营、滦别是一路"这三个州并不在战后归宋之列。张觉，时任辽兴军（驻地平州）节度副使，趁乱控制了平州。耶律淳死，张觉知辽必亡，籍丁壮五万人，马千匹，练兵为备。拒绝萧后所派知州。金国攻下燕京后，任命张觉"同平章门下事"。不久，宋、金议成，平州归金。阿骨打病重，金人匆匆返国。宣和五年（1123 年）八月，阿骨打病死，其弟完颜吴乞买即位，是为金太宗。下诏把燕云一带的原居民全部迁往东北。燕民不愿远迁，鼓动张觉背金降宋。于是，张觉向宋廷申请纳土。徽宗君臣起初犹疑，既不想背信，也怕金人讨伐。徽宗以手剳付詹度曰：

本朝与金国通好，信誓甚重，岂当首违？金人昨所以不即讨觉者，以兵在关中而觉抗榆关故也。今既已东去，他日东来，则觉蕞尔数城，恐未易当。为今之计，姑当密示羁縻足矣。

指示秘密联络，不要公开。但是，不费一枪一箭就收回平州的诱惑实在太大，不久，赵佶还是同意张觉以平、营、滦三州降宋。以致给金国带来了撕毁盟约、入侵大宋的借口。

得到消息的金人派完颜宗望率军前来征讨，张觉仓皇逃入郭药师宋军中，其兵大溃，其母及其妻则都被金军掳去。为保母命，张觉的弟弟不仅立即降金，还把赵佶的御赐手诏交到了完颜宗望手里。宋廷违反盟约的人证、物证俱在，金人向北宋索要叛将张觉。宋徽宗起初暗令燕山宣抚使王安中不要交人。王安中便杀了一个相貌酷似张觉的人，意图蒙混过关。但此举被金人轻易识破，金人曰："此非觉也。觉匿于王宣抚（王安中）甲仗库，若不与我，我自以兵取之！"徽宗害怕，密诏王安中杀死张觉及其二子，并把首级装在匣子里送到金营。

张觉被杀，使燕云降将和郭药师的常胜军深为寒心。郭药师曰："若来索药师，当奈何？"原辽人中没人再愿意为大宋卖命。

还有令人头疼的是宣和六年（1124）三月，金国代表向驻燕京的宣抚使谭稹索要粮食 200 万担，说是赵良嗣在谈判中口头答应过的。当地饥荒，连驻守宋军都缺粮。谭稹以没有纸面协议拒付，金国方面非常不满，甚至发出武力威胁。

宋国的严重危机，起于政和中徽宗志得意满之余，骄奢之心更盛。过高地估计了自己的治国本领，开始频繁地使用"御笔从事"，不愿耐心吸收臣下意见。一意重用梁师成、王黼等一班缺乏经验和见识的宦官佞臣。好大喜功、弄虚作假，国政日非。对于潜在强敌金国的崛起和临逼，视而不见，缺乏警惕和准备，终酿成亡国之恨。虽然蔡絛的《铁围山丛谈》为蔡京作了许多辩解，说其父对徽宗的一些做法有过抵制，但蔡京对于这一局面的形成也应负有不可推卸的责任。

75

趟最后一趟混水

对童贯和宋军在北伐过程中的糟糕表现，徽宗其实心知肚明。同样的辽军，与金军作战被摧枯拉朽，而宋军却惨遭白沟之败、燕京攻城之败，充分显示出北宋军队战力极其低下。若面对如虎似狼的凶狠金军，将何以堪？以厚金赎回空城之后，徽宗被沉重的经济负担弄得内外交困，焦头烂额。因此童贯、蔡攸归自燕山，"颇失上意"。童贯在得到许多封赏后，以年岁已高（70岁）退养。宣和五年七月，以王黼、梁师成共荐，诏另一宦官谭稹为燕山府路兼河北路宣抚使。蔡絛《北征纪实》曰：

> 谭稹者，亦巨珰（大宦侍）也，初无异能，但梁师成党。童贯致仕，故师成及黼引稹以为河东宣抚副使，实代童贯专俾交割山后、云中府，其地则朔、武、应、蔚诸州者，直我河东路与代州对境，皆多要害，金人实不与我也。会吴乞买立，粘罕亦暂归，故朔、应、蔚三州守臣皆通我，我又招降之，号曰朔宁军。遣河东将李嗣本以兵戍焉。又运刍粮玉帛以饷之，事曾未讫，而粘罕回云中，因来治此，于是虏将率之以归金，金人亦以兵至。嗣本大败，狼狈仅脱，三州乃复归金，谭稹但坐视束手，徒搜珠玉珍异以自入耳。

徽宗陷于内外交困，对王黼的激进和才能也不再信任，又开始想起蔡京。据蔡絛《铁围山丛谈》：

及后北方（金国）寒盟（违约），上为大惧，宦者梁师成自抱前后结约文牍于上前，上顾师成曰："北事之起，他人皆误我，独太师首尾道不是。今至此，莫须问他否？"

宣和五年九月己未日，徽宗请蔡京在艮岳设宴赐食。蔡絛与宴，后日在《铁围山丛谈》中说：

苑囿之最盛宣和末，所谓艮岳。正门曰阳华，亦五载，制同宸禁也。自阳华门入，则夹道荔支八十株，当前椰实一株。有太湖石曰"神运昭功"，高四十六尺，立其中，为亭以覆之。召儒臣游览其间，则一珰执荔支簿立石亭下，中使一人宣旨，人各赐若干，于是主者乃对簿按树以分赐，朱销而奏审焉。

蔡絛记下他那天与诸宦官一道在树下分食荔枝的情景，30来年后，他在广西白州写起此事，说就像做梦一样，"语此一梦，令人怆怅云"。

宣和五年十一月，徽宗到王黼家观看灵芝，生出一场风波。《皇朝编年纲目备要》记载说：

幸王黼第观芝。黼专结梁师成，既为相，再赐第于城西开便门，与师成宅对街，以相往来。及燕山告功，黼益得志，乃妄言家之屏风生玉芝，请上临幸。上既临黼第，又自便门过师成家，复来黼家驻跸，因观芝。黼自出传旨及赐命，放散侍从百官。于是，禁卫诸班直争愿见上，始谢恩，不肯散，因大讻讻。师成、谭稹乃扶持上出抚谕之，诸班直稍定。已而复入，夜漏下五刻，乃开过龙德宫甬道小墙，所谓鹿寨门者以还，内官十余人执兵，卫之而去，三衙卫士无一人得入者。是夜，诸班禁从皆集教场，备不虞，殆半日，人心始安。

徽宗发现宰相王黼与皇帝身旁宦官梁师成竟开暗门私通，临幸过程中竟发生禁队喧闹起哄事件。调查发觉王黼对梁师成以父事之，凡通信竟称梁"恩府先生"，相互勾结很深。徽宗吃惊之余，于宣和六年九月罢其相位，以白时中为太宰，李邦彦少宰。蔡絛《铁围山丛谈》中说："王黼美风姿，面如傅粉，瞳与目中睛，色悉金黄，张口能自纳其拳，此亦人妖也。"

此时徽宗重新寻找宰相人选，又想起用蔡京来收拾局面，私下与中宫郑皇后商量，郑皇后很赞成。《皇朝编年纲目备要》说：

时盗贼日炽，内外窘匮，上意大不乐，中宫赞上召故老大臣，遂决意起京。

徽宗想起王安石与蔡京拜相时，都曾发起成立"讲议司"，讨论需要迫切面对的问题，决定仿效。宣和六年十一月三日，手诏以蔡攸、白时中、李邦彦就尚书省置讲议财利司。不几日，又命蔡京参与讲议司事，诏：

太师致仕蔡京辅朕初，载诞著硕（天生高年硕德），朕属闵劳（怜惜体恤人民），以官职之事，即安里闾，宪其言行，尚有赖焉。《书》不云乎："询兹黄耇，则罔所愆。（向黄发老人请教，可以减少失误）"京可兼领讲议司，听就私第裁处，仍免签书，毋致勤劳，以称朕贵老贪贤之美。

再几日，更是正式拜相，诏："太师、鲁国公致仕蔡京落致仕，领三省事，五日一赴朝请，至都堂治事。"

蔡京退休三年多后，被重新起用总领三省事，其时蔡京已近八十高龄，眼花头昏，不得不以季子蔡絛代批政务。南宋人笔记中颇有多人为蔡京去淌这场混水感到遗憾。叶梦得《避暑录话》载道人王老志：

狡猾有智数，不肯为已甚（不肯作过分的事），馆于蔡鲁公（蔡京）家，自言钟离先生（八仙之一）日相与往来，自始至，即日求去，每戒鲁公速避位，若将祸及者（每每劝蔡京避去相位，否则有灾祸）。鲁公颇信之，或言此反而求奇中者也（有人认为王老志是故意作惊人之语）。一日，苦口为鲁公言其故（王老志告诉蔡京不能再当宰相的原因，可能是说天下将要大乱），翌日鲁公见之，则喑不能言（象哑巴说不出话），索纸书云：

其师怒泄天机（他的师父钟离生气他汇露天机），故喑之。鲁公为是力请（力请引退），乃能（想在）于盛时遽自引退。鲁公有妾为尼，尝语余（叶梦得）亲见老志事，鲁公每闻其言亦惧。常密语所亲妾，喟愁云：吾未知他日竟何如？惜其听而不果也。

王明清《挥麈余话》载：

刘跛子（一著名算命看相人）至宣和犹在，蔡元长正炎盛时，闻其入都，令其子縧屏骑往访之。跛子以手挥之勿令前，且取一瓦砾，用土书一"退"字，更无他语，縧归以告元长（蔡京），元长悟其言而不能用，遂至以败。

陆游《老学庵笔记》记载说：

宣和末，黄安时曰："乱作不过一两年矣，天使蔡京八十不死，病亟复苏（病好了再去当宰相），是将使是身受祸也。天下其能久无事乎？"

一则更为传播很为广泛的故事，被许多宋人笔记所登载：

进士张觷（福州人）入都，适蔡京求师（教其子孙），其族子（蔡佃）荐之，觷再四辞，不获，遂即馆，京未及接谈。一日，谓其子弟曰："汝曹曾学走（快走）乎？"皆骇曰："尝闻先生教以读书徐行（读书人走路要慢），未闻以走（快走）。"觷曰："天下被而翁（您家老翁）破坏至此，旦夕乱且作，贼必先至，而家唯善走，可免耳！"诸子弟大惊，急告京曰："先生病心（神经病）。"京瞿然曰："此非汝所知！"即见觷问计（怎么办），觷示之"引者德，罗忠义"。京叩所知。遂以杨龟山荐擢用之，未几，京贬死。觷字柔直，怀安人，见通志本传，官至秘阁修撰，后守南剑、知处州，皆能荡平寇贼，无愧为人师长矣。

许多宋人笔记分别记载蔡京的亲人、道士、门客，以各种方式劝告他及早退出政坛，并预告了灾难的到来。蔡京去做这个力不从心的事，到底是因恋栈权力和荣华富贵，还是为了报答徽宗知遇之恩，今人已不得而知。对比起王安石第二次入相后就毅然辞职隐居金陵多年，把新法政务丢给政治上已经成熟的神宗皇帝打理，此后不再出山的超脱处置，蔡京是大大不如他的这位前辈了。后人往往从中吸取教训，认为功成身退是改革者必须注意的保身之道。

蔡京这次出山，面对一个难于收拾的局面。他并未作出显著成绩，只不到四个月即遭罢职。朱胜非《秀水闲居录》说：

时京八十岁，目盲不能书字，足蹇不能拜跪。其子絛用事，凡判笔，皆絛为之，仍代京禁中奏事，于是肆为奸利，赏罚无章，黜陟纷纭。絛妻兄韩枏者，骤用为户部侍郎，密与谋议，贬逐朝士，殆无虚日。絛每日造朝，侍从以下皆迎揖，附耳语，堂吏抱文书率数十人从之；遣使四出，诛求采访，喜者荐之，不喜者令劾之，中外搢绅，无不侧目。先是王黼作应奉司（仓库机构），总（收藏）四方贡献之物以示权宠，于是效之。请置宣和库，库置式贡司，中分诸库，如泉货、币帛、服御、玉食、器用等，皆其名也，上自金玉，下及茹蔬，无不窜取，元丰、大观库及榷货务见在钱物，皆拘管封桩，专事供进。次年四月，絛恶日著，二相（白时中、李邦彦）不能举职（履行职务），絛兄攸发其奸状，京罢，絛亦被谴。是年冬，金寇犯阙（京城），得非将乱之兆耶？

蔡京这次总领三省事，徽宗命蔡京的第四子蔡絛给他当秘书和办公室主任。在蔡京不上朝的时候，由蔡絛代表他老父与皇帝沟通。上述朱胜非在他的著作中列举蔡絛的种种奸状，许多后代学者是半信半疑。笔者近日读到一篇硕士论文，题为《蔡絛＜西清诗话＞研究》，作者是南京师范大学2011届的李亮亮，他却是颇为这蔡絛辩护一番，结合笔者看到的一些史料，不妨写成本书的下一节《蔡絛的奸状和＜西清诗话＞》。

76

蔡絛奸状和《西清诗话》

　　蔡絛因其著作《铁围山丛谈》和《西清诗话》，文名著于后世，但有关他的生平事迹鲜为人知。有学者考证出他生于北宋绍圣四年（1097），至于卒年，从《铁围山丛谈》叙述铁城庞摄官舍中木偶土地夫妇行街事，书中记为"绍兴乙亥（诏兴二十五年）夏六月二十有六日"，又有"次年六月，叶戎又死"的记事，可见蔡絛直至高宗绍兴二十六年六月都还健在著书，于是，断蔡絛死于南宋绍兴二十六年（1156）以后。

　　蔡絛字约之，别号无为子，莆阳蔡氏第七代，蔡京第四子。韩粹彦（韩绛后代）之婿。堂兄弟中排行十三，《铁围山丛谈》中说徽宗：

　　　　目伯氏（蔡攸）曰蔡六，是后兄弟尽用家人礼，而以行次呼，至于嫔嫱宦寺，亦从天子呼之，以为常也。仲兄（蔡儵）则曰十哥，季兄（蔡絛）则曰十一，吾亦荷上圣呼之为十三。

　　蔡絛仕途中没有进士及第记载，初以恩泽出身，有学者考证以荫入仕当在18岁。由于蔡京的显赫和徽宗对蔡家的宠眷，政和八年（重和元年）时已为承议郎、徽猷阁待制、提举万寿观。但蔡絛性格上有些特立独行，读书喜欢独立思考，所以屡犯政治错误，仕途多舛。

　　重和元年（1118）十月，承议郎、徽猷阁待制、提举万寿观蔡絛勒停

（停职反省）。《续资治通鉴长编拾补》卷三十八载有蔡絛《诉神文》曰：

> 臣举家兄弟诸侄皆投名请授神霄秘箓，独臣不愿受（不愿加入徽宗大力宣传提倡的神霄道教，可能认为与他所读的儒学不符合）。于是九重（徽宗）始大怒，因遣梁师成谕旨，戒臣不许接见宾客（怕异议传染社会）。呜呼！事既掣肘，谋既尽露，臣亦决知得罪矣。一日，臣兄（蔡攸）来宣谕臣父，将通延福宫江路，彻（拆迁）阃阖门⋯时已大毁民居数千家，如荒野矣。臣不胜愤懑，亟夜草书力争（反对拆迁）。臣父愕然，实爱惜臣，犹不肯出（把絛书公开揭发）。臣兄（蔡攸）伺知，及郑昂泄臣语（郑昂把我的言论说出去），因下开封府捕系昂，尽搜索其箧笥（箱筐），然独无有。于是昂遂枷项，编管安州。臣始勒住朝参（停止上朝），不许接见宾客；又降御笔，谓臣狂妄，不循分守，特落职。而怒（徽宗之怒）终不解。臣父因赏橘内宴，丐（宴后乞求）入中禁，独拜恳于太上（徽宗）之前，臣遂得不死。始议贬新州，俄而置诸光州。臣父以为出则必阴杀之，因持之。久乃俾臣父上章，特勒停，令侍养，遇有临幸（徽宗临幸蔡府时），则出避耳。

蔡絛第一次犯错误是不响应皇帝号召接受神霄道教的秘籍，且欲上书指责朝廷"大毁民居数千家"。虽书被蔡京压下，但被其兄蔡攸伺知和朋友郑昂泄露，遭到勒停处分。《三朝北盟会编》载有其时宋儒朱梦说上疏劝徽宗：

> 观蔡絛果能以国家之事言于父，其于家则为孝子，不可为逆父（不能看做逆父之罪），于国则为忠臣，不可为谤君（不能看做谤君之罪）。可谓一举而两得之矣！蔡京之有是子也，陛下当庆大臣之有子，赐手诏褒美，奖其后进可也，不应严赐贬责之，以沮忠孝！

宣和元年（1119）七月，徽宗作出御笔："蔡絛向缘狂率，废黜几年，念其父京元老，勋在王室，未忍终弃，可特叙旧官，外与宫观，任便居住。"蔡京在接到赦复之旨后，言"叙不以法"（此叙复决定与现行法纪不符），故作姿态不接受，徽宗诏"候过大礼取旨（等朝廷遇大礼颁赦时就来取旨）。"于是，蔡絛得叙旧官。宣和二年四月，中书检会三年御笔："车驾累幸蔡京第，子孙等并合推恩。八子、十孙、曾孙四人，可并于寄禄官上转行一官。"蔡絛的寄禄官又从承议郎升朝奉郎。

宣和五年九月，蔡絛又犯第二次严重的政治错误，《宋会要·职官》六九之十三曰："宣和五年九月十三日，徽猷阁待制、提举万寿观蔡絛勒停，以言者论其撰《西清诗话》，学术邪僻，多用苏轼、黄庭坚之说故也。"

蔡絛《西清诗话》书成于宣和五年（1123）之前，蔡絛其时27岁，书中有4则词话，116条诗话，引用了欧阳修、王安石、苏轼、黄庭坚等诸多前辈的诗学观点，或作进一步的论述，或予异议，提出自已的看法。这部书并非专门或特意宣扬元祐党人苏轼、黄庭坚。蔡絛所著《西清诗话》中称"东坡诗天才宏放，宜与日月争光。""黄山谷诗，妙脱蹊径，言侔鬼神。"该时徽宗和朝臣察觉已被禁锢多年的"元祐之学"又有抬头之势，社会上出现了多种苏轼、黄庭坚的文学著作，因此徽宗下诏重申文禁，毁弃苏、黄书版。这时《西清诗话》被揭发，当年九月十三日，臣僚上言：

徽猷阁待制蔡絛私撰文一编，曰《西清诗话》，其论议专治苏轼、黄庭坚等为本，有误天下学术。

蔡絛私撰《西清诗话》，专宗苏、黄，为言者所论（被御史弹劾），铸成大罪。其兄蔡攸甚至摆出大义灭亲的模样，面见徽宗，请杀蔡絛。徽宗深知蔡絛是蔡京最为钟爱的儿子，虽然论法需予重罚，但以京老不许，止落职勒停，仍诏毁板。有些学者错认为蔡絛在宣和七年四月被落职是因为《西清诗话》案发，实际发生在在蔡京第四次拜相之前的宣和五年。

宣和六年（1124）正月，蔡絛复朝奉郎，提举明道宫，可见徽宗很是认可蔡絛有才，愿意给蔡絛一个出路。而且心知肚明苏轼、黄庭坚的文学在社会上仍有相当影响，并不能依靠一两项强制措施就能解决问题，例如他自己手下巨珰梁师成就自称苏轼门下所出。

这年十二月，徽宗因内外交困，说："崇、观间安至是哉？"请蔡京再相，领三省事，许在私第治事，三五日才到朝堂办公一次。蔡絛以朝奉郎、龙图阁学士、提举上清宝箓宫兼侍读，代蔡京用事。也就是担任蔡京秘书和办公室主任。这次命相蔡京已近八十岁，目盲不能写字，足蹇不能拜跪。凡判笔，皆让蔡絛为之，还代蔡京禁中奏事。宣和七年三月辛丑，还赐侍读蔡絛进士出身。

有的史料说蔡絛这时：

肆为奸利，赏罚无章，黜陟纷纭。絛妻兄韩梠者，骤用为户部侍郎，密与谋议，贬逐朝士，殆无虚日。絛每日造朝，侍从以下皆迎揖，附耳语，堂吏抱文书率数十人从之。

南宋福建人陈均编纂的《九朝编年备要》卷二九曰：

一日，京以竹纸批出十余人，令改入官，与寺监簿或诸路监司属官。其间有不理选限者，有未经任者，有未曾试出官者及参选者，仍令尚书省奏行。右丞宇文粹中上殿进呈事毕，出京所书竹纸奏云：昨晚得太师蔡京判笔，不理选限某人，未尝试出官参选某人，皆令以改合入官求差遣。上曰："此非蔡京批字，乃京子第十三名絛者笔踪。京今次与事，老耄无一能为，专听此狂生之言。"

有臣僚上言："蔡絛窃弄权柄，率意自专，缙绅惴慄，靡遑宁处；而一时倖进苟得之徒，闠集其门，势焰薰灼，炙手可热，接见宾客，逾于执政，有识为之切齿，而絛偃然居之不疑。"

四月，徽宗御笔：

龙图阁直学士、朝奉郎、提举上清宝箓宫兼侍读蔡絛，僻学邪见，两被降责，今除迩英，非所宜得，可罢侍读，提举明道宫，在京居住。

不久又降御笔：蔡絛赐出身敕可拘取毁抹。

蔡絛妻兄韩梠也被罢职，黄州安置。

随后，徽宗命童贯来到蔡京府上，令蔡京上章辞职。据说蔡京流泪说："上何不容京数年？当有相谗谮者。"贯曰："不知也。"蔡京不得已，以章授贯，命词臣代京作三表求去。这样太师、鲁国公、领三省事蔡京依前太师、鲁国公致仕，这次任职才三个月多。

费衮《梁溪漫志》曰：

蔡绦奸人，助其为恶者也，特以在兄弟间粗亲翰墨，且尝上书论谏，故在当时得窃名。著书甚多，大抵以奸言文其父子之过，此固不足怪。至《丛谈》所载其家佞幸滥赏、可訑可羞之事，反皆大书特书以为荣。此乃窜南荒时所作，至是犹不悟，真小人而无忌惮者哉！

蔡绦给他父亲当秘书和办公室主任时，到底有无上述奸状？南京师范大学毕业硕士、青年学者李亮亮在《蔡绦＜西清诗话＞研究》一文中，较为客观地认为：这些奸状如为客观事实，则靖康元年钦宗朝臣们对蔡京的朋党和家人进行"大批判"时，为什么鲜有人提起蔡绦的这些"奸状"，至于朱胜非所言"请置宣和库，库置式贡司，中分诸库，如泉货、币帛、服御、玉食、器用等，皆其名也，上自金玉，下及茹蔬，无不窜取，元丰、大观库及榷货务见在钱物，皆拘管封桩，专事供进"。明显只是当时讲议司讨论的一些有关国家储存的改革方案。因此，李亮亮认为，蔡绦作为蔡京的爱子，纨绔子弟的习气是有的，独立思考也是有的，大奸大恶看来没有。

据《纪事本末》卷一百三十一，到了这年冬天，徽宗听说蔡京病重，又一次车驾幸临蔡府问疾，蔡绦《铁围山丛谈》记：

宣和乙巳（宣和七年）冬，鲁公（蔡京）得疾甚殆，上临问，医者奏当进附子（一味中药）。上意恻怛（哀伤），命主小库（皇帝药房）内侍举（挑选）附子以进。御手（御医）采择取四，遣中使赐鲁公，率大犹拳（都有拳头大）。其一重三两四钱，次重三两二钱，二皆二两八钱。

蔡京上谢表，据陆游《老学庵笔记》，表中有"主妇上寿请酹而肯从，稚子牵衣挽留而不却"。说皇帝肯喝下蔡京夫人敬酒，还肯让蔡家小孩牵衣挽留而不拒。可见与蔡京感情还是很深。

77

徽宗内禅

徽宗联金灭辽复燕的策略，被很多人视作北宋亡国的起因。但这一策略本来是具有很大的可行性的，起初也是蔡京所赞成。但由于宋军战力低下，燕京无法自己攻下，只能用厚金从金军手中赎取。后又昧于形势，在招纳张觉、拒付粮食、企图招纳辽天祚帝等事情上处置不当，使金国认为宋方屡违盟约，为金国主战派找到进攻宋国的理由。北宋富庶之国，远非辽国可比，军队又战力低下，对善战且经济很不发达的金国，很快就被当作侵略和掠夺的下一个目标。宣和七年（1125）十二月，金国决定攻打宋国。

当时马扩自金营回到太原，即向正在太原处理事务的童贯报告：粘罕和斡离不兵分两路入侵。金帅粘罕也派金国副使王介儒、撒离栂至太原通知童贯，要求宋朝割让河东河北赎罪，以黄河为界。面临敌国入侵，童贯不愿留在太原指挥守卫，以还京汇报和参加决策为理由，于十二月十六日，回到京城，带回金国为讨伐宋国所发布的檄书。这份金国的讨伐檄文用语非常尖锐，以致宋廷大臣们竟一时不敢拿给徽宗看。

据《三朝北盟会编》引金人所著《吊伐录》，檄书说：

往者辽国运衰，是生昏德（辽天祚帝），自为戎首，先启衅端。朝廷

（全国）爰举义师，奉天伐罪。繄尔（而你们）宋人，浮海计议："候并辽国，愿割幽燕，岁纳金缯，自依旧例（议定平辽后幽燕归宋，而宋依前例纳金岁币）。"先皇帝（阿骨打）有容为德，嘉其来意，置以不疑，即时允应。尔后全燕既下，割之如约，其为恩信，不为不多。

于是要之以天地，质之以神明（当着天地神明），乃立誓文："盗贼逃人，毋令停止；亦不得间谍，诱扰边民；俾传之子孙，守而勿失。"洎宸舆（正当金国皇帝舆辇）北返，宰辅东行，不意宋人，贪婪无厌，稔其奸恶（积其奸恶本性），忽忘前施之义。顿包幸乱之谋，遽渎誓约，结构罪人（勾结张觉），使图不轨，据京为叛。杀贼大臣，邀回户口，啖（诱）以官秩，反令纳土。仍示手诏，窃行抚谕，遂使京畿之地，鞠为寇场。才天兵临境，魁首（指张觉）奔亡，而又接引（宋国接引），辄相保蔽，更易姓名，授之官爵。及至追索，传以伪首（假首级）。既杀无辜，又贷有罪，不仁不况，于此可知！朝廷（金国）方务含容，不彰其恶，但诚边臣（只警告宋国边臣），户口之外，一无理辨，此所以必欲久通欢好之故也。

彼（你宋国）尚饰以伪辞，终为隐讳，仍招纳逋逃，扰及居民，更使盗贼出没为患。所有岁贡，又多愆期，背恩莫斯之甚！朝廷亦不咎之，依前催索，犹不听从（宋国犹不听从），牒（回牒）称："本朝幅员万里，人居散漫，若再行根究，难指有无；况事皆已往，请别计议。"据彼迷辞，意涉溷谩。至于本境行发文字（在宋境发行文件中），辄敢指斥朝廷（金国），言多侮谤。虽累曾移文，俟其改过，终然不悟，罔有悛（悔过）心。

矧又（况且）夏台（西夏），实惟藩辅（我金国的藩属），忱诚既献，土民是赐（既向我表明忠诚，我就赐些原辽国土地和人口给他）。而彼宋人，忽起无名之众，辄行侵扰之事。因其告援，遂降朝旨，移牒解和，俾复疆土。仍以狂辞，不为依应，反云夏人纳款，曲有陈请。大金方务恩抚初附之国，且料不无曲意，姑行顺从。既出一时私恩，画与夏人，则大金顺从夏人，已为周至，自今不烦干预，自当以道理所在。且朝廷方隆恩造，下浃群邦，彼之两国，各蒙其赐；所与之地，裁之在我，肯致私曲，以为周至。岂期诡诈，昧于道理，不为禀从，如是之甚者哉！

斯则非止侵凌夏国，实关不惧朝廷，此朝廷（金国）所以罪（认为宋有罪）也。盖闻自古所重慎者，兵也。兵而无名，非三代仁义之谓也。其或仗顺临逆，以直加曲，斯用兵之王道焉。反是，则甚无谓也。今奉宣命，兴师问罪，东自南京以来，西接夏军一带，诸路并进，固不获已。

况赵佶（徽宗）越自藩邸，包藏祸心。阴假黄门（宦官）之力，贼其家嗣（偷来宋国帝位），盗为元首，因而炽其恶心，日甚一日。昏迷不恭，侮慢自贤，谓己有天命，谓作虐无伤。……（下略）。天会三年十一月日。

檄书列举宋方各种违约情状，更有一段很是粗暴的话指责徽宗皇位来路不正，是"假黄门（宦官）之力，贼其家嗣"，且在位时又作恶多端。就是这段话，使得宋廷大臣们竟一时不敢拿给徽宗看。随后，还使得徽宗（包括大臣）认为自己已不适合与金国对话，须要禅位给儿子赵桓，去做金国的谈判的对手，便于议和。

这年十一月冬至郊祀，徽宗连日在祭坛行礼，随行左右宦官即接到金兵入界的急报，怕影响祭拜，秘而不报。"凡五日，报益急"，丞相白时中、李邦彦才共请奏闻。因为恭谢之礼以是日而毕。

金兵进攻燕京，原辽国降宋的大将郭药师与金军战败即投降金国，成为金国得力干将，很快率兵攻下燕京，此时离燕京收回不到三年。郭药师将宋国首都富庶的情形告诉金国新主，令金兵统帅掠夺宋国的欲望大增。

朝廷官员们讨论应对措施时，有一种意见是让太子赵桓守开封，而徽宗去另外安全的地方建立中心。十二月二十五日，赵桓被任命为开封牧。徽宗则准备迁移到一个安全的地方另立一个指挥中心来管理全国。徽宗还让宇文虚中为自己起草了一个罪己诏，说敌人入侵是自己不德造成，要做自我批评，以顺天意。一面号召国民抵御侵略，一面派以李邺为使臣，去金国求和。

朝廷中，吴敏和李纲认为：为了让开封牧赵桓有足够的威信来主持局面，徽宗应禅位给赵桓。吴敏向徽宗叙述了他刚刚得到的一个梦景：臣梦一水的北面，有一尊螺髻金身的佛祖，其长高及天空；这水之南面，有个铁宠，罩着一尊玉像，人们称他为"孟子"；孟子玉像再往南，又有一条河，其南面有座山，而臣就在山间，人们称这座山叫太上山。

吴敏接着说：臣私下解梦：水北者是河北（黄河以北），水南者是江南（长江以南）。金身大佛指金国之人，金兵从北面攻来；黄河以南喻我们开封，所谓"孟子"，臣尝以问来我家的客人中书舍人席益，他对我说："长者曰孟，孟子者，元子也，就是你的太子。"梦中他是来抵挡金国的。致于"太上"者，陛下宜自知所谓而不喻（自己要知道指的是应该禅位，当太上皇）。

吴敏还以神霄玉清殿中的长生大帝比作徽宗，长生大帝旁边的青华帝君比作太子赵桓，说："长生大帝旁若无青华帝君，则长生大帝何以能圣寿无疆。守者不固，行者不达。"意思是徽宗禅位给赵桓，赵桓才能有足够的威信，才能守住京城，徽宗出行才能安全到达目的地。

徽宗本有倦勤之心，面对严峻复杂的局面，心无斗志。加上从檄书中知道金人大骂自己，因而认为自己已不适合与金国对话。如禅位给儿子赵桓，可便于议和。于是，徽宗便与吴敏、蔡攸深入探讨禅位给太子的可行性。吴敏是蔡攸的亲信，所以，有人认为徽宗禅位是徽宗本人授意蔡攸，蔡攸让吴敏出面提出来。后来朝臣们对是谁促使徽宗禅位的问题发生争论，徽宗自己说他禅位是出自本意，说如果自己不愿即无人敢于提出。赞成内禅的人如李纲等可能认为徽宗个人能力不足应付此时国家危机，拥护新皇登基将给自己带来建功立业的巨大机会。反对的人则担心内禅导致群龙无首，加剧危机。

第二天，御前与大臣们讨论形势时，徽宗握着蔡攸手，气急地说："我平日性刚，不意小虏敢尔！"忽装出气塞不省的样子，坠御床下。宰执急呼左右扶举，俄少顷，因举臂索纸笔，以左手写曰：

我已无半边也（右臂不行了），如何了得大事。皇太子桓可即帝位，予以教主道君退处龙德宫。

当即召年已25岁的太子赵桓上殿，太子再三推辞不获，即皇帝位，是为钦宗。吴敏起草的禅位诏书曰：

朕以不德，获奉宇庙，赖天地之灵，方内乂安二十有六年矣。恭惟累圣（各代先皇）托付之重，夙夜祗惧，靡遑康宁，乃忧勤感疾，虑壅万几，断自朕心，托以大计。皇太子聪明之质，日就月将，孝友温文，闻于天下主鬯十载，练达圣经，宜从春宫，付以社稷，天人之望，非朕敢私。皇太子桓可即皇帝位，凡军国庶务，一听裁决。予当以道君号退居旧宫，予体道为心，释此重负，大器有托，实所欣然。尚赖文武忠良，同德协心，同底予治。

史书上说，徽宗推掉帝位后，即向道教信仰寻求精神依赖。前往皇宫中的玉虚殿，百密拜请，"祈以身寿社稷（愿意减少自己的寿命来增加国家的长治久安），夜漏五彻，焚词其间，嫔嫱巨珰，但闻谒祷声，而莫知其所以然"。

三个月后，在镇江，他给李纲看了他当时的祷词稿。上面写着：

如是贼兵偃戢，普率康宁之后，臣即寸心守道，乐处闲寂，愿天昭鉴，臣弗敢妄，将来事定，复有改革，窥伺旧职，获罪当大。

向李纲表明自己在国家重得太平后，只求一心向道，不会追求复辟皇位。

明末清初大思想家王夫之亲历了明朝亡国之痛，参加抗清失败后写了许多历史著作，是一位研究汉族亡国史的专家。他在《宋论》一书中，认为钦宗根本不是个当皇帝的料，在第一次金兵入侵时：

徽宗南奔以避寇，势迫而不容勿避，避之尚未足以亡也。其成乎必亡者，内禅委位于钦宗也。委位于钦宗，则徽宗非天下之君矣。本不可为人之君，而又委位于人，自失其柄，为萧然休老之人……是出奔犹未失，而内禅之失，不可救矣。"

78

守避失谋　战和难决

宋徽宗宣和七年（1125）十一月，金兵分东西两路大举南侵，西路元帅粘罕从大同出发，十二月十八日打到太原，围城不下；东路斡离不从平州出发，攻下燕山、中山，迅速越过黄河，直逼北宋首都汴京（今开封）。

80 岁的蔡京已在宣和七年（1125）四月致任归居在家，长子蔡攸因燕山之役"收复祖宗失地"有赏，开府仪同三司领枢密院，是宋廷执政之一；次子蔡儵（音 tiáo）早死；三子蔡翛（音 xiāo）官拜礼部尚书、保和殿大学士；季子蔡絛（音 tāo）官至徽猷阁待制，勒停待罪在家；五子蔡鞗（音 tiáo）为驸马都尉，官宣和殿待制，重和元年（1118），尚茂德帝姬即徽宗女儿之一福金公主，还有子蔡脩、侄蔡仍（蔡卞之子）、孙蔡行、蔡衎（音 kàn）、蔡术、蔡徵、蔡衕（音 tòng）等皆为学士。

宋钦宗宣布继位，改明年"靖康元年"。到了十天后的正月初三夜，也就是金兵围困汴京的前三天，徽宗带着宗室大部以去亳州烧香为名出避江南，后驻镇江。临行时，钦宗颁下诏书任命蔡攸、朱勔等为护驾扈从。童贯起初被任命为京城总指挥使，后申请跟随徽宗南下。新的皇帝和大臣可能顾虑留下童贯不利新朝廷，童贯也害怕新朝廷将不利自己，新朝廷放走童贯，后来杀他时又说他是私自逃跑。蔡京这时移居拱州（今睢县，隶河南商丘市），《宋史·蔡京传》说："钦宗即位，边邃日急，（蔡）京尽室南下，为自全计。"

钦宗于十二月二十三日即位后，蔡京第三子蔡絛上书新皇帝，极力劝说新皇离开首都，出幸兵力较强、易守难攻的四川陕西一带，他在奏书中指出：

> 都邑（都城开封）必不可守籍，守亦必破，况天子不乘危（不居危险的地方），且上兵伐谋（上等用兵在于用谋略）。今太上既将南幸（徽宗将南下），为新天子（钦宗）计，不若行幸陕右，反据形势（以陕西的有利地形代替现在开封的不利地形）以临之，鸠集藩翰（地方）大臣，数道并进，乘我锐气下兵，以图收复，此万全矣！

他提出太上皇到南方组织力量，少皇帝到四川陕西组织力量，变不利为有利，等有了兵力，可以纠集数路兵力乘锐气合攻外敌的战略设想。靖康元年正月初一日，得对于延和殿，钦宗皇帝接见时完全赞成蔡絛的想法，要蔡絛立即去成都任节度使，"为朕先去鸠兵敛赋，候朕之来也"，升蔡絛为资政殿大学士，"令知永兴军先去。候朕至"。

本来谋划已定，但此事却遭到主张皇帝也须留下坚守宋都的一些大臣们的反对，他们以祖宗社稷不能沦于敌手，京城百姓不能没有保护等理由，否决了蔡絛的建议，甚至发动京城士兵和百姓来阻挡皇帝西幸。钦宗起初强烈反对大臣们要自己留下守城，但后来却屈服于李纲为首的守城派，取消西幸计划。改派蔡絛以资政殿大学士知镇江府（江苏镇江），并命他不必上殿谢恩，星夜赴任。

《三朝北盟会编》据李纲《靖康传信录》载：

> 正月五日，（李纲）听说宰执欲奉皇帝銮舆出奔，上殿奏曰："闻诸道路，宰执欲奉陛下出狩以避狄，果有之，宗社危矣！且太上以宗社之故，传位陛下，今弃之而去，可乎？"上（钦宗）默然。太宰白时中曰："都城岂可以守？"余（李纲）曰："天下城池复有如都城者乎（哪有如我都城

坚固)？且宗庙社稷、百官万民所在，弃此欲将何之？若能率励将士，慰安民心，与之固守，岂有不可守之理？"

语未既，有内侍领京城所陈良弼自内殿出奏曰："京城楼橹（用于瞭望高台）创修，百未一二，又城内樊家冈一带，濠河窄狭，决难保守，愿陛下详议之。"上顾余曰："卿可同蔡懋、良弼往观，朕于此俟卿。"

余（李纲）既被旨，同蔡懋、良弼亟诣新城东壁，遍观城濠，回奏延和殿，车驾犹未兴也（还坐着未起立）。上顾问："如何？"懋（蔡懋）对以为不可（不可守）。余曰："城壁且高，楼橹诚未备也。然不必楼橹亦可守，濠河惟樊家冈一带，以禁地不许开凿，诚为浅狭，然以精兵强弩占据，可以无虞。"上顾宰执曰："策将安出？"宰执皆默然。余进曰："今日之计，莫若整饬军马，扬声出战，固结民心，相与坚守，以待勤王之师。"上曰："谁可将者（谁当总指挥）？"余曰："朝廷平日以高爵厚禄蓄养大臣，盖将用之有事之日。今白时中、李邦彦等虽书生未必知兵，然藉其位号，抚驭将士以抗敌锋，乃其职也。"

时中怒，厉声曰："李纲莫能将兵出战否？（你自己难道不能将兵出战吗？）"余曰："陛下不以臣为庸懦，若使治兵，愿以死效；第（只是）人微官卑，不足以镇士卒。"上顾宰执曰："执政有何阙（执政的职位有空缺吗）？"赵野对曰："尚书右丞阙（缺）。"宇文粹中随道君东幸故也。上曰："李纲除尚书右丞。"面赐袍带并笏。余致谢，且叙以方时艰难，不敢辞之意。

车驾兴，进膳，赐宰执食于崇政殿门外庑，再召对于福宁殿，去留之计未决故也。宰执犹以去计劝上，有旨命余留守。余为上力陈所以不可去者，且言："……弃此而去，如龙脱于渊，车驾朝发而都城夕乱，虽臣等留守，将何补于事！宗庙社稷，且将为丘墟，愿陛下审思之。"上意颇回，而内侍王孝杰从旁奏曰："中宫、国公已行，陛下岂可留此！"上变色，降御榻泣曰："卿等无留朕，朕将亲往陕西，起兵以复都城，决不可留此！"余泣拜俯伏上前，以死邀之。会燕、越二王至，亦以固守为然，上意稍定，即取纸，御笔书"可回"二字，用宝，俾中使追还中宫、国公。

清朝的史学家王夫之在其《宋论》中，批评李纲说：安禄山乱时，唐玄宗出奔西蜀，而太子也放弃首都长安北走朔方，父与子各隐系东南和西北人心，故可卷土重来以收京阙。而靖康时钦宗受内禅之命，造成了天子困在汴京，徽宗走而东南，已非天子也，都起不了团结民心和指挥全国的作用。因此王夫之说：

盈廷之士，类皆谀贼之余，婴城之众，徒恋身家之计。纲以此曲徇其意，拥钦宗以迟回于栈豆（绕着马房豆料打转不远去）。为之名曰"效死弗去"。肩货贿（个人财产）以惜迁徙之愚氓（仗着那些守着财产不愿迁徙的京城百姓），群起欢呼，以偷一日之安。不亦悲乎！故所咎于纲者，有所惜而忘所大惜（爱惜小的而忘了爱惜大的）也。邪说行，狂夫逞，敷天之痛，纲其罪之魁欤（李纲为罪魁啊）！

钦宗即位后的第三天，激进的太学生陈东即带领数百同学伏阙上书，乞诛蔡京、王黼、童贯、梁师成、李彦、朱勔六贼。陈东被有的学者称为北宋"学生运动"的英雄人物，他的这封奏书说蔡京是"六贼之首"，遂得闻名后世，奏书中"蔡京"罪状全文为：

臣等谨案：蔡京罪恶最大，崇宁初，道君皇帝方恭默听断，起京散地，寘之宰司。京天资凶悖，专权跋扈，首为乱阶，陷害忠良，进用险佞，引置子孙，尽居要途；变乱祖宗法度，快其私心；窃弄朝廷爵赏，固其党与；蠹竭国用，残暴生民，交结宦官，姑息堂吏，盘根错节，牢不可解，京乃偃蹇迫肆，无复忌惮也。包藏祸心，实有异志，有识之志，比之王莽。所幸宗庙之灵，社稷之福，道君皇帝聪明睿智，洞照其衷，奸计数露，弗得窃发。臣等闻陈瓘、任伯雨、何昌言、江公望皆曾论京奸状，故数人者一斥不复再用，至有饮恨而死者，天下冤之。

奏书中未提出蔡京具体的罪行材料，似只是泛泛之谈。不似其他"五贼"，王、童与"开边衅"相关，朱、梁、李与"花石纲"相关，都有具体事由。陈东对蔡京的攻击，重点在于"使京若辅少主（指钦宗），其篡夺复何疑哉？此非特臣等知之，天下共知之"。即害怕蔡京在国家危难中被再次起用以辅"少主"，会导致反对者如前些年陈瓘、任伯雨、何昌言、江公望等遭到排斥和治罪。奏书中对导致金国入侵的责任，说是：

> 朔方（北方）之衅，黼实启之，贯实佐之。……今日之事，蔡京坏乱于前，梁师成阴败于内。李彦结怨于西北，朱勔结怨于东南，王黼、童贯又从而结怨于二虏，败祖宗之盟，失中国之信，创开边隙，使天下势危如丝勶，此六贼者，异名同罪。

其中蔡京只是"坏乱在前"，陈东还不无担忧地说：

> 臣又闻道路之言曰："蔡京有建立储贰之功。"此语犹为诪逆。道君皇帝初立陛下为太子，天下共知，断自宸衷，立嫡立长，古今大义，何与京事？而乃欲贪天之功以为己力邪！

正月六日徽宗出避后第三天，即金兵到达都城的前一天，陈东又单人诣阙上书，催促朝廷对"六贼"采取措施，并提出对太上皇南避可能造成徽宗复辟的忧虑。实际上陈东作为太学生，对国家大事的内情并不清楚，但朝廷大臣们是清楚的。因此这时朝廷只对王黼、李彦、梁师成做了处分，随后因京城军事形势的紧张，不再顾及此事。二十多天后，和议似成定局。正月三十日，陈东又上书认为"六贼"中王黼、李彦、梁师成处分太轻，而蔡京、童贯、朱勔没有受处分，还随太上皇南幸（实际上蔡京在拱州，不在徽宗身边），陈东还认为太上皇随行大臣中蔡攸、宋焕、宇文粹中又都是蔡京亲人和亲戚，有挟持徽宗实施复辟的严重危险。奏书中对战争形势过分乐观，说金军"今袭我数千里，其亡必矣！"还说：

> 敌国之患，止为手足；群贼之患，实为腹心！

可见其言虽忠直，但有些过分和幼稚。

靖康元年正月初七，东路金军斡离不部约七万围攻汴京，李纲积极组织军民守城。由于西路金军粘罕部滞留在太原一带，未能与东路合兵，使东路金军处在孤军深入态势。又顾虑各地勤王兵马，所以以逼和勒索作为主要目标。而宋廷则一开始就争取以认错赔款求和，城被围次日即命李棁等"趋至军前，引过乞和"。金军提出：

> 犒师之物金五百万两，银五千万两，绢、绵各一千万匹，驼骡之属以万计，以亲王宰相为质，割太原、中山、河间三镇。

以及"尊其国主为伯父"等项条件。

十日，钦宗全部答应，令李邺、高世则赍和议誓书去金营，以康王为质（以后，金军又以康王出言不逊，要求以肃王更换康王），并在京城搜括金银以交付犒金，所以，实际上双方在短短时间内即初步协商，达成和议。

以后，随着种师道、姚平仲等勤王兵马的到达，宋廷内部开始倾向主战，正月三十日，钦宗亲自指挥姚平仲部夜劫金营失败，第二日却归罪于李纲和种师道，将二人罢职以向金军显示劫寨是李、种的个人所为，以便继续和谈。此事引起陈东二月五日又带领更多太学生伏阙上书，当天，有京城民众（甚至军士）数万人包围皇宫，要求李、种复职，当场打死内侍数十人，朝廷屈服于压力，立令李纲复职，又用程氏门人杨时（龟山）主持太学，赦免了学生造成动乱的责任。

宋钦宗赶紧收起作战架势，进一步低头认错，把劫寨说成勤王将领自己所为。后来，东路金军虽未足额取得犒金，但在宋廷以亲王和宰相为质，允割三镇，允分期交足犒金等许诺下于二月十日北撤，汴京围解，京城暂时转危为安。

至于陈东，据《三朝北盟会编》记载：南宋建炎时高宗即位南京（商丘），陈东与欧阳澈又伏阙上封事，极诋用事大臣，遂同时见杀。高宗杀他之后，又念其忠，给于抚恤。

金兵撤退后，宋钦宗和朝廷主战派认为各地勤王兵已集，有了底气，可以抵御金人，乃不肯割地。再遣使请求金帅免割三镇，而以三镇的税收为岁币。金将粘罕不许，说：

若不割得三镇土地人民，决不可和。

于是，数日之间，决策有了反复。三月十六日，钦宗下诏三镇的宋朝诸将坚守，到本年九月，金兵再度入侵粘罕攻下太原，三镇也都被攻陷。

期间，粘罕曾派前辽人赵伦为使节来宋廷，赵伦私下告诉宋朝使者说："辽降将耶律余睹不满金人，可以策反。"宋朝宰相徐处仁和吴敏信以为真，乃以蜡书交赵伦带去，而赵伦后来却将蜡书交给粘罕。粘罕大怒，差人质问宋廷，又给了金国再次侵犯宋国以很有力的理由。

79

劝返徽宗

二月十二日，金兵撤围后，北宋否极并未泰来，十分缺乏政治经验和军事经验的靖康君臣们没有全力以赴加强国防，而是在旧党骨干、当了钦宗十四年的老师耿南仲的挑动和操纵下，过度猜疑徽宗有复辟企图，从而对先朝大臣加于清洗和杀戮，出现了"靖康岌岌，外渑内讧"的危险局面，极大地削弱了宋方抵御外敌的力量，在金人第二次入侵时铸成了亡国之恨。

徽宗刚到东南不久，便通过行营使司和发运使司向东南各地发布谕旨，要东南各地公文、军队、粮草都得听候徽宗行营指挥。这种措施在金军围困京城开封时也许有必要，但钦宗和耿南仲等人则怀疑徽宗另立朝廷，企图复辟。靖康元年二月十日，金军撤离开封以后，钦宗就急于采取强硬措施，向徽宗旧臣下手，以求解决东南问题。

二月十八日，侍御史孙觌弹劾：

太师蔡京四任宰相，前后二十年，挟继志述事之名，建蠹国害民之政，祖宗法度，废移几尽。托丰亨豫大之说，倡穷奢极侈之风，而公私积蓄，扫荡无余。立御笔之限，以阴坏封驳之法（皇帝诏令需经臣下驳正后才能奉行，如诏令失宜可以封还），置曲学之科（如元祐学术），以杜塞谏诤之路。汲引群小充满要途，禁锢忠良悉为朋党。闺门浑浊，父子喧争，厮役官为横行，滕妾封至大国，欺君罔上。

对于要害的"开边衅"问题，则说是蔡京于政和间（约十年前）"首建平燕之议"，到王黼当国时"循习初议，与京子攸决意成之，京之误国，固不容诛，而结造边衅，父子相为终始，与黼均为罪首"。二月十八日，蔡京被责授中奉大夫、秘书监、分理西京（河南洛阳）致仕，居住河南府。这只是一个轻罪处分。

徽宗留在开封城内的宠臣王黼、李彦、梁师成，因"罪行"较为明显，且此时有与童贯等人遥相呼应之嫌，已于当年正月先后被赐死或秘密处死。钦宗、耿南仲为了迅速消灭徽宗势力，这时制定了一个秘密计划，打算由妄作妄为、勇于诛杀的大臣聂山，以江、淮、荆、浙等路制置发运使名义，持钦宗诏书，带领开封府公差几十人，秘密驰往徽宗南幸处，采取突然袭击的办法，诛杀童贯、朱勔等人。

眼看徽、钦公开冲突即将爆发，知枢密院事李纲在获悉这一秘密计划后，单独奏对，向钦宗苦心劝说这一做法将造成国家分裂的危险性，李纲认为"投鼠不可不忌器?"使得钦宗一时觉悟，收回诏书，取消了聂山突袭之行。考虑到徽宗能够接受的可能性，只是贬童贯为左卫上将军致仕、池州居住，贬蔡攸为太中大夫、提举亳州明道宫、任便居住。

处罚蔡、童等人的圣旨下达不久，适逢前跟随徽宗南下的宋焕回朝，钦宗于三月四日再度将其任命为江、淮、荆、浙等路制置发运使，责成他从速再往东南，奉书行宫，代表朝廷与徽宗沟通。宋焕深知肩负重任，他"疾驰，不三日，至符离"。至虹县（即今江苏泗县）面见徽宗于淮河之中的船舟之上，说服徽宗勉强让童贯离去，并陪同他走上了返回开封之路。到达南京应天府（今河南商丘南），宋焕先回开封，向钦宗报告，徽宗即将还朝。临行时，徽宗赐宋焕手诏一通：

通父子之情，话言委曲，坦然明白，由是两宫释然，胸中无有芥蒂。

宋焕居中调停徽、钦父子关系，无疑有功于赵宋皇室。事隔30多年以后，其功绩终于得到高宗肯定。

李纲建议应与太上皇加强沟通，公开童贯、朱勔之罪，向徽宗说明童贯、朱勔为朝议所不容。并降诏蔡攸，要求蔡攸"劝道君皇帝去此数人者，早回銮舆"。钦宗采纳了李纲的建议。于是，李纲和吴敏等大臣分别上书徽宗，汇报了京城抗击金兵、和谈、金军撤退的情况，诚恳劝说上皇回銮。蔡攸也显然向徽宗做了思想工作，徽宗接着向朝廷解释了因京城被围交通断绝，因此下旨截留了江南一带文书和纲运的原因，消除误会。童贯、朱勔等数人接受朝廷处分，相继离开上皇赴贬所，太上皇将回銮。钦宗命赵野为"道君皇帝行宫奉迎使"，蔡攸为副使，还宣布：

扈从行宫官吏，候还京日优加赏典，除有罪之人迫于公议已行遣外，余令台谏勿复用前事纠言。

蔡攸被钦宗亲诏任命为徽宗的"行宫副使"，令他"专一扈从上皇还阙"。对此蔡攸上书说自己：

许国无状，御边失机，乃致烦言。遂语司败，重蒙圣造，委曲保全。又降亲诏，令臣专一扈从太上还宫。已在废逐，犹叨器使……

表示既接受处分，又愿意努力完成护送徽宗回京的重大任务，只是向朝廷提出："父亲近贬西京，年老陆行，冲冒感疾，如蒙矜允，放臣前去省侍，以全子职。"

徽宗对钦宗的许多举动（例如下诏要把徽宗身边的几个内侍调走）怀有疑虑，因此回銮途中暂驻南京（应天府，今河南商丘），要求钦宗派吴敏或李纲一人前来商议。结果，李纲到了南京，做了更多的思想工作，才与蔡攸一起继续护送上皇北归。但蔡攸将回京城引起许多攻击过蔡京父子的朝臣们的不安，他们向钦宗提出蔡攸回京将导致朝廷动乱。钦宗下旨：

京、攸累有言章，蔡京可责授崇信军节度使，德安府（今河北安陆）安置。攸本合重责，为劝太上皇北归，已降授大中大夫提举宫观，特已降指挥，令前去省侍。

算是承认了蔡攸劝上皇北归有贡献，免于重责。朝廷还批准了他去照顾年已81岁被流放的的老病父亲。

当上皇将达京城，李纲先回朝廷安排接驾事宜时，却发现耿南仲凶相毕露，正在向钦宗建议搜查徽宗将入住的龙德宫，一切旧有内侍不得进入，否则格杀。准备软禁徽宗。李纲大怒，当着耿南仲的面向钦宗上奏：

耿南仲当以尧舜之道辅陛下，而其人暗而多疑，所言不足采！

对此，钦宗只是笑笑而已，不作评论。果然，三月十五日，徽宗一回宫即被软禁，严禁外人接触。李纲从此看破钦宗、耿南仲一伙，一直上书求去，得不到钦宗批准。愤激莫名的徽宗从此写信给儿子时称自己为"老拙"，而称儿子为"陛下"，父子之情全无。偶而一次，徽宗在自己的生日宴席上，当朝臣的面给儿子敬酒，钦宗竟然怀疑酒中下毒，不肯接饮，徽宗大哭离席。连后来形势恶化，太上皇也是蒙在鼓里，迷糊中感到国家危急，曾向儿子提出让他到四川去招集人马的请求，也被儿子一口拒绝，直到后来父子双双当了俘虏。

老皇帝既然已成了少皇帝的瓮中之鳖，钦宗于是收起"令台谏勿复用前事纠言"的诏旨，毫无顾忌地全力清算消灭徽宗的原有人马，让朝臣与太学生们继续加大火力，论列蔡京、蔡攸罪状，几无虚日，长达四五个月，反复总是那么一些人出面，反复总是那么几条"罪状"，《三朝北盟会编》《靖康要录》等书中引述了大量这类奏章，主要罪状除上文所引几条外，其他如：

天下郡城朝向京都的城门，历来都命名为"朝天门"，蔡京故意改为"朝京门"，意为要天下朝向自己；蔡京创立的"兴学法"中，有关贡士退归者（退学回籍者），蔡故意把"退归"命名为"退送"。而"送"与"宋"同音，欲为"退宋"之谶；蔡京的父亲葬在浙江临平山，山有飞龙之状，蔡京以给皇帝祝寿为名，在山上建塔作为"龙角"，以成"龙飞"

之势；决兴化之水建木兰陂，使水绕壶公山，以符古谶；宋朝皇帝的女儿本来称"公主"，徽宗时按古制改作"帝姬"，而赵（宋朝皇帝姓赵）出嬴姓，姬为"蔡姓所自出（蔡姓远古出自姬姓）"，"京乃使天下之女悉从己姓，悖逆不臣，有如此者"。

对蔡攸的攻击，除了应对"开边患"负责外，则集中在"以枢密之臣为俳优鄙贱之事，淫言媟语，巧发应机，怪服异装，俳谐献笑，出入禁闼"等，说他在内宫里穿着短裤和皇帝一起演戏取乐。

另外，蔡京在钦宗登基前多方保护太子，当时该算是功劳，而倒蔡的人们却全部加以抹杀，有的说"上皇传位陛下，盖其坚志素定，非临时仓卒之谋"；有的硬说禅位一事还被蔡京、蔡攸所阻挡，"唯此数贼实常挠之，而蔡京、攸者诅为尤力"；有的则说"蔡京兄弟子孙京国厚禄，诚有保护之言，不为分外"。各种奏言相互矛盾。

朝中有许多大臣如李纲、吴敏、杨时等，对这种显然有失公允的攻击表示了反对意见，蔡京在拱州（今河南睢县）时，一度写了辩护书寄给李纲递交皇帝，要求入京面君，李纲向朝廷转交这份奏牍。多年后孙觌回忆说：

> 蔡京方自拱州请觐，大臣游说，还之赐第（归还所赐府第），以为谋主（以蔡京来主谋朝政）。

据张浚一年后上疏攻击李纲说，李当时有"蔡京罪可略，蔡攸材可用"的言论，与蔡家"交通私书，深计密约"。二程理学传人杨时（龟山）这时虽然提出废除王安石陪祀孔子，强烈要求恢复被新法废弃的春秋博士考试，但却公开劝人"慎勿攻居安"（语见《朱子语类》），居安是蔡攸的字。孙觌在所著《鸿庆居士集》中说：

> 杨时在延和殿下宣言，有蔡攸无罪之语，以讽台谏。

杨时劝人们不要攻击蔡攸，虽与他 70 岁时被蔡京父子引荐给朝廷有关，但更主要的却是认为这种攻击显失公允。结果杨时受到孙觌讽刺讥笑，很是尴尬。

当时许多大臣不同意过分处理蔡京父子，由于缺乏能够真正谈得上"罪状"的材料，钦宗、耿南仲感到阻力很大，只好对蔡京、蔡攸的处分采取了由轻到重，积少成多，分步进行，不断加码的办法。据《三朝北盟会编》记载：

二月十八日，蔡京责授中奉大夫、秘书监、分理西京（河南洛阳）致仕，居住河南府，这只是一个轻罪处分。三月三十日，蔡京责授崇信军节度使，德安府（今湖北安陆）安置，蔡攸责授大中大夫提举亳州宫，前去省侍（侍候父亲）。这时还是作轻罪处理。

四月十六日，蔡京移德安府衡阳（今湖南衡阳）安置，蔡攸永州（在今云南境内）安置，将父子分开作大罪处理。蔡京流放途经京师近地时，曾要求入京面圣，钦宗派驿传飞令蔡京远离。不久，又将蔡京移韶州安置，韶州为今广东韶关，比衡州更为边远。

五月初一，诏蔡京子脩潭州、修衡州、絛邵州居住，蔡行移洪州安置。

五月十一日，蔡襄孙佃被劾"本缘京、攸族属，其奸佞皆出蔡氏诸子之右"，在常州知府任上落职筠州居住，其弟俨移送梅州居住。

六月初五，圣旨：

蔡京、蔡攸永不放还，臣僚敢有引荐，当正刑章。

这时已是个不赦重罪了。七月十一日，程瑀等认为韶州不算边远，简直是让蔡京自己挑才会上那里，钦宗又把蔡京移儋州（今海南岛）安置，蔡攸移雷州（广东海康）安置，蔡京子孙23人也被分别流放边远各地，朝廷并下旨今后遇有特赦也不准内迁。

颜歧、杨时、陈过庭、邵溥等人在围攻同知枢密院事、曾任京城守御使的大臣蔡懋（蔡确之子）时，否定蔡确有定策之功，认为宣仁圣烈皇后（高氏）受到绝大诬陷，徽宗御制蔡确传和题写蔡确墓碑是上皇（徽宗）受到蒙蔽。钦宗让臣僚大做宣仁受诬的文章，旨在攻击、贬低他软禁中的父皇，以确保自己的皇位。谏议大夫徐秉哲受命列举出《哲宗旧录》中各段对高氏不利的文字，并加辨驳，这些辨驳大多苍白无力，如说蔡确、章惇是忌妒王珪专有拥立功，因此"造作语言，诋诬宣仁"，并无一点证据；以宣仁宣示太子所写佛经和对臣下夸奖太子聪哲，证明高氏立孙之意早定，又不说这些都是在议立太子之后而非之前。蔡懋先落职，后分司南京。朝廷正要讨论如何删除修改《哲宗实录》和进一步处罚蔡懋时，金兵已第二次打到京城，北宋骤亡。

80

蔡京之死

靖康元年（1126 年），81 岁高龄的蔡京，支撑着从一个流放地走向另一个流放地，七月二十一日，终于病逝于途中的潭州（今长沙）崇教寺，终年八十岁（虚岁）。《三朝北盟会编》卷四十九说：蔡京于德安府被南迁之命，七月甲申，到潭州。接着引用押解蔡京的"随行干当人"魏觌递交的报告说：

据随行干当人魏觌状：蔡京鄂州扶疾前来潭州，沿路大暑，愈觉赢困，昏卧不省，粥食不进，乞差医职前来看治。州差医助教谭从义、易缓看医。是日，管押官修武郎监德安府税（监税官）赵康转申：蔡京于此日为患身故。州差保义郎城东巡检王从礼、迪功郎长沙县权县事董陟前去审实，得在（确实）崇教寺因患身故。州司于崇教寺之侧拘葬。

蔡京病重时写下《西江月》词一首，依《宣和遗事》版本抄录如下：

八十衰年初谢，三千里外无家；
孤行骨肉各天涯，遥望神京泪下。

金殿五曾拜相，玉堂十度宣麻，

追思往事漫繁华，到此番成梦话。

其流露的情绪是真实可理解的，译成白话是："我刚告别了八十衰年，就被流放到三千里外。一路孤单，常思念一家骨肉，各受遣散在天涯各处。遥望京城，想到国运危险，不觉老泪纵横。我在皇帝金殿上，五次接受拜相，又曾于宰相政事堂中，十度跪听封赏麻诏宣读。追思往事，多少繁华，到如今都成梦话。"此词在艺术性上当属上等。

然而，在南宋王明清的《挥麈录》中，蔡京这首绝命词是：

八十一年住世，四千里外无家；
如今流落向天涯，梦到瑶池阙下。

玉殿五回命相，彤庭几度宣麻，
只因贪恋此荣华，便有如今事也。

词中"住世""只因贪恋此荣华""便有如今事也"等都嫌粗俗，不类诗家之作，相比之下，前者更象蔡京原作，后者似是流传中变异，也不似出自蔡京这种经历丰富复杂的人笔下。

南宋人王明清笔记《挥麈后录》记：随行的"蔡京门人吕川卞老（似名吕川，字卞老）醵钱（凑钱）以葬"，并为蔡京写了墓志，文中有"天宝之末，姚宋何罪"句。天宝是唐玄宗盛世年号，姚崇和宋璟是唐玄宗时的两位贤相，天宝末年，唐朝发生了安禄山叛乱，不能归罪于贤相姚宋二人，吕川认为蔡京为相时天下也是盛世，后来金兵入侵造成的灾难不能归罪于蔡京。将北宋末年的国家形势比作唐玄宗天宝末年安禄之乱。这种说法，在《三朝北盟会编》中还出现于卷二十七，蔡絛与其弟蔡修在颍桥镇（可能是许昌颍桥镇）见到王云，说到城守之事，"王云曰：国家不过开元天宝事尔！今却城守，致大祸者某人（似指李某）！"可见在北宋金国第一次南侵时，把国家形势比作"天宝之末"即盛世之末，是许多朝廷官员的认识。

前几年，笔者看到一篇文章，说蔡京在流放途中因买不到吃的，活活饿死了。文中有声有色地写道："人民群众虽然没有看到他被明正典刑，深以为憾，……大家忽然悟到，有一条收拾他的绝妙主意，……那就是在其充军发配的一路之上，不卖给蔡京一粒粮、一滴油、一根菜，更甭说，一块烙饼、一个馒头、一个包子了。没有发通知，没有贴布告，更没有下命令、发文件，街乡市井、城镇村社、驿站旅店、庄户人家，所有的中国人表现出从来没有过的齐心，让他活生生地饿死。"还说："中国人对于贪官污吏的憎恨，是绝对一致的，再也没有比这种饿死蔡京的死法，更让人民大众开心的了。"文章流传甚广，后来还登到香港一家大的网站凤凰网的历史栏目上。

作者的用意是，以此鞭挞和警告当下贪官污吏们，表达了当下人民群众对于贪官污吏的憎恨之情。我也很认同作者的嫉恶如仇精神，但蔡京买不到吃的，以致饿死，这事却不是真实的。

虽然南宋人王明清笔记《挥麈后录》中提到："初，元长之窜也，道中市食饮之物，皆不肯售"。但只讲人家不肯卖，并未说到蔡京因此"饿死"，上述文章的作者显然作了进一步的发挥。《挥麈录》作者王明清是曾布的外孙，曾布虽然也是变法派，但宋徽宗即位初与蔡京有较大矛盾，曾布下台，蔡京上台，两家是有怨恨的。《挥麈录》写作时离靖康已有六七十年，王明清收入蔡京流放途中人们不卖吃的给他的传说，我看与一些社会常识有矛盾，也与其他史料记载有矛盾。

开饭店卖吃的是为了赚钱养家糊口，不是靠搞政治来谋生的，蔡京一行包含监送人和随行照看人，少说也有五六个，一顿饭吃下来，店家也能赚它几个铜钱，这生意就忍心不做了？就算对蔡京一人有"义愤"，对同行其他人难道也不做这生意了吗？蔡京被活生生地饿死了，同行几个怎么不饿死呢？一路上开饭店的是很多的，一二家有"义愤"不卖货还能理解，一路上所有的店铺都有这一致的"义愤"，恐怕要发个"红头文件"进行动员和教育后才有这种效果。

当时，宋钦宗朝廷发动对蔡京父子的"大批判"，朝中有许多大臣如国防部长李纲、国务院总理吴敏、教育部长杨时等领导人都表示"不理解"，认为有失公允。蔡京在拱州（今河南睢县）时，一度写了辩护书寄给李纲递交皇帝，要求入京面君。李纲向朝廷转交了这份奏牍，后来被批是"立场有问题"。吴敏被钦宗皇帝下手诏严责："唯思蔡氏之恩，不顾君臣大义。"这次政治运动的积极分子孙觌多年后回忆说："蔡京方自拱州请觐（要求觐见皇帝），大臣游说，还之赐第（归还所赐府第），以为谋主（以蔡京来主谋朝政，语见《鸿庆居士集》）。"李纲曾有"蔡京罪可略，蔡攸材可用"的言论，与蔡家"交通私书，深计密约"（语见《建炎以来系年要录》）。二程理学传人杨时（龟山）公开劝人"慎勿攻居安"（语见《朱子语类》，蔡攸字"居安"），"杨时在延和殿下宣言，有蔡攸无罪之语，以讽台谏"（语见《鸿庆居士集》）。朝廷干部们都还有许多"不觉悟、受蒙蔽"的，民间老百姓能那么快就有一致的"义愤"呢！

我看到的记载有关蔡京死亡的史料，是在南宋著名史家宋徐梦莘的《三朝北盟会编》，其中卷四十九写明八十一岁老人蔡京是长途跋涉，严重中暑，吃不进饭衰竭而死，不是买不到吃的饿死的。

在比王明清的《挥麈录》迟了近百年的话本《大宋宣和遗事》说：

蔡京责授秘书监分司南京，寻移德安府衡州安置。……遂窜蔡京儋州编置，及其子孙三十三人，并编管远恶州军。在后蔡京量移至潭州。那时使臣吴信押送，信为人小心，事京尤谨，京感旧泣下。尝独饮，命信对坐，作小词自述云。蔡京居月余，怨恨而死。年八十余。

即使是最爱铺张猎奇的民间话本，也根本没提到蔡京买不到吃而饿死，还说死前有酒喝，有个名叫吴信的人细心照料着呢！

宋人王明清笔记《挥麈后录》卷八中，载蔡京《别宠姬》诗如下：

为爱桃花三树红，年年岁岁惹东风。

如今去逐它人手，谁复尊前念老翁。

还说："蔡元长既南迁，中路有旨取所宠姬慕容、邢、武者三人，以金人指名来索也，元长作诗以别。"此事也显然是胡乱编造。金兵第一次围攻北宋首都汴京从靖康元年（1126）正月初七起，二月十日即北撤，汴京围解，京城暂时转危为安。这期间金人并无向宋廷索取妇女。第二次围汴京从靖康元年十一月二十八日起，闰十一月二十五日金兵登城，随后金人胁迫钦宗出城，然后利用钦宗和他的朝臣以及开封府做工具，极力榨取金银财富，掠夺妇女、匠人。蔡京则早在上年七月二十一日病逝于流放途中潭州（今长沙）崇教寺，几个月后金兵才攻陷汴京，才有向宋国首都索取美女之事，难道这时已死去的蔡京会从棺材中爬出来写出《别宠姬》一诗？所以此诗不是蔡京所作，只能是事后若干年，民间以讹传讹的流传小故事。

《清波杂志》里也有一则小故事：

蔡京当轴，建居养、安济、漏泽，贫有养，病有医，死有葬。京之卒，适潭守（潭州知府）乃其仇，数日不得殓，随行使臣为蒿葬（草草下葬）于漏泽园，人谓得其报（善报）。此说见《靖康祸胎记》。宣和间，京师染色有名太师青者，迨京之殁，无棺木，乃以青布条裹尸，此其验也。

按照前述魏觌的报告所记，蔡京葬于崇教寺之侧，后人传说葬在当地漏泽园，得善报，也是对蔡京社会救助政策的认可。

陆游《老学庵笔记》说："蔡京祖某、父准及京，皆以七月二十一卒，三世同忌日。"

《梁溪漫志》记：

蔡元长南迁，道出长沙，卒于城南五里东明寺，遂草殡于观音殿，后有蜀僧过之，题诗于壁云："三十年前镇益州（成都，无祐末蔡京镇），紫泥丹诏凤池游（随后于绍圣初被诏回朝廷重用）；大钧播物（老天化育万物）心难一，六印悬腰老未休。佐主不能如傅说（商代宰相，辅佐武丁达到盛世)，知几（预见事物发展变化的趋势）那得似留侯（张良）；功名富贵今何在，寂寂招提（僧房）土一丘。"

这里崇教寺被记为东明寺，从此后人常以东明寺记为蔡京病死之处。

81

大清洗

蔡京已死，耿南仲的党徒们加给蔡攸的罪名，这时已升级到企图复辟徽宗的不赦大罪，并将一向正直有好官声，大多为徽宗、钦宗共同提拔，连太学生们也一直称誉推荐的李纲、吴敏、徐处仁、许翰等都打上了蔡京死党的标签，一并加于贬窜。耿南仲们攻击吴敏是蔡京父子的上客密友，"奔走京门浸有年矣"。说吴敏建请上皇逊位是"蔡京父子窥探先旨，计令吴敏为之，冀其立朝庇其宗祸"，吴敏"初除门下侍郎，亦蔡攸矫制为之"。还说蔡絛在荆南时曾写信托进士黄大本带信到京城给吴敏，被京城捕快搜得，信中说：

仆父兄交契（我父和兄与你的交情）自应知之，阁下纵自谓我（吴敏）不出蔡氏，其可得乎？

钦宗皇帝下手诏严责吴敏：

唯思蔡氏之恩，不顾君臣大义，虽群臣交攻其（指蔡父子）罪，而敏（吴敏）横身障蔽，斥逐台谏，迫不得已，凡三四贬窜，才能置京、攸于湖外而已。

后来，吴敏责授崇信军节度使，涪州安置。

李纲也被攻击"阴与吴敏党庇蔡氏""蔡京曾经遣人以奏牍抵纲，使之请对。而李纲辄敢为京辅奏"。又说李纲：

其迎上皇于南都，与攸耳语称时（与蔡攸交头接耳）。

结果，李纲后来被责授保静军节度副使，宁江军安置。徐处仁若干年前，蔡京一度罢相时，曾上书徽宗要求蔡京留任十条理由，虽然后来与蔡京再没有来往，而且他正直之声闻于天下，这时也因不参加攻击蔡京而被认作蔡京死党。许翰的罪状则是"不肯一言以攻蔡京"。先后因受蔡京牵连处分的还有李光、吕颐浩、王藻、叶著、叶梦得、颜岐、林摅、余深、程俱、宋焕、宇文虚中等大臣，其中大多数后来在南宋创立时期立有汗马功劳。

蔡攸从永州诏窜浔州，又从浔州窜万安军，行改雷州，八月十五日，被朝廷以所谓"复辟罪"赐死。

2020 年版《枫亭镇志》中有《蔡攸传》，不妨把全文抄录如下：

蔡攸（1077—1126），字居安，蔡京长子。早年以父荫入仕，哲宗元符中在京裁造院作监守，徽宗时为端王，每退朝，正逢蔡攸上班赴院，在路上遇端王，必下马拱立，王问左右，知道是蔡承旨（蔡京时为翰林承旨）子，心里对蔡攸有了好感。到了徽宗即位当上皇帝，记起蔡攸，遂有宠。

崇宁三年（1104），在鸿胪丞职上，被赐进士出身。除秘书郎，以直秘阁、集贤殿修撰，编修《国朝会要》。二年间，官至枢密直学士。

大观元年（1107）正月，蔡京第二次入相后，蔡攸加龙图阁学士，兼侍读。详定《九域图志》，修《六典》，提举上清宝篆宫、秘书省两街道录院、礼制局。政和五年（1115）四月初，置宣和殿，以蔡攸首任宣和殿学士。政和七年（1117），又以以蔡攸为宣和殿大学士，宣和元年（1119）提举大晟府。

据元朝人脱脱《宋史·礼乐四》记载，宋徽宗之前，已对宫廷所用的雅乐和晏乐作过六次改动，都未取得好的效果。蔡攸对先前的理论有所修正，在实践上先后对镈钟、匏笙、编钟等多种乐器的制造和配置作了改进，完成了大晟乐制作，使之留传下来。大晟舞至今为大型祭祀活动所使用。据《宋史·艺文志》，蔡攸著有《燕（晏）乐》三十四册，可惜失传。

蔡攸历任开府仪同三司，镇海节度少保，可以随时进见徽宗。宋人笔记和《宋史·蔡攸传》都说蔡攸曾与大臣王黼一起，参与宫中秘戏，遇到曲宴陪侍时，竟穿着短衫窄袴戏服，涂抹青黄油彩，杂在娼优、侏儒演员之间参加演出，演唱市井淫谑浮浪之语，以蛊惑帝心。有的人据此认为深谙音乐的蔡攸可能也对宋元戏曲有过影响，蔡攸家乡著名全国的莆仙十音和莆仙戏也许与他和他的家庭戏班有关。仙游民间传说蔡攸每次返乡枫亭赤岭时，总要带一队宫乐，吹吹打打进出。莆仙戏中的《锦庭芳》《叨叨令》等曲谱，就是出自宋廷的宫乐。

蔡攸妻宋氏出入禁掖，子行，领殿中监。

宣和四年四月，徽宗举行伐辽燕山之役，企图收复燕云十六州。以童贯为主帅，以蔡攸为宣抚副使。行前蔡京寄诗一首："老懒身心不自由，封书寄与泪横流。百年信誓当深念，三伏征途盍少休。目送旌旗如昨梦，心存关塞起深愁。缁衣堂下清风满，早早归来醉一瓯。"对这次轻率举行的燕山之役感到"深愁"，而蔡攸不习军事，认为功业可唾手致之。《宋史·蔡攸传》说："入辞之日，宫中二美嫔侍上（徽宗）侧，攸指而请曰：臣成功归，乞以是赏。帝笑而弗责。"宋军初战不利，退回宋境雄州，后宋师与金国再约攻，再次进入辽境，辽将高药师等以涿、易两州迎降，宋军势大，金国又迅速攻下燕山等地，宋廷则以厚金赎买燕山等地，总算收复旧地六州，以北伐成功，报捷庆功。进蔡攸少师，封英国公，还朝领枢密院。王黼罢相时，徽宗原欲大用蔡攸，既而悔之，徙封燕国公。

宣和七年（1125）底，金兵大举南侵，直逼黄河，徽宗决意内禅，徽宗先把此意透露给蔡攸，蔡攸当天找吴敏和李纲商量，后全体执政大臣入见，徽宗亲书"传位东宫"四字，手诏授予李邦彦，邦彦不敢承接，徽宗便付于蔡攸。蔡攸不多言，退下后就令给事中吴敏草诏。钦宗立，任命少宰李邦彦为龙德宫使，进封蔡攸为太保，吴敏为门下侍郎。徽宗作为太上皇，退居龙德宫。

十天后的靖康元年（1126）正月初三夜，徽宗带着大部宗室以去亳州烧香为名出避江南，后驻镇江。临行时钦宗颁下诏书任命蔡攸、朱勔等为护驾扈从。二月十日金兵撤围后，流言纷起，说徽宗将于南方复辟帝位，钦宗降诏蔡攸，要求蔡攸"劝道君皇帝早回銮舆"，蔡攸和李纲一起，力劝徽宗回京，父子消除误会。但钦宗在耿南仲等人的挑动和操纵下，过度猜疑徽宗有复辟企图，待徽宗回京即加于软禁，然后就对先朝大臣加于清洗和杀戮。

蔡攸起初以陪护太上皇回銮有功，只以轻罪责为太中大夫，继而安置永州，连改浔州、雷州，七月蔡京于流放途中病死，御史言攸"罪不减乃父，燕山之役，祸及宗社，骄奢淫佚，载籍所无，当窜诸海岛"。诏置万安军，接着以复辟罪，遣使者陈述，到蔡攸流放所至之地，将他赐死，年五十。元人脱脱《宋史》中，蔡攸入奸臣传。

蔡攸弟弟蔡絛对钦宗可说是忠心耿耿，并无任何过错，竟也一并赐死。钦宗赐死蔡攸的诏书材料失传，南宋人王称所著《东都事略》书中说：

钦宗必欲诛之（蔡絛），命御史陈述即所在斩之。

"必欲"两字显示钦宗杀絛罪出无名，提到蔡絛之死，又说："既而有复辟之谤，与攸俱被诛。"可见罪名就是"复辟"，而所谓"徽宗复辟"本就是"谤"言，这在南宋时已有定论。"攸之诛也，御史陈述且行，帝取诏批其尾曰：絛亦然，于是并诛。"可见钦宗杀蔡絛竟是在陈述要去执行蔡攸死刑临行一时想起，顺便添加而杀。

2020 年版《枫亭镇志》中也载有《蔡絛传》，全文如下：

蔡絛（音 xiāo,？ -1126），莆阳蔡氏第七代，蔡京第三子，初以恩泽为亲卫郎，大观三年（1109）进士及第，历秘书丞。宣和时为礼部尚书兼侍讲、保和殿学士。据《宋史·蔡絛传》，"时絛弟兄亦知事势日异，其客傅墨卿、孙傅等复语之曰：'天下事必败，蔡氏必破，当亟为计。'絛心然之，密与攸议，稍持正论，故与京异。然皆蓄缩不敢明言，遂引吴敏、李纲、李光、杨时等用之，以挽物情。寻加大学士，提举醴泉观。"

宣和七年（1125）十一月，金兵第一次入侵，徽宗禅位于钦宗，自己带着宗室大部以去亳州烧香为名，出避江南，后驻镇江。钦宗于十二月二十三日即位后，朝廷战、避之议未决。蔡絛上书新皇帝，极力劝说新皇离开首都，出幸兵力较强、易守难攻的陕西一带，组织力量以候反攻。靖康元年（1127）正月初一日，得对于延和殿，钦宗皇帝接见时赞成蔡絛的想法，要蔡絛立即去陕西任节度使，"为朕先去鸠兵敛赋，候朕之来也"，升蔡絛为资政殿大学土，"令知永兴军先去。候朕至"。

但许多大臣主张皇帝也须留下坚守宋都开封，反对蔡絛的建议，甚至发动京城士兵和百姓来阻挡皇帝西幸。钦宗后来却屈服于守城派，取消西幸计划。改派蔡絛以资政殿大学士知镇江府（江苏镇江），并命他不必上殿谢恩，星夜赴任。

二月十日，金兵撤围，有流言传至京师，说徽宗将复辟于镇江，舆论涉及蔡絛。钦宗令李纲与蔡攸劝迎徽宗还都，而责蔡絛昭信军节度副使。

靖康元年（1126）七月，蔡京死于流放途中，钦宗又给蔡攸加上企图复辟的不赦大罪，八月十五日朝廷下旨以所谓"复辟罪"赐死蔡攸，命御史陈述赶赴蔡攸流放途中所在处斩之，御史陈述将出发时，"帝取诏批其尾曰：絛亦然，于是并诛。"脱脱《宋史》又说："既而有复辟之谤，与攸俱被诛。"可见罪名就是"复辟"，所用"谤"字说明所谓"徽宗复辟"本就是"谤"言，蔡絛是被冤杀，这在南宋时已有定论。清·毕沅《续资治通鉴·宋纪》卷一百六十中，说到魏了翁以状上奏，言及："蔡絛而谥文简"，则知蔡絛被冤杀后在南宋时得到平反赐谥，应在高宗或孝宗时。

蔡絛也是北宋著名书法家，现流传最广是《致子通都监》尺牍。莆田市三清殿保存宋徽宗瘦金体亲书《神霄玉清碑》一块，上有蔡絛题额"神霄玉清，御制御书"八字。落款为"保和殿直学士、朝请大夫、提举上清宝箓宫、编内御笔兼礼制局详议官、校正内经同详定官、赐紫金鱼袋臣蔡絛奉圣旨题额。宣和元年（1119）八月十三日，奉圣旨立石"。

钦宗、耿南仲小集团不肯积极抵御金兵，却一味地制造内讧、杀戮大臣以求清一色的统治，这种倒行逆施，在当时就遭到了社会的普遍谴责，时人讽刺他们的各种顺口溜层出不穷，《避戎夜话》说：

时为语曰：不管肃王，却管舒王；不管燕山，却管聂山；不管山东，却管陈东；不管东京，却管蔡京；不管河北界，却管秀才解。切中时病如此。

肃王是钦宗的弟弟，当时为质在金营，舒王是王安石，徽宗时附祀孔子神位旁，时人讽刺朝廷不想办法救肃王，不去保卫燕山以东的大片领土，而孜孜不倦地去开展对蔡京的"大批判"，只关心废黜王安石，恢复春秋博士考试、争论秀才"退归"和"退送（宋）"这些不急之务。

金军在靖康元年十一月下旬再度兵临开封城下，钦宗严密封锁消息，徽宗一无所知。同年闰十一月下旬，金军攻破开封外城四璧，钦宗甚至采取断然措施，逼迫徽宗及其皇后郑氏从龙德宫迁入延福宫。

后来，金兵攻破京城，徽宗被押解出皇宫时，他气愤地说：

"朝廷既不令南去（让我去南方），又围城时聋鼓我不令知，以至如此。"又说："恨我揖逊如礼，退处道宫，朝廷政事并不与闻，唯一听命，未尝犯分，自处若此，获报乃尔！有愧昔人多矣！"

这里"昔人"似指蔡京父子等旧臣。当徽宗见到他的败家儿子钦宗时，大哭骂道：

你若听老父之言，不遭今日之祸！

二帝被掳北狩途中，徽宗作诗：

九叶鸿基一旦休，猖狂不听直臣谋。

甘心万里为降虏，故国悲凉玉殿秋。

埋怨儿子和悔恨心情，溢于言表。一年多后，徽宗的随行朝臣曹勋从燕山逃回南宋，带回徽宗拆下衣领写的"可便即真，来救父母"，并替徽宗口头转达高宗：

艺祖（宋太祖）有碑藏于太庙，誓不诛大臣、言官，违者不祥，故七圣（七代皇帝）相袭，未尝辄易，每念靖康中诛罚为甚，今日之祸虽不止此，要知之戒焉！

82

亡国之痛

靖康元年闰十一月二十五日金兵登城，连打带谈，总共守城才一月左右，有记载说京城陷敌由于郭京的"六甲神兵"。

郭京是当时夸口能防守京城的大神棍，他宣称要搞起了一支"六甲神兵"的特种部队。名额为七千七百七十七名，然后，他用法术让这些人全部隐身。大臣孙傅居然相信他的话，并加于实施。这支"六甲神兵"皆由市井无赖而成，只要报名者生辰八字相合于郭京的神奇阵法，不问武艺，即可招用。驻劄在天靖寺中好吃好喝，而不用出战，提出怀疑和反对的人都遭到官府痛斥。事急，人们要求郭京出兵，郭笑着说："莫急，待吉时出战。"闰十一月二十五日，开宣化门，郭京"六甲神兵"出。金兵一冲即垮，弃城而逃，金军顺势登城。另据《大金国志》卷二十七，当时金兵只遣"八壮士先登，城上果乱散走"。东京陷落。

金兵攻陷京城后占领城墙，仍然驻兵城外并不直接下城抢劫，而是胁迫钦宗出城，然后利用钦宗和他的朝臣以及开封府做工具，极力榨取金银财富，掠夺妇女、匠人。

闰十一月三十日，钦宗亲入斡离不大营，陪同他的有两位亲王叔叔，宗室、大臣近四百人。主和派孙觌起草降书，《大金吊伐录》卷三载《宋主降表》：

臣桓言：伏以今月二十五日，大兵登城，出郊谢罪者。长驱万里，远勤问罪之师；全庇一宗，仰戴隆宽之德。感深念咎，俯极危衷。臣诚惶诚惧，顿首顿首。猥以渺躬，奉承大统。懑不更事，济以学非。昧于知人，动成过举。重烦元帅，来攻陋邦。三里之城，已失藩维之守，九庙之祀，当成煨炉之余。不图深仁，曲假残息。兹盖伏遇伯大金皇帝乾坤之德甚溥，日月之照无私。不怒之威，既追综于汤武；好生之德，且俪美于唐虞。弗念一夫之辜，特全万人之命，宇宙戴肃，宗社获安。文轨既同，永托保存之惠；云天在望，徒深向往之诚。无任瞻天望圣，激切屏营之至。谨奉表称谢以闻。臣桓诚惶诚惧，顿首顿首，谨言。

天会（金国年号）四年十二月日。

这封降表极尽卑躬屈膝之媚态，全无半点自尊。而金人还屡加挑剔，令宋廷多次修改后才被金帅接受。这孙觌以文学见称，靖康攻击蔡京时最为激烈，可与现代人物姚文元一比；而此时作辱国之章，更加文彩并茂，深被时人不齿。以致南宋高宗追究亡国责任人时，让他背上一个大大的处分。

金使提出：绢和缎各一千万匹，金绽五百万条（每条为五十两），银绽一千万条。其中金与银各是第一次入侵时所索要的五十倍和十倍。这是宋廷根本不可能支付的数目。

金军首先向钦宗索取的就是"干戾人"（意为挑起战争的战犯）蔡京、童贯、吴敏、李纲等九人及其家属，《大金吊伐录》卷三上载有钦宗写给金军的《送蔡驸马书》：

赵桓谨致书于大金国相元帅、皇子元帅：近蒙惠书，具见美意，不胜感激。所需奸臣亲属，谨应如命。但以前此误国，尽窜岭外，独有蔡京之子絛，见于除名勒停，缘系驸马都尉，当时不曾远窜；今令枢密都承旨王继押送军前，余人方在围城中追究未得，更候续次根寻遣发，不敢少有失信，凝寒在候，倍冀珍啬，不宣。白。

福金帝姬又称茂德公主，是蔡京的媳妇。重和元年（1118）下嫁蔡京儿子之一蔡鞗，夫妇两人于正月二十八日被送往金营。据宋人笔记《雏凤清声》载：

宋使邓珪尝称妃嫔、帝姬之美，二皇子获蔡京家婢李氏，本宋宫女媵，福金帝姬嫁蔡，刺问益详，因议和亲。

这位金军统帅之一斡离不（二太子），是从负责宋廷与之联系的内侍邓珪嘴里听到宋宫嫔嫔、公主、宗妇们的美貌，尤其是福金帝姬美貌绝伦，而生垂涎之心；又从蔡京府中一侍女李氏（前为宫女）听得更为详细。在十二月十一日，遂向暂押在青城金军寨中的钦宗威胁说：

福金帝姬是蔡京媳妇，理应发遣，迟则和议不成。

并要钦宗把福金帝姬"和亲"给他，否则和议不成。懦弱的钦宗则下手诏开封府曰：

比者（目前）金人已登京城，按甲和议，不使我民肝胆涂地，时事至此不获已（不得已），已许帝姬和亲……

钦宗随后要斡离不向徽宗征求意见，遭到徽宗严词拒绝，他说：

我与若叔（你叔金太祖），各立一国，国家各有兴亡，人各有妻孥，请二帅孰思。

但事实上，福金帝姬在入金军寨中当晚已被斡离不瞒着粘罕关押到自己寨中，不幸的福金帝姬第二年即死于金国。

在这场浩劫中遭受磨难的女姓不止福金帝姬一人。钦宗在青城时手押同意：

原定犒军金一万锭，银五百万锭，须于十日内输交无缺，如不敷数，以帝姬、王妃一人准（抵）金一千锭，宗姬一人准金五百锭，族姬一人准金二百锭，宗姬一人准银五百锭，族姬一人准银二百锭，贵戚女一人准银一百锭，任听帅府（金方）选择。

京城金银在前次围城时大部搜去，这次民间所剩不多，加上府库所藏都由开封府安排运去金寨，仍远远不够这个数额。于是，开封府全面彻底地按金军开列名单搜捕所有宗室，尤其是把宗室女姓送到金军寨中抵债。《靖康稗史笺证》一书中载有当时开封府向金军汇报此事结果的文件，称作《开封府状》，文中详细开列捕送给金方的皇子，近支郡王、帝姬、皇孙、皇孙女，道宗（即徽宗）妃嫔，少帝妃嫔，亲王妃、王女、驸马等名单：

计送纳妃嫔 83 人、王妃 24 人、帝姬 22 人，……都准（即总计抵算）金 60 万单（又）7700 锭，银 258 万单 3100 锭。

这些不幸的女性大部死于金军北返路途和到金国后所受各种虐待。《开封府状》还特地向粘罕解释福金帝姬一事：

福金帝姬实是正月二十八日归入蔡京、王黼、童贯遗存家属内遣送，原目（名单中）赵氏一名的证。因邓珪传奉国相令旨，福金是皇子夫人位号，应送皇子寨中，以符名谶，遵依送往，非曾匿隐。

蔡京及其几个儿子们在"靖康国难"中实际上并无过错。面对大敌压境国家危难局面，他们是努力地想作出自己的贡献的，且是同时忠于新老两个皇帝的，是遵守各种朝廷律令和识大体顾大局的。他们在"靖康国难"中的遭遇不能不令人同情！他们是钦宗、耿南仲集团无中生有制造的所谓"徽宗复辟"事件的牺牲品，也是新旧党争的牺牲品。若从事变本身看，造成北宋亡于金人之手的直接原因，一是复辟诬陷和新旧党争造成的朝廷内讧，一是军事策略上主张皇帝留守京城以及和战举棋不定的错误。北宋重文轻武，国防失图，在经济取得成功的同时，轻易地被一强悍的外部武力所灭亡，是沉重的历史教训。

《三朝北盟会编》作者徐梦莘，在序言中追述中国历次被外族入侵亡国，认为都发生在国内衰乱之时：

> 皆乘草昧凌迟之时，未闻以全治盛际遭此，其易且酷也。

对北宋在国家相当兴盛之时，轻易亡于外族，深为感慨。有学者说：金国女真族入侵中原，使先进文明被严重摧残，是文明的大破坏和大倒退。金国灭北宋，是落后生产力对先进生产力的胜利，是游牧民族对耕作民族的胜利，是外来奴隶制度对中原封建制度的胜利。在北、南宋之交，处在落后文明阶段的金国女真奴隶主所发动的侵宋战争表现为强烈的野蛮性、掠夺性和残酷性。当时中原各地惨遭金军血与火的洗劫，"杀人如割麻，臭闻数百里"。人口的大量死亡，招致了可怖的瘟疫；瘟疫的流行又招致更多人口的死亡。广阔的原野"井里萧然，无复烟爨"，到处是惨不忍睹的景象。自金国女真人进入中原之后，在野蛮残暴的女真兵的蹂躏劫掠之下，北中国广大地区生灵涂炭，经济倒退，民生凋敝，到处都是萧条景象。即使又经过了几十年，也没能恢复到金军入侵之前的水平。当时，在金军占领区内，"东至沂、密，西至曹、濮、兖、郓，南至陈、蔡、汝、颍，北至河朔，皆被其害"（《建炎以来系年要录》卷4）；"山东、京西等路，荆榛千里，斗米至数十千，且不可得；盗贼、官兵以至居民，更互相食；人肉之价，贱于犬豕，肥壮者一枚不过五十千，全躯暴以为腊"。由于金国女真人的入侵和破坏，当时北中国生产力倒退的严重程度，是难以完全统计的。北宋灭亡之前，仅黄河以北的河北路一地，人口就超过一千万！而在金军灭北宋30多年之后，金国包括秦岭淮河以北的今华北和东北全部、西北大部在内的广大辖区的总户口数只有300多万（参看王育民《金代户口问题析疑》，载《中国史研究》1990年第4期）。

83

南宋初的亡国反思

蔡京死后才数月，北宋遽亡，金人废赵宋，立张邦昌伪楚，虏徽、钦二帝及几乎全部宗室撤兵北去。徽宗第九子康王赵构侥幸漏网在外，拥有少量军队和不多人手，而伪楚帝张邦昌登基不久，就在另一个侥幸漏网的哲宗废后孟氏的安排下，向赵构缴出玉玺和帝仗，从而康王登极，是为南宋高宗皇帝。南宋存在153年，亡于元。

蔡京在靖康中并没有象王黼、梁师成、童贯、朱勔等人那样被宣布入于死刑，朱熹说：

蔡京不见杀，渊圣以尝保佑东宫之故。京当时不主废立，故钦宗独治童贯等，而京罪甚轻。当时执政大臣皆他门下客，如吴元忠（吴敏）辈亦其荐引，不无牵制处。虏人一番（第一次）退时，是甚时节！台谏却别不曾理会得事（办理正事），三五个月，只反倒得京（反倒一个蔡京），逐数百里，慢慢移去，结末方移儋州，及到潭州遂死。

蔡絛《铁围山丛谈》说：

政和间，东宫颇不安，其后日益甚。鲁公（即蔡京）朝夕危惧，保持甚至。

徽宗曾经特别钟爱皇子赵楷而不太在意长子赵桓，蔡京在王黼、童贯企图动摇太子时注意维护东宫，可能是事实。

蔡攸、蔡絛则以复辟谤诛，死得冤枉。但南宋初期蔡京父子在靖康中的遭遇，并未得到辩白机会，蔡京还是被认为误国而对靖康亡国负有间接责任。这首先是由于宋高宗和南宋朝廷需要掩盖父皇和兄皇在北宋亡国事件上的主要责任，需要掩盖靖康内讧中父子相残和妄杀大臣的许多难言的丑陋，需要替罪羊。有学者说：

> 宋高宗为开脱父兄的历史罪责，把国事失图由蔡京上溯至王安石及其新法，由误国权奸之臣承担现实和历史罪责，保持帝后的圣明形象，以表明人思宋德，天眷赵宋。

高宗即位初，受处分的多是在靖康中对亡国负有直接责任的人，高宗的即位诏书中只是稍带提到蔡京、童贯等几位"奸臣"的子孙不予大赦叙复，未认为蔡京应对北宋亡国负主要责任。后几日下诏，要为宣仁太皇太后辩诬（绍圣时追究高氏废立事），贬蔡卞为宁国军节度副使。建炎二年，曾下令毁去蔡京等奸臣墓上刹，并将田地入官拍买。绍兴五年，孟后去世安葬时，又追究蔡确、章惇、蔡卞、邢恕诬陷高氏的责任，追贬蔡卞为单州团练副使，也未涉及蔡京。

孟氏作为宣仁太皇太后高氏安置在哲宗身边的监视人，在高氏死后，被哲宗以厌胜之事废弃。哲宗死后，徽宗在向太后干预下为她恢复名位，但一年左右，又被朝臣以哲宗不宜有孟氏与刘氏两后并存等原因，重新废弃回道宫。靖康年中，道宫被火烧毁，暂居娘家，侥幸漏网。后张邦昌迎入宫垂帘，并将政权移交康王。建炎三年，高宗部下苗傅、刘正彦发动兵变，废高宗，立高宗三岁儿子，逼孟后垂帘。在吕颐浩、韩世忠等人施加军事压力和孟后帮助下，高宗才得以复位。孟后对高宗有大恩，所以高宗对孟后尊重有加。高宗倾向元祐学术，并对元祐之人的子孙给予优待重用，应与孟后的政治态度有关。朱熹说：

高宗初立时，犹未知别元祐、熙丰之党，故用汪、黄，不成人才。汪、黄又小人中之最下、最无能者。及赵丞相（赵鼎）居位，方稍能辨别；亦缘孟后居中，力与高宗说透了；高宗又喜看苏、黄辈文字，故一旦觉悟而自恶之，君子小人之党始明。

蔡京在金国宣布的干戾人（战犯）名单中居首位，可能也与靖康后得不到辩白有关。高宗一开始建立政权，就一直派人出使金国，极力以人心思宋为理由，要求金国批准一个赵姓政权作为金国的臣属，但金国起初不肯接受，要"当穷其所往而追之，候平宋，当立藩辅如张邦昌者"。高宗且战且避，且继续求和，所以对金人所定"干戾人"名单上的人都很小心，李纲在单上有名，建炎初就有人反对李纲任相，理由是"金人不喜"。他任相后不很久就被解除相职，以后又长期得不到应有使用，与高宗要向金人"谢罪"有关。高宗在与金国国书上甚至不用皇帝名号，而甘用"康王赵构"名义。

南宋士大夫中的一些人，主张北宋亡国的主要责任在蔡京，并由此追溯责任到王安石的新法、新学，其中以高宗时二度担任宰相的赵鼎态度最为强烈。赵鼎是两宋之交著名的元祐学术的传人尹焞的嫡传弟子，而尹焞则是后来被尊为理学（道学）的开山鼻祖程颢、程颐的嫡亲门人，所以，赵鼎持较极端的元祐学术观点。建炎三年（1129）六月，高宗在金兵穷追下流亡海边，一日，与臣僚议论时政得失，时任司勋员外郎的中级官员赵鼎上奏说：

凡今日之患，始于安石，成于蔡京，其余童贯、王黼辈曾何足道？今贯、黼已诛，而安石未贬，犹得配享庙廷，蔡京未族，儿孙饱食安坐，乃谓时政阙失，无大于此者！

建炎元年（1127）五月二日，尊元祐皇后孟氏为元祐太后，诏：

宣仁圣烈皇后（高氏），有安社稷大功，奸臣怀私，诬蔑圣德，可令国史院摭实刊修，播告天下。

五月十七日，追贬故相、汝南忠怀王蔡确为武康军节度副使，知枢密院事、卫文正公蔡卞为宁国军节度副使，故御史中丞赠少师邢恕为常德军节度副使，坐诬谤宣仁后，且自言有定策功也。

绍兴四年八月，直史馆范冲入见宋高宗，论议重修《神宗实录》。谈到《哲宗实录》，范冲说："未论其他，当先明宣仁圣烈诬谤。"高宗说："正当辨此事，本朝母后皆贤。"范冲是范祖禹之子，范祖禹因修《神宗实录》墨本不实，于绍圣年中贬岭外而死。

绍兴五年（1135）八月十八日，高宗御笔：

> 章惇、蔡卞诋诬宣仁圣烈太后，欲追废为庶人……岂不蔑太母九年保佑之功，累泰陵终身仁孝之德……可令三省取索议罪来上，当正典刑，布告天下。

二十六日，故特进申国公章惇追贬昭化军节度副使，蔡懋追贬单州团练副使，各人子孙不许除在内职任用。此项处罚未及蔡京。

绍兴八年（1138）七月，时任宰相的赵鼎因重修《神宗实录》事，又对高宗说：

> 崇、观之失，不归之蔡京，使何人任责（不归罪蔡京，要什么人来承担罪责）？今士大夫力主京者，皆厚私恩而薄祖宗之人也，愿陛下深察之。

他说为蔡京说话的人是看重蔡京过去对他们的恩惠，而薄待朝廷祖宗。言下之意是，他们不要蔡京来承担罪责，难道要让徽宗、钦宗来承担罪责？可见直到南宋开国十多年，不同意蔡京为亡国负主要责任的士大夫还是大有人在。

范冲继其父业，秉承反对王安石最烈的左相赵鼎之意，在重修《神宗实录》时变本加厉的抹黑王安石，更将王安石所著《熙宁日录》和绍圣年间第二次修订的朱墨本《神宗实录》全部销毁，无可再见。而重修的《哲宗实录》（新录）不遗余力地为宣仁高氏辨护，对《旧录》中蔡确受遗定策的记载一一加于"辨诬"，说《旧录》一些记载不合宫廷礼制，实际上

《神宗实录》朱本是神宗向皇帝亲阅，《哲宗旧录》是徽宗亲阅，其中蔡确传及立储事是徽宗御制，难道向后身为皇太后，徽宗身为皇帝，而不明白宫殿礼制，只有事隔六十多年的范冲才懂得吗？例如旧录《荆王頵传》《燕达传》中的许多细节既难于编造，也难于说无，范冲只好不加论辩就以"如此诬陷，良心何在"之类的措词之后强行删除。所以，新的《神宗实录》修成不久，鼎罢相，张浚就向高宗指出新史不公：

今若不极天下之公，则后人又将不信。

史馆校勘何抡面对时，"乞刊正新录论谬"。知枢密院事沈与求说："此盖史馆各以私意去取，指为报复之资。"高宗认为"但当录其实，而褒贬自见，若附以爱憎之语，岂谓之实录"，"御笔"诏史馆重修，"令本馆更加研考"。但随着张浚因"富平之败"去相，赵鼎复相，这次重修中途搁浅。新修的《神宗实录》和《哲宗实录》遂成后世官私修史的主要依据。

南宋建炎、绍兴期间，随着官方为宣仁"辨诬"调子的固定，一些从前记载中所没有过的有关哲宗继位前后的描述也屡有出现，例如"桃著白花"之事。说的是高太后有两个内侄高公绘和公纪，蔡确和邢恕很想向他俩探听高太后对神宗之后由谁继位的态度，苦于高公绘不答应私下和他们会面，蔡确就叫邢恕向两高撒了谎，说邢家庭院中桃树奇怪地开了白花，可以治皇帝的病，邀请去看看，把两高骗到邢家，高问白花何在，邢拉着两高的手说："右相（蔡确）令布腹心，上疾未损，延安郡王幼冲，宜早定议。雍、曹皆贤王也（意为蔡、邢两人主张舍延安郡王而立赵颢或赵頵）。"两高惊曰："此何言，君欲祸我家邪！"急趋出。恕计不行，反过来说"雍王颢有觊觎心，皇太后将舍延安郡王而立之，王珪实主其事"，与内殿承制致仕王棫共造诬谤。这一描述竟说蔡确欲立赵颢为帝，事理上根本讲不通，却被官方大力宣扬，直到现在有时还被人采用。

南宋史家李焘于宋孝宗淳熙年间完成《续资治通鉴长编》中，神宗、哲宗、徽宗、钦宗几朝的编纂工作，对元丰末年立储前后的历史极为用心，书中用去五六万字的篇幅详细地开列出各种相关史料，以供后人阅读时能够加于思考。虽然基本上也以当时官方口径叙事，但他说：

元丰末建储事，诸家异说，绍兴史官（指哲宗新录）既别加考定，专取元祐旧文（取信高氏临朝时形成的记载），固得真实矣，第恨弗详（固然是真实的，但不详尽）。

他说那时一些人怀疑高太后有迎立神宗弟雍王赵颢的迹象，"盖由王珪任首相，不早建白立太子，致蔡确、章惇、蔡京等得乘隙造谤，而萌芽则自邢恕发之"。又说"蔡确令蔡京领刬子入内庭，必有理由来骗王珪，故珪不以为疑。要不然开封知府与朝廷立储之事能有什么关系，此正说明王珪愚暗耳。若珪能即拒，既无疑似之迹，则横祸又何从而来？疑似之迹，当时不过如此耳"。李焘这段话，排除了王珪有拥立太子的主动性，言下之意，不否认蔡确当时建议立储的作用。

李焘在引用《哲宗实录》中"辨诬"的材料后，却不客气地指出其中许多错误。如：

确贬新州，恕责永州，皆元祐四年五月事。挚（刘挚）拜右仆射，乃六年二月事，不知新录何故相连书之（把相隔如此长的两事连在一起记载了）。

又如：

恕除起居舍人，在元丰八年七月二十四日，方神宗寝疾时，恕但为职方员外郎。公绘、公纪迁团练使，在哲宗即位后，此时但为刺史耳。《新录》稍似牴牾，今改之。

指出"桃著白花事"连当事人邢恕、高公绘、公纪三人，当时的官职都记载错了，令人不禁怀疑这一记载的真实性。他还说：

又不知所称桃著白花出何等文字？当考。

李焘的办法是：

悉取异说附见于后，犹孟子必著许行、杨、墨等语，不用扫除绝灭之也。

把所有的相关史料一一列出，好让后人有独立思考的余地。还为自己这样做找了个理由，说孟子也把意见不同的许、杨、墨等的理论都写到自己书里呢！李焘的史学良心，他对官方口径和客观史实间的兼顾处理方式，笔者认为可供后世人效仿。

翻阅为南宋早期的艰难立国作出重大贡献的程俱，叶梦得、李纲等人的文集，就可以看出这点，时至绍兴十年之后，程俱仍在自己的《北山集》中保留了与蔡京一家往来的文字，如《蔡少师（蔡攸）问候》《代蔡鯈谢表》《和蔡待制放蝉》，叶梦得在《石林燕语》中提起蔡京仍尊称蔡鲁公，被人称为"尊舒（舒王为王安石）党蔡，绍述之徒"，李纲在《靖康传信录》及其文集中没有文字认为蔡京应对亡国负责。且收入他宣和时为朝廷起草的诏述王安石新法的诏书。南宋中期写作的宋人笔记《清波杂志》中说：

石林（叶梦得）为蔡京客，故《避暑录》所书政、宣间事，尊京曰鲁公，凡及蔡氏事，每委曲回护，而于元祐，斥司马温公名。何也？建炎、绍兴初，仕宦者供家状，有不系蔡京、王黼等亲党一项，"今日江湖从学者，人人讳道是门生"，石林其矫一时之弊耶。

如此看来，南宋初期朝廷对蔡京是持负面评价，曾一度要求入仕者不系蔡京、王黼等亲党，不久即取消了，而赵鼎所说"力主蔡京者"尚多，蔡京的名声还没有南宋后期那么坏。

蔡絛和《北狩行录》

蔡絛（tiáo），莆阳蔡氏第七代，蔡京第五子，生卒年不详。北宋重和元年（1118）十一月十八日，与宋徽宗的女儿福金帝姬（又称茂德帝姬）成婚。《宋会要》和元《宋史》都称：

茂德公主，崇宁二年三月封延庆公主。大观二年二月，改封帝姬。先称康福帝姬，重和元年，改封茂德，降宣和殿待制蔡絛。

然在靖康二年《开封府状》中，则称"福金帝姬"，或是因出生后即起名"赵福金"。

徽宗把心爱的四女儿嫁于蔡京家，婚礼流程安排得甚为隆重。《宋会要·帝系》八对此记载甚详。

先是在婚前8个月，政和八年三月（即重和元年三月，其时未改元）十六日，给蔡絛进官朝散郎，宣布招为驸马。诏：

太师、鲁国公蔡京男絛为朝散郎、宣和〔殿〕待制、充驸马都尉，选尚康福帝姬。

宋代驸马都尉带文阶自蔡絛始。

三月二十四日，中书省请示蔡絛朝拜时的立班位置，言："检会蔡絛已奉御笔除朝散郎、宣和殿待制、驸马都尉，其叙位立班未有指挥。"诏"叙位立班在诸待制之上"。

蔡京认为儿子既为驸马，自己便成皇戚，依例戚里家属不宜为三省执政官。故在四月六日，太师蔡京言：

> 男絛已蒙宣系，选尚康福帝姬。检会崇宁诏书：今后勿复援韩忠彦例，以戚里家属为三省执政官。乞免五日一赴都堂治事。

诏答不允。是后，以帝姬下降（成婚）毕，再上章乞罢，不允。

古代媳妇成婚过门后，要对舅姑（公与婆）行执巾盥馈（侍候洗濯）之礼，茂德贵为皇女，蔡京谦辞此礼。婚礼前一天，十一月十七日，太师蔡京言：

> 今月十八日，茂德帝姬下降。依《新仪》（五礼新仪），见舅姑行盥馈之礼。乞赐寝罢。

徽宗诏答曰：

> 朕以礼貌师臣，眷遇元老，特遣稚女，使联姻娅。而枣栗之体（新妇早间拜见舅姑献果），芹藻（可食水草）之奉，盖治平、熙宁已行之旧，是遵祖考彝宪，及有诸姬近例，乃亦报施。尚齿贵老（尊尚老人），盛事可嘉，卿何辞焉？况《五礼新仪》初颁天下，法行自近始。卿当勉此，以风天下，所乞宜不允。

十八日，茂德帝姬下嫁蔡絛，淑妃刘氏率宫闱掌事人送至第。

徽宗对坚持茂德对蔡京行盥馈之礼颇为自得，二十九日，手诏：

> 神考治平间亲洒宸翰，洎降诏旨，以王姬下降，躬行舅姑礼。革去历代沿习之弊，以成妇道，以风天下，贻谋后世，甚盛之举也。于是崇宁、大观以来，诏有司讲求典礼，继颁《五礼新仪》，著为永法，遍行天下。近闻自降诏以来，前后帝姬下降，虽有奉行《新仪》之名，元（原）无实迹。兼舅姑亦不端坐，及闻反有下拜之礼（舅反有下拜媳妇），甚失祖考

本意。兼所降《新仪》，殆成虚文。可自今后，帝姬下降，仰恪遵《新仪》，并服褕服（婚礼服）、花钗冠升车，并见舅姑。若帝姬沿习（皇女不拜舅姑的旧习），不肯设拜，只责管干官司、女相赞者及内谒者。如违，以违御笔论。仍闻帝姬、都尉合髻，所服不经，别无稽据，亦令礼制局讨论以闻。

婚礼一月后，重和元年十二月十六日，手诏："蔡儵选尚茂德帝姬，其父京子孙一十一人，内六人白身，各补初等官，仍并赐紫章服。"

婚后才一年多，宣和二年（1120）正月十日，诏："车驾幸茂德帝姬宅，驸马都尉、朝奉大夫、宣和殿待制蔡儵可特转中大夫。"

宣和四年（1122）十一月五日，诏：

茂德帝姬长男蔡愉，依例合奏补武节郎，可特与文资内安排，补授通直郎。

这时蔡儵与茂德的长子蔡愉几岁不详。

宣和六年（1124）四月十七日，诏："通议大夫、保和殿待制、驸马都尉、提举上清宝箓宫蔡儵自除侍从选尚已六年，可特与除保和殿直学士。"

上述史料俱载《宋会要·帝系》八。《十朝纲要》卷十八中还有一条："宣和七年（1125）三月二十九日，赐蔡儵进士出身。"

据蔡絛《铁围山从谈》，宋徽宗平时喜欢与蔡家兄弟以排行相称，而不直呼其名，如以"蔡十三"称蔡儵，政和至宣和间，徽宗曾六次驾幸蔡家鸣銮堂，相见以家人礼，蔡京写有《鸣銮记》一文记述此事。

靖康元年（1126）二月二十九日，蔡儵受侍御史孙觌劾奏：钦宗诏："保和殿直学士、驸马都尉蔡儵换深州防御使。"

靖康元年五月一日，钦宗诏："蔡京、朱勔子孙已分送湖南。如本中州军数少，分送江西远地。"于是，蔡行移洪州，絛潭州，脩衡州，絛邵州。并安置䣄、亢（左双人旁）元州，徽道州，朱汝功移桂阳监，汝文彬州，并居住，其子各令随待。唯蔡鞗以驸马都尉免窜。

靖康元年七月二十一日，蔡鞗同蔡京子孙 23 人并勒停。

此后年底金兵攻陷北宋京城开封，妻子惨遭金人掳虐，而蔡鞗作为"干戾人"蔡京的家属和宋宗室驸马的双重身份，当然也无法逃脱被金军作为俘虏押往北方的命运。但各种史料表明，在以后多年俘虏的苦难生涯中，他紧紧贴靠在徽宗身边，与老皇帝患难与共，忠心耿耿。徽宗凡有事，都首先与蔡鞗商量，徽宗凡有危难，他总是挺身而出。蔡鞗应徽宗要求，撰写《北狩行录》一书，详细地记录了徽宗北狩八年生活中的事情。南宋《三朝北盟会编》作者史学家徐梦莘把它全文 8000 多字全部抄录于绍兴十二年迎回徽宗梓宫和韦太后一事的记载中，一字不漏，最后还慎重地加上"北狩行录终"几字。

早在建炎二年（1128）六月，曹勋从金国逃回南宋时，就向南宋朝廷汇报了蔡鞗帮助徽宗把一封信送给金国高层的事。说"道君北狩，一日谓驸马都尉蔡鞗曰：荷天眷佑，建炎中兴，今草得一书，欲厚遗本路都统，求通于左副元帅（即粘罕）"。这段记载见于曹勋所著《北狩见闻录》，而在蔡鞗自撰《北狩行录》中，载此事和徽宗致金国高层左副元帅粘罕书更详，是一份很宝贵的史料。蔡鞗写道：

自燕京迁居房部相府院，（徽宗）每思宗社，寝膳俱废，一日谓都尉蔡鞗曰："宸极失御，播越至此，览观以前载记，厄运之困，古今未有。荷天眷佑，建炎中兴（指南宋），亿兆攸归，奄有江左，虽居沉劫，思有以少助继天之祚。今草得一书，欲厚遗本路都统（金国中级官员），求通于左副元帅（粘罕），卿为我与秦桧商量，更润饰之。恐有人至。"鞗曰："圣述高妙，非臣等所及。"

是时，秦桧亦寓中京。初大金军至城下，以议上徽号邀请渊圣皇帝（钦宗），遂留宿青城，而改朔不叙请议，至二月六日，有易姓（立非赵姓宋帝）之命。翌日，请太上（徽宗）同太上皇后、嫔妃、诸王、驸马，一应皇族尽出，遂议置君，乃令城中共举，前乞立张邦昌；秦桧职在御史，奋不顾身，历陈（历数）邦昌平日履行："身为宰相，奉使不死，国难而欲主承大器，非桧所闻。既不能尽忠于本朝，则何以效节于大国？乞立赵氏，以慰民心。"不从。既而太上北迁，知桧等辈欲立赵氏。（秦桧）谓蔡絛曰："天祚吾宋，宋必有主。今圣虑若此，定膺昭格，文华理胜，虽游夏不能措辞于其间。"明日，具酒肴邀本路都统与之（将徽宗信给都统），后闻其达粘罕。其书（徽宗之信）曰：

某自北来，众所鄙弃，独荷左右见怜，故知英雄度量，与俗不同也。尝欲通书于左右，而自卜自疑，因循至今。某闻惟大英雄之人，然能听大度之言也，敢略陈固陋，惟左右留神省察。

古之君子，莫不以济世安民为己任。故有一国士者，止能安一国之人；有天下士者，然后能安天下之人。是以尧舜禹汤之君，而辅以皋夔稷契之臣，则日月所照，风雨所及，莫不被其泽，载在典籍，昭然可考，不在一、二陈也。

且以近事言之，昔唐之太宗起自晋阳，奄有天下，征伐荒外，西破高昌，北擒颉利，可谓王者之师，莫强乎天下也，而远思长久之计，知突厥稽首戴恩，常为北藩，故唐之亡也，终赖沙陀以雪国耻。又，匈奴冒顿单于围高祖（汉高祖）于白登，七日不食，当时若欲之（攻下白登），如俯拾地芥。冒顿单于不贪近利，以为远图，使高祖得归奉祭祀，故得岁受缯币，举中国珍宝玉帛，奉约结好。后匈奴国乱，五单于争立，终得宣帝（汉宣帝）拥护呼韩。近契丹耶律德光责石氏之失约，长驱至汴，举石氏宗族迁之北荒，然中国之地亦不能守，以至糜烂灰烬，数十年之间，生灵肝脑涂地，而终为刘知远所有。比之唐太宗、冒顿单于，其英雄度量，岂不万万相去远哉。

先皇帝（金太祖阿骨打）初理兵于辽东，不避浮海之勤，而请命于下吏（徽宗），蒙先皇帝约为兄弟，许以燕云。适云中妄人啸聚不逞，某之将臣巽懦，怀首鼠之两蠕，某以过听惑于谬悠之说，得罪于大国，之初深自克责，黜去大号，传位嗣子，自知甚明，不敢怨尤。

近闻嗣子之中，有为彼人之所推戴者（宋高宗），非嗣子之贤，盖祖宗德泽在人，至厚至深，未易忘也！不审左右（不知你们），欲法唐太宗、冒顿单于，受兴灭继绝之名，享岁币玉帛之好，保国活民，为万世法耶？抑欲效耶律德光，使生灵涂炭，而终为他人所有耶？若欲如此，则非某所知；若欲如彼，当遣一介之使，奉咫尺之书，谕嗣子以大计，使子子孙孙永奉职贡，岂不为万世之利哉！伏惟左右（你们）以命世之才，当大有为之时，必能听大度之言也。

昔人有为赵使秦者，秦王问赵可伐欤？赵使对曰："里人有好色者，好色之患，世所共知，而母言之则为贤母．妻言之则为妒妇。"今日之事，大类此矣。惟麾下多贤，必能审处。言欲尽意，不觉缕缕。惟伏台慈，有以照察，幸甚，幸甚！

徽宗在此信中分析了本民族和外族互相消长的历史，指出只有适当地和平共存，才有利于共同发展，提出金国应与南宋和谈。蔡絛按照徽宗的要求，将信送到也被俘虏到金国但已在金营中任幕僚的秦桧处，由秦桧通过金国本路都统送达粘罕处。此信当对粘罕和一些金国高层后日主张与南宋和谈有重大影响。

绍兴三年（1133）六月二十四日，徽宗的儿子沂王赵㮚和驸马都尉刘文彦，卑鄙地向金国当局诬告徽宗和大臣们谋反，金兵立即陈兵宋俘驻地周围。事态非常严重，蔡絛当天知道此事，立即转告徽宗，第二天自告奋勇，到金营询问事态，后又由蔡絛召开宗室亲属及随行臣僚会议，在大家一片惊惶中，蔡絛说：

吾侪前日不死国难，二帝播迁，已有愧于前人！不意逆党出于至亲至爱之间，捐躯效命正在今日。絛身以贯高（汉初赵王的相国。汉高祖刘邦责赵王谋反，贯高揽罪于己，保护赵王。高祖被其感动，赦免贯高和赵王。）自处，愿诸公尽力以徇急难，少有退避者，神明殛之。

以后蔡絛带领众人与告密者在金国当局那里当面对证三天，终使告密者自承诬枉，徽宗和众人转危为安，事后徽宗说：

> 予平日待蔡絛以国士，今日报我，殊不愧德！

《北狩行录》传世，为后世提供了许多研究徽宗在金国时的生活、思想状况的宝贵资料。《三朝北盟会编》在绍兴十二年徽宗梓宫及韦太后归国的记述下全文引用了《北狩行录》一文八千多字。可见当时人公认蔡絛为忠臣，并认可其所述为信史。蔡絛本人此时似已病故，理应得朝廷褒奖，但未见于史籍。总而言之，虽然蔡京靖康中所受处分在南宋初期没有改变，并以误国有责被朝廷和许多人作负面评价，子孙不得仕宦，但也有许多人对此不服气，其本人似不见臭名昭著，其在世家人也生活得还好。

史料不见蔡絛随徽宗梓宫生还宋国的记载，可能经在绍兴十二年前已逝世。蔡絛后代在南宋可能作为皇家亲戚安置在泉州，居住东巷一带，南宋末蒲寿庚降元拒宋，张世杰兵围泉州，蒲军捕杀宋宗室，蔡絛后代向晋江逃散，后移居东石。南宋末蔡姓抗元坚决，如张世杰曾在枫亭一带招兵抗元，蔡曰忠以女儿蔡荔娘许给张作侧室。据说蔡絛后代为纪念祖宗蔡京、蔡絛和宋徽宗，在东石立庙，主神为"赵宋天子"（宋徽宗），主神两边祀蔡京和蔡絛。东石的大宋天子庙后虽倾废，但四周蔡姓举行祭祀时，总要先向原庙址方向跪拜，再拜各自族支祖。厦门同安蔡姓的赵宋天子庙则至今仍在，保持写明"赵宋天子"的神旗、神符、印等法物。此处蔡姓族谱虽记蔡襄为祖，但世代口头相传以蔡京为祖。说他们的祖宗是宰相，外公是皇帝，看来或为蔡絛后代。

绍兴十一年和十四年的两件事

南宋洪迈《夷坚丁志》卷第六中有《王文卿相》条：

建昌道士王文卿，在政和宣和间，不但以道术显，其相人亦妙入神。蔡京尝延至家，使子孙尽出见，王皆唯唯而已，独呼一小儿，谓曰："异日能兴崇道教者，必尔也！"京最爱幼子，再询之（再询问幼子将来）。王拊所呼儿背，曰："俟此儿横金著紫，当赖其力，可复官。"京大不乐。小儿者，陈桷元承也，母冯氏，蔡之甥，故因以出入蔡府。绍兴间，诸蔡废绝。陈佐韩蕲王（韩世忠）幕府，主徽猷阁待制知池州。岁在辛酉，蔡京子孙见存者特叙官。向所谓幼子者，适来池阳料理，陈为之保奏。陈行天心法，食素，真一黄冠耳。

这条史料说，道士王文卿给蔡京家的两个小孩看相，前者叫陈桷（字元承），是蔡京的外甥。道士说他会为弘扬道教作出大贡献，后者是蔡京幼子，蔡京最爱。道士说要等到陈桷"横金著紫"当大官时，赖陈桷之力，才能给这位蔡京的最小儿子叙复一个官职。果然后来陈桷在韩世忠幕下效力，当了池州的（今安徽池州）知州，"岁在辛酉（绍兴十一年），蔡京子孙见存者特叙官"，当时朝廷有旨，蔡京子孙还在世的人可给官当。蔡京的这位小儿子来池州"落实政策"，办理叙复手续。正是这位陈桷，为他保奏，得了一官半职。

如果洪迈没有记错年份的话，"辛酉"是宋高宗绍兴十一年（1141年），朝廷发下诏书，要给蔡京还在世的子孙（见存者）落实政策，"特叙官"。其历史背景可能是当时宋金和议达成，徽宗梓宫和韦太后从金国归宋，宋高宗下旨举国庆祝。蔡京的第五儿子蔡鞗是徽宗驸马，紧跟徽宗身边在金国当俘虏，忠心耿耿地照顾着老丈人，事迹甚为感人。奉徽宗之命著有《北狩行录》，记录了徽宗被俘后的生活、思想状况，给后人留下了一份很宝贵的资料。《三朝北盟会编》在绍兴十二年徽宗梓宫及韦太后归国的记述下全文引用了《北狩行录》一文八千多字。可见当时人公认蔡鞗为忠臣，并认可所述为信史。蔡鞗本人此时已病故，理应得到朝廷褒奖，蔡京遗属可能就在此时得到朝廷叙复了。

如果猜测洪迈的"辛酉"记载是"辛巳"之误，那么，蔡京遗属的这次叙复应发生在绍兴三十一年（辛巳，1130）十月，那是一次史料更充分一些，程度也更为"彻底"一些的叙复。但猜测需要依据，笔者在网上查阅了一些文章，得知陈桷（字元承）确为韩世忠（蕲王）幕下，知过池州，但没查到是否绍兴十一年或三十一年在任。原想从中国国家图书馆网站查阅《池州府志》，不果。

但是，绍兴十一年对蔡京遗属的这次"落实政策"，可能只延续到三年后的绍兴十四年（1144）八月，南宋李心传《建炎以来系年要录》卷一百五十二记载朝廷发下诏书：

> 诏临安府根刷蔡攸家属，押赴原贬所，取收管状奏，时攸之妻子渐至行都，殿中侍御史汪勃论靖康之变由于京、黼，望今密切搜索，特加处分，故有是旨，仍命京子孙二十三人永不量移如初诏时。

蔡攸的妻子宋氏是北宋名宦宋庠之后，其弟宋焕也是徽宗的重要大臣。宋焕在靖康中曾调和徽宗和钦宗之间的关系，受到南宋高宗的高度肯定。蔡攸的妻子宋氏，这时可能是看到贬责蔡京最烈的赵鼎受到秦桧打击重遣在外，也可能是看到徽宗梓宫归国后蔡鞗的忠诚事迹受到朝野的肯定，因此带领蔡京的遗属要到行都临安（今杭州），大概是向高宗皇帝辩白蔡家委曲（也许高宗本有此意）。但受到汪勃等人的强烈反对，以致朝廷重申靖康中蔡京子孙不得量移的诏令，命令蔡攸的家属如到临安（杭州），要押送回原编管地。吕本中《东莱集》中有三首诗，与蔡攸遗属的这次赴行在被遣回有关。

《闻蔡九弟、十四弟到行在》：
苦怀吾表弟，别久费相思。
爱客能忘酒，长贫不废诗。
每蒙高士喜，终少贵人知。
试问游吴兴，何如在蜀时。

《赠蔡九弟、十四弟》：
年来疾病日衰颓，忽报山中两弟来。
径欲相从营一醉，未须辛苦便轻回。

《寄蔡伯世李良宇》
两君羁旅宦西蜀，我亦江南住僧屋。
想像平生肺腑亲，晴天何处飞黄鹄。
庾郎故是丰年玉，道儿更是见不足。
藜羹脱粟有余味，富贵薰天果非福。
死生契阔今谁在，往事悠悠陵谷改。
他年乘兴下瞿塘，见我衰颜莫惊怪。
别寻好语和君诗，偿尽平生难韵债。
扫除壁土更焚香，下酒如今有鲑菜。

似乎宋学大家吕本中与蔡家人亦有很深往来关系。宋氏所带"九弟""十四弟"似应是蔡攸的儿子。

南宋宁宗时的名相周必大的《文忠集》中，可以读到他在乾道元年

（1165）为蔡京孙子蔡衢（蔡京第二子蔡鯈所生）所作的墓志铭。文中提到绍兴十六年（1146），周必大的伯父沅陵公在江西袁州拜访蔡衢，并向他提亲，为周必大的哥哥周必端娶了蔡衢的女儿；文中说当时袁州的官绅都认为蔡衢是个"贤士"，是个很值得结交的君子。

这篇《蔡子亨（蔡衢字子亨）墓志铭》全文如下：

伯父沅陵公好贤喜士，其规模宁与时利相反。一时巨室，众方慕向，有来请交，多舍去不顾。即故家若寒士，人所蹈藉者，往往察其贤，延誉之仕（推荐去当官）。故弗甚显，然世言善择交者，人推周使君。

绍兴丙寅春，道袁州，问州之士大夫："孰可与游？"皆曰："蔡君子亨，故相家也。筑室炮沙河上，葺废圃之园，日延邦人过客，饮酒赋诗，鼓琴弹棊于其中，盖二十年未尝见过失，是何如？"

伯父曰："可也！"立命过蔡君。

蔡君出迎，貌温而恭，论辩而无邪。视其家庭萧然，阅其子弟，翼翼怡怡，争读书学文。伯父喜曰："人言果可信！"时方求介（周必大兄必介）妇，会蔡君亦择婿，一言而两家通婚，姻如东阡北陌也。

归，道所以然（回家后说起此事），予所尚少，窃记之。自是从事四方，绝不与子亨相闻。隆兴改元秋七月，归庐陵，客有斩衰谒入者，视之，子亨之子岳也。余惊问来故，则哭曰："今所先人去诸孤，虽葬，而墓碣未刻，犹不葬也。岳为是不敢顾几筵，扶服极来，唯执事哀许。"

予辞谢累月，岳泣请益虔，予兄又提笔迫曰："趋为我具稿。"乃取左从政郎吉州司法参军魏吉甫所状世阅行事，而比次以下：

君名衢，子亨字也，兴化军仙游人。曾祖准，赠太师秦、楚国公。祖京，太师鲁国公。父鯈，赠少保，谥文简。母，永宁郡夫人强氏。幼以门功补承奉郎，转承事郎，尝赠金紫除太府丞，改直秘阁。君父母皆早世，娭自立不为贵娇气习。在政宣间，公私事一无预知，故官以例迁，未超拜，及举疾落南，有司独刊去君名，则其始未可概见矣。

敌之入大梁也，士民挺身避雅，君能冒死走父母殡宫，取枢南奔。其后群从有困穷死亡者，君悉为赒给，盖藏之。平生孝友类此。死时年五十八，正月己酉日也。葬于四月壬申，墓在州之西平甲。娶洛阳王氏，惠献公化基之曾孙。生四男尝、岳、冈、密，尝、岳、密前死。四女，长婿右文林郎武安军节度推官王注，次则予兄迪功郎监潭州南岳庙必端，次进士张伯虎，其一既嫁复归。孙三人，垓、圮、埴，女三人尚幼。

铭曰：家鼎盛或端靖，名必振废而居，谁尔谀乃有誉，铭君墓是之取。尚无斁。

从这篇墓志铭看，宋高宗诏兴十六年（1146）时，已为大官的周必大之伯父能与蔡京孙蔡衟结亲家，宋孝宗隆兴元年（1163），当过左丞相的周必大敢给蔡衟写墓志，似这一时期蔡家名声尚可。

86

蔡絛与《铁围山丛谈》

靖康元年（1026）五月一日，蔡絛流韶州（今广东韶关），后又被认为处分太轻，再流白州（今广西博白）安置，所以闰十一月金兵第二次围城时，蔡絛已不在开封，因而幸免于难。

后来蔡絛潜心著述，现在已知影响甚大的著作就有三部，在史学方面有《北征纪实》，记述北宋与金国、辽国之间围绕燕山之役和靖康战事的各种史实；在笔记小说方面有《铁围山丛谈》；又有诗评《西清诗话》。还有其他著作未被记述，例如《三朝北盟会编》提到的《国史后补》，也是蔡絛所著。

蔡絛所著《北征实录》详细记载宣和间联金伐辽的史事，看来是当时公认的信史，为后来宁宗朝徐梦莘编著《三朝北盟会编》时逐段加于引用，还时有评语认为所述可信。

蔡絛所著《铁围山丛谈》一书，多处为蔡京所作所为辩护，但看来所述也多有可信之处。在众多的宋代史料笔记中，《铁围山丛谈》是很重要的一种，颇受历代学者重视，多为后人所征引。它记载了从宋太祖建隆年间至宋高宗绍兴年间约二百年的朝廷掌故、宫闱秘闻、历史事件、人物轶事、诗词典故、文字书画、金石碑刻等诸多内容，色彩斑斓，异常丰富，可谓一部反映北宋汉族社会各阶层生活状况的鲜活历史长卷。此书很为历代士大夫喜读。

费衮《梁溪漫志》卷九说：

蔡絛奸人，助其父为恶者也。特以在兄弟间粗亲翰墨，且尝上书论谏，故在当时稍窃名，著书甚多。大抵以奸言文其父子之过，此固不足怪。至《丛谈》所载，其家佞幸滥赏、可丑可羞之事，反皆大书特书以为荣。此乃窜南荒时所作，至是犹不悟，真小人而无忌惮者哉！

曾敏行独《独醒杂志》则说：

絛作西清诗话，多称引苏、黄诸人，竟以崇尚元祐之学，为言者论列。盖虽盗权怙势，而知博风雅之名。

陈振孙《直斋书录解题》则称："西清诗话乃絛使其客为之。"对此，《四库全书总目提要》说：

殆以蔡攸领袖书局，憒不知学，为物论所不归，故疑絛所著作亦出假手。然此书作于窜逐之后，党与解散，谁与提刀，而叙述旧闻，具有文采，则谓之骄恣纨绔则可，不能谓之不知书也。

《四库全书》编者认为：

絛所作北征纪实二卷，述伐燕之事，陈振孙谓其归罪童贯、蔡攸，为蔡京文饰。此书所叙京事，亦往往如是。如史称京患言者议己，作御笔密进，乞徽宗亲书以降。絛则称政和三四年，上自揽权纲，政归九重，皆以御笔从事。史称京由童贯以进，又称宦官宫妾合词誉京。絛则称京力遏宦官，遏之不得，更反折角。史称范祖禹、刘安世皆因京远窜。絛则谓京欲援复安世及陈瓘而不能，己则与祖禹子温最相契。其巧为弥缝，大抵类此。

但是《四库全书》编者接下则高度肯定此书的历史价值，说：

他如述九玺之源流、元圭之形制、九鼎之铸造、三馆之建置、大晟乐之官律，及徽宗五改年号之义，公主初改帝嬴、后改帝姬之故，宣和书谱、画谱、博古图之缘起，记所目睹，皆较他书为详核。以及辨禁中无六更之例、宫花有三等之别、俗谚"包弹"之始、粤人鸡卜之法、诸葛氏笔、张滋墨、米芾研山、大观端研、玻璃母、龙涎香、蔷薇水、沈水香、合浦珠、镇库带、藕丝镫、百衲琴、建溪茶、姚黄花诸条，皆足以资考证，广异闻。又如陈师道《后山诗话》称：苏轼词如教坊雷大使舞，诸家引为故实，而不知雷为何人。观此书，乃知为雷中庆，宣和中以善舞隶教坊。《三经新义》，宋人皆称王安石。观此书，乃知惟《周礼》为安石亲笔，《诗》《书》二经实出王雱。又徽宗绘事，世称绝艺。观此书，乃知皆画院供奉代为染写，非真自作，尤历来赏鉴家所未言。其人虽不足道，以其书论之，亦说部中之佳本矣。

对于蔡絛何时去世，《四库全书》编者说：

书中称高宗为今上。谢石相字一条，称中原倾覆后二十一年，为绍兴十七年。徽宗买茴香一条，称中兴岁戊辰，为绍兴十八年。又赵鼎亦卒于绍兴十七年，而此书记鼎卒后王趯坐调护鼎被劾罢官，过白州见絛之事。是南渡后二十余年尚谪居无恙，亦可云倖逃显戮矣。

笔者认为：《铁围山丛谈》书中叙述铁城庞摄官舍中木偶土地夫妇行街事，记为"绍兴乙亥（诏兴二十五年）夏六月二十有六日"，又有"次年六月，叶戌又死"记事，可见蔡絛直至高宗绍兴二十六年六月都还健在著书。其所著书在孝宗、宁宗时应该广为流传，因此宋人笔记中对其褒贬都有。他还有《西清诗话》在未得罪前作，也流传至今。

对于《四库全书提要》中所说"徽宗绘事，世称绝艺。观此书，乃知皆画院供奉代为染写，非真自作，尤历来赏鉴家所未言"一段，余嘉锡《四库全书总目提要辨证》根据《铁围山丛谈》原文和其他记载作了辨正。他说：

案：《铁围山丛谈》卷一云："祐陵（徽宗）在藩时，初与王晋卿诜、宗室大年令穰往来，而大年又善黄庭坚，故祐陵作庭坚书体，后自成一法。时亦就端邸（徽宗为藩王时府）内知客吴元瑜弄丹青。元瑜者，画学崔白，书学薛稷，而青出于蓝者也。后人不知，往往谓祐陵画本崔白，书学薛稷，凡斯失其源派矣。"又卷六云："太上皇在位时属升平，手艺人之有称者，棋（棋）则刘仲甫，琴则僧梵如，教坊琵琶则有刘继安，舞有雷中庆，笛有孟水清，此数人者，视前代之伎，一皆过之。独丹青，以上皇自擅其神逸，故凡名手，多入内供奉，代御染写，是以无闻焉耳（因帮徽宗画，所以自己不出名）。"全书自此二条之外，无复言及徽宗绘事者。提要所称，盖即指卷六此条。

然倏既谓徽宗自擅丹青神逸，则非不能渲染，全恃捉刀者。观其卷一一条，知徽宗尝学画于吴元瑜，元瑜画学崔白。徽宗画亦似崔白，然则倏虽言画院供奉常代徽宗染写，实未尝言徽宗绝不自作也。提要误会倏意，遂谓徽宗之画皆非自作。若徽宗于绘事全无所解者，以此恭赠（教导和赠送）鉴家，恐赏鉴家不乐闻也。

考岳珂《桯史》卷四云："康与之（一诗词家）在高宗朝，以诗章应制，与左珰狎。适睿思殿有徽祖御画扇，绘事特为卓绝。上时持玩流涕，以起羹墙（追思）之悲。珰偶下直，窃携至家，而康适来，辄泚笔书一绝于上曰：'玉辇宸游事已空，尚余奎藻绘春风。年年花鸟无穷恨，都在苍梧夕照中。'珰出见之，大恐，明伺间叩头请死。上（高宗）大怒，亟取视之，天威顿霁（看到诗不错，能表达画意），但一恸而已。

余尝见王卢溪作《宣和殿双补图诗》，曰："玉琐宫扉三十六，谁识连昌满宫竹。内苑寒梅欲放春，龙池水暖鸳鸯浴。宣和殿后新雨晴，两鹊翙来相对鸣。人间画工貌不成，君王笔下春风生。长安老人眼曾见，万岁山头翠华转。恨臣不及宣政初，痛哭天涯观画图。"此皆以当时之人，咏当时之事，都言徽宗御笔渲染。使其纯出自画院供奉之手，高宗何必置之案头，至于把玩流涕，且亦恶肯认他人笔迹为先皇手泽乎？或者以为小说叙事，诗人咏物，皆不可尽据。则更考之《建炎以来系年要录》卷一百云：

"李纲献太上皇帝所赐画二轴，诏还以赐纲。先是，纲以二帝所赐御笔刻石，送右仆射张浚。上闻之，欲见上皇真迹，纲因以赐物上。"使徽宗竟不能画，皆由画院代笔，则其画本非真迹，高宗何以必欲见之乎？《提要》之说不足信，明矣。

礼亲王昭梿《啸亭杂录》卷八云："五国城在今伯都讷地方，乾隆中，副都统绰克托筑城，掘得宋徽宗所画鹰轴，用紫檀匣盛，瘗千余年，墨迹如新。"此必徽宗在中国（原北宋国土上）所画，携以自随者。画院代笔，恐不若是之珍重也。元汤垕《画鉴》云："徽宗性嗜图画，作花鸟山石人物入妙品，作墨花墨石间有如神品者。历代帝王能画者，至徽宗可谓尽意。当时承平之盛，四方贡献珍禽异石奇花佳果无虚日。徽宗乃作册图写，每一枝二叶，十五版作一册，名曰宣和睿览集，累至数百及千余册。予度其万几之余，安得工致至于此。要是当时画院诸人仿效其作，特题之耳。然徽宗亲作者，予自望而识之。"是则徽宗之画，有画院仿效者，有亲作者，与蔡絛之言合，赏鉴家当以此为定论。

说到《铁围山丛谈》书名，余嘉锡引用近代人文廷式《纯常子枝谈》卷三十三云：

铁围山，佛家多言之，然皆与《丛谈》之义不相关涉。后阅《永乐大典》卷二千三百四十，引《元一统志》云："铁围山在兴业县南五里，旧经云有四门。东门砌石路通人行。中有礌石，上有二牛迹，深三尺，长二尺。其中岩窦深邃，泉流不涸。南门山半有土基一，阔四五丈，俗传古之敌楼。西北二门多石山，林木，阴阁如夜，不通人行，猿猱麋鹿，来往其间。据经所载，即古之铁城。蔡絛以坐父京累，贬白州，尝游息于此，作《铁围山丛谈》。然后知絛之书名盖出于此。"

87

绍兴三十一年诏书

绍兴三十一年（1161）十月，金国完颜亮撕毁和约，带兵攻宋，仓促中，宋廷号召举国抗战，宋高宗在下诏亲征同日，又下诏：

> 诏蔡京、童贯、岳飞、张宪子孙家属，见拘管州军并放逐便。用中书、门下省请也。

目前查得这道诏书有两个出处，一是南宋李心传《建炎以来系年要录》载在卷第一百五十二，一是清代毕沅《续资治通鉴》，载在卷第一百三十五。元代脱脱所编《宋史》没有登载。

蔡京、童贯是金国所定干戾人名单（即战犯名单）上人，岳飞、张宪是宋廷为了与金国达成和议而主动杀害的人。南宋高宗一开始建立政权，就一直派人出使金国，极力以人心思宋为名要求金国批准一个赵姓政权作为金国的臣属。但金国起初不肯接受，要"当穷其所往而追之，候平宋，当立藩辅如张邦昌者"。高宗且战且避，且继续求和，所以对金人所定"干戾人"名单上的人都很小心。李纲单上有名，建炎初就有人反对李纲任相，理由是"金人不喜"，他任相后不很久就被解除相职。以后又长期得不到应有使用，这与高宗要向金人"谢罪"有关。高宗在与金国国书上甚至不用皇帝名号而甘用"康王赵构"名义。

这时，宋金和议既毁，经中书、门下两省呈报，宋廷遂令有关州、军把编管在籍的蔡京、童贯、岳飞、张宪四人的子孙家属解除管制，放令自由居住，参加抗战。这对于发动、团结更广泛的人员参与战争，想必有大作用。究竟是何人出面提出这一建议？在中书省和门下省上呈的报告书上列举了那些理由要求赦免这四人的子孙？由于史料缺乏，无从得知。

宋孝宗即位以后，力图兴复，在举国抗战、收复失地的呼声中，隆兴元年（1163）正月，主战派张浚以枢密使都督江淮，准备北伐。蔡襄后裔蔡顿被辟为幕府，去帮助张浚工作。主战派大臣莆田龚茂良赋诗送行：

> 督府初从辟，都门始问途。无言特送子，有檄待擒胡。
>
> 人事日千变，宦情天一隅。人闻公论在，翻手即享衢。

从诗中看，蔡襄的枫亭后裔蔡顿（蔡佃之后）此时出山参战，很为公论肯定，社会上期望很大，可惜此役不久失败。

周必大《文忠集》中另有《缴驳蔡仍叙官状》一文，蔡仍是蔡卞的独生子，靖康官居左朝散大夫赐紫金鱼袋，被夺官，这次朝廷为他叙复的事可能发生绍兴三十一年十月之后，在朝廷呈报叙复时，遭到周必大和一位姓金御史二人反对，驳回词头，不肯书制词，理由还是蔡卞当年"诬陷高氏"事，蔡仍这次复官没有成功，以后有无叙复不知，但据《蔡氏族谱》记载，蔡仍的第四子蔡徽官直龙图阁，宋人笔记中有明确记载说蔡仍靖康时年35岁被撤职，则其第四子靖康时可能幼小，官直龙图阁只能在南宋中期，可推知蔡卞家当时处境还好。

清人毕沅《续资治通鉴·宋纪》一百六十嘉定十年春正月纪事中，有魏了翁以状言：

> 夏竦、高若讷而谥文庄，蔡卞、郑居中而谥文正，邓洵武、蔡僑而谥文简，吕惠卿而谥文敏……

蔡僑曾谥"文简"，令人颇为惊讶。他是靖康元年八月被钦宗赐死的，如果南宋著名理学人士魏了翁的这段话没记错，则蔡僑赐谥应在高宗或孝宗时，也许发生在绍兴三十一年十月给蔡氏诸人"落实政策"之后。蔡絛在钦宗时确实有功无罪，复辟之谤赐死冤情明晰，此时得到赐谥的推断较为合理，可能与周必大缴驳蔡仍叙官状同时。

宋孝宗乾道三年（1167），也就是蔡京死后 42 年，蔡京骸骨由潭州（长沙）迁葬仙游枫亭埔蓬村，墓葬规模按照宋丞相等级，据 1984 年 9 月仙游县文物局的登记表记载，有六对石像生，墓三埕，此墓近千年以来保存完好，直至 20 世纪后半时尚在，然 90 年代以后才遭人盗去石像生。据枫亭文化研究会调查，这座古墓尚存墓砖数千块，石翁仲若干。据宋人笔记和其他史料，蔡京出仕后虽在家乡建有府第（遗址在今枫亭东宅小学），但主要以浙江钱塘为家，主要财产也放在那里，其父蔡准就葬在临平县平顶山上，所以推测蔡京生前可能未在枫亭老家寻找自己的墓地。如果那样，则蔡京在枫亭的坟墓是死后 42 年迁葬时建造，该时如无朝廷允许，蔡姓子孙谅不敢为他建造如此规模的墓葬，但朝廷对蔡京迁葬到底有何批文，如今已无史料记载。令人惊奇的是，迁葬 30 年后，南宋人洪迈在宁宗庆元二年（1196）写作的《容斋三笔》中有一节记载说：迁葬时，开棺发现，蔡京骨骸中有胸骨上隐起一个只有如来佛胸前才有的"卍"字，还说此事他在他的另外著作《夷坚丁志》中有较详的记述。然后，他评论道"以大奸误国之人，而有此祥，诚不可晓也！"这一似佛"卍"字的故事，可能流传甚广，反映了人们对蔡京某种评价和同情，以至 30 年后洪迈记载了此事。查阅《夷坚丁志》卷十六上有《蔡相骨字》一节，文字残缺不全，全文是：

□公训□□□□□□□□□□□□□□其门人吕川作□□□□□□□□□□□湖湘旱，府帅张安国□□□□□□□□□□邦人或曰东明石象观音凤著显应□□□□□说，祷之果雨。于是议饰殿宇，以备他日祈谒之地。蔡攒（蔡京的暂葬墓）适在殿后，乃语其孙卫，使迁之。卫喜于乘时得安厝，即卜地命役。及启棺改殓，皮肉消枯已尽，独心骨上隐起一卍字，高一分许，如镌刻所就。闻者异焉。

文末注明是"王师愈齐贤说"。《夷坚丁志》序文因残缺，不见作者写作具体时间，但从《夷坚丙志》序文可知丙志写于乾道七年（1171），则丁志写作时间应与丙志相近。比上述《容斋三笔》早二十年以上，文中没有说蔡京"大奸误国"。

蔡京迁葬后又过九年，即宋孝宗淳熙三年（1176年），蔡襄后裔、蔡伸长子试户部尚书蔡洸上书为其先祖蔡襄请谥，虽然蔡襄在世时官只三品，且已死110年，按法"不以为谥"，但宋孝宗执意为蔡襄赐谥"忠惠"。北宋如按社会繁荣程度衡量，应以神宗、哲宗、徽宗三朝为盛世，但它的灭亡既然被南宋一些人认为与变法有关，则南宋统治者就把仁宗朝当作北宋的盛世楷模，蔡襄是仁宗朝名臣，人们既然怀念宋仁宗朝较为清明的政治，故蔡襄能在南宋得到赐谥。当蔡京被谪贬时，蔡襄的后裔蔡佃、蔡枢、蔡佃等也都受到牵连，这时却给蔡襄于前无先例的恩宠。蔡京一族的名声这时也应该有所恢复，以致蔡伸的孙子蔡戡在淳熙四年修《蔡氏族谱》作序时，将蔡挺、蔡确（坚决的变法派，元祐时被贬死远方，哲宗、徽宗时恢复名誉追赠王爵，南宋后期又打成奸臣，与枫亭蔡姓同远祖）、蔡襄、蔡京、蔡卞五位都当作"本朝蔡姓的最显赫者"。把蔡襄、蔡京两家所出名人并列地加以夸耀。

南宋王明清《挥麈录》多处提到蔡京孙子蔡徽（有时写成蔡"微"，恐为"徽"或"衞"）向他提供史料，据蔡氏族谱，蔡徽是蔡京第三子蔡脩的长子，蔡衞是蔡條的儿子。

《朱子语类》中的蔡京

　　道学（理学）的集大成者朱熹，对王安石新学虽加于攻击，但对王安石本人却常有褒言，对王安石新法中的许多措施也常表示认可，对蔡京也不是说得一无是处。

　　朱子形成他的学术思想当在绍兴十八年（1148 年）进士及第之后，他一生坚持努力讲学教徒，形成了较大的学派。他各个时期与弟子间就一些话题的交流，形成了一部大著，称《朱子语类》。书中对王安石，朱子评论说：

　　王介甫为相，亦是不世出之资，只缘学术不正当，遂误天下。

　　论王荆公遇神宗，可谓千载一时。

　　渠（他）初来，只是要做事（为朝廷做事）。到后面为人所攻，便无去就。不观荆公（王安石）《日录》，无以知其本末。它直是强辩，邈视一世，如文潞公，更不敢出一语。

　　讲到司马光与王安石的政治分歧，弟子问："温公（司马光）所作如何？"朱熹曰："渠亦只见荆公不是，便倒一边。如东坡当初议论，亦要变法，后来皆改了。"认为司马光原先也倾向变法，后来才反对。讲到神宗元丰时不再用王安石，学生又问："神宗元丰之政，又却不要荆公（不再用王安石)？"朱熹曰：

> 神宗尽得荆公许多伎俩（把王安石的本领都学了），更何用他？到元丰间，事皆自做（自己打理了），只是用一等庸人备左右趋承耳。

朱熹直言，旧党一些人士如当权，未必能做得比王安石好。说：

> 荆公后来所以全不用许多儒臣，也是各家都说得没理会（道理）。如东坡以前进说（上书皇帝进言）许多，如均户口、较赋役、教战守、定军制、倡勇敢之类，是煞（决心）要出来整理弊坏处。后来荆公做出（王安石做了），东坡又却尽底翻转（彻底变卦了），云（说）也无一事可做。如拣汰军兵，也说怕人怨；削进士恩例，也说士人失望，恁地都一齐没理会（恁怎说所有这些措拖全无道理）。且如役法，当时只怕道衙前之役，易致破荡（前时实行的"衙前役法"易致乡户破产）。当时于此合理会（应该讨论处），如何得会破荡？晁以道文集有论役法处，煞好。

> 温公（司马光）忠直，而于事不甚通晓（明白）。如争役法，七八年间直是争此一事。他只说不合令民出钱，其实不知民自便之（人民自己觉得方便）。此是有甚大事？却如何舍命争（本不是什么大的事，却拚命去争论）！

> 东坡议论大率前后不同。

> 东坡只管骂王介甫（王安石）。介甫固不是，但（如果）教东坡作宰相时，引得秦少游（秦观）、黄鲁直（黄庭坚）一队（一班人）进来，坏得更猛！

> 元祐诸公大纲正，只是多疏，所以后来熙丰诸人得以反倒。

在明弘治《兴化府志》的艺文中，有朱熹《书廖德明仁寿庐条约后》一文，全文如下：

> 匹夫单行而遇疾病，无有妻孥之养、亲旧之托，与夫室庐枕席之具、医药饮食之须，则其舆曳驱驰，暴露饥渴而转于沟壑也必矣。先王之政，道路庐舍委积之法，至详至密，而不闻其及此，岂有司者因失其传耶？

国朝受命，覆冒区宇，涵育黎元，百有余年。至于崇宁大观之间，功成治定，惠泽洋溢，隆盛极矣！而上圣之心，犹轸一夫之不获，始诏州县立安济坊、居养院，以收恤疾病癃老之人，德至渥矣。

中以多虞不无废缺。近岁以来，颇复修举，而莆之为郡县者，犹未暇也。今其大夫廖君德明，独有感焉。乃即县南为舍一区，榜曰："仁寿之庐"，使凡道路往来疾病之民，咸得以托宿而就哺。又请于郡，得废寺之产，岁入粟若干斛者，以供药饵、给奉守。犹恨其力之不足，而恐其惠而不广也，乃叙其本末而为之条约。间以示余，请记其事，以告后人，冀有以卒成其志而不坏于久远也。余惟廖君于此，实举先朝已墜之典，以活中路无告之人，固学道爱人之君子，所乐闻而愿为者，又何待余言哉？姑为书其条约之后，俾并刻焉，庶几来者尚有考也。

庆元丙辰三月丁未　新安朱熹记

此文写于宋宁宗庆元二年（1196）三月，即朱熹（1130—1200）去世前4年。文中廖德明是顺昌人，乃朱熹的高足。朱熹在《书廖德明仁寿庐条约后》中，盛赞崇宁（1102—1106）、大观（1107—1110）间宋徽宗、蔡京所制定和实施的安济坊、居养院、漏泽园等各项社会救助政策。文中的这段话，译成白话是说："本朝受命于天，荫庇天下，涵养化育万民，百有余年。至于崇宁、大观之间，功成治定，惠泽洋溢，隆盛极矣！而皇上圣人之心，犹轸念极少数的人还没有得到朝廷的恩惠，于是开始诏告州县立安济坊、居养院，以收养怜悯疾病衰病之人，仁德做到至深至厚的地步了！"

朱熹还认为崇宁、大观间的这些社会救助措施后来"中（中途）以多虞（忧患）不无废缺"，而廖德民创仁寿庐之举，乃是"实举先朝已墜之典"。这时"先朝"即为徽宗朝。

朱熹很是欣赏崇宁、大观间由宋徽宗和蔡京实施的社会救助措施，还生动地表现在《朱子语类》中的一条朱熹语录，见于朱熹《朱子语类》卷一百三十《本朝四》：

方惇之（章惇）再入相也，京谒之于道，袖出一轴以献惇，如学校法、安养院之类，凡可以要结士誉买觅人情者，具在。惇辞曰：元长可留他时自为之。后京为相，率皆建明，时论往往归之。后京为相，率皆建明，时论往往归之。

朱熹本人居官时创"平粜仓"，时人公认类似于王安石的常平青苗之法。所以说王安石和蔡京，熙丰和崇观之治，时至此时尚未彻底丑化，王安石新学在南宋很长时期中仍为主流学术。

说到蔡确元丰末拥立哲宗事，朱熹说："蔡京诬王珪当时有不欲立哲宗之意。珪无大恶，然依违鹘突；章惇则以不欲立徽宗之故，故入奸党；皆为为臣不忠。"

说到蔡京注意保护太子赵桓，朱熹说"蔡京奏其家生芝，上携郓王（赵楷）等幸其第赐宴，云：朕父子（徽宗、赵楷）劝卿一杯酒。是时太子却不在，盖已有废立之意矣。""蔡京不见杀渊圣，以尝保佑东宫之故。道君尝喜嘉王，王黼辈尝摇东宫。道君作事亦有大思虑者。欲再立后（前郑皇后死，欲再立皇后），前数人有宠者当次立。道君一日尽召语之曰：'汝辈当立，然皆有子，立之，恐东宫不安（你们几个爱妃都有儿子，从你们几个中立皇后）。'遂立郑后，郑无子。""京当时不主废立，故钦宗独治童贯等，而京罪甚轻。""问：'蔡京何故得全首领，卒于潭州？'曰：'当时执政大臣皆他门下客，如吴元忠（吴敏）辈亦其荐引，不无牵制处。虏人一番退时（金军第一次退兵时），是甚时节！台谏却别不曾理会得事，三五个月，只反倒得京（蔡京），逐数百里，慢慢移去，结末方移儋州。及到潭州，遂死。'问：'李伯纪（李纲）后来当国时，京想已死否？不然，则必如张邦昌，想已正典刑矣。'曰：'靖康名流，多是蔡京晚年牢笼出来底人才，伯纪亦所不免。如李泰发（李光）是甚次第硬底人，亦为京所罗致，他可知矣。""蔡京靖康方贬死于潭州。八十余岁，自病死，初不曾有行遣（重大处罚）。后张国安守潭，治叠此等（处理了收葬事宜），为埋之。然有人见其无头，后来朝廷取看也（有人怀疑蔡京被杀，朝廷派人取看）。"

　　上述"朱子语类"评论蔡京的语录中，未见激烈批判言辞，似有理解同情语气，说明蔡京固然在南宋初、中期就背有误国的负面评价，但他的千古骂名，实形成于朱熹之后的南宋后期新学消亡，被官方彻底否定之时。

89

史弥远与程朱理学

《宋史·钦宗本纪》载："靖康元年（1126）二月壬寅，追封范仲淹魏国公，赠司马光太师，张商英太保，除元祐党籍学术之禁。"至建炎元年（1127）五月，高宗即位，十二月，擢程氏道学传人杨时工部侍郎兼内殿侍讲，追贬蔡确、蔡卞、邢恕等官，其子孙不许入朝仕宦。开始优待原元祐党人和子孙的政策。

既然在两宋传承上起有重要作用的孟后具有反对新法、新学的背景，南宋初又对元祐党人的后代给予优待和使用，于是，元祐学术所属的洛、蜀、朔各派都开始抬头发展，其中以程颐、程颢为创始人的洛派"二程道学"在人数和声势上较为突出。

北宋遽亡于金，是外敌入侵的直接结果，并非因王安石变法而亡。但在一定程度上被扭曲为蔡京所继承的王安石新法的失败，所以，宋高宗在位36年中，时而跟着赵鼎等人否定新法，时而又在张浚、吕颐浩、秦桧等人影响下，有绍述其父亲徽宗的念头。为了理财，以维持朝廷和军队的运作，必须或明或暗地实施王安石—蔡京的盐茶、常平、免役等新法，但始终不敢公开打出新法的旗号。新学是新法的理论基础，由于新法不能公开提倡，于是，无人敢去发扬新学。由于缺少领军人物，新学虽然还是士人们常用的主流教科书，但不免迅速地走向衰落。

与此相反，道学却新人辈出，高手如林，从孝宗即位到宁宗开禧间又40年，在朱熹等人的努力下逐步发展为主流学派之一，称为"程朱道学"或称"程朱理学"，其间数度被朝廷列为曲学、伪学加以禁止，以其迂阔和不近人情常被一些士大夫冷嘲热讽。但总是短期就能取得解禁，并继续上升，终达到能与新学相抗衡的地步。

绍兴六年（1136）十二月，左司谏（御史台主官）陈公辅请禁程氏学，认为有的官员"以私意取程颐之说，谓之伊川学，相率而从之。……非独营私植党，复有党同之蔽……终至惑乱天下后世矣"。虽以朋党立论，但打击的重点是程学。李心传《道命录》卷三说：

> 自崇宁后，伊川之学为世大禁者二十有五年，靖康初乃罢之。至是仅十年而复禁。

陈公辅此时请禁程氏学，主要是为了抑制赵鼎用人专任程学人士的倾向，而明末清初黄宗羲则在《宋元学案》中指出，在赵鼎罢相后，陈又请求缓和学禁，"明诏多士，今次科举，将安石新经义与诸儒之说并行，以消偏党"。

第二年五月，张浚荐程学门人胡安国于朝，帝召之，除为徽猷阁待制，与祠，令纂修所著《春秋传》。书成，高宗谓深得圣人之旨，除内祠兼侍读。胡安国是程门反王安石学术的干将，曾著《三经义辩》。他针对前述陈公辅之言上疏：

> 今使学者师孔孟而禁程颐学，是入室而不由户也。……本朝自嘉祐以来，西都有邵雍、程颢及其弟颐，关中有张载，皆以道德名世。会王安石、蔡京等曲加排抑，故其道不行。望下礼官讨论故事，加之封爵，载在祀典，仍诏馆阁，裒其遗书颁行，羽翼六经，使邪说者不得作，而道术定矣。

奏入，遂引起陈公辅与中丞周秘、侍御石公揆交章劾其学术颇僻，胡安国除知永州，胡的主张不仅没有被采纳，高宗还实际上接受了陈公辅的意见。

绍兴八年（1138）十月，赵鼎免相，秦桧独专大政，秦桧秉承高宗意旨，坚主"和议"，许多反对和议的程门人士被贬谪。绍兴十一年（1141），和议达成，但反对和议的声音相当大。十四年（1144）四月，秦桧请禁野史。八月，汪勃乞戒科场主司去"专门曲说"。十月，何若乞申戒师儒，黜伊川（程颢）、横渠（张栻）之学，自是又设"专门"之禁。至此，政治上"国是"的斗争演变为一次真正的"学禁"，史称"绍兴学禁"。

绍兴二十年（1150）九月，曹筠论考官取"专门"之学者，令御史弹劾查禁，对程学的打击进一步严厉。二十三年十一月，郑仲熊论赵鼎立专门之学可为国家虑。二十四年，复论。二十五年十月，张震乞申劾天下学校，禁专门之学。到此，学禁达到顶点，连乡间学校都不许程学有立足之地。此年，秦桧死。

直至绍兴二十六年（1156）六月，叶谦论程学不当一切摈弃。诏取士毋拘程颐、王安石一家之说，程学遂被解禁。凡被禁共20年。

王安石新学在哲宗、徽宗时期为当红之学。徽钦后期，程学解禁，南宋初、中期王安石新学也还未亦从未被除下正统地位，故这时王、程学术两方面势均力敌。

孝宗时期，政治上的"和议"方针既定，思想上则转向现实和功利考虑，故不反王学而"厌"程学，亦是孝宗的真实心意。对程学，孝宗虽不采元祐学禁之法，但一有机会，就出手打压。淳熙四年（1177），赵粹中建言去王安石从祀孔庙，孝宗认为辅臣之言，前后毁誉虽不同，其文章终不可掩，但去王安石之子王雱。朝臣议升范仲淹、欧阳修、苏轼等从祀，亦不果。

淳熙五年（1178），秘书郎赵彦中上疏：

科举之文，程序具在，今乃祖性理之说，以游言浮词相高。士之信道自守，以六经圣贤为师可矣；而别为洛学（程学），饰怪惊愚，士风日弊，人才日偷，望诏执事，使明知圣朝好恶所在，以变士风。

孝宗从之。这是在科举考试这一关系士风的大局上对程学的打击。

淳熙九年（1182），陈贾请禁道学，说：

近世士大夫有所谓道学者，其说以谨独为能，以践履为高，以正心诚意、克己复礼为事。若似此之类，皆学者所共学也，而其徒乃谓己独得之；夷考其所为，则又大不然，不几于假其名以济其伪者耶！愿陛下明诏中外，痛革此习，每于听纳除授之间，考察其人，摒弃毋用，以示好恶之所在。

帝从之。

淳熙九年（1182），浙东常平使朱熹巡行台州。因唐仲友的永康学派反对朱熹的理学，朱熹连上六疏弹劾唐仲友，其中第三、第四状论及唐与官妓严蕊风化之罪。当时官员允许官妓佐酒演艺，但禁止发生肉体关系。朱熹下令黄岩通判抓捕严蕊，关押在台州和绍兴，施以鞭笞，逼其招供。两月之间，一再杖，几死。严蕊不肯招认。此事朝野议论，震动宋孝宗。孝宗认为是"秀才争闲气"，将朱熹调任，转由岳飞后人岳霖任提点刑狱，释放严蕊。

宁宗赵扩即位后，宗室赵汝愚以参与拥立赵扩（宁宗）有功，升为右相。外戚韩侂胄迁枢密都承旨，两人嫌隙日深。庆元元年（1195）二月，韩侂胄使谏官奏赵汝愚以宗室居相位不利于社稷，宁宗贬赵汝愚至永州（今属湖南），后死于贬所。赵汝愚被贬，朱熹、彭龟年等奏论韩侂胄事，宁宗亦加贬逐。

韩侂胄当政，凡与他意见不合者都被称为"道学之人"，后又斥道学为"伪学"，禁毁理学家的《语录》一类书籍。科举考试中，稍涉义理之学者，一律不予录取。不久，宁宗下诏，订立伪学逆党籍，名列党籍者都受到了不同程度的处罚，凡与他们有关系的人，也都不许担任官职或参加科举考试。从公元1195开始的禁伪学前后历时6年之久，史称"庆元党禁"。

庆元二年（1196），监察御史沈继祖上书说朱熹霸占别人财产，挖人家的坟墓葬自己的母亲，引诱两个尼姑做自己的小妾，做官时还把她们带在身边。他的大儿媳死了丈夫，却又不明不白怀了孕等。朱熹上表承认自己"私故人财""纳其尼女"等数条，说"深省昨非，细寻今是"。数年后去世。

宁宗后期，史弥远伪造诏书杀死对金主战失败的韩侂胄，自己上台主政。为了对金求和，竟把韩侂胄的头颅割下送去金国谢罪，还给在孝宗时期被认为是卖国奸臣、声名狼籍的秦桧恢复声誉，所以很不得人心。为了改善自己的丑陋形象，史弥远接受理学家刘爚的建议，倡导理学，表彰朱熹，引用理学人士。还给远不符合赐谥条件的朱熹、周敦颐、程颐、程颢、张载五人赐谥号为文、元、纯、正、明，以提高理学派的地位，争取理学人士为他的丑恶行径遮掩。

宁宗逝世前后，史弥远又谋划夺储政变。他逼迫宁宗的杨皇后废皇子赵竑，改立自己早就暗地里准备好的人选赵昀，即宋理宗。此事属弑君篡国性质，更不得人心。史弥远于是再次加紧扶植理学和引用理学人士，并诏"褒表老儒"，高举推崇理学的大旗，追封已故理学大师朱熹为信国公，特赠最高官衔"太师"。

史弥远死后，宋理宗继续崇奉理学，到了淳祐元年（1241），已将王安石排出从祀孔庙之列，而以周敦颐、张载、程颐、程颢、朱熹五人从祀。理学被确认为南宋官方统治思想，取得了独尊地位。理宗在位40年，死后上庙号曰"理"。程朱理学强调"君为臣纲"，是"三纲之要，五常之本"。使君主的权威和地位具有了先天的至上性和绝对性。理宗利用道学强化皇权，道学也通过了君王的专制求得了道学在学术上的专制。

于是，王安石新学被彻底否定，王安石被理宗宣布为"万世罪人"，其传承人蔡京也被认为"得罪千古名教"，打成了十恶不赦的大奸臣。在这之前，即使是道学的集大成者朱熹，对王安石新学虽加于攻击，但对王安石本人却常有褒言，对王安石新法中的许多措施也常表示认可，对蔡京也不是说得一无是处。所以说王安石和蔡京，熙丰和崇观之治，时至史弥远专权之前并未彻底丑化。蔡京固然在南宋初、中期就背有误国的负面评价，但他的千古骂名，实形成于朱熹之后的南宋后期新学消亡，被官方彻底否定之时。

宋代统治者对士大夫的宽容，在政治上给予话语权，使读书人的社会责任感大增，以致对前代儒学的重训诂、重诗赋倾向给于批判，形成了新儒学，许多学者称之为宋学。它的最重要的特点是"经世致用"，这在王安石的新学中，表现得最为鲜明。后来，程朱理学取代了王安石新学，在"经世致用"这一宋学特色上，是大大地无可挽回地后退了。

清初思想家颜元对于王安石的新法、新学被彻底否定很是反感，他评论说：

> 虽然，一人是非何足辨，所恨诬此一人，而遂君父之仇也。而天下后世遂以苟安颓靡为君子，而建功立业欲撑乾坤为小人也！岂独荆公之不幸，宋之不幸也！

其实还不止"宋之不幸"，颜元认为对王安石一班人的彻底否定，使后世人畏于革新，不求进步，后果是很严重的。

南宋后期，权相史弥远和宋理宗尊崇程朱理学，实施文化专制来加强其政治上的专制，彻底否定了王氏新学，宋理宗终于下旨：

> 王安石谓天命不足畏，祖宗不足法，人言不足恤。为万世罪人，岂宜从祀孔子于庙庭？黜之！

就这样，王安石才被赶出了孔庙。而以周敦颐、张载、程颐、程颢、朱熹五人从祀。程朱理学既被定为国学，王安石既被被定作"万世罪人"，则新法各干将皆因"得罪千古名教"而被抹黑，其中以蔡京骂名为最大，到了元朝修宋史，就一一列入奸臣传。

蔡京、蔡卞在史弥远和宋理宗时期与王安石一起，被朝廷和理学派弄成臭名昭著，看来给其后代和枫亭蔡氏带来了可怕的后果。今东沙《蔡氏族谱》记载，"枫亭蔡氏第十代成公，行三，字朝器，承叔祖伸公泽为仙游主簿，得临旧邦，时遭族相京、卞之乱，恐为所累，因家何岭甫阳"。后蔡成的儿子蔡度迁东沙，为东沙蔡始祖。蔡成的叔祖是蔡伸，其长孙蔡戡著《定斋集》，中有《大父行状》一文，详记蔡伸生平，说他"七经郊恩及致仕遗泽，任子孙七人，又官龙图（蔡佃）孙载、咸，以报儿时教育之德，其笃于友爱如此"。佃与伸同父（蔡旻）而异母，佃年长伸许多岁，所以对伸有教育之德，伸把朝廷恩荫给了他哥哥佃的孙子来报答佃。蔡伸死于绍兴二十六年，所以如果蔡成承其恩泽为仙游主簿的话，他的到任应在绍兴二十六年的前后数年，即在高宗后期孝宗前期，但此段时间皆未发生其族相京、卞受到朝廷进一步贬责的事，相反，宋廷下诏蔡京子孙家属任便居住，蔡京获得迁葬，蔡成就不致"恐为族相所累"，估计蔡京后裔甚至其他族裔应在南宋后期蔡京，王安石被彻底搞臭时，不得不实行迁移，蔡京后裔甚至想出了冒充蔡襄后裔的办法。

南宋末丞相文天祥《文山集》中有一篇《跋彭和甫族谱》，文中说：

莆中有二蔡，其一派君谟（蔡襄），其一派京。传闻京子孙惭京所为，与人言每自诡为君谟后。孝子慈孙之心，固不应尔，亦以见世闻羞耻事，虽为人后犹将愧之。

又说：今其谱牒并二族为一，本为君谟之后而引京以混之，人情固大相远哉！

从文中看，文天祥很清楚莆田有蔡京的后裔不敢认蔡京做祖宗，而冒称自己是蔡襄的后裔，而蔡襄、蔡京的后裔谱牒并二族为一。他认为，应与蔡京的后裔族谱分开。但是，蔡姓后裔们始终不肯接受文天祥的这一劝说，至今两蔡仍然并作一谱。然而，尽管蔡氏族谱的《录宗支散处》条中有"澹州族，六代鲁国公京公居焉；雷州族，七代燕国公攸公居焉，袁州族，九代岳公居焉"等蔡京后裔居住地的明确记载（估计来自蔡戡序谱时），但至今已无人在族谱中自称蔡京后裔。而族谱上写为蔡襄后裔，口头上相传为蔡京后裔的有数处，例如厦门市同安乌山凤岗蔡姓，是从晋江东石迁移过去的，历代口头相传为蔡京后裔，且在祖庙中世代奉祀"赵宋天子"神像，疑与宋徽宗福金公主下嫁蔡京第五子蔡鞗有关。2009 年，在晋江紫帽园坂村出土一块乾隆年间墓志铭，也显示墓主祖先是蔡京之弟。

南宋临灭亡前夕，另一丞相陆秀夫来枫亭布置抗元事宜，娶了枫亭蔡曰忠的女儿蔡荔娘做侧室，赋诗《题蔡曰忠草堂》说："族与权奸京下别，聿修厥德念先人。遐思当日端明老（蔡襄），荔树棠阴赤岭春。"认为他娶的不是蔡京后裔，是蔡襄后裔，不知当时有无认真"政审"清楚？

出现于南宋亡国前后的《宣和遗事》，把王安石和蔡京以十恶不赦、报应悲惨的"拗相公"和"大奸臣"活灵活现地加以描绘，明初《水浒传》继承了这一描写，蔡京的奸臣形象逐步深入人心。但元朝枫亭状元林亨《螺江风物赋》中有"公侯草市，百年之古谶呈象；丞相鸿陂，千顷之神渊跃龙""昔仆射兮今丞相，更累世而振东阳（蔡氏）之旧阀""或父子两朝而修史，或兄弟一时而登庸"句，把蔡京为相当作本地最可夸耀的历史。

《二十四史》中的《宋史》，篇幅最大。在中华书局 2000 年版的《二十四史》全套 63 册中，《宋史》就占了 11 册。《宋史》的列传写 2000 多人，比《旧唐书》多一倍。全书食货志 14 卷，比《旧唐书》多七倍，兵志 12 卷，是《新唐书》兵志的十二倍。礼志 28 卷，占了整个《二十四史》全部礼志的一半。由于宋代史官记事制度十分完备，官修、私撰的各种著作都保存了非常丰富的史料，元代脱脱主持编修的《宋史》以记备事详占优，但书中深受程朱道学的成见影响，对王安石、章惇、吕惠卿、蔡京等新学人士多有抹黑，而对司马光、苏轼等旧党人士则"有过必深讳之，有功必详注之"。因此，古今中外许多学者认为《宋史》的记载是不能完全相信的。

《宋史》修于元末，虽以南宋所修国史为蓝本，但清朝《四库全书》馆臣批评其"大旨以表章道学为宗，余事皆不堪措意，故舛谬不能殚数"。

"先理致而后文辞，崇道德而黜功利"。许多史家批评："《宋史》繁猥既甚，而是非亦未能出于大公。"清代大史学家钱大昕说："《宋史》最推崇道学，而尤以朱元晦为宗。"《宋史》把尽书王安石之过定为编史原则，凡是元祐党人及其门生后代私书杂史中贬及王安石、蔡京的，哪怕是明显捏造出来的轶事，都一古脑儿收入正史；凡当时赞扬王安石，蔡京等新党人士的，哪怕出于元祐党人本人之口的，也一概不提。

《宋史·蔡襄传》在叙述了蔡襄的嘉行风范后，却画蛇添足的写上：

蔡京与同郡而晚出，欲附名阀，自谓为族弟。

说蔡京冒充蔡襄同族，《宋史》常把私书中的不实传闻采入正史。

蔡卞曾被神宗提拔为侍御史知杂事（御史台副长官），《宋史·蔡卞传》说蔡卞"历同知谏院、侍御史。居职不久，皆以王安石执政亲嫌辞"，是一个明显的错误。蔡卞元丰五年（1082）任职侍御史知杂事时，其岳父王安石早在熙宁九年（1076）已不当宰相了，归隐金陵多年，如何6年之后，会因王安石是执政，女婿蔡卞引嫌辞去御史台职务呢！当时副宰相右仆射蔡确和执政之一王安礼两人皆以与蔡卞有亲嫌，请皇帝考虑更改，蔡确是蔡卞族亲，上六代是亲兄弟，王安礼是蔡卞丈人王安石的亲弟弟，御史台长官的主要职责是批评执政宰辅，按理平常不得与宰执来往，何况有亲戚关系，所以蔡卞也以亲嫌为由推辞。《宋史》编者未能细读《续资治通鉴长编》等史书，书中各种张冠李戴和前后矛盾之处不胜枚举，其草率下笔，宜受后人诟病。《宋史》中，蔡京、蔡卞两传有许多不实，确值得后人细加辨正。

90

《大宋宣和遗事》和《水浒传》

出现于南宋亡国前后的《宣和遗事》，把王安石和蔡京以十恶不赦、报应悲惨的"拗相公"和"大奸臣"脸谱加以描绘。明初《水浒传》和一些话本继承了这一描写，王安石和蔡京的奸臣形象就逐步深入人心。

《大宋宣和遗事》为讲史话本，有的学者认为是南宋末无名氏作，元人或有增益，成书于元代。其内容多按编年抄录陈均《皇朝编年纲目备要》中的若干片断，结合了一些应在宋末就开始民间流传的水浒故事，以及一些宋人笔记叙述的史料，以说书题纲的方式连贯而成。

有关水浒人物的最早记载，是南宋末龚开（1222 年—约 1302）的《宋江三十六人赞并序》，序里说："宋江事见于街谈巷语。"并说在龚开之前已有画院待诏李嵩（1166—1243），曾画过宋江等人像。但龚开的赞中并未说及故事内容。李嵩是南宋晚期画家，龚开是南宋末元初画家。《大宋宣和遗事》书中提到宋徽宗、钦宗时不用恭语，书中引用了宋晚期莆田刘克庄的诗句，还出现了仙人陈抟对宋太宗所说"卜都之地，一汴，二杭，三闽，四广"。作者似非生卒都在南宋，或为南宋末元初较有可能。

《大宋宣和遗事》分元、亨、利、贞四集。元、亨两集大部分是用白话写成，开篇历数古代各朝帝王荒淫亡国的故事，然后述至王安石变法和蔡京"专权"，说宋徽宗"信用小人，荒淫无度，把那祖宗混沌的世界坏了"。进而进述了梁山泊宋江起义和宋徽宗宠幸李师师两段故事。利集和贞集则谈靖康亡国和高宗中兴故事。

其所记《水浒》故事梗概，从杨志卖刀杀人起，经智取生辰纲、宋江杀阎婆惜、九天玄女授天书，直到受招安平方腊止，顺序和后世的《水浒》基本一致。《水浒》中所述故事，已由《大宋宣和遗事》中许多分散独立的单篇，发展为系统连贯的85万字的生动小说。元代杂剧盛行，有大量的水浒戏出现，元杂剧和《大宋宣和遗事》所记水浒的人物姓名大致相同，但聚义地点不同，杂剧说的是梁山泊，《遗事》说的是太行山；杂剧中已有"一百八个头领"之语，《遗事》只提到了36将的绰号姓名，看来《水浒》是《大宋宣和遗事》经民间讲话人长期补充改造，最后为施耐庵加工完成的文学巨著。

《大宋宣和遗事》元、亨两集重在讲述王安石和蔡京之恶。说王安石遭了报应：

> 安石的孩儿王雱，为人性险恶，喜杀，因病疽而死。年方三十三岁。安石哀悼不能为怀，尝恍惚见雱身担铁枷，向安石道："父亲做歹事，误我受此重罪！"安石大惊，遂以所居园屋，舍做僧寺，赐额为报宁院。善为王雱求救于佛也。

作者总纲是："话说宋朝失政，国丧家亡，祸根起于王安石引用婿蔡卞及姻党蔡京在朝，陷害忠良，奸佞变诈，欺君虐民，以致坏了宋朝天下。"实际上，蔡京、蔡卞被重用在王安石离政之后，并非王安石引用。

书中说"建中靖国元年，用丞相章惇言，举蔡京为翰林学士"。实际上，建中靖国元年时，章惇已失势外谪，此时蔡京官不止远翰林学士，而是翰林大学士，参加起草哲宗遗诏。因此足于断定作者只为一般的市井文人，缺乏史学功底。所述蔡京、蔡卞事迹有丰稷、陈师锡弹劾蔡京疏，崇宁元年七月，蔡京命相时与徽宗对话，蔡京刬刷诸司库务故弊之物以偿朝廷巨债，书元祐碑，改茶、盐法，与夏国开战，屡次罢相及复相等，皆依照陈均《皇朝编年纲目备要》中断言片语而成，缺乏故事性，并不生动连贯，可能只是作为说书的提纲，到讲演时加于发挥。写到宣和二年叙事时，插入蔡京做寿、杨志卖刀和智取生辰纲事，遂讲宋江杀阎婆惜、走九天玄女庙事，以后接着谈到蔡京解释天象和李师师。

《利集》讲到蔡京靖康中事。说：

太学生陈东率太学诸生，伏阙上书，数蔡京、童贯、王黼、梁师成、李彦、朱勔之非，指为"六贼"，乞诛之以谢天下。

上皇遂出南薰门，如南京。时蔡京父子欲避难南奔，乃除宋焕为江淮京浙发运使，而蔡京、宋焕之家小，尽南下矣。

蔡京责授秘书监分司南京，寻移德安府衡州安置……遂窜蔡京儋州编置，及其子孙三十三人，并编管远恶州军。在后蔡京量移至潭州。那时使臣吴信押送，信为人小心，事京尤谨，京感旧泣下。尝独饮，命信对坐，作小词自述云。《西江月》：八十衰年初谢，三千里外无家；孤行骨肉各天涯，遥望神京泣下。金殿五曾拜相，玉堂十度宣麻；追思往日谩繁华，到此番成梦话。蔡京居月余，怨恨而死。年八十余。蔡攸责永州安置，徙浔、雷二州，后移万安军。朝廷遣使就万安军斩之，传首四方。蔡绦（应为绦）亦以复辟之谤伏诛。

其中，蔡京谪贬途中受吴信照顾的叙述和《西江月》词与王明清《挥麈录》所载不同，应较为接近事实。

到了元末明初施耐庵的《水浒传》，就全不见了上述关于蔡京的这些史料式的内容，换之以编造的情节生动的一个个故事。学者陈金添综述了《水浒传》里有关蔡京的所有内容：

第17回，蔡京"女婿"北京大名府留守梁中书派杨志给他送生辰纲，计11担金珠宝贝，价值10万贯，路经黄泥岗时被吴用等7人用计抢走。梁中书写了一封家书，派人连夜上东京，将此事报与岳父蔡太师知道。蔡京看了家书，大惊道：

这班贼人，甚是胆大！去年将我女婿送来的礼物打劫了去，至今未获；今年又来无礼，如何干罢！

随即押了一纸公文，派了一个府干星夜赶到济州府，要求府尹 10 日内破案，将盗贼捉拿到手。

第 63 回，北京大名府被宋江围困，梁中书派首将王定送家书到东京向岳父求救。蔡京当日请枢密使童贯前来商议："如今将何计策，用何良将，可退贼兵，以保城郭？"衙门兵马保义使宣赞推荐蒲东巡检关胜，蔡京听罢大喜，就差宣赞为使，前往蒲东，礼请关胜赴京计议。几天后，关胜拜见蔡京。蔡太师道：

梁山泊草寇围困北京城郭，请问良将，愿施妙策，以解其围。

关胜禀道："久闻草寇占住水洼，惊群动众。今擅离巢穴，自取其祸。若救北京，虚劳人力。乞假精兵数万，先取梁山，后拿贼寇，教他首尾不能相顾。"太师听了很高兴，对宣赞说："此乃围魏救赵之计，正合吾心。"随即唤枢密官，调拨山东、河北精锐军兵一万五千，教郝思文为先锋，宣赞为合后，关胜为领兵指挥使，步军太尉段常接应粮草。犒赏三军，限日下起行，大刀阔斧，杀奔梁山泊来。可是，令蔡京没有想到的是，关胜到梁山后，便投靠宋江了。

第 67 回，北京城已在正月十五元宵节被宋江洗劫一空，梁中书夫妇逃了一劫，但家里的老幼都被杀死，京城被杀死者共有 5000 多人，中伤者不计其数，各部军马总折 3 万有余。谏议大夫赵鼎奏请皇帝"不若降敕赦罪招安，诏取赴阙，命作良臣，以防边境之害。"蔡京听了大怒，喝叱道：

汝为谏议大夫，反灭朝廷纲纪，猖獗小人，罪合赐死！

赵鼎当下被罢了官爵。于是，蔡京奏请徽宗派凌州的单廷珪和魏定国两位团练使前去梁山泊征讨。然而，这两人也是有去无还，被关胜劝降了。

第 76 回，御史大夫崔靖奏请皇帝"差一员大臣直到梁山泊，好言抚谕，招安来降。假此以敌辽兵，公私两便"。天子准奏，并派殿前太尉陈宗善为使，前去梁山泊招安。当时蔡京没有在朝上，听说此事后，把陈太尉召到新宋门大街太师府里，问说："听得天子差你到梁山泊招安，特请你来说知：到那里不要失了朝廷纲纪，乱了国家法度。你曾闻论语有云：'行已有耻，使于四方，不辱君命，可谓使矣。'"陈太尉道："宗善尽知，承太师指教。"蔡京又道："我叫这个干人跟随你去。他省得法度，怕你见不到处，就与你提拔。"这样，宣和三年孟夏四月，蔡太师府张干办和高殿师府李虞候二人随陈太尉到梁山泊招安了。由于这两人指手划脚，出言不逊，激起了梁山好汉的公愤，招安不成，诏书被黑旋风李逵扯得粉碎，陈太尉还挨了拳头。

陈太尉一行回到汴京，向蔡京汇报了此事。蔡京大怒说：

这伙草寇，安敢如此无礼！堂堂宋朝，如何教你这伙横行！

他当即叫请童枢密、高、杨二太尉都来相府，商议军情重事。第二天早朝，蔡京将此事奏请天子，并拿建议招安的御史大夫崔靖问罪。之后奏请"必得枢密院官亲率大军，前去剿归，可以刻日取胜"。天子准奏，随即降下圣旨，赐予金印兵符，拜东厅枢密使童贯为大元帅，任从各处选调军马，前去剿捕梁山泊贼寇。童贯统率10万大军，百员战将，浩浩荡荡开到济州府梁山泊，可是中了宋公明的九宫八卦阵和十面埋伏，被打得落花流水，童贯差点被抓，不敢入济州，引了败残军马四万余人，连夜回东京。蔡京得知此事后，与童贯、高俅串通一气，向皇帝瞒了童贯兵败的实情。他奏请皇帝说："昨遣枢密使童贯统率大军，进征梁山泊草寇，近因炎热，军马不伏水土，抑且贼居水洼，非船不行，马步军兵，急不能进，因此权且罢战，各回营寨暂歇。"天子认为"此寇乃是心腹大患，不可不除"。于是，改派高俅挂帅，出征剿寇。蔡京便发了10道剳付文书，调集10个节度使，每人领军1万，十路军马齐集济州，由高俅直接指挥。但高俅也出师不利，连吃两次败仗，云中节度使韩存保还被俘上山。

第79回，原来韩存保被抓上山后，宋江以礼相待，并一再表明"宋江等并无异心，只被滥官污吏逼得如此。若蒙朝廷赦罪招安，情愿与国家出力"，同时告诉韩存保，上次朝廷来招安，那两个张干办、李虞候擅作威福，耻辱众将，以致招安不成。韩存保从梁山泊逃回京城后，通过御史大夫郑居中、尚书余深，向蔡京报告了"宋江无异心，只望朝廷招安"。蔡京道："前者毁诏谤上，如此无礼，不可招安，只可剿捕。"但他得知前番招安未成的实情后，第二天早朝时，便奏请道君天子再降诏敕，令人招安。蔡京还亲自写成草诏，派使者送到梁山泊。但由于诏书中写"除宋江、卢俊义等大小人众所犯过恶，并与赦免"，再次激起了梁山泊好汉的愤怒，花荣竟开箭射死了使者。第二次招安又不成后，高俅再次调兵遣将，围攻梁山泊，结果又被打得屁滚尿流，自己也成了俘虏。直到宣和四年（1122 年）春二月，道君天子改派殿前太尉宿元景去，招安才得以成功，梁山泊好汉归顺朝廷，愿为国家出力。此后，宋江和卢俊义为正副先锋，奉诏破辽，大战幽州，围困燕京，辽国郎主在城里竖起降旗，并派宰相褚坚等 15 人，带上金银宝贝，彩缯珍珠，前往京师，向蔡京、童贯、高俅、杨戬等四人及省院诸官行贿，以求在天子面前极力保奏。蔡京接受贿赂后，果真在天子面前替他们讲话：

臣等众官，俱各计议：自古及今，四夷未尝尽灭。臣等愚意，可存辽国，作北方之屏障。年年进纳岁币，于国有益。合准投降请罪，休兵罢战，诏回军马，以护京师。

他还力许："令宰相自回，都在我等四人身上。"次日，天子准奏，并令宋江收兵罢战，班师回京。将应有被擒之人，释放还国。原夺城池，仍旧给辽国管领。府库器具，交割辽邦归管。宋江班师回朝后，不久又去征讨河北四虎，平息淮西王庆，活捉江南方腊，剿寇成功，获得天子重礼厚赐，并都受提拔重用，引起了高俅、杨戬的忌妒，一起商议设计用毒酒，先后毒死了卢俊义和宋江。天子得知详情后，当百官面，责骂高俅、杨戬："败国奸臣、坏寡人天下。"二人俯伏在地，叩头谢罪。蔡京、童贯亦向前奏道："人之生死，皆由注定。"皇上终被四贼曲为掩饰，不加其罪。

《水浒传》到此也就落幕了。

陈金添认为，《水浒传》中所有这些关于蔡京的描述都是"无中生有"。"作为文学作品，夸张虚构，合理想象，无中生有，这是无可非议的。但是，遗憾的是，不少读者是把《水浒传》当作真实的故事去认识。据《蔡氏族谱》和宋史等史书记载，蔡京只生了八个儿子，并无《水浒传》中儿子蔡得章，更没有女婿梁中书，自然也谈不上什么送生辰纲诸类事了。据中国通史等史书介绍，宋江起义是一次规模很小的农民起义，发生在宣和元年（1119 年），当时只有 36 人聚众在山东东平南部的梁山泊。宣和三年（1121 年）二月，起义军在进攻海州（今江苏连云港）时，即被知州张叔夜率部千余人打败了，宋江等人投降，不久宋江因病去世。蔡京在起义发生的宣和二年至宣和四年三月梁山泊被朝廷招安期间，以太师、鲁国公致仕在家，王黼当宰相。宋江起义和方腊起义均与蔡京无关。"

梁启超《王安石传》

明初朱元璋觉得道学很合他的口味，尊程朱理学于一统，维持和进一步强化了道学的一统天下，规定朱子所注四书为士人考试作文依据，士人须靠程朱才能赢得科举。朱元璋讨厌宋朝宰相之下三省与御史言官的相互制约的制度，下令取消宰相，并不许子孙恢复，他一度撤去孟子在孔庙中的配享地位，因为孟子说了"民为贵，君为轻，社稷次之"和"杀暴君如诛匹夫"一类"大逆不道"的言论，他实际上阉割了孔孟儒家思想，甚至也阉割了程朱理学，只是强调理学中君主具有先天的和至上的权威性的理论。

朱元璋强烈反对王安石重视经济的思想，认为整顿统一道德人心比发展经济更重要。所以大明二百多年间臣子们一味地说王安石和蔡京的不是，张居正整顿社会经济秩序，明明有许多是仿效王安石，却做贼心虚似的不敢提他。蔡京的名声就更差了。据说朱元璋时的大臣早上上朝前要与家人诀别，担心回不来，直到下朝回到家里，才算又活了一天。与宋朝不诛大臣言官的规定相比，哪怕与"崇宁党锢"相比，在文明进步的程度上，实在是差得很远。

大清的乾隆皇帝则破口大骂王安石，只因史书记载王安石有回与宋神宗闹别扭，宋神宗情急，说了一句肺腑之言："我与你的关系，非一句君臣关系能了得！"乾隆因此大发雷霆，骂王安石大逆不道，把天经地义的"君为臣纲"搞得君不君，臣不臣，把这条列为王安石的万恶之首。在央视《百家论坛》的节目里，康震老师嘲笑乾隆无法理解宋朝时朝廷较为"民主"的气氛，"以乾隆自己的低水平来批评王安石的高水平"。

到了清末民初，西学东渐，中国学人开始以较为科学的历史观来审视宋史，梁启超以如椽之笔，写出了《王安石传》。各界人士纷纷认同，毕竟帝王时代渐行渐远了，国民党和共产党都认王安石为正面历史伟人，他是终于基本洗白了，而长期与之捆绑一块的蔡京，也渐有人重新审视一番，宽容一点，客观一点。

解玺璋先生著《梁启超为何写王安石传》一文，说：《王安石传》写于1908年，梁启超36岁，距离戊戌变法失败的1898年，恰好过去了整整十年，梁本人是戊戌变法的主将，失败后流亡国外。1906年9月，清政府迫于形势，下诏宣示预备立宪。这个消息使避居海外多年的梁启超异常欣喜，以为现在重要的任务就是对宪政进行"学理"的研究，宣传和阐释立宪的主张和理论，并适时地监督和参与政府有秩序的变革。经过他组织的政闻社成员的积极活动，国内的立宪运动发展很快。各省的咨议局、立宪公会，呈请清政府限期召开国会，并派遣会员到各地发动社会各界人士签名请愿，但这种大好局面很快就在清政府顽固势力的打击和压迫下迅速瓦解了。慈禧太后发布上谕，着民政部、各省督抚、步军统领、顺天府等衙门严拿惩办政闻社的"悖逆要犯"，梁启超再次榜上有名，而成立只有十个月的政闻社也被迫解散。

主张通过变法改良而使中国强大起来的梁启超，很自然的会想起王安石以富国强兵为目的的新法改革。他后来奏呈《上摄政王书》，长达万言，讨论国内时局，提出施政方略，建议抓住"理财政""改官制""厉人才"三件大事，很难说不是仿效王安石的《上仁宗皇帝言事书》；甚至在他的潜意识里，不能说没有对王安石的羡慕，希望光绪皇帝能成为宋神宗。此前他的美洲之行，曾对美国的民主共和政体作过仔细考察，但他得出的结论，却是怀疑它是否符合中国的国情，并一改往日主张，鲜明地提出了君主立宪乃至开明专制的目标。这也使得他更加看重王安石的变法，在他看来，只有实行日耳曼俾斯麦式的"铁腕政策"，才能挽救中国于水深火热之中，从而逐步推行民主开明政策。

梁启超对王安石，怀着改革家惺惺相惜之情，说：

以非凡的才能，而蒙受天下人的辱骂，换了朝代也得不到洗雪冤屈的，在西方有克伦威尔，而在我国则有王安石。

而我国的百姓对王安石又是怎样呢？跟在别人后面盲目附和来诋毁诽谤他，全都和元祐、绍兴年间差不多。有赞扬他的，不过是欣赏他的文章；稍好一些的，也不过赞扬他勇于担任大事，而他事业的宏远而伟大，没有见谁提到，而他高尚的人格，则更如美玉被埋在深矿中，永远也没有机会显露他的光芒了。我每次读《宋史》，都不能不放下书而痛哭的。

中国人民，以保守为天性，遵守静止是最大的法则，他们对王安石的大力改革，一个接一个的先是惊骇，随后进行阻止，这确实不足为怪。只是政见归政见，人格归人格，为什么要因为政见的不合而党同伐异呢？如果胜不了，就虚构言辞诬蔑别人的私德，这是村妇们相互辱骂的伎俩，而想不到被士大夫们用上了，于是就形成千年来不黑不白不痛不痒的这样一个世界，使光明伟大的人，无法存在于社会，而全都用伪善欺世来相互勉励。唉！我每次读《宋史》，都不能不放下书来痛哭一场的。

他把王安石的青苗法、市易法与银行相提并论，又把募役法和所得税征收、保税法和警察、军器监和当时西方国家通行军制对比，突显了王安石目光长远，大大超越了时人。

《王安石传》中写到蔡卞时说：

蔡氏婿卞，为京之弟，《宋史》以入奸臣传。今考传中其所谓奸状者，大率暧昧不明，如云卞深阴寡言，章惇犹在其术中，惇迹易明，卞心难见。又云中伤善类，皆密疏建白，凡此，皆莫须有者也！

以当时的情形而言，梁启超对王安石及其变法的肯定和张扬，代表了那个时代要求改变屈辱现状的知识界的共识。钱穆曾说："至晚清而主变法者，争言荆公政术。"

92

现代学者眼中的宋朝

　　陈寅恪（1890—1969），江西修水人。早年留学日本及欧美，先后就读于德国柏林大学、瑞士苏黎世大学、法国巴黎高等政治学校和美国哈佛大学。一九二五年，受聘清华学校研究院导师，回国任教。后任清华大学中文、历史系合聘教授，兼任中央研究院理事、历史语言研究所研究员、第一组主任及故宫博物院理事等，其后当选为中央研究院院士。一九三七年"芦沟桥事变"，挈全家离北平南行，先后任教于西南联合大学、香港大学、广西大学和燕京大学。一九三九年，被选为英国皇家学会通讯院士。一九四二年后，为教育部聘任教授。一九四六年回清华大学任教。一九四八年南迁广州，任岭南大学教授，一九五二年后为中山大学教授。一九五五年后，并为中国科学院哲学社会科学学部委员。他是中国现代最负盛名的历史学家、古典文学研究家、语言学家。傅斯年说："陈先生的学问，近三百年来一人而已！"

　　1943 年，陈寅恪作《邓广铭＜宋史职官志考正＞序》，载于一九四三年三月《读书通讯》。文中说：

　　吾国近年之学术，如考古历史文艺及思想史等，以世局激荡及外缘薰习之故，咸有显著之变迁。将来所止之境，今固未敢断论。惟可一言蔽之曰，宋代学术之复兴，或新宋学之建立是已。华夏民族之文化，历数千载之演进，造极于赵宋之世。后渐衰微，终必复振。譬诸冬季之树木，虽已凋落，而本根未死，阳春气暖，萌芽日长，及至盛夏，枝叶扶疏，亭亭如车盖，又可庇荫百十人矣。由是言之，宋代之史事，乃今日所亟应致力者。此为世人所共知，然亦谈何容易耶？盖天水一朝之史料，曾汇集于元修之《宋史》。自来所谓正史者，皆不能无所阙误，而《宋史》尤甚。若欲补其阙遗，正其讹误，必先精研本书，然后始有增订工事之可言。《宋史》一书，于诸正史中，卷帙最为繁多。数百年来，真能熟读之者，实无几人。更何论探索其根据，比较其同异，藉为改创之资乎？邓恭三先生广铭，夙治宋史，欲著《宋史校正》一书，先以《宋史职官志考正》一篇，刊布于世。其用力之勤，持论之甚，并世治宋史者，未能或之先也。

旷世大学问家陈寅恪认为"华夏民族之文化，历数千载之演进，造极于赵宋之世"。且极其称赞后学邓广铭，要他把元朝人脱脱《宋史》中的论误订正清楚。

邓广铭（1907—1998），中国历史学家，北京大学教授。因其在宋史方面超越前人的成就，成为宋史学界的一代宗师。曾长时间任中国史学会主席团成员、中国宋史研究会会长。他的《谈谈有关宋史研究的几个问题》发表在《社会科学战线》1986年第2期。他说：

《宋史》一书在元代末年修成以后，明代即有很多学者对之很不满意，有的要重修而未果，例如汤显祖、归有光等；有的则已经有了成书，例如王洙的《宋史质》、柯维骐的《宋史新编》、钱士升的《南宋书》等。但明代学风，驰骛于空疏议论者较多，而笃实缜密则非所趋重，故上举诸人，不论已有成书与否，其着眼点之所在，都不外乎"史法""义例""文章""褒贬"等事，却不注意对元修《宋史》史料的增补和失误的订正诸方面，对后来之研究宋史者实无多少助益可言。清代的史学家们，包括乾嘉学派的人物在内，因大都没有机会看到《续资治通鉴长编》和《建炎以来系年要录》等书，所以致力于宋代史事之研究而写成专书者，仅有清末陆心源的《宋史翼》诸书是颇见功力之作。

他又说：

必须正确估价宋代历史在中国历史上的地位，宋代是我国封建社会发展的最高阶段。两宋期内的物质文明和精神文明所达到的高度，在中国整个封建社会历史时期之内，可以说是空前绝后的。

他列举出宋代在农业、科技、海上贸易、文学、史学、哲学、宋代新儒学（包括理学而不应太突出理学）各方面做出的巨大进步。对于北宋农民起义，他说："北宋政权并不是农民战争的产物；在北宋末年发生的宋江、方腊所领导的起义，也全是局部性的，与唐末、元末或明末的大规模农民起义无法相比，我们不能牵强附会地说方腊（更不要说宋江了）的起义曾迫使地主阶级对农民的剥削压迫有过什么改善。南宋一代的许多次农民起义，包括初期的钟相、杨幺、范汝为，以及发生于晚期的江西、福建等地的农民起义，也无不如此。"

有人说：宋朝的工商业极度发达，其 GDP 水平远超同时代的其他国家，当时占世界的 60%！连后来人口数倍于宋朝的清朝都不到其三分之二。宋朝年财政收入最高曾达到 16000 万贯文，北宋中后期的一般年份也可达 8000～9000 万贯文，即使是失去了半壁江山的南宋，财政收入也高达 10000 万贯文。

陈寅恪先生和邓广铭先生极力推崇宋朝领先于当时全球的文明成绩。首先是政治制度上的文明，认为宋朝是一个开放包容儒雅士人之风盛行的朝代，相比历朝历代来说，在宋朝作为文官是一件非常舒服的事情。宋朝重文轻武从来不斩杀文官，也真正做到了文人的言论自由，因为各方文人的积极辩论，使得宋朝的政策深入民心，促成了宋朝的繁荣景象。在宋朝，很少有兵戎相见的时候，从上至下都是一派儒雅之风，人们以儒雅为傲，以暴力粗俗为耻。宋代有政治斗争，但政治斗争往往只是政见的不同，虽然有党同伐异，但没有肉体消灭，最多是贬谪。王安石、欧阳修、司马光、苏轼虽然政见上不同，但私谊却还不算差。欧阳修死后，给予欧阳修评价最高的，是政敌王安石，可见那是一个君子时代。中国历史上有那么多的名人都出现仁宗朝（唐宋八大家有六大家在同时出现），绝非偶然，是适宜的政治政治环境孕育的果实。

有人甚至认为宋代"存在"中国历史上的比较成熟的"政党政治"，以王安石为首的改革党和以司马光为首的保守党"轮流执政"近百年，此说虽然难于苟同，却甚是有趣。

不必讳言，北宋经济最为发达的时候，当属宋徽宗与蔡京当政时期，《清明上河图》和《东京梦华录》便是明证。广为学者所称赞的社会救助制度居养院、安济坊、漏泽园便是明证。

曾任中国宋史研究会副会长张邦炜说：

研究北宋晚期历史，难点在"蔡京变法"。蔡京变法涉及政治、经济、军事、社会生活等各个方面，其牵面之广、影响之大恐怕不亚于王安石变法。

宋史学家李华瑞在首都师范大学博士杨小敏发表的博士论文《蔡京、蔡卞与北宋晚期政局研究》序中说：

以往研究徽宗朝绍述王安石变法，有两种观点，一是追溯北宋亡国原因时，归罪于蔡京等人的所作所为是祖述王安石的思想，二是蔡京等人打着王安石的旗号，但实际所做已远偏离了王安石的变法。在我看来，这两种观点都失之偏颇，哲宗、徽宗都继续了神宗的变法意志，而这两朝的执政大臣大都是王安石思想的追随者，这是基本的史实。王安石变法中贯穿的富国强兵和建构理想社会两条主线也不能说不被徽宗朝群臣所效法，譬如以国家的名义摧抑兼并，赈济贫乏和以发展生产而行开源的财政政策都得到忠实的执行和发扬，而且效果明显。

近二三十年来，对于神宗和王安石的改革，对于王安石新法和新学的继承人蔡京、蔡卞的研究，都在不断进展，趋于客观和公平。

后记　了结一桩心事

　　《蔡京别传》作者郑痴，1966 年高三毕业。因文革开始取消高考，失学在家达十二年。做过小工和拉车等苦力以谋生，后当了 8 年中小学民办教员，收入甚微。眼看着成了废铜烂铁，了此一生，枉辜负之前十二年的学校培养。不期四人帮倒台，邓小平恢复高考，从此迎来人生转折。有幸在 1977 年 29 岁时入福建师大化学系本科修业。毕业后得在高校教书，有了铁饭碗。平日里兼弄些化工科研和技术，时有一点"计划外"收入，算是自己和家人都衣食无忧，得享太平盛世之福。

　　我后来任教的学校，位于莆田市仙游县枫亭镇，是一个知名的历史古镇。隋唐时，闽沿海初建南北驿道，在莆田境内 200 里，只设迎仙、枫亭两馆，枫亭居其一，早于仙游设县。据《漳浦威惠庙集》载，武后朝陈政、陈元光戍闽开漳，"家于温陵之北曰枫亭"；陈庐园威惠灵著王庙原为陈政故居，赤湖头又有陈政墓。

　　唐末五代初，枫亭出有晋江王留从效、南康郡王陈洪进。在王审知兄弟抚闽三十年之后，留、陈割据泉、漳两州近四十年。时全国动乱，泉漳两地独有长达近七十年的和平发展时期。陈洪进纳土于宋太宗，促进了北宋对中国南方的统一。

　　两宋间（960—1279 年），枫亭有许多人由平民家庭读书入仕，在朝廷官居高位，对中国历史产生重大影响。端明殿学士、三司使蔡襄，居朝廷则忠于国事，居官地方则惠于百姓，对宋代谏察制度和新儒学的发展都有着重大影响。他在知福州时，革除陋俗；知泉州时，建万安桥；倡植福州至漳州700里道边松。一生勤政廉政，为民做好事，有口皆碑。

宰相太师鲁国公蔡京、枢密院使蔡卞则与王安石新法、新学的发展与继承有着密切关系，研究这两人在北宋后期政治、经济中的作用，已成为当代宋史学者们的重要课题。蔡襄、蔡京、蔡卞的书法都在其生前即被全国公认，分别是北宋中期和后期中国书法发展的顶峰，如今称为"三蔡书法"。蔡氏家族如洪迈《容斋随笔》所说，成为全国著名氏族。枫亭仅以东南沿海之一隅，两宋间，登进士者百人。

枫亭人林亨写出著名的《螺江风物赋》，长达2300多字，对古代枫亭的人文、景观、海陆商运以及蔬菜、海鲜、荔枝、荸荠、蔗糖、海盐等项的生产和销售，以赋的形式都加以生动详细的描述，具有极高的文学和历史价值。清康熙九年（1670），举人郑得来写成《连江里志略》；清道光二十五年（1845年），举人林融如在《连江里志略》基础上，按通常志书体例加以改写和补充，分地理、人物、列传、艺文、事类等卷，定名为《枫亭志》。

我时常留连于蔡襄墓、蔡京墓、天中万寿塔、陈洪进祠堂等枫亭众多古迹间，不免用业余时间阅读一些史料，遂对宋史中蔡京的"奸臣"叙述感到疑惑，正如现代史家黄仁宇谈及《宋史》所列诸多奸臣，说："我们今日重新检阅他们的事迹，很难证实各人的忠奸，确如作史者所论列。"

2003年，枫亭镇的一些老人得知我对枫亭历史文化有兴趣，就拉我和他们一起发起成立枫亭文化研究会，还由我担任会刊《枫亭文化研究》总编10来年。我在连续写了陈洪进、蔡襄、林兰友数篇文章后，深知蔡京作为枫亭历史人物，不能不写且最为难写。何况蔡京仕宦早年曾上书倡修木兰陂，功不可没，尽管被定了奸臣，莆人仍然惦念他。

宋代史料很丰富，我开始写此书时，电脑和网络还未普及，《续资治通鉴长编》《三朝北盟会编》《建炎以来系年要录》以及许多宋人的文集、笔记等都是到福建省图书馆阅读纸质书刊。于 2008 年左右，写成《蔡京蔡卞兄弟——王安石新学和新法的继承人》一文 5 万多字。文分《仕途曲折，与新法、新学一路浮沉》《几番当国，对新法、新学有所建树》《靖康遭厄，蔡京一家不无委曲》《千古骂名，形成于南宋后期新学消亡之时》四个部分。

在查找资料中，见到一篇采访文章，说曾任中国宋史研究会的一位副会长，在接受访谈时说："研究北宋晚期历史，难点在'蔡京变法'。""蔡京变法涉及政治、经济、军事、社会生活等各个方面，其牵面之广、影响之大恐怕不亚于王安石变法。"因此与这篇访谈文章的作者厦大刁培俊老师取得联系，且将《蔡京蔡卞兄弟 王安石新学和新法的接班人》一文发给这位副会长教授求教。这位教授在回信中说："（你）认为：'在研究地方历史和文化时，不应采取把好人留给本地，把坏人推给异地，或者把正面人物说得完美无缺，把反面人物说得一无是处的办法'。我完全赞同这一看法。确实不能将历史人物简单地划分为好人与坏人，并分别予以神化和丑化。"

2011 年，我产生了把我所收集的各种蔡京资料与更多的人共享的愿望。想写成一本传记书，原起名为"蔡京外传"，许多朋友不满意，说"外传"倾向于讲述传主轶事，但这书所用的史料比较严肃，用"外传"两字不太适合。故现用《蔡京别传》为书名，以示在正史蔡京传外，别立一传云云。

前 50 集曾在作者的个人博客《醉眼童心》中发表，也时有人阅览点评。后来因事情较忙，长时间没续写，且忘记了博客密码，连自己也进不去了，只好让它逐渐荒废，难怪有读者猜测作者已经作古多年。每次去市里开会，一班文人朋友，总是劝我坚持把这书写完。

若问我为何对地方文史花了这么多力气？我的回答是两个原因。一是本来业余对文史有些兴趣，如国内杂志《人物》、台湾《传记文学》中唐德刚的文章是很喜欢读的。另一原因是我不喜欢打扑克和麻将,把人家打扑克和麻将的时间、精力用来看些材料,写些文章,也是一种挺好的消遣。现在是太平盛世,把地方的历史文化整理一下,流传下去,也算是一种功德吧。

因是理工科出身,所做文史难免带有理工的风格,较为枯燥,缺乏文采,只把一些史料原原本本写下来,只述不论或少论。只指望给莆田人交待一个较为完整的蔡京;只指望让世人了解北宋并非亡于改革。正如朱熹所说:"东坡只管骂王介甫。介甫固不是,但教(如果让)东坡作宰相时,引得秦少游(秦观)、黄鲁直(黄庭坚)一队进来,坏得更猛!"他认为当时若是都让元祐党人来主政,也好不到那里去的。

对蔡京研究有兴趣的人,也许可以从书中看到一些史料,省去一些寻找资料的时间。

恰逢盛世,国泰民安。业余饭后,时而翻阅古书,时而查找网络,对月临风,偶有所得,如蔡卞生年;蔡卞少年即从学王安石;蔡卞一生报答恩师照顾王安石遗孀;京卞兄弟实于木兰陂有功;蔡确受遗定策拥立哲宗;蔡确冤抑而死;神宗王安石变法并非神宗时就失败了,而是在三代皇帝和宰相努力下基本成功;北宋亡国并非因为改革;哲宗韬光养晦对待高氏等待亲政;蔡京施政存在一些理想主义色彩连朱熹对此也有好评;王安石蔡京被彻底抹黑是在于南宋后期理学战胜新学之时。诸如此类,几年来林林总总,写了许多。有时是拾人牙慧,有时是心血来潮。是耶非耶?都当作渔樵酒话,以博读者一笑。

既已写成,就算了却一桩心事。我也老耄,行将入火葬场,化作一缕清烟,一了百了。不妨用《红楼梦》里的话,来作本书的结语,与诸位看官告别:

满纸荒唐言,一把辛酸泪;

都说作者痴,谁解其中味?

天水师院杨小敏老师、厦门大学刁培俊老师和福建师大黄义群老师三位中国宋史专家曾对初稿提出许多批评和修改意见，且费大气力对本书文字和格式作了订正。刁培俊老师还为本书了序言，三人于我亦师亦友，使我深怀感激。本地枫亭文化研究会李庆华、朱义芳、蔡元琰等人在写作过程中经常参与讨论，蔡金炎、蔡进德两位朋友帮忙核对了史料，还为我购买了不少纸质书籍，郑嘉薇、游宝美帮忙文字打印，另有一些朋友看过稿子提过意见，一并在此鸣谢！

在本书出版过程中，还有仙游县枫亭文化研究会、莆田市蔡襄学术研究会、惠安县蔡襄研究会、福建省姓氏源流研究会柯蔡委员会、仙游县蔡襄故居管委会、福建省蔡元长研究会、福建省蔡复一研究会等单位和蔡氏宗长蔡炳河、蔡开森、蔡文庆、蔡丽花、蔡强、蔡鹏辉、蔡金炎、蔡金美、蔡金发、蔡景德、蔡伟强、李庆华、甘智华等个人提供了赞助，作者也在此表示衷心的感谢！

2023 年冬，郑秋鉴完稿于醉眼童心斋。

附：蔡京别传参考书目

史志类古籍

宋．李焘：《续资治通鉴长编》，中华书局 2004 年版。书中简称《长编》。

清．黄以周：《续资治通鉴长编拾补》，上海古籍出版社 2006 版。

宋．徐梦莘：《三朝北盟会编》，上海古籍出版社 2006 年版。

宋．李心传：《建炎以来系年要录》，上海古籍出版社 1992 年版。

宋．陈均：《皇朝编年纲目备要》，中华书局 2006 年版。

元．脱脱：《宋史》，中华书局 1985 年版。

清．毕沅：《续资治通鉴》，岳麓书社 2008 年版。

宋．佚名：《宋朝大诏令集》，续修四库全书第 456 册。

宋．王称：《东都事略》，影印四库全书文渊阁藏本。

清．徐松：《宋会要辑稿》，影印四库全书文渊阁藏本。

宋．徐自明：《宋宰辅编年录校补》，中华书局 1986 年版。

宋．杨仲良：《长编纪事本末》，影印四库全书文渊阁藏本。

宋．杨仲良：《皇宋通鉴长编纪事本末》，影印四库全书文渊阁藏本。

宋．袁枢：《通鉴纪事本末》，影印四库全书文渊阁藏本。

清．徐松：《宋会要辑稿》，影印本，中华书局 1957 年版。

宋．宇文懋昭：《大金国志》，影印四库全书文渊阁藏本。

清．唐执玉、李卫：《畿辅通志》，文渊阁四库全书影印本。

明．黄仲昭：《八闽通志》，福建人民出版社 2017 年版。

明．周瑛：《重刊兴化府志》，福建人民出版社 2007 年版。

民国．张琴：《民国莆田县志》，载《中国地方志集成》16，上海书店出版社 2000 年版。

明．协创木兰陂十四功臣裔孙同捐赏续刻：《木兰陂志》，莆田市图书馆古籍藏本。

清．张星焕《繁昌县志》，中国地方志集成，上海书店出版社。

清．郑得来、林有融：《枫亭古代志书三种》，海峡书局 2017 年版。

笔记、文集类古籍

宋．蔡絛：《铁围山丛谈》，中华书局 1983 年版。

宋．洪迈：《容斋随笔》，中州古籍出版社 2004 年版。

宋．释志磬：《佛祖统纪》，影印四库全书文渊阁藏本。

宋．彭乘：《墨客挥犀》，《全宋笔记》第三编一，大象出版社 2003 年版。

宋．不著撰人：《宣和书谱》，影印四库全书文渊阁藏本。

宋．曾纡：《南游纪旧》，影印四库全书文渊阁藏本。

宋．蔡襄：《蔡襄全集》，福建人民出版社 1999 年版。

宋．欧阳修：《文忠集》，影印四库全书文渊阁藏本。

宋．徐度：《却扫编》，《全宋笔记》第三编十，大象出版社 2003 年版。

宋．吴曾：《能改斋漫录》，影印四库全书文渊阁藏本。

宋．方勺：《泊宅篇》，《全宋笔记》第二编八，大象出版社 2003 年版。

宋．释惠洪：《冷斋夜话》，《全宋笔记》第二编九，大象出版社 2003 年版。

清．厉鹗：《宋诗纪事》，上海古籍出版社 1983 年版。

清．王文诰：《苏轼诗集》，中华书局 1982 年版。

宋．洪迈：《夷坚志》，中华书局 1981 年版。

宋．陈次升：《谠论集》，影印四库全书文渊阁藏本。

清．永瑢：《四库全书总目提要》，影印四库全书文渊阁藏本。

宋．陈振孙：《直斋书录解题》，上海古籍出版社 1987 年版。

宋．周辉：《清波杂志》，中华书局 1983 年版。

宋．王明清：《挥麈录》，上海书店出版社 2009 年版。

宋．庞元英：《文昌杂录》，影印四库全书文渊阁藏本。

宋．陆游：《老学庵笔记》，中华书局 1979 年版。

宋．魏泰：《东轩笔录》，《全宋笔记》第二编八，大象出版社 2003 年版。

傅璇琮等主编：《全宋诗》，北京大学出版社 1998 年版。

宋．邵伯温：《邵氏闻见录》，《全宋笔记》第二编七，大象出版社 2003 年版。

宋．黎靖德：《朱子语类》，中华书局 1986 年版。

明．冯梦龙：《古今谭概》，中华书局 2007 年版。

宋．苏辙：《苏辙集》，影印四库全书文渊阁藏本。

清．陆廷灿：《续茶经》，中州古籍出版社 2010 年版。

宋．王巩：《闻见近录》，影印四库全书文渊阁藏本。

宋．曾慥：《高斋漫录》，影印四库全书文渊阁藏本。

宋．苏轼：《苏东坡全集》，北京燕山出版社 2009 年版。

宋．朱熹：《三朝名臣言行录》，影印四库全书文渊阁藏本。

宋．张邦基：《墨庄漫录》，《全宋笔记》第三编九，大象出版社 2003 年版。

国家图书馆善本金石组编：《宋代石刻文献全编》，北京图书馆出版社 2003。

宋．曾布：《曾公遗录》，《全宋笔记》第一编八，大象出版社。

宋．庄绰：《鸡肋编》，中华书局 1983 年版。

宋．范公偁：《过庭录》，中华书局 2002 年版。

宋．范祖禹：《范太史集》，影印四库全书文渊阁藏本。

宋．徐度：《却扫编》，《全宋笔记》第三编十，大象出版社。

宋．吴炯：《五总志》，影印四库全书文渊阁藏本。

宋．佚名：《大宋宣和遗事》，商务印书馆 1925 年版。

宋．杨士奇：《历代名臣奏议》，影印四库全书文渊阁藏本。

宋．朱熹：《晦庵先生文集》，线装书局 2004 年版。

宋．欧阳修：《居士外集》，影印四库全书文渊阁藏本。

宋．王安石：《临川集》，影印四库全书文渊阁藏本。

宋．岳珂：《桯史》，三秦出版社 2004 年版。

宋．朱弁：《曲洧旧闻》，《全宋笔记》第三编七，大象出版社 2003 年版。

宋．佚名：《道山清话》，《全宋笔记》第二编一，大象出版社 2003 年版。

宋．米芾：《宝晋英光集》，影印四库全书文渊阁藏本。

宋．米芾：《宝晋斋法帖》，中华书局 1961 年版。

宋．米芾：《海岳名言》，《全宋笔记》第二编四，大象出版社 2003 年版。

宋．何薳：《春渚纪闻》，《全宋笔记》第三编三，大象出版社 2003 年版。

清．潘永因：《宋稗类钞》，影印四库全书文渊阁藏本。

宋．叶梦得：《石林燕语》，《全宋笔记》第二编十，大象出版社 2003 年版。

宋．赵鼎：《忠正德文集》，影印四库全书文渊阁藏本。

宋．毕仲游：《西台集》，影印四库全书文渊阁藏本。

宋．曾敏行：《独醒杂志》，《全宋笔记》第五编四，大象出版社 2003 年版。

宋．叶梦得：《石林诗话》，影印四库全书文渊阁藏本。

明．叶盛：《水东日记》，影印四库全书文渊阁藏本。

宋．费衮：《梁溪漫志》，《全宋笔记》第五编二，大象出版 2003 年版。

宋．李壁：《王荆公诗注》，影印四库全书文渊阁藏本。

宋．丁传靖：《宋人轶事汇编》，中华书局 1981 年版。

宋．释惠洪：《冷斋夜话》，《全宋笔记》第二编九，大象出版社 2003 年版。

西周．周公旦：《周礼·春官·典同》，漓江出版社 2022 年版。

宋．苏轼：《东坡集》，国家图书馆出版社 2006 年版。

宋．宋高宗：《思陵翰墨志》，影印四库全书文渊阁藏本。

宋．曾宏父：《石刻铺叙》，知不足斋丛书本，影印四库全书文渊阁藏本。

宋．周葵：《全宋笔记》第七编七，大象出版社 2003 年版。

明．陈邦瞻：《宋史纪事本末》，中华书局 2015 年版。

宋．陈岩肖：《庚溪诗话》，影印四库全书文渊阁藏本。

宋．叶梦得：《避暑录话》，《全宋笔记》第二编十，大象出版社 2003 年版。

宋．朱胜非：《秀水闲居录》，《全宋笔记》第九编一，大象出版社 2003 年版。

宋．岳珂：《桯史》，中华书局 1983 年版。

清．王夫之：《宋论》，中华书局 1964 年版。

宋．陈东：《少阳集》，影印四库全书文渊阁藏本。

宋．李纲：《靖康传信录》，《全宋笔记》第三编五，大象出版社 2003 年版。

宋．周必大：《文忠集》，影印四库全书文渊阁藏本。

宋．孙觌：《鸿庆居士集》，影印四库全书文渊阁藏本。

宋．曹勋：《北狩见闻录及其他三种》，中华书局 1985 年版。

金．佚名：《大金吊伐录》，影印四库全书文渊阁藏本。

宋．耐庵、确庵：《靖康稗史笺证》，中华书局 1988 年版。

宋．熊克：《中兴小纪（历）》，影印四库全书文渊阁藏本。

宋．吕本中：《东莱诗集》，影印四库全书文渊阁藏本。

清．爱新觉罗；昭梿：《啸亭杂录》，中华书局 1980 年版。

宋．蔡戡：《定斋集》，影印四库全书文渊阁藏本。

宋．文天祥：《文山集》，影印四库全书文渊阁藏本。

近人著作

曹宝麟：《中国书法史·宋辽金》，江苏教育出版社 1999 年版。

曹宝麟：《抱瓮集》，文物出版社 2006 年版。

陈振：《宋史》，上海人民出版社 2003 年版。

郭畑：《道统与正统——王安石与宋代孔庙配享的位向问题》，《河南大学学报》2016 年第 1 期。

蒋维琰：《蔡襄年谱》，厦门大学出版社 2000 年版。

李华瑞：《王安石变法研究史》，北京人民出版社 2004 年版。

梁启超：《王安石传》，海南出版社 1994 年版。

《莆阳蔡氏宗谱》，莆田市蔡氏宗亲会出。

启功：《论书绝句百首》，荣宝斋出版社 2007 年版。

启功：《论书绝句百首注释本》，三联书店 2014 年版。

漆侠：《宋代经济史》，中华书局 2009 年版。

沈松勤：《北宋文人与党争》，人民出版社 1998 年版。

卫亚浩：《大晟乐成功制作与北宋乐议》，《河南师范大学学报》2007年第6期。

仙游县枫亭文化研究会：《北宋三蔡书法》，西冷印社2023年版。

杨小敏：《蔡京、蔡卞与北宋晚期政局研究》，中国社会科学出版社2012年版。

游彪：《正说宋朝十八帝》，中华书局2005年版。

余嘉锡：《四库提要辨证》，中华书局2008年版。